BATTLEGROUNDS

THE FIGHT TO DEFEND THE FREE WORLD

全球戰場

美國如何擺脫戰略自戀，面對全球七大安全挑戰？

赫伯特・麥馬斯特
H. R. MCMASTER

譚天——譯

目　錄

【第一部】　俄羅斯

【第二部】　中國

推薦序（一）

從戰略自戀到戰略同理

陳勁甫

陸軍退役上校

　　40年前我拎著兩個行李箱獨自到維吉尼亞軍校（Virginia Military Institute）報到，在報到簿上簽下名字，馬上四個高大的學長就圍過來對你破口大罵：「你這隻蟲，還不趕快滾回去！」隨著頭髮被剃掉，被吼被罵被罰，像過街老鼠人人喊打的震撼教育展開了我學習成長之旅。在軍校你必須努力爭取一些習以為常的權利如自由、尊嚴，這樣才能體會與珍惜。有人說軍人要能犧牲自由來捍衛自由。軍校教育是一種學術、體魄、領導與人格平衡發展的全人教育。正如孟子所言：「天將降大任於是人也，必先苦其心志，勞其筋骨，餓其體膚，空乏其身，行拂亂其所為，所以動心忍性，曾益其所不能。」以及陳之藩在〈哲學家皇帝〉一文中引用朗法羅（Henry Wadsworth Longfellow）的詩句「人生是一奮鬥的戰場，到處充滿了血滴與火光，不要作一甘受宰割的牛羊，在戰鬥中，要精神煥發，要步伐昂揚」，可說是軍校教育理念與精神的寫照。

　　本書透過曾任川普總統國家安全顧問的麥馬斯特將軍來檢視美國在俄羅斯、中國、南亞、中東、伊朗、北韓的各個戰場的評估與視野。麥馬斯特指出美國在這些競技場中不能再犯戰略自戀，而要以戰略同理心要精神煥發、要步伐昂揚的呈現美國第一的榮耀。

　　書中不斷強調要研讀戰史，從歷史中學習。如作者所言「對軍事領導人而言，閱讀與思考歷史，是我們對國家、對我們的士兵一項神聖的責任。」的確一個國家的精神與性格會受到其發展的影響。美國就是秉持著拓荒者精神建國，從一開始13個殖民地經過西進運動與多場戰爭到現在有50個州並控制了14個領地。軍事力量的運用與今日美國密不可分。而騎兵更在美國早期拓展中扮演重要地位，雖然隨著科技的進步，馬匹已由裝甲車、直升機取代，但其輕裝、快速、火力與偵蒐的拓荒文化與精神則一直延伸下來。正如作者所言「美軍騎兵文化鼓勵主動，我們既已揮出重拳就得再接再厲，半途而廢變數過大，我們輸不起。」本書作者麥馬斯特將軍就是從騎兵團嶄露長才。

　　戰爭與準戰爭的競爭基本上是意志力競爭。戰爭就是屈服敵之意志的最終手段。美國軍隊深受克勞賽維茲影響認為戰爭是政治另一個手段的延伸，是最高極限的暴力行動。戰爭是一種零和賽局，就是要求勝。如麥克阿瑟將軍所言在戰爭中，非勝即敗，非生即死——差別僅在一瞬之間。勝利是沒有替代品的。然軍人也深深了解戰爭是極其殘酷與耗損國力，因此有道德感的軍人必須避戰、慎戰與速戰，一旦啟動戰爭，則必須全力爭取勝利。

　　麥馬斯特認為冷戰結束以來美國在戰略上最大的盲點就是犯了「戰略自戀」的錯誤。摩根索「戰略自戀」（Strategic Narcissism）論指出的現象：只從與美國有關的角度看世界，認為世局走向主要依賴美國的決策或計畫而定，美國的敵人會跟美國有一樣的思維模式與一樣的利益與期待。戰略自戀導致過度自信與退縮兩種心態，這兩種心態都基於一廂情願認定美國的決策主宰世局發展，都低估其他國家對今後世事發展的影響力。這使得美國對俄羅斯、中國，一直到阿富汗的塔利班等敵手都有嚴重的誤判。例如9/11反恐戰爭也因戰略自戀——認為美國憑藉超人一等的軍事科技，不必對敵人的性質，或對這類戰爭的政治與人性複雜因素進行深思——而陷於困境。

　　身為總統的國家安全顧問，麥馬斯特記取教訓強調要以戰略同理心，也就是要先找出挑戰，徹底了解它們，從「對方」的角度看清它們。不僅要評估競爭、對手、敵人的利益，還要考慮驅動與制約他們的情緒、抱負與意識形態。並提供給總統多個方案以及他們對美國利益之所在、可能風險與所需投入的資源和對國家安全與外交政策目標的展望，以讓總統採取一可讓人民支持的方案。

　　決策的錯誤比貪汙更可怕。「兵者，國之大事，死生之地，不可不察也」。總統錯誤的決策更是無數生命財產的損失。2001年美國以反恐之名入侵阿富汗。2021年美國宣布撤軍結束阿富汗戰爭，阿富汗政府瞬間瓦解，隨即塔利班進入總統府宣布戰爭結束，一切幾乎回到原點。美國陷入阿富汗20年，投注超過2.4

兆美元，至少超過4千名美軍和盟軍及超過6萬名阿富汗政府軍陣亡，而平民死傷更慘重，漫長戰爭直接導致7萬人死亡，其中超過四成是女性與孩童。更造成超過500萬人民流離失所或逃離阿富汗成為國際難民。塔里班進入總統府隔天拜登總統為其撤軍決策辯護稱「美軍不能、也不應該在一場阿富汗軍隊不願意為自己而戰的戰爭中，戰鬥或死去。」針對美國入侵阿富汗決策的批評，麥馬斯特辯護說美國是在「有史以來最血腥的恐怖攻擊事件過後才侵入阿富汗的」，但是相較美國在911恐怖攻擊的傷亡和阿富汗戰爭對該國及人民的傷害，我們也不禁要問，美國決策是戰略自戀還是霸權傲慢？

　　本書讓我們更能瞭解面對各競技場的美國思維與視野。麥馬斯特強調要從歷史學習，但要注意的是學習哪一段歷史，從上一場戰爭學習，往往帶來錯誤的循環。美國記取教訓，要強化其戰略同理心，然其政治目標仍是希望維持美國第一以保障美國安全，提升影響力來追求美國國家利益。

　　惟仁者能以大事小，惟智者能以小事大。不只大國要有戰略同理心，對於台灣而言，小國更要對敵對友都有戰略同理心以智周旋於大國中。相信本書可以給讀者許多啟發。

陳勁甫　陸軍退役上校
于元智大學
2021/12/20

推薦序（二）

以史為鏡

揭仲

國家政策研究基金會副研究員

　　「戰略研究必須以歷史經驗為基礎」，是筆者恩師、已故戰略研究宗師鈕先鍾教授在其著作《歷史與戰略：中西軍事史新論》中，開宗明義的第一句話，道盡戰略研究與歷史間緊密的關係。誠如鈕老師所言：「歷史學家雖不一定即為戰略學家，但戰略學家卻似乎必然是一位業餘的歷史學家」。這本《全球戰場》的作者，前白宮國家安全顧問、退役陸軍中將麥馬斯特就是這樣一位歷史學家和優秀的戰略學者。

　　難能可貴的是，除了歷史學家和戰略學者外，麥馬斯特也是戰功彪炳的指揮官，更是文筆很好的作家；相信讀者在閱讀前言中，關於 1991 年 2 月 26 日「東 73 度線之戰」的描述，都一定會有同感。在這段精彩的敘述中，不但沒有戰史常見的生硬與流水帳等通病；作者還讓讀者彷彿回到 1991 年 2 月 26 日下午，而且就坐在麥馬斯特上尉身旁，與「老鷹部隊」官兵一同參與那場與伊拉克共和衛隊的遭遇戰。讀者之所以能有身歷其境的感受，固然是譯者譚天老師的功力驚人，作者的生花妙筆更是居功厥偉！
也因為有這組優秀的作者和譯者，使這本價值足以做為戰略研究
與現今國際局勢分析必讀參考書的著作，讀起來不會感覺吃力。

　　為何本書可以作為戰略研究必讀之參考書？首先是作者在書
中明確指出歷任美國領導者在擘劃外交政策與國家安全戰略時，
常常出現的缺失，即「鏡像」（mirror imaging），認為對手會和
自己用同樣的角度思考；加上「一廂情願」，認為事態會按照自
己期望的方式發展。而作者認為這兩種缺失聯合起來，使歷屆美
國政府在面對來自其他勢力的挑戰時，往往呈現出一種「戰略自
戀」（Strategic Narcissism），只從與美國有關的角度看世界，認
為世局走向主要依賴美國的決策或計畫而定。

　　作者認為這種「戰略自戀」，不僅導致領導者在訂定政策與
戰略時，並未根據情勢的需求，也使所產出的計畫「表面上狀似
用來解決問題、卻與問題脫節」；也讓領導者刻意拆解相互關聯
的問題，試圖用短程、簡單的辦法解決複雜的問題。更嚴重的
是，「戰略自戀」也使領導者在一開始時過度自信，等發現情況
發展不如預期時，卻又容易過度退縮。

　　在指出領導者在擘劃外交政策與國家安全戰略常有的弊病
後，作者接著提出了一整套制訂戰略計畫的方法，來矯正「戰略
自戀」並重建美國的戰略能力。第一步就是引入「戰略同理心」
這個思考模式。而這個思考模式，包括下列三項要點：

　　第一，政策與戰略必須基於一種認知，就是「競爭對手與敵
人會影響事態日後發展」。

　　第二，不能假定事情一定會朝我們的目標線型發展，必須認清其他各造對事情未來的發展也有一定的影響力；事情未來發展的途徑，不僅取決於你準備下一步怎麼做，還要看敵人怎麼反應、以及敵人可能採取的行動而定。這也就是說，其他各造的行動與己方的行動，彼此會產生連串的「交互作用」，使事件的演變、對手未來的發展過程，或對手可能的行動，不會照著計畫走。

　　第三，因此「了解驅動、制約敵手的是什麼的技巧」就變得格外重要。作者強調不僅要評估競爭、對手、敵人的利益，還要考慮驅動與制約他們的心理、抱負與意識形態。

　　從「戰略同理心」出發，就可進一步發展出作者所謂的「整合戰略」，即目標合理、手段可行、成本與風險可控、目標手段能相互配合、利益能超越成本，且具持久性、一貫性的戰略。

　　值得注意的是，作者雖然沒有提到薄富爾（Andre Beaufre）和他那本經典著作《戰略緒論》（*An Introduction to Strategy*）；但作者對戰略本質的看法，其實就是薄富爾所強調的箴言：「戰略的本質就是一種抽象性的相互作用」、「是兩個對立意志使用力量來解決其爭執時，所用的辯證法藝術」。換言之，麥馬斯特也和薄富爾這位將軍戰略家前輩一樣，都認清了「敵人有其自由意志」；也都主張戰略計畫所要應付的是一種辯證法的問題，所以對每個擬議中的行動，都必須計算敵方可能的反應；而所計畫的每個連續性行動，和對敵人每個對應行動的對策，又都應該綜合成為一個整體。

　　至於整個戰略計畫制定方法的關鍵，即如何能「了解驅動、制約敵手的是什麼的技巧」，或「如何計算敵方可能的反應」，作者則再三強調歷史的重要性，例如：

　　「忽略或誤用歷史往往讓人拋開得來不易的教訓，讓人接受一些簡單的比喻、看不清政策或戰略的瑕疵。」

　　「了解挑戰如何成形的歷史能幫我們問對問題，幫我們避開過去的錯誤，預估『他方』將如何反應；『他方』將如何反應部分取決於他們本身對歷史的詮釋。」

　　「身為將官的我發現，檢驗一項新職的歷史，能幫我問出該問的問題，幫我了解現行挑戰牽涉的可能性與難度。」

　　「對軍事領導人而言，閱讀與思考歷史，是我們對國家、對我們的士兵一項神聖的責任。」

　　「我相信，想了解、因應當代挑戰就必須了解歷史。」

　　從作者對歷史的重視，不禁令人想到李德哈特（B. H. Liddell Hart）對「為何要研究歷史」的看法。在《人類何以陷入戰爭：李德哈特的歷史哲學》這本遺作中，李德哈特認為「歷史可以指示我們應該『避免』什麼，它的方法是指出人類很容易造成和重犯的某些最普通的錯誤」；歷史「可以使自己不受傷害，而又能對所應追求的最佳途徑獲得一種較明確的認識」。

　　一言以蔽之，「戰略」是一種思想方法（a method of thought），而要培養、訓練出這種思想方法，不可能靠憑空想像，必須經過許多的個案研究；而歷史正是這些個案，是戰略研究、甚至國際政治研究的土壤和基礎。

在對外交政策與國家安全戰略該如何擘劃，提出一套方法後，作者隨即進入個案的探討，也就是其心目中，對美國與國際安全構成嚴重威脅的四類挑戰。第一類包括俄羅斯與共產中國，第二類是跨國恐怖組織的威脅，第三類是伊朗與北韓，第四類則是種種科技競爭。

值得注意的是，作者對這些個案的分析與探討，不僅提供大量台灣少見的寶貴資訊；也能讓讀者對2017年至2018年美國戰略調整的關鍵時刻中，華府國安圈對局勢的認知，提供第一手的觀察。使本書不僅可作為戰略研究必讀之參考書，也能成為研究當今國際局勢必備的教科書。

然而，本書也有一些「美中不足」之處。首先是作者在討論俄羅斯對對手國輿論與選舉所採取的種種作為，包括網路戰、操控社交媒體、發佈假故事、創造假人物的手段散播假訊息等，雖然做了詳盡的說明並列舉大量例證；卻還是跟國內討論中共對台灣的「認知戰」一樣，無法對這些作為究竟對民眾行為產生多大的影響，提出科學、客觀的評估。同時，作者在討論因應對策時，雖然強調教育是最根本、最重要的工具；但由於花了許多篇幅說明該如何加強管理，很容易讓讀者獲得應該不惜一切、加強管理的錯誤印象。

最後，作者一口氣提出了對美國與國際安全構成嚴重威脅的四類挑戰，包括多達七個威脅對象，並主張要針對每一個威脅對象提出「整合戰略」。但不禁令人懷疑，現在和日後美國的國力，究竟是否能夠負荷？最後是否會陷入《孫子兵法》在《虛實》篇中所提「無所不備，則無所不寡」的困境？也值得讀者深思。

地圖一　俄羅斯

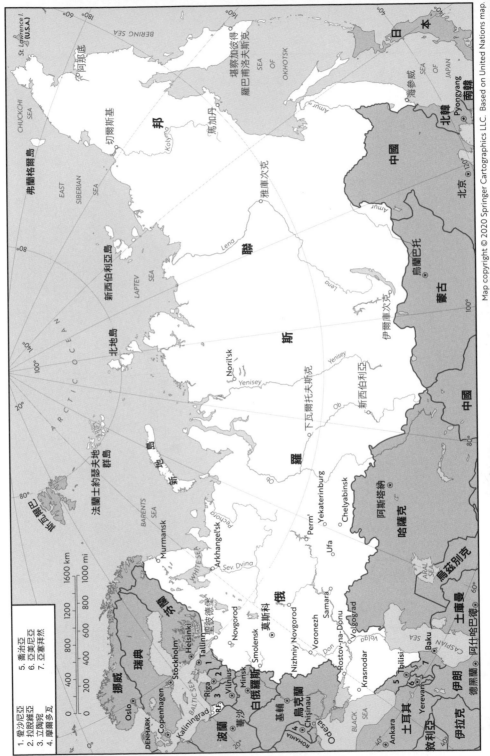

1. 愛沙尼亞
2. 拉脫維亞
3. 立陶宛
4. 摩爾多瓦
5. 喬治亞
6. 亞美尼亞
7. 亞塞拜然

地圖二 中國

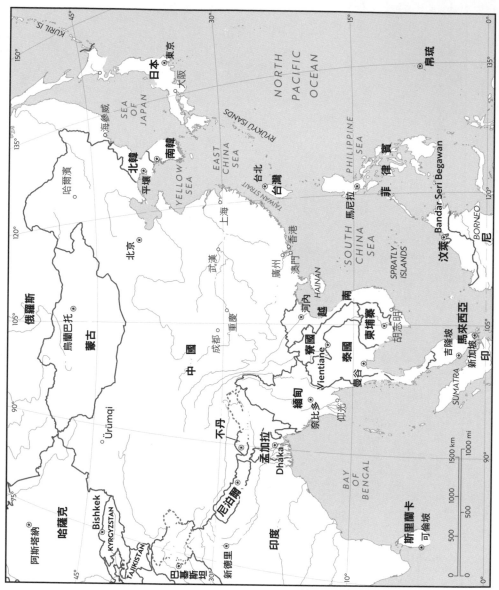

KURIL IS.

日本 東京

大阪

海參威

SEA OF JAPAN

哈爾濱

北韓

南韓

平壤

YELLOW SEA

EAST CHINA SEA

RYUKYU ISLANDS

帛琉

NORTH PACIFIC OCEAN

北京

上海

台北

台灣

PHILIPPINE SEA

菲 律 賓

馬尼拉

俄羅斯

蒙古

烏蘭巴托

武漢

香港

澳門

廣州

TAIWAN STRAIT

SOUTH CHINA SEA

SPRATLY ISLANDS

Bandar Seri Begawan

汶萊

BORNEO

尼

中國

成都

重慶

HAINAN

河內

越

南

寮國

柬埔寨

胡志明

Ūrümqi

Vientiane

泰國

曼谷

吉隆坡

馬來西亞

新加坡

印

SUMATRA

緬甸

仰光

奈比多

不丹

孟加拉

Dhaka

哈薩克

阿斯塔納

Bishkek

KYRGYZSTAN

TAJIKISTAN

巴基斯坦

尼泊爾

新德里

印度

BAY OF BENGAL

斯里蘭卡

可倫坡

1500 mi

1000 km

1000

500

500

Map copyright © 2020 Springer Cartographics LLC

地圖三　南亞

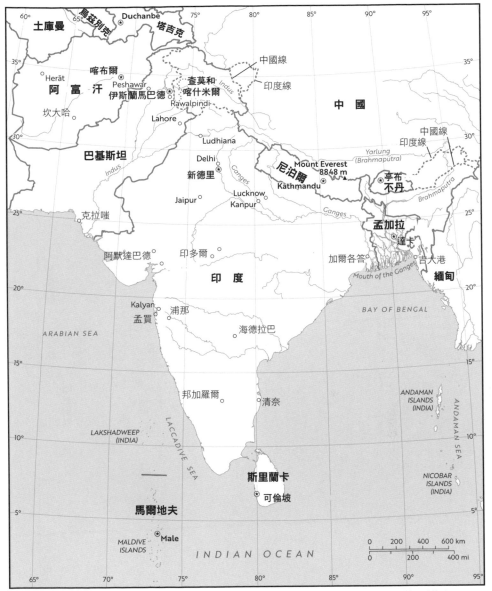

土庫曼
烏茲別克
塔吉克
Duchanbe
喀布爾
Herāt
阿富汗
Peshawar
坎大哈
伊斯蘭馬巴德
查莫和
喀什米爾
Rawalpindi
Lahore
巴基斯坦
Ludhiana
Delhi
新德里
Jaipur
克拉嗤
阿默達巴德
印多爾
印度
Kalyan
孟買
浦那
海德拉巴
邦加羅爾
清奈
LAKSHADWEEP
(INDIA)
馬爾地夫
MALDIVE
ISLANDS
Male

中國線
印度線
中國
中國線
印度線
Yarlung
(Brahmaputra)
尼泊爾
Mount Everest
8848 m
Kathmandu
Lucknow
Kanpur
Ganges
Ganges
Indus
Indus
亭布
不丹
Brahmaputra
孟加拉
達卡
加爾各答
吉大港
Mouth of the Ganges
緬甸

ARABIAN SEA

BAY OF BENGAL

ANDAMAN
ISLANDS
(INDIA)

ANDAMAN SEA

LACCADIVE SEA

斯里蘭卡
可倫坡

NICOBAR
ISLANDS
(INDIA)

INDIAN OCEAN

0   200   400   600 km
0   200   400 mi

Map © 2020 Springer Cartographics LLC. Based on United Nations map.

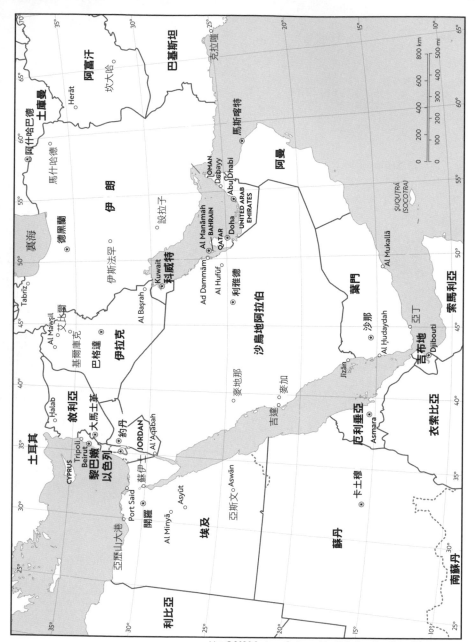

巴基斯坦

阿富汗

阿哈巴德
土庫曼
坎大哈

Herāt

克拉嗤

馬斯喀特

里海

馬什哈德

阿曼

Dạbayy
Abu Dhabi
OMAN

伊朗

德黑蘭

敦拉子

SUQUTRĀ
(SOCOTRA)

Tabrīz

伊斯法罕

Al Manāmah
BAHRAIN
Doha
QATAR
UNITED ARAB
EMIRATES

科威特
Kuwait

Ad Dammām
Al Hufūf
利雅德

Al Mukallā

葉門

Al Basrah

艾比爾

Al Mawsil
基爾庫克

巴格達

伊拉克

沙烏地阿拉伯

沙那
Şan'ā'
Al Hudaydah

亞丁

吉布地
Djibouti

麥地那

麥加

Jīzān

厄利垂亞

索馬利亞

土耳其

敘利亞

Halab

大馬士革

約旦
JORDAN

Al 'Aqābah

吉達

Asmara

衣索比亞

Tripoli
Beirut
黎巴嫩
CYPRUS
以色列

蘇伊士
Port Said

卡土穆

亞斯文 Aswān

Asyūt

開羅

蘇丹

Al Minyā

埃及

亞歷山大港

利比亞

南蘇丹

地圖五　伊朗

亞美尼亞
亞塞拜然
土庫曼

土耳其

ĀZARBĀYJĀN-E
KHĀVARĪ
ĀZARBĀYJĀN-E GHARBĪ

Orūmīyeh
Tabrīz
ARDEBĪL
Ardabīl

Rasht
GĪLĀN
Zanjān
ZANJĀN

KORDESTĀN

CASPIAN SEA

Sarī
MĀZANDARĀN

德黑蘭
TEHRĀN
Semnān

馬什哈德

SEMNĀN

Sanandaj

HAMADĀN

KERMĀNSHĀH
Hamadān
MARKAZĪ
Qom

朗
呼羅珊

Kermānshāh

Ārāk
伊

阿　富　汗

巴格達

Īlām
LORESTĀN

伊拉克

ĪLĀM
Khorramābād
ESFAHĀN
伊斯法罕

Shahr-e Kord
KHŪZESTĀN
CHAHARMAHĀL VA-BAKHTIYĀRI

Yazd
YAZD

Ahvāz

BOYERAHMAD VA-KOHGILUYEH

Kermān

Zahedān
巴基斯坦

Yāsūj

KERMĀN

設拉子
FĀRS

SĪSTĀN VA BALŪCHESTĀN

科威特
Kuwait

Badar-e Būshehr
BŪSHEHR

PERSIAN GULF

沙烏地阿拉伯

麥納麥
巴林

卡達
杜哈

HORMOZGĀN
Bandar-e 'Abbās

STRAIT OF HORMUZ

阿拉伯聯合大公國

阿布達比

阿曼

阿曼

GULF OF OMAN

0　100　200　300 km
0　100　200 mi

Map © 2020 Springer Cartographics LLC. Based on United Nations map.

地圖六　北韓

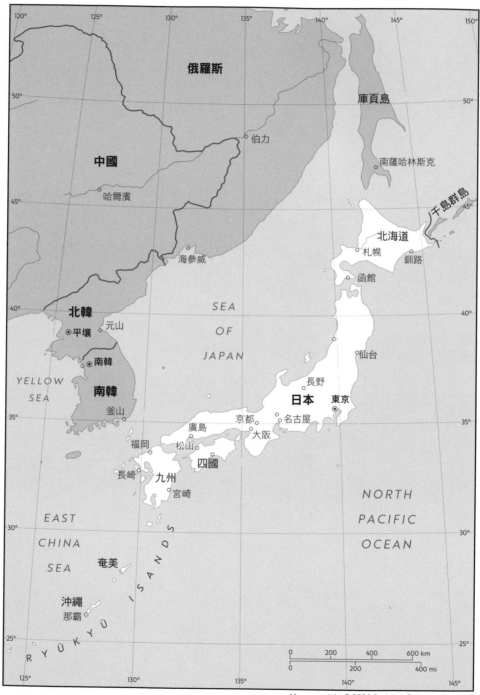

俄羅斯

庫頁島

中國

伯力

南薩哈林斯克

哈爾濱

千島群島

海參威

北海道

札幌

釧路

函館

北韓

元山

⊙平壤

SEA

OF

JAPAN

仙台

⊙南韓

長野

南韓

日本

東京

YELLOW
SEA

京都

名古屋

釜山

廣島

大阪

福岡

松山

四國

長崎

九州

宮崎

EAST

CHINA

奄美

SEA

NORTH

PACIFIC

OCEAN

沖繩

那霸

R Y Ū K Y Ū   I S L A N D S

| 0 | 200 | 400 | 600 km |
| 0 | 200 | 400 mi |

地圖七 北極

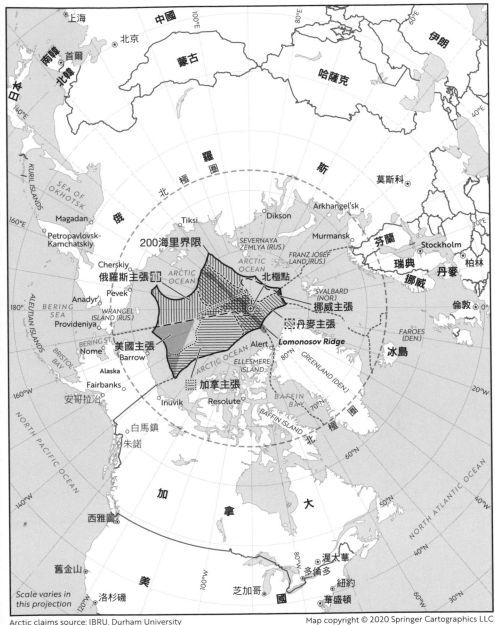

Arctic claims source: IBRU, Durham University

前言

　　當我們對事實真相的需求孔急時，我們的許多智慧也被浪擲了。

　　這不是大多數人要我寫的一本書。我的朋友、經紀人、編輯，甚至我的家人都希望我寫一本有關我在白宮經驗的書，以佐證他們對唐納·川普總統的看法。支持川普的人希望我能將他描述成一位非傳統領導人，說他儘管狀似輕率傲慢，但能訂定、執行為美國利益加分的決定、政策。反對川普的人則希望我能把他說成一個偏執自戀狂，以證明他們認定他不適任總統大位的看法。而且他們要我立刻動筆，好讓這本書趕得上影響2020年總統選舉選情。雖說寫這樣一本書或許有利可圖，但我不認為它對大多數讀者有利、或能讓他們滿意。美國以及其他自由開放社會的政治現狀兩極化已經為我們帶來太大破壞，我要寫一本能超越政治語言的尖酸刻薄，能幫助讀者進一步了解我們的安全、自由與繁榮正面對嚴重挑戰的書。我希望這樣的書能拋磚引玉，讓我們採取有意義的討論與果決的行動，以克服這些挑戰。

　　2017年2月17日星期五，我在費城走訪智庫「外交政策研究所」（Foreign Policy Research Institute）開會。我之前主持過2014年俄羅斯兼併克里米亞、入侵烏克蘭的一項研究，這次會議的目的就在於討論這項研究的成果。身為「美軍戰力整合中心」（Army Capabilities Integration Center）副總監，我的職責就是設計未來的美軍。為履行這項職責，我設法了解俄羅斯如何將傳統與非傳統軍事力量、搭配網路攻擊與資訊戰結合在一起——即我們所謂的「俄羅斯新世代戰爭」（Russia New-Generation Warfare，簡稱RNGW）。這項研究建議如何加強今後美軍戰力，嚇阻、必要時擊敗任何運用類似能力對付美國或我國盟友的軍隊。我們以唐‧史塔利（Donn Starry）將軍對1973年以阿戰爭的研究為模型，展開我們的研究。史塔利將軍的研究成果，協助推動了美軍在越戰戰後，以戰鬥理論、訓練與領導人養成改革為基礎的一波復興。在美軍於1991年波斯灣戰爭中以一面倒的優勢擊潰薩達姆‧海珊的軍隊，在美軍於2001年入侵阿富汗、隨於2003年入侵伊拉克並取得初步勝利之後，俄國、中國與其他國家紛紛開始研究美軍，我很清楚這件事。

　　身為歷史人與軍人，我相信「軍隊總是為打上一場戰爭做準備」*這句老話錯了。因為一旦爆發戰爭，不能深入研究近年戰陣經驗、不知研究歷史的軍隊會像是瞎子。[1]我相信美軍如果想保有對潛在敵人的優勢，就得記取歷史教訓。

　　我打算在這次外交政策研究所會議中，首先談談「俄羅斯新世代戰爭」如何結合虛假訊息、否認與顛覆科技達到心理與實體

---

* 編按：意思是軍事研究經常被過去歷史的經驗主宰，而不是為了未來的下一場戰爭做準備。

效應。俄羅斯總統弗拉基米爾·普丁與他的將領,要在不致招來美國與北約組織諸國軍事干預的情況下達到他們的目標。「俄羅斯新世代戰爭」這一著似乎有效,而且我想,我們大概還會見到更多類似狀況。這些事件影響很大。從網路攻擊到政治顛覆、到暗殺,到2008年使用武力入侵喬治亞,俄羅斯十年來以各種形式發動侵略。自第二次世界大戰結束迄今,這是首次有國家以武力改變了歐洲版圖。嚐到這些勝利甜頭的普丁,今後很可能變本加厲。

　　那是個暖和的2月天。當我愉快地走在核桃街(Walnut Street)上時我的電話響了。是白宮副幕僚長凱蒂·華爾希(Katie Walsh)從華府打來的。她問我,能不能在那個周末飛到佛羅里達與川普總統面談,討論出任川普總統國家安全事務助理的問題。我答應了,隨即打電話給我太太。她也叫凱蒂,她已經習慣接到一些突然改變我們人生的電話,這通電話就是一個例子。

　　我與《費城問訊報》(*Philadelphia Inquirer*)記者楚蒂·羅賓(Trudy Rubin)有約在先。楚蒂對複雜的中東問題總有獨到見解,與她討論中東情勢讓我獲益匪淺。她曾經準確預言美國在第二次伊拉克戰爭中遭遇的許多問題,還說美國沒有做好應付這些挑戰的準備,對這些挑戰「故意視而不見」[2]。我們都認為,雖說許多人爭的往往是「美國是否應該入侵伊拉克」,但其實我們更應該問的是,誰認為打伊拉克很簡單,還有為什麼。楚蒂即將返回敘利亞,就敘利亞內戰引發的人道災難,以及恐怖組織伊斯蘭國崛起的問題提出報告。我們也一致認為，中東用兵的最大難處在於如何在敘利亞與伊拉克謀得一種持久的政治成果，以消滅ISIS與終結中東各地的人道災難。我把接到華府那通突如其來電話的事告訴她，她說希望我能獲選。楚蒂並不支持川普，但他是民選總統，而且現在是多事之秋。她與我都認為，近年來，權力均勢已經轉而不利於美國與其他自由、開放社會。我們相信，主要由於我們未能認清美國安全、繁榮與影響力面對的新挑戰，這種逆轉大體上是我們自找的。

在軍中服務讓我有機會與美軍、情報機構與外交使節團人員並肩合作，執行華府下達的政策與戰略。我即將邁入軍旅生涯的第34個年頭，也正在考慮退役。身為美軍，特別是能身為指揮官，讓我深感榮幸。我的軍旅生涯差不多有一半在海外度過，其中包括超過五年的戰鬥任務。回憶往事，特別是那些與隊友出生入死的征戰歲月，總令我戀戀不捨。他們彷彿我的家人，他們願意為我不辭勞苦，甚至願意為我付出他們的生命。我不願退役，因為我覺得我對他們有責任，而他們之中有許多人仍在海外戰場上服役。

在戰鬥部隊服役讓我有機會捨身報國，但也是一種艱苦、有時令人忿忿不平的經驗。艱苦是因為你得見證戰爭的恐怖，你得眼見青年男女為我們國家、為我們彼此勇敢奮戰、無私地犧牲奉獻。令人忿忿不平是因為我們的一些政策與戰略假定，與伊拉克、阿富汗這類戰地的實際情勢出入太大。擔任國家安全顧問能給我一個機會，讓我協助這位顯然獨具一格的新總統，幫他質疑這些假定，縮小海外實情與華府幻想兩者之間的差距。楚蒂知道我對政治毫無興趣；遵照喬治・馬歇爾（George C. Marshall，二次世界大戰勝利的總建築師）將軍留下的傳統，我甚至不投票。我如果獲選，會像過去為先後五位總統效力一樣，為川普總統效力。

23 分鐘的戰鬥

　　我相信我們正處於一個新紀元開端的尾聲。在上個世紀結束時，美國與其他自由開放社會有十足的理由充滿自信。由於蘇聯解體，冷戰已經隨著共產黨獨裁政權的敗北而結束。之後，在1991年波斯灣戰爭期間，美國組建的多國聯軍展現驚人軍事力量，一舉打垮海珊的軍隊，解放了科威特。但冷戰結束後，美國與其他自由開放社會忘了一件事：必須夙夜匪懈、戒慎恐懼才能保有他們的自由、安全與繁榮。美國與其他自由國家都滿懷信心——太自信了。過度自信帶來自滿。我曾眼見這種信心不斷滿溢帶來的惡果。

　　1989年11月，我們的騎兵團在西德科堡（Coburg）附近巡邏。16世紀，宗教改革的先驅馬丁・路德就在這裡將聖經翻譯成德文。當時身為第二裝甲騎兵團「老鷹部隊」（Eagle Troop）上尉軍官的我，無時無刻不生活在緊張的競爭壓力中。我們的團負責在一條帶狀「鐵幕」執行巡邏。這分割民主與獨裁歐洲[3]的鐵幕，可是貨真價實的鋼鐵要塞，目的在把被征服的人民關在裡

面，把自由擋在外面。這座「幕」建在距離兩德邊界老遠的東德
境內，是一座十英尺高、布滿通電鐵刺網的鋼筋水泥圍牆。隔牆
有一條路。東德邊界警衛駕著吉普車在那條路上穿梭巡行，在路
邊的泥土上尋找足跡。接下來是一條深溝，防止意圖逃往西德的
人駕車強闖。深溝再過去又是兩排柵欄，柵欄中間是一條寬一百
英尺的雷區。僥倖穿越這條雷區的人還得跨過一處三百英尺寬的
無人地帶。我的幾名士官曾經眼見東德警衛在無人區對手無寸鐵
的平民開火。這是個非常堅固的系統，但它畢竟是人造的。1989
年11月9日，它垮了。一名面容困惑的東德政治局委員宣布，東
德人可以使用一切邊界通道渡口「永久離開」東德。東德人開始
在科堡附近的圍牆門邊，隨即東德警衛退後，把門打開。成百、
之後成千、再之後數以萬計的東德人穿越圍牆。那天我們派在圍
牆邊執行巡邏任務的裝騎團斥候隊得到無數擁抱、鮮花與酒。處
處是喜悅與喜極而泣的人。柏林人湧在牆邊用鑿子鑿著這座自
1961年以來分隔兩德的圍牆。圍牆垮了。東德政府垮台。蘇聯
分崩離析。我們打贏了冷戰。

　　但接下來，一場熱戰在距離鐵幕很遠的地方爆發了。薩達
姆・海珊身為伊拉克獨裁者的第一個十年統治於1989年接近尾
聲。他按理說應該疲累不堪才是。他在1980年發動一場與伊朗
的惡戰，打了八年，死了60幾萬人。海珊自1979年奪權以來，
一直運用一種史達林式高壓統治手段，在人口2200萬的伊拉克
殺了100多萬自己的人民——包括發動一場種族滅絕戰爭，用毒
氣屠殺整個村落的無辜男女老幼，殺了約18萬庫德族人。但在

1990年，海珊不但不覺疲累，反而認為阿拉伯世界對他虧欠甚多。難道他不曾對抗什葉派伊斯蘭革命、保衛遜尼派伊斯蘭教與阿拉伯世界？難道科威特、沙烏地阿拉伯與其他阿拉伯國家對他沒有虧欠、不該付錢幫他支付戰費？

　　1990年7月，海珊的戰車隆隆開往伊拉克南疆，8月2日，當30多萬伊拉克大軍的先頭部隊湧入科威特、將這個富庶小國作為伊拉克第19省併吞時，美國駐伊拉克大使正在倫敦。美國總統喬治‧布希（George H. W. Bush）與他的團隊組建了一個35國同盟，保證海珊的兼併「時日不多」。

　　1989年11月巡邏東西德邊界的那些美軍，在目睹鐵幕解體幾乎正好一年之後抵達沙烏地阿拉伯。三個月後，盟軍從伊拉克西部沙漠發動一場所謂「左勾拳」的大規模包夾攻擊，打垮海珊的「共和衛隊」（Republican Guard），打開前進科威特的大門，而老鷹部隊就是這記左勾拳的先頭部隊。

　　我軍於濃霧深鎖的2月26日早晨出發，之後霧氣消，代之而來的是捲起漫天狂沙的強風，能見度有限。我們的偵察直升機無法起飛。當時下午四時剛過。我們以編隊方式挺進。麥克‧佩希克（Mike Petschek）中尉領導的第一排是尖兵排，以六輛布萊德雷（Bradley）裝甲戰鬥車，每輛戰鬥車載一個斥候班，配備一門25公釐機砲與一個拖式（TOW）反戰車飛彈發射器。提姆‧高席爾（Tim Gauthier）中尉領導的第三排是另一尖兵排，走在我們的南翼。我們的戰車以九車楔形陣勢跟在兩個尖兵排之後進發，我的戰車居中。麥克‧漢米爾頓（Mike Hamilton）

中尉的第二排走在我的戰車左側，傑夫‧德史蒂芬諾（Jeff De Stefano）中尉的第四排在我的戰車的右側。我們的132名士官兵都訓練有素，對他們的裝備與同袍充滿信心，互信、互敬與互愛將他們結合在一起。當時我28歲，能身為這樣一支勁旅的指揮官真是與有榮焉。

以21世紀的標準來說，我們這支部隊並不很高科技。我們有三個在當時還很新穎的「全球定位系統」（Global Positioning Systems）。不過由於這些裝置不時失靈，在這一片平坦、廣闊無垠、毫無標的可尋的沙漠中行軍，我們主要只能依靠航位推測。由於沒有地圖，我們不知道我們正沿一條與穿過一座荒廢小村、進入科威特的道路平行的路前進。我們也不知道我們即將闖進一處老伊拉克練兵場。伊拉克的一個共和衛隊旅與一個裝甲師不久前才進駐這裡，奉命阻擋我軍。

這個共和衛隊旅的旅長默哈麥（Mohammed）少校對附近地形知之甚詳。1980年代，當美國力圖拉攏伊拉克以對付伊朗之際，默哈麥曾在喬治亞州班寧堡（Fort Benning）受過步兵軍官進階班訓練。默哈麥的防務做得很好。他用防空砲將小村要塞化，布署他的步兵進入防護陣地。練兵場位於一處略微隆起的山脊上，隆起走勢與那條由東向西、穿過小村的道路呈直角，默哈麥就利用這樣的地形布署他的「反斜面」（reverse slope）防衛陣地。

他建了兩個接敵區，也稱「殺戮口袋」。他在山脊東面埋下地雷，在另一面掘壕布署了約40輛戰車與16輛裝步戰鬥車。他的計畫是，當我們越過山脊時將我們個個擊破。數以百計的伊拉克步兵藏身在裝甲車輛之間的碉堡與戰壕中。他在更偏東的另一處微微隆起的山脊建了他的指揮所，並布署18輛T-72戰車作為預備隊。

下午4點7分，上士約翰‧麥克雷諾（John McReynolds）的布萊德雷裝步戰鬥車開上一座負責提供預警的伊拉克碉堡的頭頂，兩名伊拉克士兵走出來投降。麥克雷諾的搭檔摩里斯‧哈里斯（Maurice Harris）士官的戰鬥車，在滾滾黃沙中對小村進行掃描時遭到攻擊。哈里斯用他的25公釐砲展開還擊。高席爾中尉隨即驅車向前，射出一枚拖式反戰車飛彈。一場23分鐘的惡鬥隨即展開。

我們的戰車同時向那荒村射出九枚高爆彈，我們隨即獲准向東70度線——地圖上一條南北走向的方格線——進軍。我們改採戰車前導的隊形。我下令第二與第四排「跟著我行動」，於是我的戰車越過原本擔任尖兵的布萊德雷戰鬥車，走在最前面。當我的戰車跨過那處山脊時，我的砲手克萊格‧柯赫（Craig Koch）與我同時發現敵蹤：就在不遠的地方，有8輛T-72戰車列成陣勢對著我們。柯赫叫道，「戰車在正前方。」我們整組組員一起動起來。我們開砲，射擊後砲管因為後座力猛然後退再回歸原位，同時讓空彈殼退出。敵戰車化成一團巨型火球。一兵傑夫瑞‧泰勒（Jeffrey Taylor）將一枚脫殼穿甲彈上膛。這是一種重14磅的「貧化鈾」彈，離開砲管後速度為每秒兩公里。他緊靠砲塔壁以躲開因後座力向後猛退的砲管，一邊高喊「上！」我們用大約10秒鐘時間毀了3輛敵戰車。

　　我們另8輛戰車隨即來到山脊，立即加入戰團。大約一分鐘過後，我們戰車砲射程所及一切目標都已經籠罩在熊熊火焰中。戰車駕駛員克里斯・海登斯柯（Chris Hedenskog）告訴我，「長官，我們剛闖進一處雷區。」他知道車輛在敵軍殺戮口袋中停下來非常凶險，因為敵戰車可以在這裡集中火力。我們可以先聲奪人、一鼓作氣，將實體優勢化為心理優勢，將敵軍殺個措手不及。於是我們的戰車繞過反戰車雷區，布萊德雷戰鬥車與其他車輛隨著我們的軌跡緊跟在後。我們壓過一些人員殺傷雷，它們炸了，但傷不了我們。我們的訓練有了回報。麥克雷諾後來憶道，「我們不必聽命行事，一切只是本能自然反應。」

　　就在我們肅清西面防禦陣地時，無線電傳來副連長約翰・吉福（John Gifford）的聲音，「我知道你們不愛聽到這消息，不過你們不能再前進了；你們已經在東70度線上了。」我回覆說，「告訴他們我們不能停。告訴他們我們必須繼續攻擊。告訴他們我礙難從命。」現在停下來會讓敵人重振旗鼓。我覺得我們既已勝券在握，就必須迅速結束戰鬥。美軍騎兵文化鼓勵主動，我們既已揮出重拳就得再接再厲，半途而廢變數過大，我們輸不起。

　　我們隨即來到第二處隆起的山脊，進入敵軍預備隊的圓形周邊。伊拉克戰車長急著布署以對付我們，但太遲了。我們在近距離毀了所有18輛戰車。然後我們停下來。射擊目標已經沒了。火力支援官丹・戴維斯（Dan Davis）中尉招呼砲兵對再往東去的燃油與彈藥庫發動一輪猛轟。零星戰鬥持續進行，但主攻前後只打了23分鐘。

　　老鷹部隊打垮一支規模比它大得多、占盡防衛地利的敵軍，而且本身毫髮無傷。綜觀全局，美軍也在這場戰爭中大獲全勝。美國人因波斯灣戰爭的軍事勝利而信心大增。但所以有這場壓倒性勝利，除美軍的素質優勢以外，「將科威特交還科威特人」的單純政治目標也是重要因素，而分析家們低估了這些因素。他們認為，今後的敵人仍將重蹈海珊覆轍、按照我們的條件與美軍與盟軍在戰場對決，而不會想方設法打一場不對稱戰爭。沒錯，我們在冷戰中擊敗蘇聯，但許多人忘了美國與盟國當年對他們的對手知之甚詳，當年的我們知道這場鬥爭茲事體大，知道如何訂定長期戰略以維護安全、促進繁榮、延伸影響力。

三個錯誤、三種危機

　　回憶起來，老鷹部隊當年在德國科堡、以及之後在伊拉克沙漠中那場後來人稱「東73度線之戰」的經歷，標示著一個時代的結束。[4]就在1990年代，美國領導人因波斯灣戰爭與冷戰的勝利樂得暈頭轉向，忘了美國還得在外交事務上競爭。科堡同時也是漢斯‧摩根索（Hans Morgenthau）的誕生地。摩根索在1937年逃出納粹德國，成為國際關係理論大師。1978年，在與艾瑟‧波森（Ethel Person）合著的最後一篇論文〈自戀的根源〉（The Roots of Narcissism）中，摩根索感嘆美國的外交政策一味強調自我，認為這種作法只會讓美國野心過大，導致其他國家與美國漸行漸遠。隨著冷戰結束，世界進入政治分析家柯翰默（Charles Krauthammer）所謂「單極時刻」，美國的信心有增無已。舉世唯一超強的地位讓美國志得意滿，一心一意只想到自己，對其他國家對今後世事變化的影響力視而不見。美國開始只憑自己的抱負與渴望詮釋世局。[5]

過度樂觀與一味強調自我，造成美國對後冷戰新時代的三項誤判。首先，許多人相信西方國家在冷戰的勝利意指「歷史的終結」，意指政治思想家法蘭西斯・福山所謂「西方自由民主普世化成為人類政府的終極形式」。[6]儘管福山也曾提出警告說，偏向民主的意識形態共識並非必然結論，但許多人認為，由於歷史走勢使然，自由開放社會必將戰勝專制與封閉社會，自由市場資本主義必將擊敗專制、封閉式經濟系統。意識形態之爭已經結束。

其次，許多人認為，在老布希期待的「新世界秩序」（New World Order）——一個國家行為準則不再是弱肉強食、而是依法而治的國際體系——中，舊有國際關係與競爭規則不再適用。後冷戰世界一國獨大。俄羅斯在蘇聯解體後已經式微。中國的經濟奇蹟才剛展開，中國共產黨謹守最高領導人鄧小平的指示「韜光養晦」。國際共治社群的出現也削弱了競爭的必要；大家可以一起工作，透過國際組織解決世上最緊迫的問題。[7]大國競爭已經走入歷史。

第三，許多人斷言，美國在1991年波斯灣戰爭中展現的軍事實力是一項「軍事事務革命」，讓美軍無論面對任何潛在敵人都能達到「全方位支配」目標。擁有絕對科技優勢的美軍可以擊敗任何膽敢挑釁的對手，取得迅速而決定性的勝利。[8]美國再也不用擔心受到他國的軍事威脅。

這三個作為美國決策基礎的假設不僅過於樂觀，也造成自滿與傲慢（hubris）。「hubris」是古希臘名詞，意指極度驕傲導致過度自信，往往帶來不幸。在希臘悲劇中，英雄經常不理會禍事將至的警告，超越人類極限逆天行事。在後冷戰的新時代，太多美國政策、政治與軍方人士正因為自滿與傲慢，而對質疑前述三個假設的警告充耳不聞。

首先，專制死灰復燃。1990年代末期，市場導向的改革在俄羅斯失敗，普丁在選戰中脫穎而出。普丁原是「俄羅斯聯邦安全局」（Russian Federal Security Service，簡稱FSB，前身是KGB）一名沒沒無聞的頭子。美國國會領導層戰略顧問大衛・溫斯頓（David Winston）在《胡佛文摘》（*Hoover Digest*）2000年4月號期刊中提出警告說，這位新當選的俄國總統「會非常渴望走回專制與大國主義的傳統老路」，而且「可能透過軍力與征服的傳統角度觀察俄羅斯的命運與他的統治」。但事實上專制並沒有真正離開。儘管許多人預測北韓專制政權崩潰在即，但失去蘇聯援助的北韓勒緊褲帶，挺過一場大饑荒，用一紙軟弱無力的核武協議從西方與南韓榨取金錢與商品，還把獨裁政權從1948年以來所謂「偉大領袖」金日成轉移到他的兒子「親愛領袖」金正日手裡。同時在伊朗，隨著伊斯蘭革命加緊神權獨裁管控，一場新改革運動已經無疾而終。

其次，一場新的大國競爭出現。中國先對1991年波斯灣戰爭的過程全程緊盯，接著在1996年台海危機中弄得灰頭土臉。在這場危機中，中國試圖以飛彈威懾台灣，但面對美國展現的強大軍力終於不敢輕舉妄動。在台灣海峽會師的兩個美國航空母艦戰鬥群，充分暴露中國解放軍海軍相對於美國海軍的劣勢。但隨著中國經濟成長，解放軍也在成長。中國開始耀武揚威了。2001年4月1日，解放軍殲-8戰鬥機飛行員王偉在南中國海上空以挑釁意味濃厚的做法威懾美國海軍一架EP-3情報偵蒐機。在兩度近距穿越美機飛行路線之後，他做了誤判，殲-8撞上美機鼻錐與推進器。殲－8碎裂，EP-3緊急迫降海南島。王偉的屍體一直沒有找到。中國將24名美機機組人員拘留了11天。[9]美國在波斯灣戰爭與台海危機中展現的軍力，以及南海緊張情勢的持續升溫，使中國展開有史以來最大規模的和平時期建軍行動。

第三，在中國開始挑戰所謂美國「軍事霸權」之際，「聖戰」與伊朗支持的恐怖組織也展開伺瑕抵隙的「不對稱攻擊」。1980年代阿富汗戰爭與波斯灣戰爭之後，聖戰式恐怖運動逐漸壯大。它的領導人用扭曲了的遜尼派伊斯蘭教義招募新血，合理化對「遠敵」美國與歐洲、「近敵」以色列與阿拉伯王權的暴力攻擊。集體謀殺手無寸鐵的人成為他們最愛使用的戰術。1993年2月26日，生長在科威特、在阿富汗參加過基地組織訓練營的巴基斯坦恐怖分子拉吉‧尤塞（Ramzi Yousef），與他的約旦同夥駕車進入紐約市世貿中心底下的停車場。兩人先在澤西市（Jersey City）一所公寓造武器，之後將造好的1200磅炸彈裝上一輛黃色萊德（Ryder）房車。這次爆炸事件造成6人死亡，1000多人受傷。尤塞原本希望這次爆炸能炸毀世貿一號大樓，一號大樓炸毀後倒向二號大樓，能在兩座大樓內奪走據他估計約25萬條人命。三年後，「真主黨」（Hezbollah）恐怖分子（在伊朗支援下）攻擊駐在沙烏地阿拉伯達蘭（Dhahran）霍巴塔（Khobar Towers）的美軍，造成美軍19死372傷的慘劇。1988年4月，基地組織從阿富汗發出「追殺狀」（fatwa，伊斯蘭教的一種宗教裁決），要求教徒在全球各地不分青紅皂白地追殺美國人與猶太人。隨後，在那年8月，基地組織付諸行動，同時對肯亞首都奈洛比、坦尚尼亞首都三蘭港的美國大使館展開炸彈攻擊，有224人死亡，5000多人受傷。在肯亞遇害的人有12人是美國公民。但基地組織沒有就此罷休。2000年10月12日，美國海軍驅逐艦「科爾號」（Cole）停泊葉門亞丁加油。上午11點18分，一艘滿載C4炸藥的玻璃纖維艇衝向科爾號左舷，在撞擊後爆炸，在左舷炸開一個40乘60英尺的大洞，17名水手遇害。[10]中央情報局局長詹姆斯・伍爾西（James Woolsey）將軍在1993年指出，「沒錯，我們斬了一條大龍，不過我們現在生活在一個各式各樣毒蛇蠢動不已的叢林裡」。[11]在世紀更迭之際，伍爾西這番話更加發人深省。但在這新的世紀，世上自由與開放社會不僅面對許多毒蛇，還得與大龍對抗。[12]

照理說，這一切種種地緣政治新貌既與理想化新世界秩序大不相同，美國自當重新評估它的外交政策與國家安全戰略，對後冷戰世局的樂觀看法提出質疑。但美國沒有。比爾・柯林頓總統在2000年12月「國家安全戰略」（National Security Strategy）報告前言中有以下一段敘述：

> 當我們邁入千禧年之際，美國擁有史上最強的軍隊，享有前所未有的繁榮，內無過深的分裂，外無過激的威脅，身為美國人真是何其幸福。過去的美國人夢寐以求的是，有一天美國能擁有以上任何一項福祉。期待享有這一切的美國人大概少之又少，認為能同時享有這一切的就更加寥寥無幾了。[13]

就這樣，在新舊世紀之交，美國渾渾噩噩、連連惡夢。像古希臘神話的伊卡洛斯（Icarus）一樣，美國領導人對慎勿過於樂觀與自滿的警告充耳不聞。伊卡洛斯的父親告誡他，不要飛太低，以免海水濕了他的翼，也不要飛太高，以免陽光融了他的翼。但伊卡洛斯因為飛得太靠近太陽，翅膀融化，最後墜落海中溺死。在2001年9月11日大慘案爆發以前，美國已經飛得太高。

進入新世紀以後，三次驚天動地的巨變讓美國信心重挫。首先，基地組織在2001年9月11日對紐約、華府與賓州發動的大屠殺式攻擊，像一場突如其來的大地震一樣，讓美國籠罩在一片愁雲慘霧中。這次事件奪走了近3000條無辜生命；遭到生理與心理創傷的人更加不計其數。單就事件造成的實體損失而言就高達360億美元，若計入事件對美國與全球經濟造成的影響，成本更加匪夷所思。[14]

其次，伊拉克與阿富汗戰事曠日持久，難度不斷增高，鮮血與財物成本也像九一一恐攻事件的餘震一樣，隆隆而至。

第三，2008年金融危機威力不下海嘯。事件展開之初，只是次級房貸與衍生債（根據過度高估的房價與壞帳訂定的合約）浮濫造成的地底震盪。但隨即海嘯來襲，引發自1929年大蕭條以來最嚴重的經濟災難。房價重挫31%，比大蕭條時代跌幅猶有過之。美國財政部為刺激經濟，為銀行撥款近4500億美元，其中3600億投入房地美（Freddie Mac）、房利美（Fannie Mae）與美國國際集團（AIG）。[15]這場危機雖說過去，但直到兩年以後，美國失業率仍在9%以上徘徊，許多工人在沮喪之餘根本放棄了找工作的念頭。

自信與畏縮

九一一事件之後七年間，樂觀與自信逐漸腐蝕，在2008年過後由悲觀與畏縮取而代之。2009年，新總統主要根據他對伊拉克戰爭的反對，以及世人對美國激進對外政策的質疑訂定他的外交政策。在2013年6月的一次演說中，巴拉克·歐巴馬總統以戰費以及金融危機過後「不斷升高的債務與艱困的經濟歲月」為由，宣布計畫從阿富汗撤出三萬三千美軍。他說「戰爭浪潮正逐漸消退」，「專心投入國內重建的時機已至」。[16]

在歐巴馬總統眼裡，伊拉克戰爭是美國人過度介入海外事務的案例。《大西洋雜誌》傑夫瑞·高伯格（Jeffrey Goldberg）在歐巴馬第二任任期即將屆滿前訪問歐巴馬，發現歐巴馬「總是以他心目中認定的美國過去海外政策的失敗為手段，制壓美國的自以為是」。「新左派」對外交政策的詮釋，頗獲歐巴馬以及許多為他工作的人同情。根據新左派的詮釋，所謂西方資本帝國主義是世界問題的主要根源。歐巴馬總統說，「我們有壞紀錄。我們有在伊朗的壞紀錄，我們有在印尼與在中美洲的壞紀錄。所以一旦談到干預，我們必須仔細想想我們的紀錄，以了解其他人為什麼會對我們充滿猜忌。」[17]新左派對歷史的詮釋有一個前提，就是：過度強大的美國往往不是世界問題解決之道，而是造成世界問題的源頭。再以伊卡洛斯的故事為喻，在歐巴馬政府主持下，我們開始飛得太低了。

　　多年來的歷屆美國政府，在外交政策與國家安全戰略上，往往犯下摩根索「戰略自戀」（Strategic Narcissism）論所舉出的錯誤：只從與美國有關的角度看世界，認為世局走向主要依賴美國的決策或計畫而定。戰略自戀導致過度自信與畏縮兩種心態，這兩種心態都認定美國的決策主宰世局發展，都低估其他國家對今後世事發展的影響力。

　　布希政府時代過度樂觀的外交政策，造成美國對戰爭風險的低估，2003年入侵伊拉克就是這樣的例子。歐巴馬政府對海外用兵效益的過於悲觀，則導致美國低估了坐視不行動的風險。2011年美軍全面撤出伊拉克，坐視阿薩德（Assad）政權2013年用化學武器集體屠殺敘利亞人、不採取軍事報復行動都是這類例子。

　　這兩種戰略自戀形式主要都基於一廂情願，認為事態會按照自己期望的方式發展。我曾身受這類戰略自戀效應之害，經常不得不執行一些表面上狀似用來解決問題、卻與問題脫節的計畫。這是因為戰略自戀使領導人根據他們一廂情願的想法、而不根據情勢需求訂定政策與戰略。這類政策與戰略的基本假設表面上頭頭是道，於是往往為人照單全收。當我飛往佛羅里達州棕櫚灘（Palm Beach）接受一位我從未謀面的男子面談時，我心想，如果有機會得到這份工作，我一定要設法重建美國的戰略能力。我認為要完成這個目標，第一步就要用歷史學者薩夏利·蕭爾（Zachary Shore）的戰略同理心概念──即蕭爾所謂「了解驅動、制約敵手的是什麼的技巧」[18]──以匡正戰略自戀。在海湖莊園與川普總統的面談中，我強調美國近年來未能維持競爭優勢，遂讓勁敵坐大，讓我們的國力與影響力式微，川普總統似乎也有同感。誠如國防事務專家薛德麗（Nadia Schadlow）在她的2013年論文〈競爭性交往〉（Competitive Engagement）中所說，「想在競爭中取勝，就得了解你自己與你的競爭對手。」[19]在費城接到那通電話之後僅僅三天，我成了總統的國家安全顧問，也隨即展開工作。我請薛德麗擔任國家安全戰略高級專員，研發有效提升美國競爭力的做法，將優勢重新扳回美國與世上自由開放社會這一邊。

　　要做的事很多。在抵達華府兩天後，我舉行了一次「全員」會議，向國安同僚們闡述我的看法：部分由於我們對外政策與國家安全戰略的自戀，我們戰略實力已經每況愈下。我們的職責就是為總統提供選項與整合戰略，幫助總統結合美國國力，與志同道合的夥伴一起朝明訂的目標邁進。不過，我們首先得找出挑戰，徹底了解它們，從「對方」的角度看清它們。我要求我們的團隊不僅要評估競爭、對手、敵人的利益，還要考慮驅動與制約他們的情緒、遠景與意識形態。我們提出的選項若經批准，將成為整合戰略。我堅持，這些戰略不僅必須明定目標，還要說明我們的假設——特別是預期我們與我們的夥伴可以得到多少授權、控制權以達標的有關假設。這些戰略必須與用以達標的手段與期望達成的目標合理搭配。我們還得盡力描繪戰略涉及的風險，並說明何以儘管有這些潛在風險，特別是人命成本風險，完成這些戰略目標仍然值得。隨後，根據我30多年軍旅生涯經驗、根據我從歷史角度鑽研國家安全的心得，我列出美國與國際安全面對的四類挑戰。這四類挑戰是我們為總統研擬整合戰略過程中的優先要務。

　　首先，有鑑於俄羅斯兼併克里米亞、入侵烏克蘭、干預敘利亞，以及對美國與西方持續不斷的政治顛覆，大國競爭已經強勢反彈。此外，習近平統治下的中國不再韜光養晦，隨著解放軍在南海加速造島、對內緊縮對人民的控制，中國已經在全球擴展它的外交、經濟與軍事影響力。其次，與2001年九一一恐攻事件相比之下，跨國恐怖組織的威脅猶有過之。恐怖團體不斷提升科技精密度與殺傷力。由於阿富汗與敘利亞兩處戰亂震央影響所及，他們招兵買馬，規模不斷擴大。第三，伊朗與北韓兩國的敵意更加凶險。平壤新獨裁者積極製造核子武器與長程飛彈。德黑蘭的老獨裁者在中東與世界各地大舉支持恐怖分子與民兵組織，讓戰火持續延燒，對以色列、阿拉伯國家與美國在中東的利益威脅越來越重。第四，從太空到虛擬空間、到資訊戰、到新興顛覆性科技競爭，帶來形形色色、複雜變化的新挑戰。此外，環境、氣候變遷、能源與食物與水源安全等各式各樣長程問題，也需要整合解決之道。

　　我們先為這些挑戰定調，作為訂定整合戰略的第一步，在這重定調過程中，我們特別注意加強能力。我們強調歷史的重要性。忽略或誤用歷史往往讓人拋開得來不易的教訓，讓人接受一些過度簡化的類比、看不清政策或戰略的瑕疵。了解挑戰如何成形的歷史能幫我們問對問題，幫我們避開過去的錯誤，預估「他者」將如何反應。

　　想預估未來首先得了解過去如何導致現在。政策與戰略必須以一種認知為基礎，這認知就是：競爭對手與敵人會影響事態日後發展。「他者」將如何反應部分取決於他們本身對歷史的詮釋。誠如前國務卿與國家安全顧問亨利・季辛吉所說，所有的國家「都自認是在表達歷史……但實際發生的往往沒有他們以為的那麼重要」。[20] 兩千五百多年前，中國軍事理論家孫子就曾寫道「知己知彼百戰不殆」。[21] 所以說，為克服戰略自戀，我們除了了解我們自己的以外，還必須努力了解我們對手的歷史觀。

　　不過，如果美國與我們的夥伴沒有克服威脅、保護自由與開放社會的信心，就算我們能提升戰略能力也於事無補。為重建與保有這種信心，我們得說清楚風險何在，講明白我們的戰略如何能以我們可以接受的成本完成可持續的成果。這就是英國首相溫斯頓·邱吉爾所說的,「能完全涵蓋起始與結尾、整體與細節、銘記在心、無時或忘的一種全方位觀點。」[22]

　　這本書談到的挑戰沒有一項能夠迅速解決;但戰略儘管要保有彈性,隨情況變化而調整,但必須能持之長久。也因此,一貫性與意志是戰略能力的重要層面。但我們的意志已經削弱。我們的外交政策從過度自信擺向畏縮,「身分認同政治」(identity politics)也與民粹主義新形式糾葛交纏。這種糾葛分化了我們,削弱了我們對民主原則、制度與程序的信心。我們要用同理心對待我們自己,對待他人,在討論我們面對的這些挑戰之際,我們要尋求共同了解,群策群力以謀子孫後世的自由與繁榮。我希望這本書有助於這些討論。

第一章

以鄰為壑：
普丁的恐懼、榮譽與野心

只有用盡全力，並且以天衣無縫、神鬼不知的手段善加利用敵人內部每一項最細微的弱點，才能戰勝強敵。──**列寧**

　　日內瓦是舉行秘密外交會議的理想城市。在日內瓦開會不會招人耳目。這座城市每年舉行3000多次官方會議，與會代表人數超過20萬。政府專機在機場起起落落。黑頭轎車與休旅車車隊在市街穿梭來去。來自友好與不怎麼友好國家的官員抵達彼此使領館，握手寒暄，在長形會議桌兩邊落座。2008年2月，我在美國駐聯合國與其他國際組織代表處會見俄羅斯國家安全會議（Security Council）書記尼古萊・帕特魯舍夫（Nikolai Patrushev）的會議，就屬於「不怎麼友好」這一類。在我於2017年年初出任國家安全顧問之後不久，帕特魯舍夫就要求與我會面，我同意了。我認為，在白宮與克里姆林宮之間，於普丁與川普兩位總統的層級之下另闢一條例行溝通管道很重要。當然，俄羅斯是一個核武大國，就算只為了避免誤解以減少戰爭爆發可能性，只有緊張關係也比沒有關係強。我們有很多要討論的事。

　　到2017年，俄國以侵略性戰略顛覆美國與其他西方民主國家的態勢已經明朗。俄國透過宣傳、假訊息與政治顛覆等各種手段，利用歐美社會的裂痕興風作浪，針對歐洲選舉與2016年美國大選發動的網路攻擊與資訊戰不過是其中一端。當社交媒體開始將美國與其他西方社會兩極化、鼓動社群相互撻伐之際，俄羅斯間諜發動網路攻擊，散播敏感資訊。儘管俄國領導人對此不斷否認，據報導，克里姆林宮正主導一項精心策畫的行動。[1]俄國也利用網路攻擊與駭客入侵破壞對手的能源產業等關鍵性基礎設施。美國2018年年初發現俄羅斯是「NotPetya」網路攻擊主謀就是一個例證。「NotPetya」首先侵入烏克蘭政府機構、能源公司、都市捷運系統與銀行，[2]隨後擴散到歐洲、亞洲與美國，造成全球各地好幾百億美元損失。[3]

我研究「俄羅斯新世代戰爭」（RGNW）多年，知道這是一種結合軍事、政治、經濟、網路與資訊手段的侵略形式，也盼望與帕特魯舍夫一晤，以進一步了解發動這項侵略的幕後動機。在與帕特魯舍夫會面一天之後，我在慕尼黑安全會議（Munich Security Conference）發表演說，誓言「美國將揪出那些運用虛擬空間、社交媒體與其他手段進行假訊息、顛覆與間諜戰的分子，並採取行動對付他們」。在我身為國家安全顧問的那一年間，我們在這個問題上努力追究俄羅斯。我要讓帕特魯舍夫知道，俄羅斯這項戰略很危險，因為它會讓美、俄兩國關係持續惡化，將兩國推向戰爭邊緣。

與俄羅斯衝突的潛在危險性正不斷升溫。特別是敘利亞內戰尤其令人關注。2019年3月，俄國將領維里利·吉拉西莫夫（Valery Gerasimov）說，敘利亞內戰是俄羅斯為「超越俄羅斯邊界保衛與提升國家利益」而進行干預的一個成功範例。[4]它是一場人道大災難。自2011年內戰爆發以來，俄國一直支持巴沙·阿薩德（Bashar al-Assad）的敘利亞政權。2013年8月，敘利亞政權用毒氣殺了1400多名無辜平民，包括數百名兒童，但這不是阿薩德政權使用化學武器的第一次，也不是它的最後一次。從2012年12月到2014年8月，敘利亞政權至少14次使用這種武器對付平民。儘管歐巴馬總統在2012年宣稱使用這種武器謀殺平民是一條紅線，但美國並沒有反應。普丁很可能因此認為美國不會對侵略採取反制。到2014年春末，普丁已經兼併克里米亞，入侵東烏克蘭。俄國隨即於2015年9月直接干預敘利亞內戰，以拯救阿薩德的血腥政權。2017年4月，在阿薩德政權用神經毒氣在汗夏宏（Khan Shaykhun）犯下又一次大屠殺之後，川普總統下令美軍用59枚巡弋飛彈攻擊敘利亞設施與飛機。[5]到2018年，由俄國撐腰、支持阿薩德政權的部隊，與美國支持、打擊ISIS的部隊已經短兵相接。當我會見帕特魯舍夫時，美、俄兩軍在敘利亞直接衝突不僅可能性大增，而且已經發生了。[6]

2018年2月7日，在這次日內瓦會議舉行前一周，俄羅斯傭兵與其他親阿薩德部隊在戰車與大砲支援下，攻擊駐在敘利亞北部的美軍與接受他們顧問的庫德與阿拉伯民兵。這些俄羅斯傭兵來自葉金尼·普里高金（Yevgeny Prigozhin）擁有的一家公司。普里高金是俄國富商，人稱「普丁的廚子」，因於2016年美國大選期間散播假訊息而遭美國特別檢察官羅伯·穆勒（Robert Mueller）起訴，以及美國政府制裁。[7]這是一次策劃與執行都很爛的攻擊。美軍與敘利亞民主軍（Syrian Democratic Forces）盟友殺了兩百多名俄國傭兵，本身毫髮無傷。[8]由於俄國總統選舉在即，克里姆林宮極力掩蓋負面消息，對俄軍的傷亡扯了謊。普丁要盡可能以大比數贏得這場選戰，援助敘利亞慘遭敗績的消息自然不利於普丁選情。以俄軍為首的這項攻擊的首要目標，是奪取一座康納石油公司（Conoco）的老油廠，認定這座油廠能生產牟利，支應戰爭與重建成本。就算是冷戰最高峰期間，俄國與美國之間也沒有打過這樣一場仗。

　　自帕特魯舍夫提出我們會面的建議以來已經事隔一年。為示對國務卿雷克斯・提勒森（Rex Tillerson）的尊重，我遲遲沒有答應與他會面。提勒森有意親自出馬，先行試探俄羅斯的意圖。提勒森在擔任艾克森美孚石油公司（ExxonMobil）執行長期間曾結識普丁與俄國外長瑟吉・拉夫羅夫（Sergey Lavrov），他希望能透過這層交誼改善美俄關係。他假定美國與歐洲對俄羅斯的經濟制裁能促使拉夫羅夫談判俄羅斯撤軍。基於這項假定，他準備向普丁提出一項幫俄國從烏克蘭與敘利亞「全身而退」的建議。但就拉夫羅夫而言，就算美俄關係確有改善可能，他能不能談判撤軍仍在未定之天。

　　拉夫羅夫的外交政策採取老蘇聯作風，敵視西方，對新動議抱持懷疑態度。他指控美國與西方國家煽動2003年在喬治亞的「玫瑰革命」（Rose Revolution）、2004年在烏克蘭的「橙色革命」（Orange Revolution）、2005年在吉爾吉斯的「鬱金香革命」（Tulip Revolution），以及2011年在俄羅斯的大規模抗議。情況似乎是，拉夫羅夫若不是不具備解決問題的獨立思考能力，就是根本沒有基本決策權。情況到2018年初趨於明朗，提勒森謀求與俄羅斯合作的試探已經失敗。白宮與克里姆林宮之間早該建立直接溝通管道，而不是像目前這樣，僅僅是川普與普丁兩人之間偶爾打通電話、碰個面而已。由於普丁集大權於一身的作法，就算在擁有悠久集權歷史的俄國也屬前所未見，想處理美俄關係，美國得先找一個普丁身邊的人建立關係才行。帕特魯舍夫是普丁親信，職位相當於俄國國家安全顧問，是理想人選。[9]

　　我們的團隊成員沒有人相信能透過這次日內瓦會議解決我們與俄國的問題。接下來一個月發生的事證明我們判斷正確。就在會議展開後不久，俄國企圖用一種禁用的神經毒氣在英國索爾茲伯里（Salisbury）暗殺一名前情報官員，普丁也發表演說，大吹大擂地宣布新核子武器問世。但我們希望白宮與克里姆林宮之間的這個新管道能為兩國政府的雙邊外交、軍事與情報互動奠下一種基礎。在前幾任政府，美國國家安全會議與俄羅斯安全會議書記處官員之間已有討論機制。我們可以就兩國利益以及這些利益的分、合建立共識。之後兩國可以異中求同、找出合作領域。欲避免高成本的競爭或極度凶險的對抗（例如最近在敘利亞的衝突），將我們的利益說清楚講明白是很好的第一步。至少我們可以為川普總統與普丁的會談做更充分的準備，以期更好的成果。

　　我帶著國安會歐俄司司長費歐娜・希爾（Fiona Hill）博士與俄國問題專家喬伊・王（Joe Wang）一同赴會。我們在這趟「藍色大飛機」（我們為我們的空軍波音757專機取的名字）的長程旅途中討論普丁、俄國政策，以及那位即將與我會面的帕特魯舍夫。費歐娜是研究普丁治下俄羅斯最頂尖的專家。她在與克里福・賈迪（Clifford Gaddy）合著的《普丁先生：克里姆林宮的間諜》（*Mr. Putin: Operative in the Kremlin*）一書中說，「普丁的思考、計畫與行動都有戰略」。但她同時也發現「對普丁來說，戰略計畫是臨時性計畫。沒有按部就班的藍圖」。隨行的喬伊是一位在國務院工作了十年的新秀，他認為，主要由於普丁需要藉外敵防堵內部反對，短期內美俄關係改善的機會很小。他認為，為了讓俄國人民不再注意內政問題，普丁的外交政策會越來越激進，為了讓俄國人民支持他的外交政策，他會加劇口水戰，誇大外國威脅。在2018年3月那次宣布新核武的演說中，普丁甚至展示核彈頭在佛羅里達州從天而降的「自動影像描繪」（automated videos depicting）。

我在飛機上談到我對帕特魯舍夫的認識。他與普丁有許多共同之處。兩人都在1970年代進入KGB。帕特魯舍夫繼普丁之後從1999到2008年擔任FSB局長。在2000年俄國總統選舉過後成為克里姆林宮要員的普丁、帕特魯舍夫等前KGB高官，自認是終極愛國者。普丁信任、也仰賴帕特魯舍夫。兩人都心知肚明，特別是在俄羅斯，知識就是權力。普丁就憑藉這種權力攀上權力頂峰，20餘年不倒。這位俄羅斯未來總統的攀登大寶之旅始於1990年代末期，當時他是政府肅貪局GKU局長，負責偵辦政府與聯邦機構的詐欺與貪腐。他利用這個職位建立俄羅斯權貴富商們的檔案。這些富商都在1990年代俄羅斯私營化時代斂了大財。普丁將他們的財務與商業交易做成詳細紀錄，一個人也不放過。由於俄羅斯的法治蕩然無存，富商們知道他們已經淪為普丁的人質，將普丁視為裁判官。普丁阻止可能導致貪腐系統崩潰的內鬥，敉平了一切鬥爭。當他在1998年7月成為FSB局長時，普丁任命帕特魯舍夫為新設經濟安全處（Directorate of Economic Security）處長。普丁與帕特魯舍夫隨即運用他們KGB承辦官的技巧蒐集、壟斷資訊。普丁尊重這些富商權貴的資產，也讓他們斂財，但富商們得充當他的代理人，運用他們的商業活動拓展俄國海外利益，遵從他們這位承辦官兼保護人的指示。[10]

　　費歐娜、喬伊與我於2018年2月16日晨抵達日內瓦。美國註日內瓦代表處臨時代辦、資深外交官泰德‧奧里格拉（Ted Allegra）為我們接機。我們與美國駐俄大使洪博培（Jon Huntsman）舉行了一次非正式視訊會議。洪博培是一位聰明的政治人物與商人，曾經擔任猶他州州長、美國駐新加坡大使，在出任現職以前是美國駐中國大使。對他來說，在艱困、充滿敵意的環境下工作已經是例行公事。他支持這次與帕特魯舍夫的會議，也贊成在帕特魯舍夫的國安會書記處與我們的國家安全會議之間另闢管道。他告訴我們俄國對使館官員的騷擾近幾個月以來已經加劇。但他對美俄關係做了長程檢討，認為我們應該為改善關係奠基。我在美國領事館外見到帕特魯舍夫。他帶著一派老KGB官員特有的那種自信下了轎車。他的兩名高級參謀，包括一名國安會副書記與一名美俄關係資深助理，與一名負責記錄的幕僚隨行。

美俄雙方的歧見

　　在介紹結束後，我請帕特魯舍夫代表團享用咖啡──帕特魯舍夫一行人對我們準備的小點碰都不碰──之後我們一一面對面落座。我首先對俄國代表團表示歡迎，隨即談到我對俄國歷史與文學的興趣，然後指出所以要舉行這次會議、並希望日後能持續不斷經常集會，目的就在提升對我們兩國利益的相互了解。之後我請帕特魯舍夫發言。他滔滔不絕地講了約一個小時。他提出的克里姆林宮世界觀圍繞三個要點。首先，他把俄國兼併克里米亞與入侵烏克蘭說成是防禦作為，因為美國與歐洲意圖在基輔建立一個親歐盟、從而反俄的政府，為保護當地俄裔人民不受烏克蘭極端右翼分子干擾，俄國必須這麼做。其次，他認為北約組織會員國數目擴增，以及北約部隊輪番進入俄國傳統勢力範圍的做法是對俄國的威脅。第三，他認為美國與它的盟國與夥伴對阿富汗、伊拉克與利比亞的干預，已經造成大中東各地恐怖組織威脅升溫。[11]最後，或許早知道我會說些什麼，他矢口否認俄羅斯攻擊2016年美國大選或意圖顛覆西方民主國。帕特魯舍夫說的每一句話都在預料之中，我也無意浪費時間駁斥或否認他的話。我的作法是提升討論內容，以促進我們在四個領域的相互了解。

首先，我注意到我們兩國都希望防阻直接軍事衝突。俄國的兼併克里米亞與入侵東烏克蘭所以對和平構成絕大威脅，不僅因為這是自第二次世界大戰結束以來以武力改變歐陸國界的第一遭，也因為俄國在烏克蘭或歐洲其他地區使用非傳統武力的作法可能因此變本加厲。[12]俄國入侵烏克蘭的歷史先例之一是奧匈帝國於1914年入侵塞爾維亞，從而引發第一次世界大戰。第一次世界大戰所以是強有力的例證，是因為如果參戰國事先知道它們得付出多少代價、特別是人命代價，沒有一國願意打這場戰爭。許多人高談不惜一戰，但沒有人能預知戰爭的規模與結果。俄國就算無意招惹北約出兵干預，但它的下一波行動很可能引發軍事對抗，莫斯科與華府都必須認清這種風險。我要帕特魯舍夫看清一件事：美國與歐盟因俄羅斯兼併克里米亞、入侵烏克蘭而對俄國實施的制裁不僅意在懲罰而已；它還意在嚇阻，要俄羅斯知道，日後再有類似行動可能導致毀滅性戰爭。我們正處於一個危險的轉型期，我想帕特魯舍夫可能也有同感。讓克里姆林宮領導人了解美國的重大利益與美國反制俄國侵略的決心，能讓他們知道美國不會一味避戰，發動新世代戰爭極具風險。

我並且要帕特魯舍夫了解，美國對普丁的作法、特別是對「俄羅斯新世代戰爭」的危險已經了然於胸。俄國在克里米亞與烏克蘭的行動，與講究詐術與欺敵的一套所謂「戰爭騙術」（maskirovka）的老俄羅斯戰略如出一轍。就像「戰爭騙術」一樣，普丁的作法也將假訊息與推諉否認的本領結合在一起。不僅如此，他的新作法還納入顛覆性科技，運用虛擬空間支援傳統與非傳統軍力，克里姆林宮還會運用經濟依附關係迫使弱國就範，讓它們坐視俄國侵略，不敢有所反應。不僅在19世紀，特別是在20世紀，這類歷史先例屢見不鮮。近年來，由於美國認定大國競爭是歷史陳跡的自我幻覺，俄羅斯的行動已經變本加厲。國務卿約翰·凱利（John Kerry）曾說，「在21世紀，沒有人還會像在19世紀那樣，憑藉完全捏造的藉口侵略另一個國家。」[13] 我認為我們必須讓帕特魯舍夫知道，我們已經做好競爭準備，不會再退出競技場。這很重要。

我們兩國都致力維護我們的主權，都要自主塑造自己的國際關係與自己的內政。但俄國一而再、再而三的假訊息、宣傳與政治顛覆是對美國與美國盟友主權的直接威脅。我表示，俄國停止這類活動符合克里姆林宮利益，因為俄國這樣做只會使美國與其他西方社會更加團結一致對抗俄國。俄國近年來幾次試圖影響選舉，結果或失敗或遭到逆火。舉例說，俄羅斯在2017年法國大選中以假訊息對付艾曼紐・馬克宏，結果反而助了馬克宏一臂之力，讓他當選法國總統。位於巴爾幹半島上的蒙特內哥羅2016年10月那次流產政變是俄羅斯操控戰術弄巧成拙的又一例子。俄羅斯策動的這場政變意在阻止蒙特內哥羅加入北約，結果反而加速了蒙特內哥羅加入北約、申請成為歐盟一員的進程。最後，由於俄國繼續占領克里米亞、侵略東烏克蘭，川普政府對一百多名俄人與公司實施制裁，俄國企圖讓川普政府解除2017年經濟制裁的行動也以失敗收場。根據「全球馬格尼茨基人權問責法案」（Global Magnitsky Human Rights Accountability Act），更多制裁還會相繼出爐。[14]在與帕特魯舍夫的談話中，我笑說，正由於俄羅斯意圖分化美國、干預美國選舉，嚴厲制裁俄羅斯才能成為美國國會唯一兩黨一致的議題。事實上，在川普總統上任後，美國國會通過的第一項重大外交政策法案就是制裁俄羅斯的「用制裁反制美國敵人法案」（Countering America's Adversaries Through Sanctions Act）。這個法案先在眾議院以419比3的壓倒性票數通過，隨即在參議院以98比2票輕騎過關。[15]帕特魯舍夫聽了我這番陳述不禁失笑，或許這表示他承認我們兩人都很清楚俄羅斯那些顛覆勾當。

　　第三，兩國都必須保護國民免遭「聖戰」恐怖組織之害。俄羅斯為阿富汗境內塔利班提供武器，或散播美國支持恐怖團體假訊息之舉不符俄國長程利益，原因就在這裡。因為對美、俄兩國構成共同威脅的組織會因這類行動而獲利。此外，俄國支持伊朗與伊朗豢養的民兵，支持阿薩德軍在敘利亞殘殺，不僅造成人道與難民危機，還能激化區域衝突，使伊斯蘭國與「基地」等恐怖組織聲勢更加壯大。這些恐怖組織所以能夠不斷壯大，是因為當地民眾害怕伊朗支持的什葉派民兵在遜尼派社群招兵買馬，讓這些組織能以贊助人、保護者身分自居。我希望帕特魯舍夫能看清俄國支持伊朗只會使遜尼派穆斯林更加支持聖戰恐怖團體。

最後，我提出儘管與美國合作符合俄國利益，但俄國似乎總是處心積慮與美國作對的議題。我以俄國迴避聯合國制裁北韓一案為例加以說明。擁有核武的北韓，除了對俄國構成直接核子飛彈威脅之外，還可能導致日本等周邊國家發展自己的核武。此外，北韓發展的每一件武器都有外銷意圖。它曾設法協助敘利亞建立一項伊朗出資的核武計畫，這項計畫由於以色列於2017年9月對敘利亞代爾祖爾（Dayr al-Zawr）附近施工中的核子反應爐發動空襲而停擺。據說有10名北韓科學家在這次空襲中喪生。[16]如果北韓將核武賣給恐怖組織會有什麼後果？還有什麼國家能保安全無虞？

帕特魯舍夫仔細傾聽，但沒有反應。稍事休息之後，我們同意讓我們的團隊評估兩國的利益，向川普與普丁提出相關資料，供兩位總統作為下次會議參考之用。我離開日內瓦，相信我們的工作很重要。不過我也知道由於普丁的動機、他的目標與他採行的策略，美、俄關係改善的可能性不大。

普丁在新舊世紀之交掌權之初，全力強化讓他掌權的系統。他的首要目標是重建俄國的大國地位。他耐心耐煩，認為俄羅斯需要以十五年時間強國強軍，才能挑戰西方。[17] 果然大約十五年過後，他兼併克里米亞，入侵烏克蘭，對敘利亞內戰進行干預。

俄羅斯在想什麼？

為管理美、俄關係，我們努力描繪了俄國與美國的利益，但這麼做只能因應我們面對挑戰的一個面。這是因為普丁、帕特魯舍夫與他們在克里姆林宮那些同事做起事來不僅靠利益權衡。也憑情緒衝動。誠如古希臘歷史學者與將領修昔底德（Thucydides）兩千五百年前所說，激發衝突的除利益以外，還有恐懼與榮譽。[18] 蘇聯的解體令普丁與他帶進克里姆林宮的帕特魯舍夫等人震驚，他們害怕一場「顏色革命」也會在俄羅斯上演。他們是一群驕傲的人，西方在冷戰的勝利對他們的自尊是一種侮辱，而他們的生計也仰仗蘇聯系統。普丁曾說，蘇聯帝國的解體與俄羅斯境內蘇聯統治的結束，是「世紀性的地緣政治大災難」，它不僅對那些突然間發現自己已經脫離俄國的人是一場「真正鬧劇」，還造成問題「感染到俄國本身」。[19] 這次事件造成前蘇聯人口減半，領土損失了幾近四分之一。在蘇聯全盛時期，俄國勢力向西一直延伸到東柏林。自蘇聯解體以後，俄國幾乎丟了整個東歐的控制權。俄裔人民散居烏克蘭、喬治亞與立陶宛等新獨立的前蘇聯加盟共和國境內。普丁、帕特魯舍夫與他們那些緬懷蘇聯昔日榮光的KGB同僚，只能眼睜睜看著他們的舊附庸國一一掙脫共產黨專制統治、迫不及待地加入歐盟與北約旗下的自由開放社會。

蘇聯原是真正的全球超強，勢力範圍遍及亞、非與拉丁美洲。俄羅斯一直像是意識型態之戰的老大哥一樣俯瞰整個共產黨世界——至少這是許多俄國人自以為的看法。但普丁、帕特魯舍夫者流隨即見到他們偉大的帝國瓦解，淪為一個搖搖欲墜的區域性政權。普丁成為總統以後打定主意要讓俄羅斯東山再起，這項重振過程至今猶在持續進行中。普丁最擔心的問題，莫過於他一手打造的盜賊統治式政治秩序遭到內部威脅，為對抗這種威脅以及重建榮譽，他對內鞏固權力基礎，並發動對歐洲與美國的攻勢。

當普丁成為總統時，指望後蘇聯時代俄羅斯能轉型成為經濟強國的熱情已經黯淡。事實證明，俄國在1990年代的市場經濟轉型努力無力克服共產黨系統全面崩潰帶來的混亂。貪婪的共產黨舊核心成員於是再次崛起。由於市場改革威脅到他們的權力，俄國政客發動對自由市場改革派的反撲。當時的俄羅斯既不能建立適當法律架構，又不能剷除舊蘇聯官僚，市場經濟改革的推動難上加難。壓垮改革的最後一根稻草是1998年金融危機，俄國盧布狂貶三分之二。市場改革的失敗與寡頭政治的崛起帶來一個系統，它不僅脆弱，對普丁這類透過後蘇聯轉型奪權的人還十分理想。誠如後來擔任加拿大外長的記者克里斯蒂·傅里蘭（Chrystia Freeland）所說，俄國是「舊KGB軍官的天堂」。在鮑里斯‧葉爾欽（Boris Yeltsin）的政府,「權力集團」（Siloviki,蘇聯時代內政部、軍方與KGB死硬派統稱）成員在政府人員占比只有4%。在普丁主政時,它暴漲到58.3%。後蘇聯經濟與社會結構崩潰引發的失控恐慌使「權力集團」得以坐大。普丁、帕特魯舍夫與權力集團要俄羅斯再次成為令人心生畏懼的強權。[20]

普丁、帕特魯舍夫與權力集團認為美國在後蘇聯時代提供的援助是另有所圖的陰謀。美國想幫助俄國度過轉型陣痛,降低危險與併發症。根據「自由支援法案」（Freedom Support Act）,美國計畫透過「降低威脅合作」（Cooperative Threat Reduction）計畫,協助俄國拆除核子武器以加強安全,提供糧食援助,並以27億美元撥款與技術援助協助俄國轉型。但普丁與權力集團認為,美國的援助是對俄國主權的一種冒犯,目的在利用俄國弱點趁火打劫。根據普丁等人的說法,美國把冷戰勝利的包袱強加在俄國頭上,迫使俄國改革從而導致經濟崩潰。普丁在2015年一次對FSB領導人的演說中說,「西方特工繼續運用公共、非政府與政治化組織遂行他們本身的目標,基本上,這些目標就是打擊當局信譽,在俄羅斯內部製造動盪。」[21]

普丁一上台就大展身手。他認識到外交政策與國內聲望間的關係,在車臣之戰中對不斷攻擊俄羅斯平民的分離主義與恐怖分子大開殺戒。這場在1999與2002年間發生的戰事造成約兩萬五千人死亡,但它贏得俄國國內一片掌聲,西方的不滿也只是輕描淡寫。但2003年在喬治亞、2003與2004年在烏克蘭、以及2005年在吉爾吉斯發生的所謂顏色革命,推翻了不民主政權,導致新總統選舉，讓普丁對反對勢力的茁壯惴惴不安。他誓言絕對不讓類似抗議事件發生在俄羅斯：「這對我們是教訓、也是警告，我們必須採取一切行動，讓俄羅斯永遠不會出現類似事件。」但類似事件發生了。根據俄羅斯媒體報導，他在2012到2013年間操控選舉「贏得」63.6% 選票，引發各地抗議。[22]2017與2018年間，貪汙與退休年齡提高的事件再次引發抗議。隨後在2019年夏，由於當局將反對黨候選人名單從莫斯科市議會選舉選票中剔除，莫斯科爆發大規模抗議。

　　雖說顏色革命與莫斯科抗議事件基本上是民眾對自由與較佳治理的訴求，但普丁認為它們是美國與歐洲幕後操控的結果。[23]恐懼與屈辱相輔相成，將繼續推動他的外交野心。為鎮壓國內反對勢力、重振俄國榮光，普丁大唱俄羅斯民族主義。他把俄羅斯形容為一個無所畏懼的民族，而他的外交政策就是要恐嚇鄰國，顛覆西方民主國家。

損人以利己

　　「俄羅斯新世代戰爭」成為普丁一面求生存、一面削弱競爭對手的寶典。俄羅斯不具備在歐、亞兩洲與美國及其盟友直接競爭的實力。無論用什麼標準衡量，歐美的總結經濟實力都比俄羅斯高出太多。歐盟與美國的總體國內生產毛額（GDP）在2017年為36兆5000億美元；同年俄羅斯的GDP只有1兆5000億。俄羅斯在2017年的人均GDP為大約10750美元，大約只有美國人

均GDP的六分之一，排名落後智利、匈牙利、烏拉圭這樣的小
國。俄國經濟還有過於集中的問題，石油與天然氣生產占出口總
額59%。2014年原油價格暴跌48.1%，造成俄羅斯經濟重挫，盧
布對美元貶值45.2%。儘管俄國經濟在普丁統治下已有改善——
主要由於油價上揚，俄國實際收入從1999到2006年增加了一倍
——普丁為獨霸控制權而建立的體系也損及經濟成長與現代化。
但貪腐是制約投資與經濟成長的最大阻礙；俄羅斯在「貪腐感知
指數」（Corruption Perceptions Index）上排名全球第135。[24]

　　人口學傾向也對俄國不利。30年來，由於生育率不斷降
低，俄國人口已從1991年的1億4800萬減少到2018年的1億
4400萬。除了生育率降低，儘管政府也祭出母親補助與幼兒福
利之類的獎勵措施，移民人數下滑也導致人口減少。預期俄國
人口將在2050年減少到1億3270萬。由於酗酒、抽菸等成癮行
為，健康也是俄國大問題。在2019年，俄國人均壽命是72歲，
每四名俄國男子就有一人可能活不到55歲，與尼泊爾、不丹這
類開發中國家的情況不相上下。[25]

　　但普丁與帕特魯舍夫仍然沿用過去擔任KGB情報頭子時那
一套，他們更關心的似乎不是讓俄國富強，而是掏空其他國家。
一個俄羅斯老笑話說，有個農民對他的鄰居恨之入骨，因為他只
有一頭牛，而他那鄰居有兩頭牛。一天一名法師告訴這農民說，
可以讓他許一個願，包他心想事成。這農民說，「把我那鄰居的
一頭牛殺了！」[26]普丁總統就很像那只有一頭牛的農民。為達到
他的目標，普丁使出巧招，既要達標，又要不致引起對象國或北

約盟國等其他國家的協調反制。

普丁的作法不是建立俄國優勢，而是把其他國家拉下水，削弱競爭對手國家，打擊讓這些對手國享有優勢的同盟網路。俄國總參謀長（地位相當美國參謀首長聯席會議主席）維里利‧吉拉西莫夫，在2013年一篇論文中說，「『戰爭規則』已經改變」。他補充說，「達成政治與戰略目標的非軍事手段已經增多，而且在許多案例中，效率比軍事武器還強。」[27]他這番話後來人稱「吉拉西莫夫教條」。無論用的是「俄羅斯新世代戰爭」、「吉拉西莫夫教條」，或「混合戰」名目，普丁總是將假訊息與否認搭配顛覆性科技一起運用，打擊對手國的長項、利用它們的弱點。除了運用非傳統、傳統與核子軍事力量以外，他還想方設法營造經濟依賴——特別是對俄國供應的能源的依賴。

克里姆林宮出擊

為了解克里姆林宮的戰略，我要在此進一步檢討我當時向帕特魯舍夫提出的一個議題：俄羅斯對他國內政的干預。俄國在2016年為顛覆烏克蘭、蒙特內哥羅與美國的民主而採取的行動，證明普丁的招數五花八門、層出不窮。俄羅斯的宣傳向有「謊言水 」之稱，能迅速、不斷、反覆噴出假訊息。[28]一般來說，成功的假訊息運動與宣傳總是強調一致性。但普丁統治下的俄羅斯不在乎一致性，因為它的目的不是要群眾相信什麼新東西，而是要他們懷疑他們聽到的幾乎一切；它的目標是對普丁眼中的競爭對手社會進行破壞、分化與削弱。克里姆林宮運用許多工具實現這些目標，對站在政治極端的邊緣政黨給予直接財務援助就是其中一個辦法。俄羅斯用操控社交媒體、發布假故事、創造假人物等手段散播假訊息，以動搖民眾對他們的共同認同、他們的民主原則與體制的信念。俄羅斯還運用RT電視網——原「今日俄羅斯」（Russia Today）——與「史普尼克」（Sputnik）新聞社等媒體不斷廣播假訊息。RT電視網用多種語言進行看似真正新聞的宣傳廣播，每年有三億美元預算。它的YouTube訂戶比福斯新聞（Fox News）、哥倫比亞廣播公司新聞網（CBS News），或國家廣播公司新聞網（NBC News）都多。[29]RT與其他克里姆林宮贊助的媒體強調陰謀論，專門挖真正報導的牆角，專門抨擊民主治理的好處與效益。此外，在所謂「積極措施」的勢力機制推波助瀾下，就連俄國領導人也不時發表假聲明為這些假訊息作業背書。這些假訊息會一再反覆，將某個觀點塑造成一種民意。此外，這類資訊戰的目標也不再侷限於本國與西方國家民眾，而延伸到非洲等地區，以擴大影響力，營造俄羅斯的全球超強形象。[30]

　　俄國宰殺「民主程序與體制之牛」使出各種手段，腐蝕選舉只是其中一部分。在經過十年來多次選舉結果操控實戰經驗後，克里姆林宮與它的情報部門「總參謀部情報局」（Main Directorate of the General Staff of the Armed Forces，簡稱GRU）與「外交情報處」（Foreign Intelligence Service，簡稱SVR）已經將他們的目標與作法不斷改進修飾。2004年，為了在烏克蘭總

統選舉中支持維克多‧雅努科維奇（Viktor Yanukovych），俄國
不僅投入超過三億美元經費，還可能幹下對雅努科維奇主要對手
維克多‧尤申科（Viktor Yushchenko）下毒的勾當。在這兩名對
手的第二輪選舉過程中，俄羅斯為支持雅努科維奇使出各種伎
倆，包括灌票，用巴士載運選民到一個個投票站投票、製造一人
多票等等。GRU與SVR的操控果然讓雅努科維奇勝選，但他們
的厚顏無恥也引發了所謂橙色革命。烏克蘭人抗議選舉操控。烏
克蘭最高法院判決第二輪選舉結果無效，因遭人下毒、永久毀
容、仍然痛苦不已的尤申科，在新一輪再選中，在一萬三千多名
外國觀察員監督下當選新總統。[31]

　　五年後的2009年，克里姆林宮在摩爾多瓦（Moldova）複製
又一場代價高昂的勝利，讓一個反歐盟政黨勝選。[32]但這個政黨
無力組閣，於是一個親歐盟政黨在那年稍後的新選舉中取勝。
不過GRU仍不斷精練技巧。俄羅斯終於在2010年重回烏克蘭，
幫雅努科維奇贏得總統選舉。但在2014年，儘管俄羅斯使盡渾
身解數，甚至發動網路戰（包括協同網路攻擊，以假造投票總
數、攻擊選舉伺服器），雅努科維奇仍然在競選連任的選戰中敗
陣。[33]選舉結果引發大規模抗議，烏克蘭瀕臨內戰邊緣，在克里
姆林宮譴責為「政變」的事件中雅努科維奇被迫下台。隨後，親
歐盟的候選人彼得‧波羅申科（Petro Poroshenko）在一次特別
選舉中獲勝。2015年過後，俄國對北約與歐盟會員國民主選舉
的攻擊變本加厲，並於2016年介入美國總統選戰。儘管克里姆
林宮對它這些作為的結果往往並不滿意，但為實現削弱民主國家

民眾信心、在民主社會造成兩極對立的首要目標，它繼續在英國、德國、荷蘭、蒙特內哥羅、義大利、保加利亞、奧地利、西班牙、馬爾他、法國與捷克顛覆民主程序。[34]

　　克里姆林宮已經學會如何根據目標國特定情況量身打造假訊息運動。在比較無力抗拒俄國的小國，例如位於亞德里亞海海岸、人口64萬的蒙特內哥羅，克里姆林宮明目張膽地定下選舉結果。在距離俄國較遠的大國，例如美國，俄國以破壞民眾對民主體制與程序信心為首要目標。2016年出現在蒙特內哥羅與美國境內的假訊息與破壞事件顯示，克里姆林宮能根據機會、風險與目標國抗拒與報復的能力，量身訂做它的運動。

　　蒙特內哥羅總統米羅・杜卡諾維奇（Milo Dukanovic）說，「我們越小，越容易遭到侵害。」2016年，克里姆林宮運用各式各樣新世代作戰阻止蒙特內哥羅加入北約與歐盟。一旦蒙特內哥羅加入北約，整個亞德里亞海岸都納入北約勢力範圍。在10月蒙特內哥羅國會選舉前，俄羅斯撥出經費資助挑戰杜卡諾維奇競選總統的政黨，在社交媒體散播假訊息，並對政府與新聞網站發動網路攻擊。蒙特內哥羅小國寡民，境內有大批對俄羅斯人有特殊族裔感情的斯拉夫裔少數派，俄羅斯特工在蒙特內哥羅尤其如魚得水。如果選舉結果不如克里姆林宮意，俄羅斯特工準備發動暴力政變，暗殺杜卡諾維奇，建立親俄羅斯政府。選舉日投票，杜卡諾維奇獲勝。[35]

　　政變失敗。在投票日前夕，蒙特內哥羅當局逮捕20名塞爾維亞與蒙特內哥羅公民。在逮捕過後，塞爾維亞總理亞歷山大・

伍西奇（Aleksandar Vucic）透露，塞爾維亞執法機構破獲這項政變陰謀，將情報轉交蒙特內哥羅當局。[36]帕特魯舍夫大發雷霆，立即造訪伍西奇。塞爾維亞理當在巴爾幹支持俄羅斯才對。蒙特內哥羅法院在2017年審判14名嫌犯，包括對兩名GRU成員的缺席審判。俄羅斯的操控作法未能決定選舉結果，也沒能阻止蒙特內哥羅申請加入北約。儘管同情俄羅斯的反對黨焚燒北約旗幟，蒙特內哥羅國會仍以46對〇票通過加入北約，於2017年6月正式成為北約組織第29個成員國。沒隔多久，蒙特內哥羅申請加入歐盟。2019年5月9日，法院判決包括兩名GRU特工在內、所有14名共犯陰謀政變有罪。[37]

俄羅斯繼續向西方進行干預，根據報導，俄國特工利用社交媒體影響2016年6月舉行的英國脫歐公民投票。大多數分析家認定俄國也想影響2016年美國大選，但也承認能力有限，只能全力製造美國政治兩極化，破壞美國民眾對民主原則、體制與程序的信心。它做到了。

美國的軟肋

在美國進行兩極分化的條件已經成熟。許多美國人憤怒不已，認為政治人物不了解他們與他們面對的問題。全球經濟的轉型造成許多人失業。雖說美國在2016年的就業機會比2007年多了近900萬個，但這些利得的分配並不均勻。這九年間丟了工作的70萬名白人對他們的生活處境很是惱火。雪上加霜的是，

2008至2009年房市與金融危機過後，有些民眾迄今仍一貧如洗。有些人背負學生貸款。還有許多選民或對曠日持久的海外戰爭感到憂心，或對健保醫療等政府政績表示不滿。特別由於毒品危機日趨惡化，因製造業撤離而人口稀疏的社區很容易淪為犯罪與毒品氾濫的溫床。隨著商家關門，居民得不到平價又有營養的食物，一些社區成為「食物沙漠」（food deserts，在2010年人口普查中，農業部估計，有1150萬貧窮美國人，占美國人口4.1%，生活在食物沙漠中）。[38]貧富懸殊與教育資源分配不公等等問題每況愈下，讓那些跟不上腳步的民眾怨聲載道。美國出現信心危機，俄羅斯充分加以利用。

選民在沮喪之餘找上反傳統領導人，共和黨的唐納德‧川普與民主黨的伯尼‧桑德斯脫穎而出。自稱民主社會主義者的桑德斯有很不傳統的看法。身為最進步候選人的桑德斯主張全民健保、富人加稅，以及免費大學教育與氣候變遷相關立法。年輕選民由於有感就業前途黯淡，加以學生貸款債台高築，對他的觀點情有獨鍾。在2016年總統選舉初選中，桑德斯獲得的30歲以下選民選票，比川普或希拉蕊‧柯林頓都多29%。[39]

就像桑德斯對民主黨舊建制是一大威脅一樣，川普對共和黨舊建制也是一大威脅。雖說他的言語與個人行徑讓許多選民膽戰心驚，但也有不少選民認為美國需要的正是川普這樣的人物：一位能夠說出他們的心聲、觀點完全反傳統的反體制候選人。他們認為川普「有辦法在任何時間、任何地點，對任何人、說任何話」。[40]修辭學副教授柯林‧凱利（Colleen Kelley）說，人微言輕的選民對他們眼中那些「貪腐與現實脫鉤、無能」的建制派政客徹底失望，來自佛蒙特州的民主社會主義者與來自紐約市的億萬富翁於是趁勢崛起。

　　民主與共和兩黨建制派都反對這兩位非傳統候選人。大選展開後，許多共和黨人生怕川普贏得黨提名，忙著簽署「絕不支持川普」信件。在共和黨代表大會上，「絕不支持川普」的代表企圖修訂有關規則以封殺川普提名，但沒有成功。同樣地，民主黨全國委員會（Democratic National Committee，簡稱DNC）黨領導層也打擊桑德斯，幫助前第一夫人、曾任參議員與國務卿的希拉蕊‧柯林頓獲得提名。DNC大挖桑德斯牆腳，例如說他宗教信仰有問題，說他迷信社會主義政策、對共產黨獨裁者太軟弱等等。不僅共和與民主兩黨之間，兩黨內部的分裂也越來越明顯。克里姆林宮迅速利用了這些分裂。

　　在這次選戰開打兩年以前，克里姆林宮已經加緊利用網際網路擴大美國境內的政治與社會動亂。它從過去的作業中學得許多教訓，到2016年，它發動網路影響力作戰的條件已經成熟。GRU前沿組織「網際網路研究署」（Internet Research Agency，簡稱IRA）將美國境內的社交網路生態反轉，以對付美國人民、美國的民主系統，以及美國的共同認同。 IRA用「臉書」（Facebook，包括Instagram）、「推特」（Twitter）、「谷歌」（Google，包括YouTube、G+、Gmail、Google Voice）、Reddit、Tumblr、Medium、Vine與Meetup張貼內容或支持假人物。俄國特工甚至運用音樂程式與「寶可夢」（Pokémon Go）等電玩加強主題與訊息。 IRA將臉書的Ads、Pages、Events、Messenger，甚至Stickers功能發揮到極致。總計，它利用臉書向1億2600萬人傳遞了訊息，在推特推了1040萬篇推文，向YouTube上傳了一千多個視頻，在Instagram與兩千多萬使用者搭上話。[41]

　　IRA不僅堅持不懈，手段也很高超。它利用美國資訊生態的弱點在美國社會製造分裂。臉書與Instagram是運用不斷傳訊強化分裂性議題的絕佳平台。特工運用譁眾取寵的內容在社交媒體族群中結黨糾派。他們還發表意圖將族群導向極端的內容，不時用挑撥離間手法讓不同族群成員彼此相攻訐，或與其他族群互鬥。有些IRA內容鼓吹例如美國從敘利亞或阿富汗撤軍等有利俄國的美國政策。俄國特工招募或知情、或不知情的美國人。IRA與其共謀利用推特針對時事搞分裂，用「點擊農場」（click farms）打響名氣，為極端訊息製造吸引力。在關鍵性議題上，IRA創造「媒體幻象」，讓目標民眾沐浴在各式各樣經過操控的內容中。GRU並且使用標誌與文字設計等行銷利器以達成目標。[42]

　　由於社交媒體公司的商業模式與貪得無厭，以及只重功能、不考慮他們的平台是否遭人惡意利用，俄羅斯的操控很有效。由於科技公司的第一優先是掌握使用者目光，讓他們看更多廣告，公司決定是否讓內容上線的演算法不重真實或精確，從而成為散播假訊息的幫凶。這種演算法鼓勵兩極化與極端觀點。舉例說，YouTube的「使用者下一個要看什麼視頻」的演算法，能引導使用者一步步走向更極端、更兩極化的內容。在網路平台上互動的使用者就這樣自我隔離、形成同質群體，在槍枝管制、氣候變遷、移民這類爭議性議題上有志一同。於是自由派與自由派互動，保守派與保守派互動。最具分裂性與情緒性的話題也最容易製造異議與對立。網際網路與社交媒體就這樣為GRU提供了一條從美國內部分化、腐蝕美國的低成本捷徑。[43]

俄羅斯的總目標是透過種族、宗教與政治兩極化削弱美國社會，詆毀希拉蕊‧柯林頓、偏袒她的民主黨對手桑德斯，以及支持川普競選，都與這項總目標息息相關。俄羅斯特工的假訊息雖說顯然偏袒川普、對希拉蕊‧柯林頓不利，但他們散播的內容主要以移民、槍枝管制與種族等社會分化性議題為大宗。IRA一面宣揚白人民團，一面為黑人觀眾製造警察虐待黑人的內容，完成了它鼓動種族分裂的首要目標。IRA自2015年9月起經由17個頻道播出1107個視頻，其中大部分內容——經由十個頻道播出的1063個視頻——與「黑命貴」（Black Lives Matter）與警察暴力有關。[44]

IRA甚至使用俄諜用來支持「脫歐運動」（Brexit movement，這個運動隨英國於2020年脫歐而達到高潮）的那套作法，利用種族與反移民情緒，支持主張德州、加州與美國分家的邊緣團體。情況似乎是GRU沿用了KGB的老招。1928年，蘇聯領導的「共產國際」（Comintern，為了在全球散播共產革命而成立的組織）計畫招收美國南方黑人鼓吹「黑人帶自決」。到1930年，共產國際已經發起一項行動，鼓勵黑人在美國南方另闢一個黑人國，在北美擴展共產革命。[45]

　　為掩飾身分，IRA藉由既有組織名稱取得假身分，以真實群體的分支名目成立「美國穆斯林聯合會」（United Muslims of America）與「黑槍貴」（Black Guns Matter）等冒牌組織。克里姆林宮為達成目標不遺餘力，甚至招募美國人傳播俄國支持的社交媒體訊息，參與真實世界的政治集會。當民主黨全國委員會宣布遭駭客入侵時，IRA造了線上人物「羅馬尼亞獨行駭客Guccifer 2.0」，在一個Word Press網站上發表偷來的文件。為掩飾它的身分，IRA使用俄羅斯境外（包括美國境內）電腦網路，並使用加密貨幣付款。為求魚目混珠，它還經常使用網紅事物或地方性故事加油添醋，以遂行其目的。[46]

希拉蕊、川普，與俄國特工

　　美國民眾對主流媒體這類權威消息來源的信任度降低，為GRU發動網路操控開啟了方便之門。IRA一面肯定「維基解密」（WikiLeaks，一個用匿名人士爆料的組織），一面對全美各地新聞從業員的專業與操守發動攻擊。就在候選人川普高喊「假新聞」，進一步削弱民眾對主流媒體的信心之際，俄國人建立真正的假新聞網站。舉例說，至少有109個IRA推特網站偽裝成新聞組織。IRA用陰謀論進一步打擊資訊信心。出現在臉書與Instagram上的陰謀論炒作希拉蕊健康與民主黨全國委員會洩密事件這類議題。「披薩門」（Pizzagate）就是其中一個極端例子。這個捏造的故事說希拉蕊與她的競選經理約翰・波迪斯塔

（John Podesta）經常光顧華府一家由戀童組織經營的披薩餅餐廳。陰謀論者在社交媒體上將這事大肆炒作，迫使《紐約時報》與《華盛頓郵報》出面闢謠。GRU也在左傾與右傾網站散播其他捏造訊息。但儘管記者努力揭發陰謀論，主流媒體往往淪為俄國假訊息戰的幫兇：假訊息一經報導，往往讓人信以為真。[47]。

　　製造分化與削弱資訊來源權威，與「總參謀部情報局」對美國選舉程序公正性的攻擊互相呼應。事實證明，由於美國政治生態過於情緒兩極化，GRU的攻擊防不勝防。2016年3月與4月間，12名GRU官員駭進希拉蕊・柯林頓總統競選總部、民主黨全國委員會與民主黨國會競選委員會（Democratic Congressional Campaign Committee，DCCC）。一切輕而易舉。GRU跟監民主黨全國委員會與民主黨國會競選委員會員工的電腦，植入「惡意軟體」，偷取電子郵件與其他文件。這些軟體讓俄諜跟監員工電腦活動，竊取密碼，在網路任意進出。當民主黨全國委員會與民主黨國會競選委員2016年5月覺察遭遇攻擊時，GRU運用反制措施躲開偵測，繼續留在網路上。[48]

　　2016年7月民主黨全國代表大會召開一周之前，GRU用DCLeaks與維基解密釋出19254封電子郵件與8034個附件。這些文件內容大多與民主黨全國委員會如何哄抬柯林頓、打壓桑德斯選情有關，內容很是不堪，民主黨全國委員會主席黛比・威瑟曼・舒茲（Debbie Wasserman Schultz）與其他高層主管因此被迫辭職。IRA煽動的臉書與Instagram貼文渲染投票舞弊的恐懼，說某些州在幫柯林頓國務卿助選。有一個網站說應該用內戰解決選舉不公的問題。還有一些網站散播假訊息說，民團將進駐投票所以防止舞弊，並呼籲選民加入民團。假報導說，「非法移民」在德州等地的投票所代表人數超過比例，或說他們在民主黨協助下重複投票。「當個愛國者」（Being Patriotic）網頁還張貼一支熱線，教選民辨識投票舞弊。情況似乎是，就像大多數美國人一樣，GRU也沒料到川普會獲勝，也因此它不斷散播選舉偏袒柯林頓的假訊息。在選舉日當天結果揭曉後，針對右派選民發動的選舉舞弊說詞立即轉向，說如果不是因為投票舞弊，川普總統應該可以贏普選票。川普也附和這種說法，斷言有數百人非法投票。[49]

在選舉過後，俄羅斯的假訊息戰變本加厲，IRA繼續針對右傾與左傾團體採取行動。他們用Po文與推特鼓吹廢除「選舉人團」（Electoral College），並呼籲民眾上街抗議選舉結果。這些示威抗議讓俄國特工從虛擬空間轉入真實世界。選舉結束後，許多美國人與美國機構主張強硬反制俄國在歐洲與中東的侵略，以及在美國境內發動的網路戰，這些個人與機構於是淪為俄國特工極力誹謗的對象。俄諜對保守派智庫、對我與國家安全會議幕僚展開的個人攻擊於2017年夏轉劇。他們在選舉過後使用的許多攻擊伎倆，仍然不脫他們在2016年用來攻擊柯林頓的那些老招。特別調查員羅伯・穆勒（Robert Mueller）自奉命對俄諜攻擊2016年大選事件展開調查、一直到調查結束，始終是GRU極力汙衊的對象。

民主、共和兩黨競選陣營都在選戰期間誤判，讓克里姆林宮輕而易舉打擊了美國人對選舉程序的信心。舉例說，當俄國情報人員運用顯然有利可圖的房地產交易打擊候選人川普與川普身邊親信時，為談成在莫斯科建「川普塔」（Trump Tower Moscow）的交易，川普的公司提出建議說，願意將川普塔一座價值五千萬美元的閣樓贈送普丁。克里姆林宮當然知道這項建議能讓川普捲入違反「海外反腐敗法」（Foreign Corrupt Practices Act）的風險。當俄諜找上川普競選陣營，說擁有希拉蕊・柯林頓違法證據時，川普二世的反應是「太妙了」。[50]不過俄諜始終沒有兌現交出這些「髒東西」。此外，川普競選陣營聘用政治顧問公司「劍橋分析公司」（Cambridge Analytica），根據8700多萬臉書使用者資料製作微目標訊息以影響選民的作法，也有用社交媒體工具操控選舉結果之嫌。[51]

柯林頓陣營也透過外圍、從俄諜手中謀取有關川普不法的資訊，淪為GRU的幫兇。柯林頓的律師馬克・艾利亞（Marc Elias）聘請反對研究公司Fusion GPS。Fusion GPS找來退休英國軍事情報局六處（MI6）軍官克里斯多佛・史蒂爾（Christopher Steele），蒐集有關川普不法情事製成「史蒂爾檔案」（Steele dossier）。史蒂爾運用匿名俄國情報人士提供的資訊作成一份令人看得瞠目結舌的報告，於川普就職前十天發表。

就這樣，無論選舉結果如何，克里姆林宮已經 操勝算，不僅打擊了美國人對美國民主程序與體制的信念，也讓美國民眾對他們的新總統失去信心。兩黨政治擴大了克里姆林宮資訊戰的效應，將美國的弱點暴露在普丁的矛頭下。GRU為美國兩黨同樣設下「俄式黑資料」（kompromat ——用來搞負面宣傳或榨取的、動過手腳的東西）陷阱，進一步削弱美國人民對美國領導人、對美國民主程序與體制的信心。

面對俄國這些打擊候選人、破壞民主程序的作法，美國政府與兩黨競選陣營並無對策。但他們早該做好準備才是。前美國中央情報局副局長大衛・柯漢（David Cohen）曾說，「過去十年，我們一直看著俄國在歐洲進行干預。我們見到他們的手法如出一轍：竊取資訊、假訊息，在各式各樣國家地區不斷炮製……有一件事我們應該做但沒有做，就是我們應該拉響警報……我們應該做好準備，應該自我警惕說『俄國人既然已經在那裡幹下那些勾當，他們當然也可能在這裡幹那些壞事。』」[52]

否認、混淆，與恐懼

對俄國的假訊息顛覆戰而言，打死不承認是成功的一大關鍵。當它攻擊美國大選、分化美國社會的證據堆積如山時，普丁說「俄國從來沒有、今後也不會干預美國內政，包括選舉程序。」[53]俄國的矢口否認經常為那些不願與俄國對抗的人帶來眼不見為淨的機會。希拉蕊・柯林頓與川普陣營都認為，只要對俄國的顛覆視而不見就能輕鬆過關。民主黨全國委員會因文件洩漏、在初選期間偏袒柯林頓的醜聞曝光而灰頭土臉，不願招惹更多注意。候選人川普的攻擊火力，也只聚焦在柯林頓國務卿用私人非機密電郵帳號處理高度機密資料一事上。川普陣營甚至鼓勵俄諜搞更多駭客作業。2016年7月，候選人川普在佛羅里達州陶拉爾（Doral）的一次競選造勢集會中，呼籲俄國人幫忙找出柯林頓在擔任國務卿期間刪除的三萬封電郵。歐巴馬政府在發現俄國駭客行動後也沒有展開協調一致的反制。川普上台以後，似乎也信了普丁的否認，認為俄國並沒有插手美國選舉。所有的美國情報與執法機構一致認定俄國干預2016年美國選舉，但直到2018年7月，川普總統仍然對有關說法存疑。2018年7月16日，川普在芬蘭首都赫爾辛基與普丁的記者會中說，「他們認為那是俄國幹的；現在普丁總統就在我旁邊，他剛才對我說那不是俄國幹的。我要說句公道話：我看不出俄國為什麼要幹這事。」[54]

　　假訊息讓俄國人可以從容撇清。克里姆林宮操縱新聞以混淆事實、散播疑慮。前俄國電視製片人彼得·帕摩蘭（Peter Pomerant）說，俄國這麼做的目標是，創造一種「讓人開始逐漸放棄事實」的環境。[55]英國情報人員之後破獲的俄諜暗殺案是極端的例子。兩名俄諜企圖用神經毒氣在索爾茲伯里暗殺前情報官員沙吉·史利波（Sergei Skripal）與他的女兒尤莉雅（Yulia），讓140多人涉險。一名英國婦女因處理裝毒氣的容器而送命。俄國在事發後說，兩名俄諜在索爾茲伯里參觀天主教堂，還暗示兩人是同性戀，在英國觀光。俄國官員透過媒體與推特帳號散播了幾十個有關史利波謀殺案的謊言與陰謀論。《華盛頓郵報》將克里姆林宮這些作為比為「一部精巧的煙霧製造機，目的在讓原始罪行消失」。在俄國繪聲繪影下，烏克蘭活躍分子、中情局探員、英國首相泰瑞莎·梅（Theresa May）與史利波本人都成了這次事件的罪犯。[56]

　　在美國政府全面了解事實、並與英國與其他盟國採取全球同步因應措施後，川普總統授權針對史利波事件採取強烈反應，包括驅逐60名沒有申報的俄國情報官，與關閉俄國駐舊金山領事館。[57]我當時也守在電話機旁、費盡唇舌勸說盟友夥伴們採取果決行動。雖說後來共有約20個國家加入美國與英國行列譴責這項攻擊，驅逐了一些俄諜（全球總計驅逐了153人），但有些盟國的行動令人失望。克里姆林宮的假訊息戰至少已經取得局部勝利。史利波暗殺事件過後的反應顯示，俄羅斯兼併克里米亞、入侵烏克蘭大震撼過後出現的歐洲共識已經逐漸轉弱。俄國使用可能造成數百人傷亡的禁用毒氣攻擊一個北約會員國——但即使如此，歐洲的一些美國盟友仍然不願對普丁採取強硬行動。他們認為這項攻擊意在懲罰一名變節情報員。普丁的計謀已經讓歐洲志氣消磨殆盡。我告訴川普總統，德國與法國只肯驅逐少數俄諜，他聽了大怒說，他覺得歐洲國家應該為他們自己的安全多負一些責任。川普說得對。

　　俄國用假訊息搭配否認幫普丁脫罪。俄諜犯下的罪行從企圖殺人到殺人、到集體謀殺不一而足，但他們都推得一乾二淨。在2006年，俄國特工用釙在倫敦殺了叛逃者亞歷山大‧里維南柯（Alexander Litvinenko）。釙是一種放射性物質，能讓人受盡折磨、慢慢死亡。2009年，俄國稅務會計師瑟吉‧馬格尼茨基（Sergei Magnitsky）因為知道太多有關普丁總統與普丁身邊權貴的秘密，在莫斯科監獄中遇害。2015年，反對派政治人物鮑里斯‧尼索夫（Boris Nemtsov）在克里姆林宮城郊一座橋上被殺。
2017年，批判普丁的流亡人士、曾任俄羅斯聯邦下議院議員的
丹尼斯‧沃洛南柯夫（Denis Voronenkov）在烏克蘭首都基輔遭
槍殺。克里姆林宮不僅謀殺政治異己，還謀殺記者。以報導車臣
戰事而知名的安娜‧波里柯卡亞（Anna Politkovskaya）在2006
年遇害就是一個例子。[58]

　　阿薩德政權用化學武器與肆意轟炸在敘利亞屠殺無辜，這
是不爭之實，但克里姆林宮一口否認。而且不但否認，克里姆
林宮還用它們造謠生事。2018年4月7日，阿薩德軍用神經毒氣
殺了70幾名無辜百姓，但甚至在攻擊展開以前，俄國已經開始
放話，說根據情報伊斯蘭好戰團體計畫發動化學武器攻擊。事件
發生後，克里姆林宮宣稱這是一次為栽贓俄國而發動的攻擊。[59]
2014年7月17日，馬來西亞航空公司（Malaysia Airlines）17號
航班在烏克蘭上空被擊落，機上298人全部罹難，但俄羅斯從未
承認責任。社交媒體上捕捉到的飛彈路線照片與視頻、飛彈發
射與殘骸現場的證據都明確指明這是俄國幹的，但在訊及俄國
在這次事件中扮演的角色時，普丁答道，「你說的是哪一架飛機
啊？」[60]

　　假訊息製造迷惑，讓人不知道應該相信什麼。克宮慣用的否
認伎倆能讓人產生無助感，讓人想到俄羅斯可能向美國與其他自
由開放社會下什麼毒手而心生恐懼。誠如英國哲學家與數學家羅
素（Bertrand Russell）所說，「活在恐懼中的人有四分之三已經
死了。」普丁的作法製造一種毀滅性週期。恐懼消蝕同情，進一

步分化、削弱遭到攻擊的社會。

新戰爭思維

　　克里姆林宮用「新世代戰爭」達到它不用發動大規模武裝衝突也能達到的目標。不過為了恐嚇弱小鄰國，嚇阻美國與北約因反制俄國侵略而出兵，維持傳統軍事力量也很重要。普丁在這個問題上面對一項挑戰：無論就先進傳統武器，或就美國軍方所謂「聯合作戰」（joint warfighting）的海、陸、空、虛擬空間整合作戰而言，俄羅斯都沒有足以與美國以及北約盟國競爭的國防預算。但就像網際網路與社交媒體帶來修正「戰爭騙術」（戰術欺騙與偽裝）的機會一樣，俄國也已將顛覆性科技與軍事整合，以打擊美國與北約的弱點。

　　自就職以來，普丁大舉推動軍事改革，引進新科技，提升紀律，並進行軍隊改組。他要做的事很多。俄國為重建對車臣地區控制權而發動車臣戰爭時，原以為可以輕鬆得手，但這場戰爭從1994年12月一直打到1996年8月，最後以俄軍灰頭土臉撤軍而結束。對訓練不佳、吃得不好、裝備老舊、紀律欠缺的俄軍來說，車臣戰爭是一場惡夢。俄國士兵有時不發一槍就向敵軍投降，或將武器賣給車臣人換取食物、毒品，或酒。[61]

　　在2000年代展開大規模改革時，俄國軍方的改革目標不是在能力上與美軍與北約盟軍競爭。他們的投資重心不是昂貴的系統，而是較廉價的空防整合、攻勢網路與電子戰、無人機、長程飛彈與大砲。這種作法似乎有效。在2014年兼併克里米亞與入侵烏克蘭的過程中,俄國軍方沒有用昂貴的匿蹤戰鬥機,而用精密的空防從地面建立制空優勢。

在普丁統治下,俄軍行徑愈發明目張膽。在入侵烏克蘭之後數年間,俄國不斷在波羅的海與其極西疆舉行大規模軍演,對北約虎視眈眈,還與中國在俄屬遠東舉行聯合演習。俄國海軍船艦與飛機在北歐、波羅的海逼近美國與美國盟友的船艦與飛機進行危險的攔截。俄軍每年舉行大規模「西方」(Zapad)演習,這個名目取自冷戰期間華沙公約集團為誇耀軍力而在蘇聯「西方戰線」舉行的戰略性軍演。就像「新世代戰爭」一樣,俄國透過軍演與核子飛彈布署展現的傳統武力,目的也是在心理上威嚇北約。

不過,有鑑於美國傳統軍事戰術與俄國有限的國防預算,傳統軍事改革仍不足以引起恐懼或重建俄國國威。普丁決心擴充俄國核子武備,還宣布一項目的在嚇阻北約國家、削弱這個組織的「升高控制」核武理論。他根據這項理論主張俄國搶先對歐洲發動核子攻擊,為美國製造進退兩難的困境:應該冒核子大屠殺的危險與俄國一戰,還是為謀和平而向俄國的條件屈服。為發展實現這項理論的戰力,克里姆林宮違反了1988年「中程核子武力條約」(Intermediate Range Nuclear Forces Treaty)。

在揚言發動核子戰的同時,俄國也展示它能用攻勢網路戰威脅美國與美國的盟友。早在2016年發動對美國大選的攻擊以前,俄國就鎖定美國關鍵性基礎設施進行網路入侵。[62]克里姆林宮已經向海外展現它的能力。在2015年聖誕夜，東烏克蘭停電，影響20幾萬人，創下網路攻擊迫使一個國家電力系統停擺的先例。俄國人在關閉烏克蘭電源、駭入美國民主黨全國委員會的同時，重施早先對美國核電廠使用的故技，將惡意程式植入美國水資源與電力系統。[63]就像「升高控制」核武戰略一樣，俄國對基礎設施發動網路攻擊威脅的目的，也在嚇阻美國與其北約盟國，讓他們坐視俄國侵略，不敢採取行動。

能源依賴與經濟勒索

在俄國的傳統武力、核武與網路攻擊威脅之外，另一項讓普丁如虎添翼的利器是，利用他國對俄國能源的依賴而施加的經濟勒索。在華沙公約與蘇聯解體後掙脫蘇聯控制、獲得獨立的國家，由於先天上在運輸與能源基礎設施方面仰賴莫斯科，特別容易受害。莫斯科已經在白俄羅斯、烏克蘭、亞美尼亞、塔吉克與吉爾吉斯表明，會透過限制能源供應或能源價格戰術迫使目標國就範。2010年，俄羅斯迫使烏克蘭將俄國黑海艦隊在克里米亞基地的租約延長25年。幾年以後，俄國就利用其中一個基地兼併克里米亞。俄羅斯還運用經濟威嚇，迫使吉爾吉斯與亞美尼亞加入「歐亞經濟聯盟」（Eurasian Economic Union）——那是莫斯科為與歐盟競爭，並將俄國勢力擴展到前蘇聯各地而成立的組織。[64]

就連德國也因為只採用俄羅斯天然氣的政策選項而自陷險

境。貪婪無恥的腐敗在這過程中扮演一個角色。2005年，施羅德（Gerhard Schroeder）在即將卸任德國總理的最後幾個月，讓德國批准價值上兆美元的「北溪」（Nord Stream）油管案，讓俄國國營天然氣公司Gazprom將天然氣從俄國輸進德國。施羅德在卸任後不久成為這個油管的股東委員會主席。2017年4月，北溪油管開發商「北溪II AG」簽約在波羅的海海底建第二座油管「北溪二號」，將俄國運往德國的天然氣增加一倍。這座油管不僅加深德國對俄國能源的依賴，還懲罰了烏克蘭，因為烏克蘭將因此每年損失20億美元運輸費，相當於烏克蘭全國生產毛額1.5%。這條油管還將使波蘭、斯洛伐克與匈牙利等其他北約與歐盟會員國得不到運輸費。波蘭政府稱這座油管為莫斯科發明的「混種武器」，目的在分化歐盟與北約。[65]2020年初，美國國會對參與「北溪二號」的公司實施制裁，以「阻止施工」。不過當時油管已經接近完工，這項制裁來得太晚，力度也太小。這項制裁成為美國與德國關係惡化的主因。

禍起蕭牆

德國是歐洲最繁榮、最強大的國家，這也使它成為普丁的眼中釘——因為普丁力圖打破後冷戰秩序，重溫俄羅斯大國之夢，而削弱歐洲是普丁這項政策的主軸。事實上，對統合假訊息、否認、顛覆科技、分化與打擊歐盟與北約國家意志力的俄國「新世代戰爭」而言，歐洲始終是主戰場。

外交官與史學者喬治・肯楠（George Kennan）在寫到兩次世界大戰之間的世局時指出，蘇聯的外交靠的不是「他們的理念的力量」，而是「西方社會本身的軟弱：西方人民的精神耗竭」。[66]雖說與第一次世界大戰的創傷相比之下，歐洲在2000年代面對的挑戰不算什麼，但這些挑戰就算不能造成精神耗竭，至少也能導致精神削弱。冷戰結束時，歐洲因蘇聯霸權與共產黨獨裁解體、重獲自由而歡慶不已，但不旋踵間，農業效率不佳、工業萎靡不振等現實問題浮上檯面，因重獲自由而建立的團結逐漸瓦解，代之而來的是經濟擔憂，以及視自由為理所當然的趨勢。[67]

為削弱歐盟信心，克里姆林宮加油添醋、趁勢炒作各種事件——例如2008年全球金融危機；2015年造成歐幣險象環生的歐洲金融危機；由於敘利亞內戰以及從阿富汗到北非、到馬格里布（Maghreb，譯按：指非洲西北部，涵蓋突尼西亞、摩洛哥與阿爾及利亞等國的廣大區域）的暴力事件，而於2011年起出現的難民危機；英國在2016年的脫歐公民投票；法國在2019年的「黃背心運動」（gilets jaunes）；以及西班牙、匈牙利、義大利與波蘭在前後幾年之間出現的許多本土主義、分裂主義與歐洲批判主義政黨。[68]不過早在新舊世紀交替之前很久，歐洲的削弱已經展開。1990年代的全球化不僅影響美國，也影響歐洲。工廠移往廉價勞工市場，全球經濟轉型與貧富差距不斷擴大導致民不聊生。[69]冷戰結束時的資本主義自由市場經濟願景面對失業與階級鴻溝的殘酷現實，對歐盟的批判開始升溫。工會勢力迅速擴

張，在1995到2013年間從12國增加到28國。隨著歐元啟用，財
政政策不再由國家政府掌控，歐盟官僚與規範權力坐大，歐洲各
地民怨也愈演愈烈，認為布魯塞爾那些「見不到臉孔」的男男女
女──包括歐洲議會（European Parliament）選出的732名議員
──正在篡奪國家主權。歐洲批判主義與無限全球主義導致民粹
政黨崛起，造成歐洲政治兩極化，為俄國創造削弱北約與歐盟的
機會。

　　美國與歐洲關係吃緊為俄國帶來更多機會。冷戰過後，大西
洋聯盟關係陰晴不定。儘管歐洲在九一一恐攻事件過後支持美
國，許多歐洲人反對美國在2003年入侵伊拉克，反戰聲浪還在
隨後逐年增長。在歐巴馬總統繼續將美軍大舉撤出歐洲、大中東
地區暴力因伊斯蘭國崛起與敘利亞內戰而不斷延燒之後，一些歐
洲人將俄國膽大妄為與危機愈演愈烈歸咎於美軍驟然撤出歐洲。
當歐巴馬總統宣布決心轉進亞洲時，許多歐洲人認定他背棄了
70年來的跨大西洋夥伴關係。隨後在2016年，共和黨總統候選
人川普表示對北約極度不信任，認為北約已經「過時」。他說，
歐盟不是一個彼此共享民主原則、同心協力的聯盟，而是一個競
爭對手。川普在2017年1月宣誓就職後重申「美國優先」的口
號，似乎也預示美國有意退出歐洲，放棄美國的戰後國際秩序領
導地位。川普總統於2019年10月突然決定從敘利亞東北部撤出
美軍特戰部隊，讓北約大吃一驚，也使北約的部隊陷入險境。他
們認為，美國未經磋商驟然撤軍，證明美國對北約與歐洲的承諾
已經減少。不多久以後，法國總統馬克宏形容歐盟已經走上「懸

崖邊緣」，還說英國即將脫歐以及歐盟內部的分歧能使歐盟「在地緣政治上消失」。他將造成歐盟這些困境的部分責任歸咎於川普，說川普「不能與我們共享歐盟理念」。2019年年底，在展開與俄國的一次新外交行動之後，馬克宏說北約已經「腦死」。他問道，土耳其怎能既身為北約盟國一分子，又同時從俄國購買尖端國防系統。[70]

普丁當然樂得從歐洲國家彼此之間、以及歐洲與美國之間的緊張情勢牟利。事實上，在21世紀頭20年，由於北約盟國不能團結對克里姆林宮施壓以迫使普丁收手，普丁更加肆無忌憚。歐洲的軟弱，以及敘利亞在2013年踩紅線而未遭盟國制裁，幾乎可以確定是普丁在2014年決定兼併克里米亞、入侵東烏克蘭的導火線。克里姆林宮的其他決定，包括攻擊歐洲與美國的選舉、在英國對史利波下毒、支持阿薩德在敘利亞用化學武器進行大屠殺等等，很可能都與歐洲孱弱與美國不願插手有關。儘管這些作為嚴重違反國際法、侵害歐洲主權，儘管西方盟國也對普丁政權與俄國國防產業實施制裁，但俄國仍能在歐洲擴張勢力，北溪二號油管就是明證。俄國不僅對歐洲進行政治顛覆，還能因此謀得財務利益、擴大經濟影響力。

不過俄羅斯在強大外表下，隱藏著有關經濟、人口、公共衛生與社會服務的重大弱點。前美國國務卿歐布萊特（Madeleine Albright）曾說，普丁的俄羅斯把一手爛牌打好了。[71]美國與特別是在歐洲的盟國把一手好牌打得一塌糊塗。史丹佛大學國際關係學教授凱莎琳・史東納（Kathryn Stoner）曾經對我說，了解你玩的是什麼遊戲，比你握有什麼牌更重要。她說得沒錯。想對抗普丁、保護我們自由開放的社會，首先得了解克里姆林宮的策略，了解俄國為什麼有這些行動，了解俄國的恐懼與屈辱。

第二章

美國該如何反制普丁？

不尊重本國人民權利的國家，
也不會尊重鄰國的權利。

—— 1975 年諾貝爾和平獎得主、「蘇聯氫彈之父」
安德烈・沙卡洛夫

　　面對俄羅斯結合散播假訊息、矢口否認、經濟勒索與顛覆性科技發起的攻勢，美國與歐洲顯得手忙腳亂。他們的反應不僅緩慢、不當，而且往往正中那些煽動、顛覆者的下懷。費歐娜・希爾博士11月21日在眾議院情報委員會作證指出，「這些外來勢力極力分化、挑撥我們，削弱我們的體制，摧毀美國人民對我們民主的信心，但為了兩黨惡鬥疲於奔命的我們早已精疲力竭，無力對抗。」[1]

　　當我們考慮怎麼做最能反制俄國的侵略時，希爾這項警告是最好的出發點。普丁想製造分裂；美國人與歐洲人不應該自我分裂。普丁運用假訊息；美國人與歐洲人應該重建值得信賴的資訊來源。普丁玩弄經濟勒索；美國人、歐洲人與其他志同道合的人民應該進一步彼此互信互賴。普丁用顛覆性科技彌補俄國的弱點；美國人與歐洲人應該進行反制，維護他們的相當競爭優勢。美國與歐洲國家應該充滿信心。

　　當我在日內瓦會見帕特魯舍夫時，他那種恐懼與自尊受傷夾雜的表情一覽無遺。他顯得很強硬，但那是一種因極度失望——眼見他終生捍衛的系統崩潰——而產生的強硬。共產黨把平等主義掛在嘴邊卻極盡不公能事；蘇聯強調的工人社會正義概念是一場騙局；史達林統治下的蘇聯在二戰期間與戰後殺了六百萬本國人民，將另一百萬人關進奴工營，讓許多人死在裡面：蘇聯已經從根腐爛，但帕特魯舍夫生在這種系統，早已習以為常。[2]

　　眼見他努力維護的貪腐系統崩潰，帕特魯舍夫的憤怒與失望之情溢於言表。自2000年起，他與普丁聯手再造那個系統，但不完全是重建而已。他、普丁與「權力集團」拋開一切平等主義陳腔濫調，高舉民族主義與俄羅斯祖國榮光大旗。他們貪得無厭——普丁與帕特魯舍夫的個人財富都高踞這個貪腐系統之首。把失敗歸咎美國已經成為他們的慣用伎倆，為轉移俄國人民矚目的焦點，他們得與美國與歐洲對抗。這一切都顯得如此順理成章。就像在冷戰期間一樣，也以對抗來自西方的威脅為由為他們自己、為他們的系統找理由。[3]

　　由於克里姆林宮的基本動機不大可能改變，在普丁主政期間，美國與志同道合的盟友夥伴必須對抗普丁的招數——特別是假訊息、矢口否認混淆視聽、經濟勒索與運用顛覆性科技等毒招尤其值得注意。由於克里姆林宮意在從內部對美國與歐洲進行分化，想擊敗普丁就得具備戰略能力，需要協同努力以恢復民眾對民主原則、體制，以及程序的信心。

　　在普丁的侵略行為與帕特魯舍夫的強硬作風下，掩蓋著俄國的軟弱以及相對於歐美每況愈下的國力。在2019年，俄國國民生產毛額僅與美國的德州相當，比義大利還差。[4]在俄國兼併克里米亞、入侵烏克蘭之後，北約盟國終於增加國防開支。不計美國，北約的2019年總預算達2990億美元，比俄國的2018年預算614億高出甚多。單只美國一國的2019年國防預算就高達6850億美元，比俄國大11倍。[5]但儘管歐美享有這麼大的相對優勢，想對抗普丁還得動員這些優勢、補強弱點、不讓克里姆林宮有機可乘才行。

美國的盲目樂觀

在普丁統治20年後，俄國侵略本身或許就是恢復民主信心最有效的利器。史學者與作家提摩西・賈頓・艾許（Timothy Garton Ash）在2019年說，歐洲開始認清它面對一種攸關生死存亡的威脅，「像面對死亡一樣，讓人集中精神」。[6]集中精神能讓人拋開過去那些錯誤假定，認清眼前越來越凶險的威脅。由於錯誤假定，美國與歐洲盟國儘管本意良善，卻坐視、甚至鼓勵了俄國侵略。

我在這裡得再次提出戰略自戀觀念，因為美國之所以不能有效因應俄國侵略就是因為戰略自戀、特別是因為一種一廂情願的觀念作祟：在蘇聯垮台以後，俄國領導人會接受現實。歷任美國政府對普丁這些行動背後的情緒動機視而不見。甚至在俄國對歐洲的顛覆攻擊已經成為鐵證如山的常態之後，美國政府仍然過度樂觀，相信俄國政策終將改變而沒有及時採取有效因應行動。

在我與帕特魯舍夫的日內瓦會面將近八年前，國務卿希拉蕊・柯林頓也曾在同一城市會晤俄國外長瑟吉・拉夫羅夫。俄國就在這次會議舉行前七個月入侵喬治亞，這是有史以來結合軍事攻勢、假訊息戰與網路攻擊的第一場戰爭。柯林頓向拉夫羅夫提出一個「再啟動按鈕」（reset button），意思就是讓美、俄關係重新開始。柯林頓對她這項建議充滿信心，認為它可以「讓腦子非常有效的交集」，從而導致「更多信任、預測能力與進展」。[7]隨著「新戰略武器裁減條約」（New Strategic Arms Reduction

Treaty，簡稱New START，目的是將戰略核子飛彈發射器數量減半，並限制戰略核子彈頭布署數量）締約談判的進展，美國對這項重啟關係的政策也更加樂觀。

　　俄國支持擴充阿富汗的「北方分配網路」（Northern Distribution Network）為當地美軍運補，並支持美國對伊朗的新制裁，是又一項正面進展。2012年3月，歐巴馬與俄國總統狄米崔‧梅德維傑夫（Dmitry Medvedev，兩個月以後，普丁卸下總理職，回鍋擔任總統）耳語時說，在那年11月美國大選結束後他會有「更大彈性」。（當時麥克風沒有關機，歐巴馬談話內容傳了出來。）歐巴馬指的是一項新武器協議的可能性，但他的話也等於向梅德維傑夫暗示，為取得武器協議與其他優先事項進展，他願意對俄國幹的壞事視而不見。[8]七個月後，歐巴馬在競選連任時挖苦競爭對手參議員米特‧羅姆尼（Mitt Romney）不該將俄國描述為一個地緣政治敵人。他說，「1980年代那些人現在要求再次搬出他們那套外交政策。因為冷戰已經結束了20年。」[9]

　　過度樂觀導致自滿，也因此歐巴馬政府在訂定對俄政策時，根據的不是嚇阻、對抗俄國侵略的需求，而是它與克里姆林宮合作共事的願望。當俄國兼併克里米亞、入侵烏克蘭、干預敘利亞、駭入希拉蕊‧柯林頓競選陣營與民主黨全國委員會與攻擊2016年總統選舉時，這些希望迅速幻滅。2000年代，當俄國的威脅隱藏得越來越好時，美國誤以為俄國的目標與美國一致。美國認為透過外交途徑可以讓莫斯科放棄陰謀顛覆，加入負責有序

的國際社會。根據心理學解釋，所謂樂觀偏見就是病人往往在接
受治療之初，儘管治療成果未定，就認定治療有效的現象。在謀
求改善與俄國關係的過程中，歐巴馬總統與柯林頓國務卿都出現
這種樂觀偏見與一廂情願的現象，他們不是犯下這類錯誤的第一
人，也不是最後一人。

　　2001年夏，小布希總統與普丁總統會面。布希說，「我仔細
觀察這個人，發現他是非常直截了當、值得信賴的人。我們談
得非常好。我可以感覺到他的心靈深處；他一心為他的國家效
忠，為他的國家利益奉獻。能夠與他如此坦誠對話，我非常感
激。」[10]普丁花言巧語告訴布希一個捏造故事，說他如何從一場
莊園火警中救出媽媽送他的一個珍貴的俄羅斯東正教十字架，
並且一直將它戴在脖子上。就像之後對柯林頓基金會（Clinton
Foundation）與川普旗下組織一樣，為向布希示好，普丁也為布
希的一名友人在俄羅斯石油公司安插一份油水豐厚的工作。[11]到
第二任任期結束時，布希被迫修正他對普丁的評估。2008年8
月，就在布希與普丁都出席北京奧運會開幕式，準備與中國國家
主席習近平會面時，俄軍入侵喬治亞。

　　先後幾任美國總統都以為可以透過互利訴求拉攏普丁，改善
華府與莫斯科間的關係，改變俄羅斯的戰略行為。川普常說，改
善與莫斯科的關係「是件好事，不是件壞事」。2015年12月，
競選總統的川普說「有人讚揚你了不起總讓人開心，特別是當
這個人是俄國領導人時尤其讓人心花怒放。」[12]面對普丁一些最
惡劣的犯行，川普也往往裝聾作啞。舉例說，「福斯新聞」的比

爾・奧雷利（Bill O'Reilly）在2017年訪問川普時問川普，就算普丁「是個殺人犯，你還會尊敬他嗎」，川普答道，「殺人犯多得很。你以為我們國家那麼天真嗎？」[13]儘管美國決定主要透過制裁強化歐洲防務，從而對普丁與普丁身邊親信造成重大成本負擔，但從川普總統在當選前與選後發表的公開聲明中，似乎看不出他要俄國負責的決心。事實上，他有時似乎還為俄國的假訊息與否認幫腔。舉例說，在美國情報機構一致認定俄羅斯曾在2016年攻擊美國大選之後，川普總統談到他與普丁的對話：「他說他沒有插手。我又問了他一次。你不能再追問了。不過我還是又問了他一次，而他說他絕對沒有干預我們的選舉。他沒有做他們說他做了的那些事。」2018年7月，在與普丁一次一對一的會談結束後，川普在芬蘭赫爾辛基發表談話說，「我對我們的情報人員極具信心，不過我要告訴你們，普丁總統今天的否認極度強而有力。」[14]

錯誤的幻想

　　儘管有人認為，川普之所以有時似乎在為俄國與普丁辯護，是因為克里姆林宮握有他的不當商業、個人行為把柄，但對美、俄關係的樂觀偏見與一廂情願是兩任前政府遺下的先例，川普只是承繼這個先例而已。[15]這種一味謀求修好的作法，讓一連幾任美國總統淪為這位KGB情報頭子託詞的受害人。2018年在赫爾辛基舉行的記者會中，有記者直接問普丁曾否在針對川普總統的

「資料上動手腳」，普丁沒有直接作答。他說，「嗯，記者先生，我這麼說好了。當年川普總統在莫斯科訪問時，我甚至不知道他在莫斯科。我對川普總統極度尊敬，但當年當他是一位平民百姓、一位商人時，沒有人告訴我他來到莫斯科……你以為我們會想辦法蒐集每一位到訪人士的黑資料嗎？還有什麼比這更荒唐的無稽之談嗎？請你拋開這些議題不要再提了。」[16]普丁向來就不是川普的朋友。他利用赫爾辛基高峰會中傷美國總統，讓「史蒂爾檔案」容持續發酵。

儘管遭到普丁詆毀，川普仍然抱持樂觀偏見，這其間另有原因。一些自稱川普總統「國師」的人說，雖說俄國不斷侵略，但主要根據兩個理由，美國仍然應該力謀改善與俄國的關係：首先，他們誤解歷史，對二戰期間的美、蘇同盟戀戀不忘；其次他們對俄羅斯民族主義者有一種特殊的親和感，認為兩國有對抗伊斯蘭恐怖主義的共同利益，兩國應該聯手對抗多文化、多種族、多宗教移民，以保護這些國師所謂西方、白人、基督教文化。[17]2018年7月，川普總統在接受福斯新聞塔克・卡爾森（Tucker Carlson）訪問時說，將俄國視為敵人「很沒道理」，因為俄國在二戰期間付出巨大犧牲，「死了5000萬人幫我們打贏這場戰爭。」

若干美國與歐洲人士認為俄羅斯才是更純正的基督教世界，普丁統治下的俄國更是保守主義大本營，可以保護西方文化免於許多後現代理念戕害。[18]但這兩個理由都有重大瑕疵。二戰期間與蘇聯的結盟是一種「不得不的結盟」。當時大戰正酣，蘇聯原想保持中立，與德國簽下莫洛托夫－李賓特洛甫協定（Molotov Ribbentrop Pact，即德蘇互不侵犯條約），波蘭因此慘遭瓜分，蘇聯於是趁機兼併波羅的海三國。直到納粹德國翻臉攻進俄國，蘇聯才不得不（在1941年12月珍珠港事件過後）與西方盟國與美國站在同一陣線。這是蘇聯獨裁者約瑟夫・史達林一直想盡辦法避免的聯盟；他一直就對西方國家的政府與人民充滿敵意。[19] 這個不可能出現的聯盟竟然出現，唯一的因素就是阿道夫・希特勒。雖說就生命損失而言，蘇聯確實是二戰期間犧牲最慘重的國家，但一旦戰爭結束，這個不得不結的聯盟解體，冷戰隨即登場。

　　二戰期間，美國是與俄國並肩作戰、一起流血的盟國，並曾根據「租借政策」（Lend-Lease policy）提供俄國113億美元援助，美國希望俄國因此心存感激。但克里姆林宮領導人對盟國在二戰期間的表現並不滿意。[20] 有些俄國人認為，美國與英國為了讓蘇聯與德軍在東部戰線互相殘殺，故意拖延在法國開闢第二戰線的時間。他們認為美英聯手研發原子彈卻不讓蘇聯參與，目的就在控制蘇聯與戰後的世界。若指望普丁會基於兩國在歐洲共同利益，或會念及二戰期間盟國舊好而與美國改善關係，這指望難免落空。

　　誤解歷史加上偏執，讓人對普丁的俄國產生又一幻想。有些美國人由於將俄國視為社會保守主義與基督教守護者，對俄國有一種文化親和意識。這種想與克里姆林宮改善關係的樂觀偏見不是美國獨有的現象；在歐洲部分地區類似現象甚至更普遍。舉例說，匈牙利總理維克多・奧班（Viktor Orban）就向俄國靠攏，宣布為建立「一個新匈牙利國」，匈牙利要「打破西方那套教條與意識形態」。扮演克里姆林宮與俄國情報部門打手角色的俄羅斯東正教教會，讚揚普丁的干預敘利亞是「打擊恐怖主義」的一場「聖戰」。俄國自然積極利用這種種族與宗教親和感大作文章，進一步分化西方，削弱西方對抗克里姆林宮侵略的決心。[21]

網路攻擊防線

　　一旦將那些似是而非、改善與俄國關係的理由排斥之後，我們才能擬出一套目標明確的策略，不僅藉以對抗、嚇阻俄國侵略，同時還能為後普丁時代訂定條件，讓俄國領導人認清他們不必與西方對抗，經由與西方的合作也可以為俄國謀利。公共與民營業都有需要扮演的重要角色。由於普丁的那些招數極度仰賴假訊息與否認，想與它們對抗首先得揭露克里姆林宮在各國內部與國際間挑撥離間的伎倆。

　　政府可以運用強有力的工具找出發動惡意網路攻擊的人。事實證明，執法與制裁可以有效對付從事政治顛覆的個人與組織。由於起訴定罪、制裁的證據大多公開，美國的穆勒報告這類執法機構的調查結果，特別有助於揭開俄國網路資訊戰黑幕。以特別調查員羅伯・穆勒姓名命名的穆勒報告，詳述穆勒如何以兩年時間調查俄國對2016年美國大選的攻擊，揭露俄國如何干預美國大選、如何透過網路資訊戰分化美國人。[22] 2018年3月15日，川普政府就根據穆勒報告與其他相關資訊，對俄國個人與公司，包括與 IRA、GRU 有關的個人與公司[23]實施制裁。美國司法部也宣布對 26 名俄國公民與三家俄國公司的刑事檢控。[24]

在對抗普丁的過程中，民眾與他們在政府的代表扮演著重要角色。如費歐娜·希爾所說，他們至少可以不讓自己成為自己最糟的敵人。俄國不僅攻擊美國選舉，還不斷分化美國人，削弱美國人對民主原則、體制與程序的信心，這是美國人無分黨派應有的共識，但政治分化可以掩飾這種共識。川普總統、他的支持者與他的反對者對穆勒報告的反應說明了這一點。有人附和川普總統的說法，認為這項報告只是「捕風捉影」，有人認為穆勒報告不夠深入、不能揭發川普競選陣營與俄國人「共謀」黑幕，還有人指責川普阻擾司法公正調查。希爾在 2019 年 11 月彈劾調查委員會作證指出，俄國的目標是無論誰當選，都要讓新當選的美國總統「如墮五里霧中」。她警告說，那些人云亦云的人只會幫克里姆林宮更容易得逞。

可悲的是，希爾的苦口婆心似乎是白說了。2020 年 2 月，由於川普總統將俄國顛覆美國民主進程的消息視為「空穴來風」，在俄羅斯用假訊息支持候選人桑德斯與川普的消息傳出後，川普將代理國家情報總監約瑟夫·馬奎爾（Joseph Maguire）革職。同時，一些民主黨人也搬出已經調查過的捏造說詞，指川普與克里姆林宮共謀。這樣的劇情發展對普丁來說有利得無以復加。社交媒體仍是克里姆林宮最佳利器。[25]

想嚇阻俄國發動網路侵略，只是政府採取反應還不夠。美國國家安全局（National Security Agency）儘管完全有能力採取網路反制，但為了避免洩漏工具與方法，安全局往往不願這麼做。單只是這個問題的規模一項，已經需要美國公共與民間攜手合作。社交媒體與網際網路公司必須繼續投入他們在2016年選舉過後展開的努力，揭發、反制假訊息與宣傳。由於系統弱點而遭人詬病的臉書，已經在Facebook與Instagram上尋找、刪除俄國「機器人」（bot）帳號。臉書還要劍橋分析公司（未經同意從數以百萬計使用者帳號中攫取資料的英國公司）刪除臉書數據，幫助使用者了解如何維護自己的隱私。推特也在找尋、刪除機器人帳號。但俄國機器人與「酸民」（troll）*也不斷改頭換面，搶先這些保護措施，繼續散播假訊息。更何況，這些保護措施並不能有效維護個資隱私，俄諜仍然用個資發動網路資訊戰，一些使用者也繼續用它們謀求經濟利益。

　　由於社交媒體公司可以運用個資（主要透過廣告）謀利，規範行動有其必要。有關當局必須除下若干使用者的匿名保護，必須責成社交媒體公司保護個資，對濫用社交媒體平台者開罰，從而改變業者唯利是圖心態，反制假訊息與否認。這些規範措施還可以防阻社交媒體公司成為民主社會言論自由的仲裁者。

　　在反制俄諜的過程中，民間人士的努力特別有價值，因為它們不屬機密，可以發送 媒體、社會大眾與執法機關。舉

---

* 編註：指透過發布具有煽動性、令人反感的，或帶有破壞性的言論，來轉移話
　題焦點、擾亂在線討論，試圖挑釁或激怒他人。

例說，一家民營企業協助釐清沙吉・史利波與他的女兒尤莉雅在英國沙里斯堡遭下毒事件的責任問題。國際研究調查網站Bellingcat進行一項開源調查，發現攻擊者來自俄羅斯總參謀部情報局（GRU）。除了在網路世界，政府與民間的合作在實體世界也能讓俄國的否認伎倆無法得逞。民營企業可以打造出真相的水喉反制克里姆林宮的虛假水喉。但即使政府與民眾合作反制RNGW，仍然不能一勞永逸地解決問題。2020年總統選舉情事明白顯示，俄諜會不斷變化，伺瑕抵隙、發動新攻勢。

　　想對付數據竊取或系統損害這類網路攻擊，必須超越「周邊」防禦或甚至所謂「縱深防禦」（即在一個資訊科技系統布署多重保安管控）設防。由於像俄國這樣的大國，只要擁有適當時間與資源就能穿透嚴密防線，防禦必須兼具很好的攻勢。以美國國家安全局為例，會不斷在虛擬空間進行偵測，在敵人滲入系統周邊以前先找到敵人、先發制敵。美國並且於2010年建立「網路戰指揮部」（Cyber Command）以「指導、同步、協調網路規劃與作業，與國內與國際夥伴合作，以保衛並促進國家利益」。[26]網路戰指揮部負責整合、提升戰力，根據「更多韌性、超前防禦與不斷迎擊」的概念對抗威脅。[27]在2018年美國中期選舉期間這種積極防禦形式似乎相當成功。根據報導，網路戰指揮部作業人員運用不斷迎擊、讓敵人在滲透我方系統以前先遭我方攔截的戰術，在選舉日當天攔截了IRA發動的網際網路攻擊。[28]今後，民營企業可能也會參與積極防禦。在攻擊事件發生後進行來源追查與懲罰仍然重要，但對那些處心積慮癱瘓關鍵性系統或

基礎設施、勒索犧牲者、或發動資訊戰的攻擊而言,這類懲處措
施不具嚇阻或防範之效。政府各部門間、政府與民營企業間應該
擴大資訊與專業共享,為 dot-com、dot-gov 與 dot-mil 等網際網路
網域提供保護。

　　就像 GRU 與 SVR 從早期對西方民主社會的攻擊中學得教訓
一樣,美國等國也可以從俄國周邊那些曾經遭到攻擊的國家那裡
學得教訓。2007 年,愛沙尼亞遭到包括假訊息、否認與破壞基
礎設施等持續網路攻擊。愛沙尼亞因為一座二戰雕像遷址問題與
俄國意見不合而引發這項攻勢。攻擊一開始,俄國就用網際網路
交通擠垮伺服器,關掉網站。愛沙尼亞的新聞據點、政府網站與
銀行帳號全部當機。俄國媒體也在一旁搧風點火,散播蘇聯軍人
公墓遭毀等假訊息。十多年來,俄國不斷進行這種假訊息與宣傳
戰。[29]愛沙尼亞知道它必須加強防禦,於是在總統圖瑪・亨利・
伊爾維(Toomas Henrik Ilves)領導下組成一支民間網路防禦後
備隊,透過點對點加密、雙重認證,以及不斷跟監防範,建立高
度有效的安全防禦網。愛沙尼亞證明只要了解問題,領導層下定
決心,有全面性策略,再加上公共與民營企業的密切合作,可以
成功防禦惡意入侵。愛沙尼亞的網路安全現在包括高功能 E 政府
基礎設施、數位認證、強制安全基線,以及一個辨識與反制攻擊
的中央系統。民營服務供應業者要接受檢驗,以評估與降低風
險。伊爾維總統說,國民與民營企業的參與是有效防禦的必要條
件,成功關鍵就在於鼓勵線上安全措施、推動網路安全公共教育
計畫與不斷監督虛擬空間與電廠。[30]

在芬蘭，政府鼓勵民眾參與，共同追蹤、對抗、防堵網路攻擊。當局實施強制性網路教育以便「將芬蘭擴建為一個資訊社會」並推動網路研究。國家網路安全中心（National Cyber Security Centre）對全民開放。它提供資訊，張貼警訊，舉辦模擬網路攻擊的「演習」以提升民眾危機意識，鼓勵組織團體自我保護。目標是達成全民安全。[31] 儘管要將愛沙尼亞與芬蘭這類小國的作業規模擴大，應用於美國這樣的大國並不容易，但它們的例子說明政府不僅應與產業合作，還得與學術界以及公民社會合作。

曾協助打造雅虎（Yahoo）品牌的矽谷主管凱倫‧愛德華（Karen Edwards）知道，要對抗俄國假訊息戰，只憑防禦性措施還嫌不夠。眼見俄國人與極端團體在美國搞分化、製造民眾對民主程序與體制的信心危機，她非常憤怒。早在1990年代第一波矽谷熱出現時，對網際網路前景充滿憧憬的她已經擔心網路可能淪為惡人操控的工具。20年後，這位史丹佛大學與哈佛商學院畢業生想出一個點子，以資訊攻勢超越防禦，先發制人，對抗網路資訊戰。她與她的業務夥伴拉吉‧納拉揚（Raj Narayan）以一項創新解決方案為基礎，在加州帕羅奧圖（Palo Alto）辦了一家叫做Soap AI的公司。這項解決方案將網際網路正向潛能與新興人工智慧科技結合，以擊敗那些用假訊息與宣傳分化美國社會的敵人。愛德華、納拉揚與他們的團隊了解到，今天的問題主要出在資訊超載、對媒體不信任，以及欠缺多元性省思，於是他們設計出一種機器學習平台，讓使用者取得各式各樣資訊來源，減少點擊誘餌的干擾，從而接觸廣泛觀點，培養對事務更清晰的認識。[32] Soap AI使用一種「擦洗週期」（scrub cycle），利用人工智慧從各種觀點、各式來源對故事報導進行篩選。Soap AI針對一件事或一篇報導提出幾種意見，讓讀者根據正確資訊自行判斷。[33]克里姆林宮等極權政府一直將美國立國以來秉持的分權與反中央集權視為美國的弱點，但美國只要結合攻勢、守勢與先發制人解決辦法對普丁的攻擊進行反制，就能將這些弱點轉為強項。[34]

　　教育極端重要，不僅可以讓民眾提高警覺、防範俄國假訊息戰，還可以重建民眾對民主原則、體制與程序的信心。俄國有句格言形容教育是明燈，無知是暗夜。一個國家的人民一旦認清國家安全面對的挑戰，一旦了解種族、槍枝管制與移民這類敵人藉以製造分裂的議題，這個國家也比較不容易淪為操控的犧牲品。教育讓社會更健康，讓敵人不容易利用種族、宗教、政治、性導向等議題製造仇恨與暴力。最後，教育結合社會公義文明，能讓俄國人找不到製造社會分化的可乘之機。想嚇阻、擊敗俄國的假訊息與否認戰，美國與其他西方社會必須重新聚焦公民教育。西方國家的公民教育除了重視自我批判以外，還應該強調自由、開放與民主社會的重要性。舉例說，美國的公民教育應該承認美國實驗確實有瑕疵而且不完整，但也要讓民眾以這項實驗為榮，因為這是一項行之兩百餘年、史無前例，追求民主、個人權利、機會均等與全民自由的實驗。政治領導人與媒體在這樣的教育過程中扮演重要角色。個人也一樣。已故共和黨參議員約翰·麥坎

（John McCain）的遺孀辛蒂‧麥坎（Cindy McCain）就發起一項推動公義社會的計畫。就像網路防禦一樣，改善教育與重建公義社會也需要全民參與。

對於仍處於普丁侵略野心前線的歐陸而言，這些努力尤其重要。美國、歐洲與其他民主國家必須認清，唯有強有力的集體行動才能對抗普丁那些陰謀手段。要達到這個目標第一步得先拾回自信：不僅要在個別國內部、還要在自由與開放社會彼此之間重建相互尊重。歐洲需要加強心理與實體力量。歐盟想要強大，就先得讓它的會員國強大。歐洲大國可以、也應該起領頭作用；在今後幾十年，歐洲與跨大西洋聯盟是否強大，德國與法國扮演的角色尤其重要。鐵幕崩塌後重獲自由的那些國家也同樣舉足輕重。歐洲文化能不能激發讓他們奮起自衛的共同意識？克里姆林宮認定他們不能。普丁在2019年說自由主義已經「過時」。[35]只有靠歐洲領導人與歐洲人民才能證明普丁錯了。

北約與核武防線

美國、北約與其他國家在對抗俄國分化離間的同時還得謹記：不要低估俄國傳統軍事與核子戰力的危險。由於底氣越來越強的克里姆林宮可能誤判情勢，莽撞採取引發災難性軍事對抗的行動，北約的傳統與核子武力仍是嚇阻侵略的主要力量。基於這個理由，北約會員國應該履行2014年威爾斯高峰會的承諾，將GDP的2%投入國防。由於大國競爭已經成為歷史陳跡的迷思，歐洲軍事力量在冷戰結束後持續萎縮。一心想瓦解這個聯盟的普丁，可能認為北約盟國欠缺決戰意志，而在波羅的海或其他地方製造危機。他可能刻意找一個會員國下手，挑起北約憲章第五條（根據這條規定，「對歐洲或北美的一個或多個會員國的武裝攻擊，應被視為對所有會員國的攻擊」）的爭議，然後企圖說服其他會員國坐視不顧。果真如此將重創大家對北約的信心。

美國與其北約盟友還必須研發、布署戰力，以對抗俄國的新核武等顛覆性軍事科技。俄國為拉近先進軍事科技差距，已經在電子戰、分層空防等幾項顛覆性戰力上將美國與北約拋在後面。[36]重要的傳統戰力包括飛彈防禦、長程精準射擊與對抗無人機的空防等等。為維護在歐洲的嚇阻力量，讓俄國人知道肆意擴張只會為各方帶來慘重後果，美國不得不退出1988年的「中程核子武力條約」。如果俄國與其他國家（例如中國）同意談判限制或廢除中程核武，例如1988年的中程核武條約，或2010年4月簽的「新START」（START I的後繼條約，同意將戰略核子飛彈發射器數目減半，並建立監督與查證機制），美國仍然應該隨時做好談判準備，以限制這種世上最具毀滅性武器的質量規模。在投資未來軍事系統的過程中，美國與北約應該將俄國的反制措施時刻牢記於心，避免複雜、昂貴的系統，轉而設計簡單、廉價的系統，以免一旦遭到反制損失慘重。

為反制普丁的伎倆，美國與盟國應該結合行動、計畫與能力讓俄國知道它無法得逞──也就是說，讓克里姆林宮相信它不能透過侵略手段、使用軍力或核子勒索達到目標。不過，如果俄國繼續侵略、擴張，美國與志同道合的國家應該做好準備，針對克里姆林宮的許多弱點展開反擊。這些弱點包括普丁與「權力集團」個人經不起公共審視，俄國人民要求治理發言權的呼聲不斷高張，貪腐造成經濟不勝負荷，以及人口定時炸彈等等。

真相與民主

　　事實真相與透明度，是擊敗克里姆林宮謊言攻勢的重要攻擊與防禦武器。普丁在全球展現的那些狂妄目的就在掩飾他的弱點以及他對失勢的恐懼。他靠操控選舉而得以拖延的統治已經是強弩之末。他為製造尊重憲法的幻象而一度退居總理，之後當他回鍋出任總統時，曾遭遇大規模示威抗議。

　　越來越多俄國人已經怨聲載道，因為他們知道普丁一方面靠著搜刮成為億萬巨富，一方面提高退休年齡延續政治生命。[37] 2019年，普丁聲望重挫，示威抗議已經成為俄國市民的家常便飯。在那年9月的區域選舉中，反貪運動人士、律師亞歷克西·納法尼（Alexei Navalny）提出一項人稱「智慧投票」的策略。他在全國各地找出他認為可以擊敗普丁「俄國統一黨」（United Russia party）對手的候選人，建了一個名單，呼籲反對普丁的民眾投票支持名單上的候選人。這項策略果然有效，全國有破紀錄的160名反對派候選人獲勝。[38] 這顯示，即使普丁控制媒體、對反對派設限，選舉在俄國仍然有扭轉乾坤的可能。[39] 儘管克里姆林宮野蠻鎮壓，絕對掌控媒體、國會、法院與保安情治機關，俄國反對運動仍然潛伏著等待機會，暴露普丁私人財富與普丁身邊「權力集團」財富，可以為俄國反對運動加油打氣。支持反對派、反貪組織與調查記者可以一面對抗克里姆林宮的侵略，一面展現對俄國人民的支持，這些是反制普丁的正道。普丁掌權如今已經進入第三個十年，反對派勢力日益蓬勃。普丁在2020年1月修憲，將他的統治延到2024年後。這項修憲案削弱總統權力，將實權賦予國會與國務委員會（State Council）。總理梅德維傑夫辭職，出任國家安全會議新設的副主席職位。普丁欽定的梅德維傑夫繼任人選米蓋爾‧米蘇斯汀（Mikhail Mishustin）是技術官僚，原本負責俄羅斯聯邦稅務局現代化工作。沒有本身政治基礎的米蘇斯汀面對普丁的權威看來也只能唯唯諾諾。事實上，一般認為這項人事更迭目的在讓普丁掌握實權，或許今後俄羅斯決策將由國家安全會議推動。

　　普丁對事實真相、特別是有關他個人生活與財務狀況的真相尤其敏感。當莫斯科一家小報刊出報導說普丁曾經離婚與一名著名體操選手訂婚時，普丁把那家報紙關了。當所謂「巴拿馬文件」（Panama Papers）在2016年揭露普丁為抽成而為友人謀取有厚利可圖的交易時，普丁指控希拉蕊‧柯林頓煽動俄境示威以轉移焦點。[40]

後普丁時代的俄羅斯

　　過度仰賴能源出口是俄國經濟的致命弱點，歐洲國家應該盡量抓緊這個弱點。降低對俄國石油與天然氣的依賴可以為普丁與俄國經濟帶來難以承受的成本。此外，由於面對經濟持續蕭條，普丁可能製造另一場政治危機以煽動俄羅斯民族主義、轉移俄國人民注意力。因此，對德國與其他歐洲國家而言，依賴俄國能源不僅是一項經濟還是安全負債。

最後，雖說普丁在2020年建議修憲、為自己繼續掌權做準備，美國、歐洲與其他有志一同的國家應該全面設想、為後普丁的俄國做好準備。歷經蘇聯解體、新俄國誕生、邊界改變、經濟與政治系統轉型的俄羅斯社會，仍處於剛從創傷期走出的過渡階段。那種種苦難，對俄國人民而言，就像前國務卿康朵莉莎・萊斯（Condoleezza Rice）所說：「太難以克服了」。[41]我們必須認清這一點。雖說西方國家對於俄國如何轉型、如何以新秩序面對挑戰與機會的事影響力有限，但美國等國可以現在就為如何扮演輔助角色做準備。俄國轉型失敗的教訓可以作為這些準備工作的參考。後普丁政府將有三種選項：鎮壓、積極改革、或以半吊子的方式執行前兩種選項。面對後普丁的俄國，西方國家應該抱持一種歡迎的態度，歡迎它加入歐洲／大西洋安全系統，一起維護和平、促進繁榮。如果普丁力推的「權力垂直」（即總統與聯邦中心權力的再中央化）崩潰，美國與其他國家應該借鏡1990年代失敗的嘗試，支持俄國的民主與體制發展。[42]首先，我們可以擴大草根民主計畫、交流與教育計畫（例如傅爾布萊特獎學金），繞過普丁的鐵幕直接接觸俄國人民。我們也應該記取90年代俄國改革努力失敗的教訓，認清俄國改革端靠俄國人民本身的事實。不過誠如國務卿萊斯所說,「俄國不在火星,俄國人也沒有獨特的、反民主的DNA」。[43]

　　不過西方必須注意,俄國新政府未必就會放棄克里姆林宮的侵略策略,而且可能還會沿用普丁那套作法。在普丁統治下,克里姆林宮怕的是失去對內掌控;我們若是急著放鬆戒心,認為後普丁的俄國一定聽命於西方,就太蠢了。美國與北約仍應以維持嚇阻力為最高優先,讓俄國新領導人了解繼續搞擴張與顛覆會付出高昂成本。

俄羅斯與中國的合謀

　　就短程而言,普丁與俄國已經與習近平主席與中國共產黨結成「全面戰略夥伴」(comprehensive strategic partnership)。普丁總統稱中國為「我們的戰略夥伴」。習近平也投桃報李地說,「我們已將兩國關係提升到我們有史以來最高峰」。此外,習近平還稱普丁總統是他「最好的朋友與同事」。[44]這兩個獨裁政權朋比為奸,共謀打垮戰後政治、經濟與安全秩序。[45]2017年,中俄兩國在波羅的海舉行聯合軍演,向全球表明這種新夥伴關係已經展開。2018年,中國首次加入俄國在西伯利亞的年度軍演。翌年,印度與巴基斯坦也應邀加入這項又稱「Vostok」(即「東方」)的軍演。同樣也在2019年,數百架次俄國與中國軍機闖入美國盟國從波羅的海到日本海的領空。2019年7月23日,一隊俄國與中國轟炸機聯合編隊闖入南韓與日本空防識別區,導致日、韓兩國出動戰鬥機升空攔截。[46]2019年12月，俄國與中國艦艇加入伊朗海軍在印度洋與阿曼灣舉行聯合演習。同時，俄國與中國間的貿易大幅增加，從2016年的696億增加到2018年的1071億美元，兩國甚至開始以本國貨幣進行交易以降低對美元的依賴。[47]

中、俄兩國關係升溫再次引發尼克森政府當年與蘇聯與中國「三方外交」的討論。根據這項外交政策，美國力謀與中、俄建立比兩國彼此間建立的更親密的關係。不過在普丁與習近平統治下，與兩國改善關係的機會甚為渺茫。俄國與中國結盟很不自然，因為俄國會因此成為次要、弱小的一造。普丁的策略已經表明大國競爭不是歷史陳跡。他與習近平所以靠在一起，部分原因是兩人都是獨裁者，都決心破壞自由與開放社會。儘管普丁對美國、歐洲與其他自由世界的侵略十分凶險，但基於挑戰規模與中國戰略邪惡本質的考量，習近平與中國共產黨的危害更大。普丁對美國的攻擊雖說厚顏無恥，但就許多方面來說，中國對美國的威脅更大，也更複雜。

第三章

固若金湯的鐵腕控制

中共對世界自由與安全的威脅

誰能控制過去就能控制未來。誰能控制現在就能控制過去。

——喬治・歐威爾，《1984》

　　在我隨著總統與他的隨行人員於2017年11月8日抵達北京以前，我從未訪問過中國。幾乎從我九個月前第一天在白宮任職起，中國就是最高優先議題。美中政策是川普競選政綱的要項。在日本首相安倍晉三在川普總統就職後僅僅三周就在美方熱情款待下造訪華府之後，中方也急著安排兩國首腦在海湖莊園舉行高峰會。歐巴馬總統在卸任前曾經向川普表示，川普政府面對的最大、最立即的問題就是北韓的核武與飛彈計畫，而中國對這個問題的影響舉足輕重。[1]

　　我認為，在預定2017年4月召開的海湖莊園高峰會舉行以前，我們應該先訂定一項長程對中戰略，以便峰會召開以後，兩國領導人以及兩個主要工作組——國務卿雷克斯・提勒森一手推動的計畫，兩個組一是安全，一是貿易與經濟關係——能根據政策目標與較特定的目標展開談判。

　　那年3月，國家安全會議原則委員會開會，討論海湖莊園高峰會建議議程與目標。我在會議一開始就強調自鄧小平於1978年在中國推動市場經濟、改革開放以來，美中關係的基本假定：在進入國際政治與經濟秩序以後，中國會遵守遊戲規則，開放市場，推動民營化。[2]此外，隨著中國越來越富裕，中國政府應該尊重人民權益，推動自由化。我發現中國共產黨展現的意旨、政策與行動與這些假設完全背道而馳。中國共產黨完全無意遵照國際法律、貿易，或商業規範行事。正因為它的政策積極鼓吹封閉、獨裁，中國是對自由、開放社會的威脅。這是個大問題，因為中國共產黨意圖犧牲其他國家利益完成它的目標。特別是，它的策略意在將全球經濟與地緣政治重心扯離美國，拉向中國。

　　我的職涯大多在歐洲與中東度過，對中國歷史雖稍有涉獵，但需要學的太多了。我的「教授」是國家安全會議亞洲問題高級參謀博明（Matt Pottinger）。他早在波士頓念中學時就開始學中文，之後在北京與台灣又學了兩年。他不僅能操一口流利國語，還研究過中國歷史與文學。他以記者身分在中國住了八年，期間還擔任過《華爾街日報》記者。在採訪2004年那場東南亞大海嘯的新聞時，在災區提供人道援助的美軍陸戰隊展現的效率、紀律與熱情令他心動不已。他決定爭取陸戰隊不計年齡、破格錄用他為軍官。在經過九個月密集體能訓練後，32歲的博明在維吉尼亞州關提柯（Quantico）向候補軍官學校（Officer Candidate School）報到。之後他以情報官身分輾轉服役伊拉克與阿富汗，也因此深感美國雖說國力所向披靡，卻往往不能善加運用。美國領導人經常不了解與敵人競爭的複雜性。博明引起當時官拜少將的麥可・佛林（Michael Flynn）的注意。兩人在2010年與保羅・巴奇勒（Paul D. Batchelor）合著論文〈修整情報〉（Fixing Intel）。2015年，當川普宣布競選總統時，佛林已經以中將身分退役，博明也已離開陸戰隊，在紐約市一家投資公司工作。川普當選總統以後提名佛林出任國家安全顧問，佛林請博明加入國安會。我有幸與博明共事。他工作孜孜不倦，不僅中國與北韓，許多有關整個印太地區的優異策略也是他的傑作。他的幽默也為國安會同僚在繁重沉悶的工作中帶來迫切需要的調劑。

　　召開海湖莊園高峰會的部分宗旨在於表達美國政策的一項大

轉變。我們要向中國表明我們特別關注中國在南中國海的侵略
行動：解放軍在南海建立人工島，以便對一處廣達140萬平方英
里、每年貿易流量達三兆美元的海域宣示主權。不過這次高峰會
的主題是中國的不公平貿易與經濟作法，我們認為這是中國的經
濟侵略，我們不能再忍受下去。這次高峰會談得很親切，中方代
表給我的印象是，他們在會前已經聽過我們這些論點，他們相
信時間對他們有利，認為我們只會發發牢騷，不會真正採取行
動。但將近七個月後，當空軍一號專機降落北京時，一項新的對
中政策已經大體成形。過去將中國勢力崛起視為不可避免的政
府官員，現在改變了想法。這項新政策認為我們在與中國競爭
──而且美國由於不了解中共政策背後的心理因素、意識形態與
野心，正在這場競爭中節節敗退。自1990年代以來，美國對中
政策犯了戰略自戀的一切禁忌：一廂情願的思考、鏡像（mirror
imaging）、確認偏差（confirmation bias）、認定對方會遵照美國
訂定的「劇本」行事等。中共運用威逼利誘手段一面加緊內部控
制，擴大國際影響力，一面隱藏其真實意圖，讓美國更加深陷這
種自我幻覺的陷阱。在北京停留的兩天時間，我深感我們必須為
美國對中政策注入強大的戰略同理心。

　　第一步就是了解歷史記憶對中共領導人的影響。1948年，
美國中國問題教父費正清（John Fairbank）在他的巨著《美國與
中國》（*The United States and China*）中說，想了解中國領導人的
政策與行動，「歷史省思不是奢侈品而是必需品。」[3]在這次訪
問期間，習近平與他的顧問利用歷史向川普總統、向中國人民、

向世界表達訊息。他們選用的這些歷史——包括他們選擇視而不見的史實——透露中共目標背後的情感與世界觀。國務委員楊潔篪決定為我們安排盛大「頂級國事訪問」，帶領我們參觀北京市中心區三處鄰近的著名景點：紫禁城（五百多年來中國皇帝的住所）、人民大會堂（為慶祝共產黨中國建國10周年而於1959年完工的一棟龐大建築物），以及天安門廣場（毛澤東紀念堂所在地，也是1989年大規模反共產統治示威遭解放軍血腥鎮壓的地點）。

紫禁城的世界觀

　　負責接待我們的是楊潔篪、外長王毅、中國駐美大使崔天凱與副外長鄭澤光。我們這邊的與會人員包括美國國務卿雷克斯・提勒森、白宮資深助理賈爾・庫許納（Jared Kushner）、美國駐中國大使泰利・布蘭斯塔（Terry Branstad）、白宮新聞秘書沙菈・赫卡畢・桑德斯（Sarah Huckabee Sanders）、美國貿易談判代表羅伯・賴海哲（Robert Lighthizer）與總統社交媒體助理丹・史卡維諾（Dan Scavino）。習近平與他的妻子、名歌星彭麗媛在紫禁城城門迎接川普總統夫婦。兩位領導人偕同妻子走在最前面，我們其他人尾隨其後。當我們通過「熙和門」時，我望向走在我們後面的博明。我後來才發現警衛不讓他通過。博明知道的東西太多。我們的地主表現雖說優雅，但顯然他們想利用這次訪問紫禁城的機會表達訊息，而且生怕這些訊息遭到質疑、評估。

　　他們要表達的主訊息，與習近平兩周前在人民大會堂第19屆人大發表的演說相互呼應：中國共產黨要極力追求「中華民族偉大復興」。習主席決心讓中國「走上世界舞台中心，為人類做出更大貢獻」，[4]而紫禁城自然是他對外宣示這個決心、留名青史的絕佳地點。談到「中華民族偉大復興」不能不回到許多年前、當中華帝國還很強大的時代。紫禁城建於明朝，明朝統治中國276年（從1368到1644年），是中國盛世之一。明朝的經濟、領土版圖與文化都寫下前無古人的佳績。明朝艦隊司令鄭和曾經七度率艦巡弋西太平洋與印度洋，比哥倫布還早了半個世紀。鄭和率領的「寶船」是人類有史以來造過最大的木船，滿載來自已知世界各地的貢品回到中國。但雖說這七次出航都很成功，明朝皇帝卻認定全世界不過如此，不能再為中國貢獻什麼。由於艦隊出航開支浩大，皇帝下令將船拆解，將中國港口關閉。

　　在習近平眼中，19與20世紀是歐洲列強以及之後的美國取得經濟與軍事霸權的一段非常時期。[5]2017年這次紫禁城之旅，意在將中國越來越激進的對外政策定位成其實是回歸歷史正軌。當年造訪中國的外國人得來到紫禁城向皇帝屈膝納貢，求懇皇帝賜予他們特權。習近平要他的客人知道，中國將再次崛起、打造一個國際系統，在這個系統中，外國人必須向中國俯首稱臣，以交換中國領導人給予的特權。宣布中國重登世界權力舞台的大戲，已經隨2008年北京奧運輝煌壯麗的開幕式揭開序幕，就部分意義而言，川普總統夫婦這次北京之行只是這場大戲的續集罷了。就像北京奧運與那場將現代科技創新融入五千年中國歷史的奧運閉幕式一樣，中方為川普總統安排的這次北京之旅，以及晚宴前那場精彩的京劇表演，也意在提醒造訪的美國客人：中國皇朝曾經屹立於世界中心，中國皇帝曾經是人世和諧的守護者，是天地之間的仲裁者。

習近平的訊息既是做給川普總統與我們一行人、也是做給中國百姓看的。我們步的只是無數外國訪問團——包括喬治・馬戛爾尼爵士（Lord George Macartney）領導的英國代表團——的後塵。馬戛爾尼在1790年代訪問北京，晉見清朝乾隆皇。在從港口前往紫禁城途中，馬戛爾尼眼見沿途插滿標語旗幟，上書大字說歐洲人「來向偉大的皇帝納貢了」。在川普這次北京之行期間，中國國營電視的現場直播也異曲同工：要讓中國百姓知道，一個外國強權已經向中國與習主席的力量低頭了。乾隆與習近平都認定宣揚國威是維護內部治安的必要條件。[6]

從紫禁城向中國與世界播出的這些形象，雖說意在彰顯中國共產黨的信心，但它們也隱藏著極度不安全感。像習近平一樣，在紫禁城內以遙控方式實施專制統治的皇帝們，也同樣面對貪腐與內鬥威脅。自漢朝於西元220年滅亡以後，中國中原省分只有半數時間在強有力的中央集權統治下。甚至在漢、唐、宋、明、清朝中央政府權力鼎盛期間，中國的內憂外患事件仍然頻傳不已。像之前那些統治者一樣，習近平表面狀似充滿信心，但內心恐怕難免惴惴，擔心他有一天也會重蹈過去統治者的覆轍。[7]幾個月後，習近平廢了主席任期限制，無限期延長他的統治。

　　紫禁城的設計似乎反映了領導人外在信心與內心憂慮之間的強烈對比。導遊引領我們參觀了紫禁城中心三大殿：「太和殿」（皇帝主持儀式的所在）、「中和殿」（在太和殿儀式舉行以前，文武百官先在這裡向皇帝磕頭）與「保和殿」（皇帝在這裡設宴款待國家元首、皇親國戚與政府首長）。這些宏偉的建築結構不僅有震懾作用，還有對抗來自紫禁城城牆內外威脅的效果。皇帝住在一道道城牆團團圍住的保護核心，隨時有大批警衛簇擁。坐在中和殿龍椅寶座上的皇帝大體上只能根據恐懼與焦慮做決定。

　　以建立紫禁城的明朝永樂帝朱棣為例。在推翻他的姪兒掌權之後，他最擔心的不是蒙古人再次入侵，而是國內有人造反。為找出、剷除對手，朱棣建了一個嚴密的間諜網。為將學術界與官僚隊伍中的反對派一網打盡，他不僅誅殺可能圖謀不軌的嫌犯，還將嫌犯家屬一併斬殺，連婦女與兒童也不放過。受害人很多，其中著名的有方孝孺等「四君子」。當局抓捕方孝孺，揚言誅殺他九族，他霸氣回應說「要殺乾脆殺十族」。最後包括他所有的親戚、所有的學生與同事，總計873人全數罹難。幾世紀以後，中國共產黨也用了同樣戰術。[8]

　　想到紫禁城的宏偉與它的主人的不安全感，那其間的強烈反差令我久久無法釋懷。不過，紫禁城的藝術與建築風格反映的卻是儒家階級與和諧相互依存的社會規範。導遊向我們解說，中國人在11世紀頒布一部《建築法式》，根據中國社會結構階層做出特定設計，紫禁城建築風格遵照的正是這種設計規範。

　　當我們一行進入紫禁城最大建築太和殿時，他指出太和殿的雙層屋頂設計是專為皇帝保留的。龍椅設在六條巨型金柱中間，金柱上雕龍，以彰顯皇帝至高無上的權力。龍椅後面是一座雕花鍍金屏風與幾個獨角獸形狀的香爐，象徵天下萬邦的臣服。在明朝於1644年覆亡後，清朝新統治者保持紫禁城建築舊觀，但改變了一些建築物的名字。「皇極殿」改名為「太和殿」。清朝皇帝遵行儒家教義，推崇階級禮教，認為這是通往和諧之路。但他們為維護階級秩序與控制而採取的行動，對那些被他們殘酷鎮壓的人來說卻毫無和諧可言。當清軍逼近中國本土時，明朝末代皇帝崇禎離開他的寶座，在俯瞰皇宮的煤山上自縊而亡。

根據導遊對紫禁城建築的描述，統治者維護階級秩序、鎮壓內亂的決心，為中國老百姓顯然苦不堪言，一點也不和諧。朱棣為建造紫禁城動員了十萬巧匠與百萬民工；他們僅僅用14年就完成這項浩大工程。農民將採石場鑿下的巨石拖行70公里送入工地。在冰點以下的低溫，每50名民工一組負責在載有巨石的滑板前路面灑水，讓路面結冰，以便滑板拖行。中國統治者要的是階級秩序與順服，而最能突顯這種秩序與順服的，不是紫禁城的建築風格，而是中國人民為建造紫禁城而付出的犧牲。中國的階級秩序端靠上下尊卑關係，而就像在80公里外加強長城工事、防範蒙古人再次入侵的民工一樣，修建紫禁城的民工也是這種關係的犧牲品。

我們漫步在紫禁城，習近平臉上一片自信滿滿。他要人們將他視為一個物阜民豐、蒸蒸日上的絕對統治者。但對習近平與他那些前任來說，歌舞昇平的底下是不安焦慮，表面的和諧隱藏著野蠻鎮壓。

　　經過這次紫禁城之旅，我發現中國前朝皇帝與中國人民的關係，與今天中國共產黨操控中國人政治與社會生活的手法如出一轍。習近平與中共領導人要人民透過同樣的階級順服與集體努力，實現中國繁榮、社會主義與國家強盛的「中國夢」。隨著中國國力突飛猛進，領導人的不安與恐懼也與日俱增。危險來自許多形式。綜觀中國歷代歷史不難發現一種周而復始、不斷循環的現象：繁榮過後是人口增加；貪腐開始加劇；天然災害、饑荒、叛亂、內戰接踵而至；政治與經濟衰落；最後是王朝的崩潰。中國經典巨著《三國演義》就曾提出「天下大勢分久必合，合久必分」的警告。

　　中共領導人與中國歷代統治者一樣，認為保障和諧、防堵騷亂的最佳辦法就是專制階級。從古至今，中國統治者為取得控制，不僅需要鎮壓可能對階級秩序構成挑戰的內部勢力，還要應付來自中國邊界外的威脅，（中國今天與俄國、印度、越南、北韓等14國為鄰，邊界長達1萬3743英里。）

　　導遊帶我們參觀了滿清末代皇帝溥儀在1911年他五歲那年因共和國革命而下台的地方。溥儀遜位後留在皇宮後院直到1924年，在所謂「百年國恥」中退位。在六個月前舉行的海湖莊園高峰會晚宴中，習近平向川普總統與在座來賓講述了這段「百年國恥」。中國在這段期間內部離心離德，對外戰敗連連，割地賠款。為百年國恥揭開序幕的是1839到1842年的第一次鴉片戰爭，英國擊敗了中國。直到中國與盟國於1945年擊敗日本帝國、共產黨在1949年內戰中獲勝，百年國恥才畫下句點。[9]

　　在這次北京之行結束時，我更加深信我們大幅改變政策不僅必要而且已經起步過晚。紫禁城理應展現中國領導人對中華民族復興的信心。但依我看來，它除了暴露他們的恐懼以外，還揭示了他們對外擴張、一雪「百年國恥」的野心。

習近平對毛澤東的態度

　　我們的中國東道主刪掉的歷史，就像他們提出的歷史一樣，也能說明許多訊息。我們隨著兩位領導人與他們的妻子走進故宮博物館文化古蹟醫院，觀察匠人修復藝品。顯然習近平要重建毛澤東想毀掉的那些東西：中國皇朝時代的歷史記憶。毛澤東要破除舊傳統；習近平要恢復它。毛澤東毀滅秩序，製造不斷革命的混亂；習近平用儒家道德秩序維持控制，強調上下一心。任誰來到這裡，不可能見不到掛在天安門上、面對天安門廣場那幅重達一點五噸的毛澤東肖像。儘管這座廣場就在這幅巨像與擺放毛澤東遺體水晶棺的毛澤東紀念堂之間，但我們的導遊沒有談到這幅肖像，對毛澤東也隻字不提。1949年10月1日，毛澤東就在天安門上宣布中華人民共和國建國。他與他的革命黨羽認為中國必須拆了重建。俄國的布爾什維克革命似乎是一種可行模式。當毛澤東1949年發表這篇建國演說時，由於日軍於1931年入侵東北，以及之後從1945到1949年的內戰，中國人民已經忍受了14年艱苦的戰禍。

　　習近平一再反覆提到日本人占領中國的殘酷暴行,把中國共產黨描述成將中國人民從日本壓迫者手中解放的救主。我們站在天安門廣場,聽著我們的東道主口沫橫飛地談著共產黨如何雪清百年國恥、達成民族復興。但眼望那灰濛濛一片巨型廣場,我心裡浮現的卻是1966年文化大革命期間紅衛兵的歇斯底里,與1989年戰車血腥鎮壓示威學生的影像。習近平大談百年國恥還有一個原因:掩飾共產黨統治最初幾十年、情況比百年國恥還糟的真相。姑不論毛派革命在世界其他地方闖下的禍,從中國內戰於1949年結束,到幾近30年後毛澤東死亡為止這段期間,因統治當局無能、政策錯誤導致的饑荒,以及政治整肅而喪生的中國人,數以千萬計。

　　在國家安全顧問季辛吉促成尼克森總統1972年中國之行六年後,文革期間遭到整肅、被迫在一家牽引機工廠工作的鄧小平繼毛澤東之後成為中國最高領導人。鄧小平逐步廢除毛派政策。從1978到1989年,他集中力量推動經濟成長、安定、教育進步與務實的外交政策。在毛澤東死後五年的1981年,中國共產黨宣布文化大革命「要為自建國以來,黨、國與人民遭受的最嚴厲的挫敗與最慘重的損失負責」。[10]在鄧小平與他的接班人,包括江澤民(1989至2002年)與胡錦濤(2002至2012年),的領導下,毛派經濟與政治政策被北京當局束之高閣。不過在習近平於2012年出任最高領導人以後這種情況轉變了。

　　為鞏固他未來的統治,習近平根據三個進度階段,以較溫和的手法詮釋中國共產黨黨史。毛澤東在第一階段結束了百年國

恥。鄧小平與他的接班人讓中國致富是第二階段。習近平讓中國
再次偉大是第三階段。習近平不把毛澤東批判為暴君，卻把他比
為救主，不僅是操控歷史而已，還代表習對個人創傷的壓抑。習
近平與他的家人曾在文革期間備遭生理與心理虐待。他的父親習
仲勳是黨的高官與革命元老，在文革時被打成階下囚，慘遭酷
刑。紅衛兵洗劫了他兒時住處，迫使他一家人逃逸。他的一個妹
妹就這樣因不堪折磨而死。習近平曾被紅衛兵送往「鬥爭大會」
接受自己母親的譴責。像他許多如今成為黨內高官的當年同伴一
樣，習近平也曾遭下放，在農村工作七年。他絕口不提家人在
1966到1968年間文革初期經歷的恐怖。他只要他的宣傳機器將
他這段七年苦工生涯描述為一段成長故事，說他所以能有如此韌
性，所以能如此同情貧苦農民，就因為有這段歷練。習近平不肯
批判毛澤東與文革，不僅是一種斯德哥爾摩症候群（指受害人對
加害他們的人產生好感、同情的心理現象）形式作祟而已，更是
因為他了解對共產黨過去作為的任何質疑，只會演變成對共產黨
現在所作所為的批判與反對。批判毛統治時期的失敗，可能讓人
質疑黨用絕對控制完成「中國夢」的能力。對獨裁者來說，失去
對過去的控制，是無力控制未來的第一步。[11]

太子黨的危機感

　　為操控中國人民集體記憶，習近平當局卯足力量進行新聞檢
查與民族主義教育。鄧小平的改革帶來財富，但也造成意識形態

矛盾衝突。在鄧小平說「讓一部分人先富起來」與「有錢很好」
之後30年，共產黨正統與高度全球化經濟之間的矛盾已經空前
激烈。[12]威權資本主義成為貪腐的溫床，造成共產世界前所未見
最大規模的資產階級。在2012年成為黨領導人時，習近平決心
以一種中國沙文主義與民族命運的詞藻，再次強調中國共產黨
統治的意識形態。他在演說中重提毛澤東在「毛語錄」（收錄了
毛的276句格言）中提出的說法，說「社會主義終將取代資本主
義，這是人類意志不能控制的客觀規律」。他一方面呼應歷代皇
帝「普天之下莫非王土」的想法，鼓吹以中國為全球領導核心的
「人類命運共同體」。

　　習近平在2012年經公推成為黨領導入。他是澳洲記者約
翰・賈諾（John Garnaut）所謂「太子黨」的一員。太子黨成員
都是曾經參加、打贏1949年革命的元老的直系親屬。他們都有
那種恐懼山河易色的焦慮，擔心他們有一天也會淪為週期性改朝
換代的犧牲者。對習近平與他那些同僚來說，保持控制與完成民
族復興是攸關生死的大事。[13]天安門抗議事件更讓他們鐵了這條
心。1989年5月，數以十萬計的示威群眾在天安門廣場集結，要
求民主治理、自由言論與新聞自由。不到一周，許多示威者展
開絕食抗議。中國政府宣布戒嚴，派遣解放軍機械化部隊進入
北京。6月3日夜，解放軍逼向北京市中心區，向街道上人群發
射實彈。軍隊於6月4日凌晨一點向天安門廣場發動攻擊。據估
計，平民死亡人數在數百人至一萬人間。這場大屠殺造成全球憤
慨。我望著天安門廣場，想著那段歷史，又一次思考著中國在國

力崛起的同時弱點也暴露無遺的矛盾。

　　對中國共產黨領導人而言，天安門事件的教訓就是永遠不能放鬆權力掌控。習近平與黨認為，在1989這一年，中國共產黨稍有不慎就會步入蘇聯後塵走上崩潰。就像普丁與俄國的「權力集團」一樣，中共領導層也認為戈巴契夫太過婦人之仁。戈巴契夫在天安門事件期間訪問北京，慶祝中、蘇建交40周年，他對蘇聯共產黨精英的至高統治地位失去信心，主張與民眾妥協。習近平等人則認為，戈巴契夫把蘇聯共產黨改造成「全民政黨」的作法錯了，終於導致蘇聯解體。

　　中國共產黨不僅迷信黨的絕對統治與內部秩序，還決心對外輸出它的獨裁資本主義系統，對抗民主原則與自由市場經濟，擴張中國勢力。在這次北京行第二天一早，我們穿著大衣、頂著秋寒，隨同兩國領導人站在人民大會堂台階上檢閱解放軍儀隊。台階一旁，一群中、美兩國小學生興高采烈地舞著兩國國旗，雀躍不已。這些孩子由於過早接獲開始喝采的指示，當兩位領導人從他們面前走過、進入人民大會堂展開會談時，他們都已經精疲力竭。博明（第二天的會議，沒有人再攔他了）湊到我耳邊說，「這些小朋友都可以及早拿到社會信用點數。」我們就靠著這類幽默，抖擻精神投入緊張的會談，只是這樣的幽默能讓一名中國的博客入獄。

　　紫禁城之旅給我一個印象：中共領導人相信，他們有一個稍縱即逝的戰略機會可以加強統治、將國際秩序修改為對他們有利。為把握這個機會，中共整合內政、外交努力，全面擴張國力。對內，要實現所謂的「中國夢」，就得讓經濟出現前所未有的成長，讓民眾支持民族復興，並加緊對人民的控制。對外，要做到民族復興，就必須大舉擴張中國經濟、政治與軍事影響力。中國共產黨這套戰略強調用威迫利誘手段影響中國人民、其他國家與國際組織，讓他們採取有利中共的行動。中共同時還要掩飾行藏，以避免與美國直接針鋒相對。這項「威逼、利誘與掩飾」戰略，包含各式各樣文化、經濟、科技與軍事作為。由於這是一套跨政府、產業、學術界與軍事的全方位戰略，不僅對美國與自由世界充滿威脅，甚至對可能威脅中共野心的中國人民而言都代表巨大凶險。

經濟放緩的危機

為了在後毛澤東時代保持絕對掌控，中國共產黨主要透過加速經濟成長來滿足它的人民。自鄧小平改革以來，中國經濟以驚人腳步飛速成長，讓八億人脫貧。在21世紀第一個10年，中國中產階級增加了兩億零三百萬人。中國成為全球第二大經濟體與最大輸出國。基礎建設與建案讓中國的港口、機場、鐵路與道路煥然一新，讓中國人民以史無前例的程度與彼此與全球其他人民接軌。到2000年代初期，全球半數起重機都在中國迅速擴充的城市建造嶄新的高樓。中共要在2010到2020年把收入水平提高一倍。這個目標沒有達到。自2015年以來，中國每年的成長率都不到7%。到2020年，中共領導人發現，作為他們統治合法性關鍵的經濟成長已經開始瓦解。為維持高成長率而設計的政策造成經濟的長程衰弱。[14] 龐大的債務雖能推動效益不佳的成長，但無利可圖。對特定區塊的過度投資造成產能過剩與虧損。到2020年初，隨著中國企業資本投資下挫，經濟成長率已經降到29年來最低水平。為加速經濟成長，中國調低銀行準備金比率，釋出1260億美元放貸。但隨即冠狀病毒疫情於2020年初爆發，隨之而來的隔離與旅行限制影響近半數中國人口，讓中國經濟更加放緩。目的在鞏固共產黨絕對掌控、讓中國趕上美國的中國經濟政策，可能引發黨領導人最怕見到的現象：由於不能滿足人民越來越高的期望而導致內部不滿。

　　想保持鄧小平自1980年代啟動的經濟成長，合理的作法是更進一步推動市場改革，解除對自由企業的種種束縛，貶抑欠缺效率、無意提高生產力、不事科技創新的大型國有企業。但在習近平領導下，黨進一步強調「國企」重要性。國企儘管欠缺效率，而且是浪費與貪腐的主要來源，但對黨來說，想保有對經濟的主控權，想操控人民，國企是重大關鍵。此外，中共計畫將經濟推向高端製造業，並在新興全球經濟中主控關鍵性區塊，而國企正是推動這項計畫的基石。習近平採取行動「做強、做優、做大」國企，投入十幾億美元進行合併，建立鐵路、金屬、礦業、船運與核能等全國性冠軍產業。[15]

對新疆、西藏與香港的鎮壓

在黨的這項「威逼、利誘與掩飾」戰略運作下，中國的獨裁系統已經無所不在。為確保即使不能改善生活水準也能掌控大權，黨領導人除強調宣傳外，還加速將中國打造成一個史無前例的監控國，對個人隱私的侵犯遠超喬治・歐威爾在他的小說《1984》中的想像。事實上，發明「洗腦」一詞的正是中國共產黨。中共今天的作法起源於周恩來在1951年發起、經中國共產黨在文革期間精進的思想改造運動。21世紀的洗腦已經透過新科技做了升級。對14億中國人民而言，政府宣傳是日常生活必不可分的一部分。中國電視新聞廣播遵行一套例行公式：用10到15分鐘報導習近平主席與其他黨領導人，5到10分鐘報導中國經濟成就，5到7分鐘報導世界其他國家的失敗。他們還不斷報導有關美國如何打壓中國的主題。大學生與中學生必須學習「有關新時代中國特色社會主義的習近平思想」，必須學習習近平強調「以人為本」的治理作法，以及中國共產黨在一切領域的絕佳領導。習近平思想是中國最熱門的程式，這個程式名叫「學習強國」，使用者必須先登記行動電話號碼與真實姓名，才能閱讀論文、寫評論、參加有關共產黨優點與明智政策的選擇題考試，然後才能取得學分。[16]

中共運用許多軟硬兼施的手段讓人民就範，社會信用點數是其中一種。他們透過對網際網路與各種通訊形式的控制，結合人工智慧科技，監控人民的活動與對話。從而產生的社會信用點數，可以決定一個人能不能享有社會服務——包括貸款、網際網路、應徵公務員、教育、保險與運輸交通等等，幾乎無一例外。就像中國過去那些皇朝統治者一樣，中共領導層對邊疆地區的異議雜音也特別在意。對待少數民族與近代兼併地區，中共的手段尤其激進。

以位居西部邊陲、居民以信奉伊斯蘭教的維吾爾族為主的新疆為例，中共以有系統的高壓手段迫使居民放棄他們的宗教與文化認同，接納黨的民族主義意識形態。到2019年，中共已經將至少一百萬維吾爾人關進集中營，接受強迫洗腦。維吾爾家庭被迫讓效忠黨的黨員入住，以監控他們再教育的進度。中共並且拆除清真寺，讓漢人強行移民新疆以稀釋維吾爾文化。新疆已經成為中共維護意識形態純淨以及心理與文化控制的試驗場。在新疆集中營裡，犯人每天一早得參加升旗典禮；他們必須唱黨歌，歌頌黨與習近平，學習中國語言、歷史與律法。

這種高壓手段遭到國際譴責，中共矢口否認，但紙包不住火。2019年11月，《紐約時報》驚爆一份據說是一名黨員洩漏的秘密文件。這份文件有400多頁，透漏中共如何下令鎮壓少數民族的一切反抗，將100多萬人關進集中營，進行有系統的洗腦與文化控制。文件中還紀錄習近平的對內講話，要官員在整肅少數民族時「絕不手軟」。他還下令採取後續行動，把對伊斯蘭教的限制擴大到中國其他地區。拒絕從命的地方官員遭到整肅；南新疆一名縣長因悄悄釋放7000多名人犯而入獄。[17]在西藏，中共同樣採取高壓統治，只是手法更精密而已。此外，在前殖民地香港與澳門，中共也正不斷削弱地方自治與個人權利。

在居民主要信奉佛教、將達賴喇嘛視為精神領袖的西藏，中共以「維穩」為名，威迫利誘，雙管齊下。為示懷柔，中共不但不拆除、還整修廟宇與歷史古蹟。但就像在新疆一樣，黨幹部監控每一村落，督察政治教育、管理每一座寺廟與宗教機構。中共利用新科技監控藏人日常行為，以便找出異議分子、迅速懲治。中國共產黨還說它有權決定誰才是真正達賴喇嘛——藏傳佛教最高領袖——的轉世。

2019年6月，中共加緊控制香港人民，引發港人一直持續到2020年的抗議。造成這波抗議潮的導火線，是一項准許地方當局將中國內地通緝犯引渡回內地的法規。示威者不僅要求當局暫停這項法案，還要求當局停止其他一切腐蝕香港民主自治的規定。中共於是發動持續不斷、詆毀示威的宣傳，用強制措施對付支持示威的公司與個人。民主派候選人在2019年11月選舉中獲得壓倒性勝利，說明港人普遍支持這項抗議與香港的半自治地位。30年前，在天安門大屠殺事件過後，中共採取的對策就是將抗議者妖魔化，並指控外國勢力背後煽動，這一次也不例外。在川普總統簽署法案對抗議人士表達支持，並授權制裁以武力對付示威者的個人與實體之後，成千上萬港人聚集香港市政廳外，舉行親美與親民主集會。[18]中共隨即發動全球宣傳運動，說這些示威是外國支持的顏色革命，意在破壞中國的安定。

中共在全國各地同樣運用威迫、利誘手段壓制異己、維持控制。中共對宗教尤有敵意，因為各種宗教信仰已經填補毛教條垮臺以後中國社會內部的精神虛空。毛澤東曾說宗教是「民俗迷信」，想用共產教條與他自己那套個人崇拜取代宗教，但以失敗收場。儘管對付基督教的手段不像對付伊斯蘭教那樣兇殘，習近平一夥人對天主教與迅速成長的新教同樣有芒刺在背之感。舉例說，為交換羅馬承認中共指派的主教，北京放棄在主教提名人選上對教廷的否決權。但儘管中共力圖拉攏，中國的1000萬天主教徒中約有半數繼續在地下崇拜，不肯加入國家經營的教會。由於新教教會分枝龐雜難以管控，中共強制拆除他們教堂上的十字架，甚至拆了一些教堂，向那些不肯到政府登記的教會示警。

　　習近平一夥人在基督教與伊斯蘭教之外另闢蹊徑，搬出儒家道德律，強調階級服從與和諧，藉以加強中國共產黨的權力掌控。中共同時大舉扶植佛教與道教，將它們視為取代所謂外來信仰系統的「中國」宗教。[19]

　　中共不僅鎮壓宗教，也鎮壓與西方自由主義有關的理念。任何原則或價值，只要對黨的絕對控制權威形成威脅就必須去除。特別是言論自由、代議制政府與法治這類歌頌個人權利的東西，尤為中共視若蛇蠍猛獸。舉例說，教育部在2019年下令對全國所有的大學憲法教材進行審查。不出幾周，北京大學法學教授張千帆寫的一本暢銷教材在全國各地書店下架。張千帆在一次訪問中指出，「憲法是一門學術，不能政治化」。這篇訪談在經社交媒體平台披露後沒多久也消失了。[20]

「中國製造2025」與技術轉移

　　中共不僅在國境內鎮壓人權、擴張獨裁控制而已。它還結合利誘與宣傳手法在海外鼓吹它的政策與世界觀。中共向「天下」擴張勢力的作法，顯然違背和平發展新國際秩序的原則。中國歷代皇帝藉由納貢系統建立對藩屬國的權威。根據這種系統，各國只要向中華帝國納貢稱臣就能與中國貿易，享受與中國的和平。中共領導人意圖建立一種現代版納貢系統。[21]如果中國共產黨成功建立21世紀版納貢系統，這世界會更不自由，更不繁榮，更不安全。中共根據三大相互重疊的政策，大舉營造這種新納貢系統：中國製造2025、一帶一路與軍民合一。

　　中國製造2025志在將中國打造成一個大體獨立的科技創新大國。為達到這個目標，黨在中國境內建立高科技壟斷，透過偷竊與強制技術轉移，盜取外國公司的智慧財產。國營與私有企業聯手完成黨的這些目標。在有些案例，外國公司為了打入中國市場，在中國出售產品，被迫與中國企業成立合資企業。這些中國企業大多與黨關係密切，不斷將外國公司的智慧財產與製造技術轉交中國政府。就這樣，進入中國市場的外國公司往往能在短期內謀取厚利，但一旦智慧財產與製造技術轉移給中國企業，享有政府資助與廉價勞工優勢的中國企業能以低價在全球市場傾銷這些產品，這些外國公司的市場占有率開始縮水。許多跨國公司因此失去市占率，甚至被迫關門。中國製造2025的目的，就是運用大量科技轉移推動中國經濟成長，讓中國取得新興全球經濟有關領域主控權，為中國帶來經濟與軍事優勢。

「一帶一路」製造的經濟陷阱

　　為達到民族復興、實現「中國夢」的目標，中國共產黨在國際戰線上推出「一帶一路」。根據這項計畫，中國要用超過一兆美元巨資在印太與歐亞大陸進行新基礎建設投資。這項計畫在提出之初頗獲許多國家青睞，認為一帶一路能促進他們經濟成長，滿足他們改善基礎建設的需求。但到2018年，他們已經發現中國這項投資有許多附加條件，其中最主要的是難以為繼的債務與無所不在的貪腐。根據中國共產黨統戰戰略，經濟動機是戰略設計不可分的一環。一帶一路計畫要讓中共取得對目標政府的影響力，讓「中國」成為道路與通訊網路的中心。新的或經擴建的陸運與海運路線讓能源與原材料更容易流入中國，也讓中國產品更容易輸出。更多運輸路線還能大幅削減美國或其他國家在關鍵性海上咽喉——例如印度洋與太平洋間的主要海運孔道麻六甲海峽——封鎖這些貨物進出的風險。[22]為確保關鍵地緣要點的控制權，中共以投資與債務為利器，建立「天朝中國」與現代藩屬國之間的臣屬關係。就很大程度而言，一帶一路是一種威迫利誘的殖民式行動。

　　根據中共說法，一帶一路志在創建「人類未來共享社群」，但實際上這項計畫造就了一種常見的經濟侍從主義型態，供中國共產黨予取予求。[23]中共先用中國銀行提供的鉅額高利貸款引誘目標國上鉤。一旦目標國陷入債務陷阱，中共就以威逼手段迫使目標國領導人遵照中共外交政策與目標，排除美國與其重要夥伴國（即日本、澳洲、印度與歐洲國家）的影響力。儘管中共領導人總說這些交易是「雙贏」，但事實證明，許多一帶一路計畫是單向收費道路，只能確保中國取用交易國能源與原材料，創造對中國產品與勞動力的人為需求，讓中國控制關鍵性實體與通訊基礎設施。最精確的說法應該是，這些交易帶來「三贏」，贏家都是中國：中國企業與工人從海外將錢匯回中國，中國銀行享受高利付款，中國政府享有對目標國經濟與外交關係的強大影響力。

對經濟體質脆弱的開發中國家來說，一帶一路是個殘酷的債務陷阱。當債務國無力償債時，中國往往用債權交換股權，取得債務國港口、機場、水壩、發電廠或通訊網路控制權。中共為控制商務運輸與自由航行重要孔道訂了一套戰略，從陷入中共債務陷阱的國家名單就能窺見這套戰術的狡詐。到2020年，33個簽有一帶一路貸款協議的國家，無力償債的風險都在升高，八個窮國（巴基斯坦、吉布地、馬爾地夫、寮國、蒙古、蒙特內哥羅、塔吉克、吉爾吉斯）已經深陷倒債危機。[24]

中共這套戰術視目標國領導人與其體制的相對強、弱而有變化。在面對大規模投資項目時，政治體制軟弱的國家往往為貪腐所害，也因此更容易墜入中共設下的陷阱。以斯里蘭卡為例，當時的總統馬辛達‧拉賈帕沙（Mahinda Rajapaksa）簽下這個小島國根本無力負擔的債務。儘管斯里蘭卡當時並沒有正當且迫切的理由去建造一座新港口，他仍同意以高利舉債，請中國建一座。

拉賈帕沙之後在選戰失利下台，但斯里蘭卡政府仍然債台高築。在這座新港營運虧損以後，斯里蘭卡被迫簽下一紙99年租約，將港口租給一家中國國企。儘管中國官員宣稱不會將這個港用於軍事用途，就在日本首相安倍於2014年訪問斯里蘭卡前不久，港內還停靠著兩艘中國 艦。

位於印度海岸外、人口40萬的小島國馬爾地夫是令中共垂涎的另一個目標，因為它控有一片具有高度戰略重要性、比英國大三倍有餘的海域。中共找上馬爾地夫，與總統阿布杜拉‧雅米恩（Abdulla Yameen）達成協議（雅米恩與其他馬國官員因此大發利市），馬爾地夫向中國舉債，得到包括超過15億美元、比馬爾地夫GDP總值30%還多的保證貸款。（加上檯面下的保證，貸款總額可能高達30億美元。）中共在2018年企圖影響馬爾地夫總統選舉，結果由於貪腐、債務與債務相關的主權喪失而失敗。[25]

一帶一路第二大貸款國（僅次於巴基斯坦）馬來西亞，由於位於亞洲心腹要地，擁有4500公里海岸線與一個無恥已極的貪腐政府，也是中共重要目標。在總理納吉（Najib Razak）與他的手下從馬國主權財富基金貪了45億美元（其中6億8100萬美元進了納吉個人銀行帳戶）以後，中共向納吉伸出援手。中共並且為馬來西亞一項鐵路工程提供160億美元貸款，這項經習近平親自批准的工程案實際成本不到80億。五個月以後，納吉飛到北京簽署這項交易。自2017年年中起，中國國有銀行開始將錢注入馬來西亞，幫這個東南亞第三大富國總統掩蓋遭他掏空的基金。[26]

　　在肯亞，連結港都蒙巴薩（Mombasa）與奈洛比的鐵路項目營運狀況嚴重虧損，將肯亞公債推到難以為繼的高度。肯亞經濟學者大衛·恩蒂（David Ndii）斥這個項目，說它象徵「東方新殖民主義時代」的到來。恩蒂說，見到一面虐待肯亞工人，一面卻向中共「卑躬屈膝」的肯亞政府官員，令他想到「把自己同胞賣做奴隸……把自己的土地送給歐洲帝國主義分子換取毛毯與酒的酋長」。[27]

　　替中國共產黨當先鋒的這些部隊，是由銀行家與黨幹部組成、滿載銀彈的代表團。他們利用人性貪腐的弱點，發展出一套類似殖民的新控制方式，而且勢力所及遠超過印度洋與南中國海戰略海運線。在厄瓜多，中國投資在一座活火山山麓建一座大壩。這項190億美元的協議，讓中國以折扣價購入厄瓜多80%的石油出口，然後轉手獲利。在大壩於2016年啟用兩年之後，系統出現數以千計的裂縫，水庫裡塞滿汙泥與樹枝。大壩渦輪機初次啟動就導致電湧，造成國家電廠斷電停擺。[28]

　　在委內瑞拉，儘管獨裁者尼古拉·馬杜洛（Nicolás Maduro）毀了全國經濟，但他的獨裁政權讓中共獲利匪淺。中共在2018年以50億美元貸款保住馬杜洛政權，換得以折扣價購入委國石油、轉手圖利的特權，讓委國人民更加貧困。[29]中共並且以監視科技、臉孔識別與網路限制等新科技威迫利誘手段為其他獨裁政權提供支援。

「軍民合一」的竊取與脅迫

在三大攻勢中，軍民合一是極權主義色彩最濃厚的政策；它完全說明習近平與鄧小平的市場改革路線已經背道而馳。在習近平統治下，民營公司像國企一樣也必須按照黨的指示行動。黨首先在2015年、之後又在2017年宣布所有中國企業都必須合作參與情報蒐集。中國《國家情報法》第七條規定，「任何組織和公民都應當依法支持、協助，和配合國家情報工作，保守所知悉的國家情報工作秘密。」中國企業、大學，以及解放軍研究部門並肩作戰，不僅為了達成經濟目標，也要為擴大中國國際影響力效力。中國企業一旦成為全球經濟關鍵戰場的領頭羊，在雙重科技研發取得領先，也成為黨的打手。共產黨透過中國製造2025將中國民營企業納入系統，讓黨可以在偽裝下，在經濟與國防應用科技上超越領先國（即美國）。中國企業竊取或強迫轉移智慧財產；黨用行賄手段操控外國政治與商業領導人；製造外國金融與基礎設施弱點，以便進行間諜或情報作業。[30]

但軍民合一不僅僅是用企業進行各式各樣非傳統作業而已。除了透過公安部網路盜竊，或讓中國外交使領館地下情報人員這類傳統管道進行間諜活動以外，中共還授命美國等外國大學與研究實驗室的中國學生與學者挖掘科技。許多中國學者與學生在返國後要進駐位於高科技開發區的150多處「海外華人創業園」，進行基本上就是情報匯報的工作。[31]打著非政府科技組織與倡導團體旗號的中國實體特別有效。

　　設在深圳的「中國源頭創新百人會」自稱是以美國矽谷、波士頓與以色列特拉維夫等創新中心為目標的非營利開發平台。它所謂「國際合作創新新模式」的內容，事實上就是透過它在外國建立的分支，例如「波士頓源頭創新中心」，竊取美國大學與實驗室尖端科學研究的成果。2019年，它與麻省理工學院、密西根大學、卡內基美隆大學與牛津大學結為夥伴。在波士頓的「北美華人科技協會」，超過85%的成員是擁有美國頂尖大學博士學位、在美國一流研究實驗室任職的華人。

　　與中國源頭創新百人會有關的另一機構是擁有6000名會員的「硅谷中國工程師協會」，它提供管道讓會員「投入中國的迅速經濟發展」。[32]軍民合一是迅速將轉移與偷來的海事、太空、網路、生物、人工智慧與能源科技交給解放軍。它並且鼓勵國有企業與民營公司收購或入股擁有先進科技的外國公司，以便中共將它們投入經濟、軍事與情報用途。

　　中國還有十幾個以上的組織，負責以舉國之力在海外招募外國科技人才、科學家與工程師在中國工作。「千人計畫」就是這樣的例子。千人計畫專門針對接觸尖端科技的教授與研究人員進行招募。2020年1月，哈佛大學化學系主任查理・賴柏（Charlie Lieber）因為向聯邦調查局撒謊而被捕。賴柏受聘千人計畫，在武漢理工大學主持一個特別實驗室，除月薪5萬美元與15萬美元年度生活費以外，還從這項計畫拿到150多萬美元補助。有時美國還會用國防經費支援中國共產黨高度組織化的技術轉移活動。[33]與解放軍有關的科研人員在美國國防部與能源部贊助的項

目工作。這類例子很多，深圳光啟集團就是其一。光啟集團主要
活動就是與解放軍合作，將美國空軍資助的杜克大學超材料研究
成果應用於解放軍的太空偵測平台。[34]

　　在軍民合一下，電訊產業的所謂「民營」公司是中共最珍
貴的產業間諜工具。中共利用通訊基礎設施進行間諜活動不是
理論，而是正在進行、規模不斷擴大的事實。舉例說，非洲聯
盟（African Union）官員在2018年指控中共刺探阿迪斯阿貝巴
（Addis Ababa）非洲聯盟總部的網路系統，刺探了五年。非聯總
部大樓是中國贈送給非聯、由中國一家國企承建的大樓。

　　前國家安全局局長凱斯·亞歷山大（Keith Alexander）將軍
曾說，中國的網路間諜是「史上最大財富轉移」的罪魁禍首。
事實上，根據美國經濟顧問委員會（U.S. Council of Economic
Advisers）的一項研究，單在2016一年，美國經濟因惡意網路活
動而蒙受的損失就高達1090億美元。[35] 2018年12月，美國與英
國執法部門破獲一宗行之有年、規模龐大的中國駭客作業，揭露
中國國安部用一個代號APT10的駭客隊伍，鎖定美國金融、電
信、消費者電子與醫藥產業公司，以及航太總署（NASA）與國
防部研究實驗室發動攻擊。

　　APT10駭進美國、英國、日本、加拿大、澳洲、巴西、法
國、瑞士、南韓等國網際網路供應商，竊取智慧財產與敏感數
據。舉例說，這些駭客竊得超過十萬名美國海軍人員的社會安全
號碼等個人資料。[36] 中國的竊取、發展尖端科技是中國軍事現代
化計畫的跳板。根據中共的民族復興大計，建立強大軍隊以保護

中國不斷擴張的全球利益是優先要項。解放軍已經使用偷來的科技取得高超音速飛彈、反衛星武器、雷射武器、現代船艦、匿蹤戰鬥機、電磁軌道砲與無人系統等先進戰力。[37]中共計畫建立一支能在未來戰爭中擊敗美國的軍隊。他們需要的科技許多屬軍民兩用範圍。美國的創投資本與私募基金公司，為投入量子電算、人工智慧等新科技研發的企業提供資金，卻無形中幫著解放軍實現這項計畫。

中國國防產業不僅藉助美國公司的科技壯大本身的實力，還推出廉價代用品將美國國防產業趕出國際武器市場。以中國無人機公司大疆為例。大疆公司憑藉無敵的價格在2018年控制全球70%以上市場。在美軍基於安全理由下令禁用以前，它的無人系統甚至成為美國陸軍最經常使用的商用無人機。[38]部分由於中共誘使個人、企業與政治領導人蒐集情報，而且對他們的活動故作不見，中國的間諜作業很成功。共產黨以短程利益為餌，在美國與其他國家吸收同情中共的人。由於害怕失去中國市場、傷到他們的股價、損及與客戶的關係、專業名譽蒙羞、或遭到聯邦調查，來自美國與其他自由市場經濟體的企業一般不願將技術遭竊的事公開。

中共還會要求這些企業附和中共的世界觀，對中共的高壓與侵略政策視而不見、絕口不提。舉例說，由於一名萬豪（Marriott）社交媒體帳號經理於2018年在一個親西藏的推特上按「讚」，這家酒店業者的網站與應用程式竟然在中國被封了一星期，這名經理也在中國政府施壓下被革職。同年，德國車廠賓士也因為在一個Instagram貼文上引用達賴喇嘛的話，被迫向中國人民道歉。2019年7月底，國泰航空公司一名年輕機師在一次抗議事件中被香港警方逮捕。中共隨即廝斥國泰督導員工不利，國泰執行長與商務長被迫辭職。香港另幾家大公司於是趕緊表態，譴責抗議事件。[39]

中共威迫美國公司的著名案例於2019年10月出現。當時美國職業籃球（NBA）的休士頓火箭隊總經理達雷爾·莫雷（Daryl Morey）發表推文支持香港抗議人士，對任何干預中國內政事務都極度敏感的中共國營電視隨即取消對火箭隊比賽的轉播。NBA損失總計近一億美元的合約金，中共要求NBA道歉。共產黨並且揚言，如果NBA繼續對香港事務發表意見，就要將NBA趕出中國這塊巨大的市場。NBA著名球星詹姆斯·哈登（James Harden）與勒布朗·詹姆斯（LeBron James），還有金山勇士隊首席教練史蒂夫·柯爾（Steve Kerr）等NBA重要人物立即表態，指責莫雷。中共已經以歐威爾式效率，將類似社會信用點數等對內管控手段應用於對外干預。

社會信用點數之所以如此成功，正因為它能利用人民的社交網絡進行全面性的連坐處分。如果一名中國公民膽敢對政府表示抗議，不僅這抗議者的社會信用點數會減分（讓他不能購買火車票、不能租公寓、不能取得貸款等等），他的朋友與家人的社會信用點數也因為與他的關係而被扣分。在這種情況下，他的朋友與家人會對他「不友善」或與他疏離，或指責他的反政府「非社會」行為。中國以此誘使它的公民遂行它的強制措施。

　　中國政府肆意壓迫本國人民，恃強凌弱，國際間卻彷彿視若無睹、毫無反應，證明中國的政治與經濟利誘戰術十分有效。中國利用外資與它的市場為餌，誘使外國與外國公司在敏感議題上遵照中國的利益與立場行事。中國運用各種獎勵與影響手段操控他國內政，讓他國訂定有利於中國利益的政策。澳洲、紐西蘭與美國在2018與2019年破獲多起中共精心籌畫的影響力作戰陰謀，發現它在大學撒錢、向政治人物行賄、騷擾僑界迫使華人支持中共政策等。[40]

　　中共大舉擴張影響力還有一個目標，就是鼓吹以「中國模式」取代自由民主與市場經濟。中共利用自由社會的開放，推動同情中國共產黨的觀點與政策。中共的影響力作戰組織良好，策劃精密。「中國人民對外友好協會」根據毛澤東「我們在世界各地都有朋友」的信條，透過姊妹市與美國的州與中國的省的友誼與美國地方官員建立關係。這些關係以符合中國外交政策的「原則」為基礎。雖說這些關係中有些確實也有正面的財經與文化作用，但許多關係的目的只在利誘美國官員，讓他們替中國搖旗吶喊並扯美國後腿。

　　在習近平加緊控制本國人民、威迫利誘外國政府與企業支持他的同時，中共對中、美兩國許多組織、智庫以及大學之間的對話與合作計畫設下限制，或乾脆將它們喊停。中方將許多檔案與圖書館關閉，限制或不讓美國研究人員進駐，但繼續與美國機構推動有助於中國利益、讓中共取用關鍵科技的計畫。中國智庫與大學必須經過中央批准，才能決定討論主題與應邀與會的外國人員。智庫成為黨的武器，必須遵奉習近平「走向全球」、推動中國論述的指示。一名在中國工作多年的學者發現，中國學者們「除了習近平思想以外，已經不能談什麼了」。若干美國智庫與大學不僅不敢要求互惠，甚至選擇自我審查，因為他們擔心會被中國徹底地切斷資源管道，如果他們繼續批判中共的暴行——例如建立監視國、監禁政治犯、將新疆穆斯林關進再教育營、恫嚇台灣以謀統一等等——的話。[41]

武統台灣

迷信專制箝制、滿腦子想著「民族復興」的中國共產黨一心想要奪取台灣。自中華民國在1945到1949年內戰中敗給共產黨、撤退至台灣以來，台灣就是中華民國的最後堡壘。對中國大陸的獨裁與專制資本主義經濟系統而言，台灣尤其是一項可怕的威脅，因為台灣代表一種民主、自由市場的可能。台灣於1960年代將經濟自由化，在80年代進行政治改革，將治理形式從一黨專政轉型為多黨民主。中共經常掛在嘴邊一套說詞，強調中國人民不適合代議制政府與個人權益，台灣的成功自然是徹底粉碎這套說詞的一記當頭棒喝。

中共深知台灣的成功會將共產黨最根本的不安全感曝光，揭穿「中國夢」的謊言，於是在習近平領導下，中共強化對台灣終極統一的文攻武嚇。無論就地緣與經濟角度而言，中國都比台灣大得太多，但若干數字繪出的景象卻大不相同。舉例說，以購買力而論，台灣人均收入為5萬7000美元（比德國、英國或日本都高），而中國只有2萬1000美元（比哈薩克、墨西哥或泰國都低）。台灣對中共構成威脅，正因為台灣提供一種規模雖小、但無法忽視的證據，證明成功的政治與經濟系統必須自由與開放，而不是獨裁與封閉。[42]台灣一直就是中共肆無忌憚、威迫利誘的對象。儘管美國在1979年與中國建交的同時，也通過和平解決台灣未來地位問題的《台灣關係法》，但中共早已對台灣展開統戰，扶持島內同情統一的勢力。它的利誘手段包括擴大投資與貿易，讓台灣更加依附中國大陸。到2000年，中國已經成為台灣最大出口市場，占台灣出口總值四分之一以上。[43]擴大與中國的貿易，使台北更容易淪為北京經濟槓桿的犧牲品。[44]舉例說，就在台灣2019年國會選舉前不久，中共針對不友好的台灣政治領導人暫時停發個人旅行許可。[45]中共威迫台灣的手段還包括要求他國切割與台灣的關係，以換取中國對外投資與開放市場的條件，從而在外交上孤立台灣。自習近平2012年上台到2018年間，為交換中國投資、讓本國產品進入中國市場，甘比亞、聖多美普林西比、巴拿馬、多明尼加、薩爾瓦多與布吉納法索先後與台灣斷交。

　　在2020年台灣總統選舉前，由於現任總統蔡英文與她的民主進步黨堅持台灣為獨立國家的立場，中國傾盡全力要拉下蔡英文。但部分由於中國在香港侵犯人權以及它的鴨霸戰術，其野心踢到鐵板。蔡英文在這場選戰中囊括57%、創紀錄的817萬張選票，大敗競爭對手韓國瑜與他（主張與中國改善關係）的國民黨。這項挫敗可能使習近平更急著想統一台灣。習近平的外長王毅在這次選舉過後發表評論說,「台灣是中國領土不可分割的一部分……逆勢而動,必將窮途末路;分裂國家,注定遺臭萬年。」[46]

讓人更加擔心的是,解放軍積極加強跨越海峽入侵台灣的準備。在習近平廢了主席任期限制、可以無限期執政以後,有人猜測習近平此舉意在親自完成對台灣的武統。在習近平統治下,中共官員言詞非常粗暴;許多話帶有訴諸軍事行動的濃厚意味。習近平在2019年一次演說中說,台灣「必須也一定會」與大陸統一。中國已經為跨海攻台展開準備,準備工作包括海軍與空軍的迅速現代化與擴張,加強轟炸機、戰鬥機與偵察機在台灣周邊的巡邏等等。[47]

南海問題

對台灣的持續文攻武嚇或許是最可能引發戰爭的導火線,但中共的終極目標是稱霸亞太地區,統一台灣只是第一優先而已。自1995年占領美濟礁(Mischief Reef,位於菲律賓專屬經濟區內一處淺水環礁)以來,中國在南中國海的立場越來越兇悍。南中國海位於越南以東,菲律賓以西,汶萊以北,有阿拉斯加州兩個大。它是一條極重要的水道,全球三分之一貨物運輸經由這裡吞吐。中共雖說自立國以來就在南海大舉主張領土主權,直到2012年起才開始採取行動,透過半軍事與軍事布署,以及在島礁與人工島上建立軍事基地，在這處水域奪取控制權。一旦遭到鄰國抗議，解放軍就秀肌肉，耀武揚威。2016年，海牙常設仲裁法院（Permanent Court of Arbitration）判決中共在南海的主權主張於法無據。但在之後發生的多次事件中，重武裝的中國海警巡邏艦艇揚言向爭議海域的外國漁民開火。

經濟利誘甚至比軍事嚇阻還更有效。在海牙判決過後，菲律賓總統羅德里戈‧杜特蒂（Rodrigo Duterte）說，他願意撇開常設仲裁法院這項判決，與中國合夥在南海探勘石油。杜特蒂隨即獲得中共240億美元擔保投資信貸，之後這項金額增到450億美元，投資項目包括鐵路、橋梁與工業中心。[48]中共繼續在南海、台灣周遭與日本尖閣諸島（中國稱之為釣魚台）附近的東海擴建它的軍事系統。中共在這個地區的軍事戰略一般叫做「反介入與區域拒止」（anti-access and area denial，或稱A2/AD）。這項戰略整合巡弋與彈道飛彈與空防，目的在建立排他性控制權。解放軍已經透過陸、海、空系統現代化，將軍力投射到「第二島鏈」——包括日本的小笠原群島與美國的馬里亞納群島。

一旦發生衝突，美國海、空軍進行干預，解放軍也已展現讓美軍付出代價的能力。中共的計畫是，不僅透過軍力展示，還要運用經濟控制、資訊戰與海上民兵，對區域內各國與地區進行威懾。中共在印太地區建立排他性霸權的作法尤其值得美國警覺，因為這是中共「全面競爭」戰略的一部分。而所謂全面競爭就是「和平時期的全面戰」。[49]

重回競技場

　　中共的「威逼、利誘與掩飾」戰略與普丁的策略有一個共同點：他們都想搗毀美國與其盟國在二次大戰後建立的自由、開放與法治秩序，儘管曾經有人認為，在1990年代蘇聯解體、冷戰結束後，這個秩序已經所向無敵。俄國兼併克里米亞與中國經略南海，都是一種戰略「試探」。歷史學者魏斯・米契爾（A. Wess Mitchell）與賈可布・格里吉（Jakub Grygiel）說，所謂「試探」就是運用侵略性外交、經濟措施與軍事行動，考驗美國與其盟國的競爭意志，進而壓縮美國影響力，用與俄國與中國友好的封閉、獨裁系統取代自由與開放秩序。俄國與中國已經根據2019年6月宣稱的「新時代全面戰略夥伴」，持續協調兩國的行動。

　　在2017年進入白宮任職的第二個整天，我主持了一次國家安全會議「全員」會議，與同事們分享我的評估。當時我告訴他們，中、俄兩國認為美國已經顯露敗象，退出競技場。北京之行讓我更加堅信，我們必須重回這些競技場與之搏鬥，以反制中共的威逼、利誘與掩飾行動。

第四章

美國該如何扭轉對中國的劣勢？

名不正則言不順；言不順則事不成。

——孔子

　　我們在人民大會堂的最後一次會議，對手是國務院總理，即中國名義上的政府首腦李克強。他長篇大論地闡述了中國對中、美關係的看法，就算我們的代表團（包括川普總統）裡原本有人對這看法不甚瞭然，現在也已再無懸念了。李克強首先指出中國已經擁有工業與科技基礎，不再需要美國。他說美國對不公平貿易與經濟作法的關切是無的放矢，並且表示美國在未來全球經濟中扮演的角色，應該是為中國提供原材料、農業產品與能源，讓中國生產世上最高科技的工業與消費者產品。川普總統耐著性子聽了很久，最後打斷他的話，向他致謝，然後起身結束這次會議。當我們驅車返回酒店、準備參加人民大會堂當晚的國宴時，博明與我談到李克強在會中的這篇獨白——它說明中國共產黨已經完全背離鄧小平在1990年代改革開放期間的指示：「韜光養晦，絕不當頭。」[1]

　　2008年金融危機過後，西方經濟體信心盡失，中國領導人對他們的經濟與金融模式卻更有信心。許多中國人相信這場危機是美國次級信貸問題惹出來的禍。美國無力規範自己的銀行導致人們不再相信西方資本主義模式，尋找新模式。中國領導人開始在印太地區與全球各地誇耀國力，積極推銷他們的中央計畫經濟模式。他們還明白表示，鄰國應該跟著中國走。2010年，時任中國外長的楊潔篪，在越南河內舉行的東南亞國家協會（Association of Southeast Asian Nations，簡稱ASEAN）會議中告訴與會國外長，「中國是大國，你們是小國。」[2]

　　第二天，我們離開北京前往越南蜆港出席亞太經濟合作會議

（Asia-Pacific Economic Cooperation，即APEC）。我很感激這次北京之行獲得的禮遇，但博明與我都知道我們的中國東道主對這次訪問的結果感到失望。美國以及與美國志同道合的國家，正在大幅修改對中政策，從過去的「戰略性交往」轉型為「競爭性交往」。由於我們對中共的侵略性外交與經濟政策已經坐視過久，作這樣的修訂是忍無可忍的必然結果。許多人原本認定與中共領導人正向交往能說服他們、讓他們成為法治國際秩序中負責任的一分子。但中共在威逼、利誘與掩飾戰略下的所作所為已經讓他們大夢初醒。我們正邁入一個新時代，在這個新時代，我們必須使用新戰術讓中國領導人相信他們應該遵照國際規則行事，應該鬆綁社會控制，回到改革開放的道路。

自美國革命迄今兩百餘年，美國商人、傳教士與外交官總是根據經濟、宗教與政治幻想為基礎考慮對中問題，不以現實真相為依據，美國對中政策始終與戰略自戀糾結在一起。[3]

中國內戰與韓戰造成中、美斷交，但在1970年代，由於兩國面對共同的敵人，中共接受了尼克森的復交提議。冷戰期間，尼克森與他的國家安全顧問季辛吉推動「三角外交」，利用中、蘇兩個共產國彼此間的猜忌，與兩國發展比兩國彼此間更親密的關係。在「我的敵人的敵人就是我的朋友」的結構下，就連毛澤東也開始對美國示好。他在1973年告訴季辛吉，「我們過去是敵人，但現在是朋友……美國、日本、中國、巴基斯坦、伊朗、土耳其與歐洲……連成一條水平線……對付那個混蛋（即蘇聯）」。[4]但蘇聯垮台後，美國又回復到過去，希望能改變中國。

從喬治・布希政府直到歐巴馬政府，美國領導人與決策人士認為，美國可以透過經濟、政治與文化交往促成中國經濟自由化，最後將它的獨裁政治結構也予以自由化。[5]

美國渴望中國改革，對中國的不公平貿易作法、科技竊竊、惡劣的人權紀錄以及赤裸裸的軍事擴張都視而不見。在天安門事件僅僅一年之後，喬治・布希總統表示，「人只要有商業動機，無論是在中國或在任何其他獨裁國家，走向民主都是擋不了的。」[6]儘管中國可能用中央管控的經濟扭曲全球市場，但柯林頓總統仍為中國背書，力邀中國加入世界貿易組織（World Trade Organization）。為了鼓吹讓中國加入世貿，柯林頓說：「中國一旦加入世貿，不僅只是同意進口更多我們的產品而已；它還得同意進口民主社會一項最珍貴的價值：經濟自由。中國的經濟越自由，中國人民也將獲得更大的自由。」[7]

儘管歐巴馬總統宣布重回亞洲的「轉軸」或「再平衡」，他的政策基礎是中國終將與美國攜手合作。2012年4月，國家安全顧問湯姆・唐尼隆（Tom Donilon）從一篇演說中刪了有關人權與美軍介入的句子，加上「追求與中國安定與建設性關係」的論調。[8]2013年11月，繼唐尼隆之後出任國家安全顧問的蘇珊・萊斯（Susan Rice）宣布，美國將「追求運作一種新大國關係模式」。[9]

隔不多久，習近平開始擁抱新大國關係，採取一連串行動削弱美國的利益。首先，中共開始在南海建造人工島，直接挑戰東亞諸國領土主張。其次，中共在東海大片海域——包括日本的尖閣諸島——上空片面宣布防空識別區。隨即消息傳出，說中共在南海島嶼上建造許多軍事基地。解放軍海軍與海上民兵侵入他國領海。2015年，美國與其他國家抗議中共在南海填海造島，習近平隨即保證中國這些行動為的只是海上安全，只是為了提供自然災害支援。

　　2015年，歐巴馬總統要求中國停止它的經濟網路間諜行動。那一年稍後，在白宮玫瑰花園舉行的聯合記者會中，習近平主席與歐巴馬總統宣布已經達成一項「共同諒解」，保證兩國政府都不會縱容企業機密或商業情報的網路竊取行為。但言猶在耳，中國第二天就發動了一次大規模網路攻擊。[10]為掩飾他們的行跡，中國共產黨將負責發起網路攻勢的機構從解放軍移轉到公安部，並使用更精密的技術。[11]有人認為由於中國勢力崛起為不爭之實，美國應該讓中國稍遂其志以免引爆爭端。歐巴馬曾說，「遭到削弱、威脅的中國，比成功、崛起的中國更可怕。」[12]但一味避免對抗讓中國更加肆無忌憚。中國在虛擬空間與南海的侵略越發變本加厲。在常設仲裁法院於2016年7月判決中國在南海的主權主張無理，在南海造島的行為非法之後，中共以違反《聯合國海洋法公約》（United Nations Convention on the Law of the Sea）為由，派遣海軍艦艇進入南海，衝撞漁船，還故意駛近美國海軍艦艇示威。2018年，衛星影像顯示中共在南海建造飛彈掩體與雷達設施，習近平顯然撒謊。之後，解放軍又在這些設施上增添防空與反艦飛彈系統。[13]美國當局不切實際的妄想，讓中國得以滴水穿石，終於養成氣候、威迫其他國家就範。幾屆美國政府都認為與中國交往可以促成兩國間的合作，歐巴馬政府並非首開先例，但博明與我認為它應該是最後一任這樣的政府。我們開始為這項美國自冷戰結束以來最重要的政策轉型爭取兩黨支持。

當博明與我展開這項對中戰略轉型時，中共既不遵守經濟規則、也不會走上改革道路的證據已經非常明確。不僅如此，它還處心積慮破壞美國利益。美國為中國提供優惠貿易條件、先進科技與投資，讓中國加入國際組織，希望中國轉型走上自由市場經濟，希望中國出現較自由化的政府，結果適得其反：崛起後的中共，領導人不僅決心把美國勢力趕出亞洲，還在全球鼓吹一種與美國一較高下的經濟與統治模式。[14]

認識中國的五項假設

國家安全會議在2017年展開對中政策評估時，首先強調的就是戰略同理心。為決定因應對策，我們需要進一步了解中共這些作為背後的動機、情感、文化偏見與願景。我們清楚地知道，中國共產黨執著於社會控制，決心打擊美國利益，並利用自由國際秩序實現民族復興，於是我們作出新假定。[15]

首先，中共不會將它的經濟或政府形式自由化。其次，中共不會遵照國際規則行事，它只會破壞它們、最後另創有利於本身利益的新規則。第三，中共會繼續運用不公平貿易等經濟侵略手段，配合不斷的產業間諜活動控制全球經濟關鍵區塊，在顛覆性科技的研發與應用上取得領導地位。第四，中共的攻勢志在奪取戰略位置與基礎設施主控權，以建立排他性的唯我獨尊地區。最後，如果美國與其他志同道合的國家不能證明自己的體制更加有效，中共會變本加厲鼓吹它的獨裁經濟與政治模式，用它否定自由市場經濟與民主治理的價值。

　　北京之行讓我對這些假定更加深信不疑。我知道在這場較量中，面對中共咄咄逼人的戰略，美國等民主國不能再消極以對。我們不能繼續自戀，認為中國今後會按照西方人希望的方式發展。

　　我們必須務實地評估美國與其他國家對中國今後走向能發揮多少影響力，任何一項降低中共侵略的戰略都必須以這樣的評估為基礎。這類影響力有結構性限制，因為中國共產黨不會捨棄它認為維持社會控制必不可缺的作法。但儘管中共卯足全力，中國不能、也不會永遠不變。我們總有機會與一些沒有淪入共產黨控制的組織單位，例如真正的企業、學術、宗教與公民社會擴大接觸。此外，雖說美國與其他外國對中國的影響有歷史、文化與結構性限制，我們不能因此消極面對中共，坐視中共對內鎮壓人民、對外進行經濟與軍事侵略。

　　我們在訂定新戰略的過程中達成結論，相信事情大有可為。1989年的天安門暴動、30年以後的香港抗議，以及台灣欣欣向榮的民主，都證明中國人民也希望在治理問題上有發言權，他們既非在文化上天生喜歡獨裁統治，也不樂於放棄基本人權。儘管有這些限制，但只要施加壓力，美國與盟友對中共的行為會有很

大的影響力。參與這項戰略訂定的人一致認為,從交往走向競爭
的這項轉型,啟動了醞釀已久的動能。美國與世上大多數國家、
跨國公司與學術機構,無分政治派系,知道中國的政策對自由與
繁榮構成威脅的人越來越多,支持美國與中國較量的人也有 無
已。

　　離開北京前,川普總統在一整天冗長會議結束後舉行的記者
會中談到中共的不公平貿易與經濟作法。然後他轉頭望著習近平
說,「我不怪你,我怪我們自己。」川普表達的訊息是,中共對
外破壞民主、自由價值與自由市場經濟作法,對內鎮壓人民,美
國與其夥伴不會消極坐視。但價值與制度之爭未必導致對抗。博
明與我認為,如果美國與盟友與夥伴能有效發揮優勢、截長補
短,可能將中共眼中我們那些弱點轉為我們的強項。價值與制度
之爭還能使我們對自由、開放社會勝過封閉、獨裁系統的原則更
具信心。讓我們更加重視言論、結社與新聞自由;宗教自由;不
因信仰、種族、性別,或性傾向而遭到迫害的自由;在自由市場
經濟系統下繁榮的自由;法治以及法律對生命與自由的保護;以
及政府為人民服務的民主治理。

言論自由是我們最大的優勢

　　在中共眼中,言論自由是一種供他們對內壓制、對外榨取的
對象。但能自由地交換資訊與思想或許是美國社會最大的競爭優
勢。我們必須對抗中共那些搞對外勢力擴張的機構——例如國家

安全部、統一戰線工作部、中國學生學者聯合會——但我們也要盡可能擴大與中國人民的正面互動與經驗。訪問過自由國家、與自由國家人民互動過的中國人民，在回國以後自然對中共的政策、特別是那些箝制言論自由的政策產生懷疑。也因此，負責學術交流或中國學生經驗的人，一定要讓那些來訪的中國學生像其他學生一樣、享有思想與言論自由。換句話說，我們不能容忍中國特工監視、威嚇前來美國的中國學生與他們在中國的家屬。

無論來自哪一個國家的外國學生到國外念大學，都應該有機會了解地主國的歷史與治理形式。當地主國大學捍衛這些學生應享的自由時，這種保護能對這些學生遭到來自本國的宣傳與審查產生反制效應。或許最重要的是，中國與其他外國學生應該全面參與學生團體，以確保他們享有最正面的學術與社交經驗。

對學生言論自由的保護，應該擴大到移民社群。美國與其他自由國家應該將他們境內的中國社群視為一種力量。海外中國人一旦獲得保護，不受中共干預與監視，才能自行評斷共產黨的作為。由於共產黨為保住江山而不斷加緊對人民的管控，海外中國人於是更加珍惜民主社會的言論自由。舉例說，自由開放社會不僅讓那些訪問過美國的中國人不再相信共產黨反西方宣傳，還會為海外中國人創造安全環境，讓他們質疑共產黨的政策與施政。對中國國安部與其他機構特工進行的調查，目的不僅在於保護目標國，也在於保護旅居目標國的中國移民。

旅居海外的中國人也有反制中共「中國製造2025」、「一帶一路」與「軍民合一」掠奪的潛能。美國參議院國土安全委員會

（Senate Committee on Homeland Security）在2018年11月達成結論，美國應該不僅阻止中共招募海外中國人充當間諜，還要「為受過高等教育的中國傑出人士提供更多誘因，讓他們參與美國經濟」。[16]

言論自由與新聞自由還能幫助許多國家掙脫一帶一路的陷阱。司法單位與調查新聞的聯手，可以對抗中國的經濟掠奪，讓美國取得競爭優勢，烏干達就是一個例子。烏干達政府在2015年同意向一家中國銀行貸款19億美元建兩座水壩。2018年的一項調查發現這兩座尚未完工的水壩施工偽劣，同年稍後，紐約法院起訴一名中國能源公司代表，罪名是向非洲官員行賄。烏干達領導人隨即要求美國一家財團競標一項新煉油廠項目，這家財團隨後得標。[17]烏干達的這次經驗證明，在法治下，新聞自由可以保證民眾問責。假以時日，揭發中共不可信賴的事實，並且另覓途徑避開它的掠奪，可以讓中共改弦易轍。

除了言論自由，在中國眼中，對多元文化的包容也是一項威脅。美國等國在這個領域可以做出強烈對比。儘管有人認為擴大來自獨裁國家的移民很危險，但我認為美國與其他自由開放社會應該為更多中國人民、特別是那些在中國遭到迫害的人簽發簽證，為他們提供入籍途徑。歷經獨裁統治的移民往往更能珍惜民主政治，為它們獻身。這些移民還能為我們的經濟帶來極大貢獻。如果中共像在新疆一樣，或重演天安門血腥鎮壓，在香港加害自己的人民，美國與其他國家應該考慮為那些逃離香港的人發給簽證或提供難民保護。在天安門血腥鎮壓事件發生後，喬治·

布希總統簽發行政命令，讓美國境內的中國學生有權留下來工作。隨後十年，這些受過高等教育的中國大陸留學生有四分之三以上在畢業後留在美國。許多天安門事件過後留在美國的華裔美國人後來成為矽谷創新潮先驅。這些中國僑民可以透過家庭關係，大舉反制中共的宣傳與假訊息。[18]

強化軍事科技的研發投資

　　中國共產黨相信，它的中央集權式經濟系統是它的一大優勢，特別是它整合政府、商界、學術界與軍方的能力。它認為，美國等國的非中央管控式自由市場經濟系統，無力與中共「中國製造2025」、「一帶一路」與「軍民合一」等中央管控式戰略競爭。美國與其他自由市場經濟體在對抗中國掠奪之際，還得證明非中央管控與自由企業主義的優勢，原因就在這裡。民營企業在這裡扮演重要角色。走在新科技研發應用尖端的公司與學術機構必須認清中共正不擇手段鑽漏洞，利用我們的開放社會與自由市場經濟。為保住競爭優勢，我們首先必須不讓中共竊取我們的科技。儘管美國在針對外資的國家安全審查方面已有重大改革，美國仍然應該強制規定，要美國公司必須報告與中國有關實體的投資、技術轉移要求，以及參與中共核心科技發展或解放軍現代化計畫。[19]

　　中國不僅利用美國經濟的開放特性鼓吹它的國營資本主義模式，還用它來竊取科技，建立管控更嚴密的警察國。許多重視法治與人權的大學、研究實驗室與公司，不知不覺地成為幫中共迫害本國人民、加強解放軍戰力的幫兇。為阻止這類事件，我們有許多需要改進的地方。民營企業應該謹慎挑選合作夥伴，合作對象應該是恪守自由市場經濟、代議制政府與法治的業者，以之為軍、民兩用科技的研發夥伴。許多公司透過合資或夥伴關係，幫著中共發展監視、人工智慧與生物遺傳這類可供內部安全用途的科技。還有些公司與中資合作，讓中共取得這些科技。麻省一家企業提供DNA採樣裝備幫中共在新疆追蹤維吾爾人就是一個例子。[20] Google曾遭中共駭客入侵，切斷中國人接觸資訊的管道，並且拒絕與美國國防部進行有關人工智慧的合作。明知故犯地與中共合作以鎮壓中國人民，蓄意協助中共強化國防戰備、讓中共有一天用它們對付美國人民的公司，都應遭到懲罰。

　　為阻止企業淪為中共獨裁惡行的幫兇，美國也應該以更強硬的手段篩檢美國、歐洲與日本資金市場。直接或間接參與違反人權與國際條約罪行的中國企業，有許多是美國證券市場上市公司。這些公司從美國與其他西方投資人獲利。有700多家中國公司在紐約證交所掛牌，約62家在納斯達克綜合指數上市，在規範不佳的場外交易市場作買賣的中國公司也有500多家。[21] 以即將遭到摘牌的海康威視（Hikvision）為例，它研發的人臉識別科技，有助於中共監視維吾爾人一舉一動。它生產的監視攝影機布滿中共在新疆的集中營。海康威視與它的母公司、國營的中國電子科技集團，已經列名美國商務部實體名單（許多人所謂「黑名單」）上。像美國這樣的自由市場經濟體由於控制全球絕大多數資本，能夠運用的槓桿遠超過它們正在運用的。

不過一味防禦不是辦法。自由開放社會需要透過改革與投資強化自身優勢。中國在採納新科技方面有一項明顯優勢。它的中央化決策系統、政府補貼、政府分攤風險，而且比較沒有美國等民主國設有的法規限制與官僚監督，甚至較少道德考量（特別是在生物遺傳與自動化武器方面）都讓它能以較快腳步在商用與軍用領域應用這些科技。

雖說美國與其他國家不應為了對抗中國就將道德約束拋在腦後，但許多相對於中國的弱勢是我們自己創造的。舉例說，美國國家安全體制多年來一直因官僚惰性而困擾不堪。國防預算與境內軍購程序呆滯、欠缺彈性的問題已經研究多年，始終未見有效改革。但現在這個問題危及到我們的生存，我們不能沒有可以預測的多年採購預算，不能讓採購系統疊床架屋，不能讓國防現代化方案遲遲沒有進展。與國防部做生意的難度，讓許多最有創意的小公司裹足不前，許多新興科技的創新因此受阻。由於中共解放軍不斷發展足以削弱美國軍事優勢的新戰力與反制措施，美國國防部與美軍已經不能再蹉跎下去，曠日費時的研發、設計與測試的舊模式已經不再管用。減少障礙、促進國家安全與國防產業與民營業者間的合作，才能在這個關鍵領域發揮自由市場的創新潛能。

不過，中共為推動數據經濟與軍力優勢，正在新興兩用科技領域大舉投資，在這種情況下，僅僅是簡化官僚流程還遠遠不夠。面對戰力與侵略性不斷增加的解放軍，美國政府與民營企業

必須在人工智慧、機器人、擴增與虛擬實境與材料科學領域加緊
投資，以維持領先優勢。[22]跨印、太地區的國防合作應該擴展到
多國共同開放未來防禦戰力，讓中共知道它不能用武力完成目
標。多國合作發展太空與虛擬空間戰力也能對中共在這些領域的
侵略起嚇阻效用。中共可能計畫藉由入侵台灣，發動一場可能延
及東亞大部地區、成本高昂的大戰。我們必須讓台灣擁有擊退其
入侵的足夠國防力量。

公正透明的法治與調查

　　在中國政府眼中，美國等民主國家的法治跟自由市場一樣，
也是一種戰略弱勢。中共認為法律至高無上、法律之前人人平等
也是一種不能接受的累贅。[23]而同樣地，我們主張，中共眼中美
國的弱點恰恰正是自由開放社會的根本強項，是我們用來與中共
競爭的利器。法治，特別是依照正當法律程序進行的調查，然後
將調查結果公開，讓我們的人民、公司與政府取得反制中共間諜
的必要資訊。舉例說，在2019年，中國通信基礎設施加上持續
不斷的網路間諜活動已經顯然對我們的經濟與國家安全構成嚴重
威脅時，美國、澳洲、紐西蘭、日本與台灣禁止本國網路使用中
國電信廠商華為的產品，並呼籲其他國家跟進。[24]2020年2月，
美國司法部指控華為與其附屬公司敲詐與陰謀竊取貿易機密。[25]
執法部門的調查仍將扮演重要角色，但由於中共對大學、研究實
驗室與公司無所不在的滲透，包括調查記者等其他人員也需要一

起攜手，全面揭露中共的產業間諜。

　　言論自由、企業自由與法律保護是息息相關、互為表裡的。我們不僅可以運用它們帶來的競爭優勢對抗中共的產業間諜與經濟侵略，還能用它們擊敗中共為打壓反對聲音、爭取支持而發動的影響力作戰。從2018到2020年，對中共在澳洲、德國、日本與美國等成熟民主境內影響力作戰進行的研究發現，中共用各種方法在全國性與地方政府、產業、學術界、智庫、與公民社會組織吸收特工。[26]這些國家的自由新聞媒體揭露中共這些作法，中共特工於是被起訴。自由民主國家的國際合作可以擴大競爭優勢。舉例說，2018年12月，美國與它最親密的幾個盟友合作揭發中共在12個國家的一項長達12年之久的網路攻勢，並因此展開大舉制裁與起訴。[27]

深化民主體制與程序

　　對抗中共利誘、威逼與掩飾戰略的最佳之道，就是加強國內外的民主治理。中共認為它的永久性一黨專政是對多元民主系統的戰略優勢。但越來越多的跡象顯示，在被中共列為目標國的國家，那些參與民主程序的公民都能有效反制中共的一帶一路的掠奪。從2018到2020年，隨著目標國人民逐漸淪為中共「債務陷阱」的真正受害人，中共的「投資」也逐漸在目標國碰壁。2019年，馬來西亞新總理馬哈蒂・穆罕默德（Mahathir Mohamad，也是前總理）保證重談或廢止與北京的「不平等條約」——馬哈蒂使用這個名詞顯然意在訴諸中國人那段百年國恥的回憶。斯里蘭卡、馬爾地夫與厄瓜多等小國的新政府，也陸續揭發中共出資興建的基礎設施項目如何讓他們債台高築、如何破壞他們的主權。[28]

　　對抗中共侵略，或許最有力的反制就是加強我們的民主體制與程序。無論怎麼說，人民都希望對他們接受什麼樣的治理擁有發言權，都希望保護他們的國家主權。王安於1950年代從中國移民美國，成立「王安電腦」（Wang Laboratories）。他在談到美國時說，「這個國家……有許多不盡理想的地方，但我們擁有不必革命也能更正我們錯誤的政治體制」。支持民主體制與程序不僅僅只是一種利他主義，原因就在這裡。中共這類政權透過貪腐陰謀、犧牲他國利益謀求自身利益，而民主正是對抗這類政權的不二法門。如果民主國人民能發現中共的掠奪式行動，並採取行動責成領導人採取反制措施，則中共再想下手，也只能找那些領導人徇私枉法、殘民以逞的獨裁政權了。

拉開經濟戰的序幕

　　若想以我們自由開放社會的優勢為基礎發動反擊，首先必須建立強有力的防禦，對抗中共精心策劃的戰略。中國電信業巨頭、替中共控制全球通信基礎設施行動打頭陣的華為就是一個例子。這個案子說明美國必須採取大膽而激進的行動。表面看起來，華為似乎是一家非常成功的公司。由前解放軍技術人員任正非於1987年創辦的華為，在竊得思科（Cisco）的源代碼之後，超越思科成為全世界最有價值的電信公司。到2020年，華為控制全球電信裝備產業約30%的市場。它在5G通信網路新興市場的主控上也取得極大進展。

　　在整個擴張過程中，華為不僅透過全面網路間諜攻勢獲利，還獲得中共補助。[29]它與中興通訊（ZTE）等另幾家電信業者是中國製造2025與軍民合一不可或缺的要角，因為它們在領先科技（微晶片與能量儲存）與高端製造技術上有巨大優勢。它們還能提供一種通信骨幹，讓攸關未來全球經濟的數據流入中國。所謂「數據經濟」（data economy）是一種新興全球數位生態系統，由數位供應商與使用者組成。誰能控制數據，控制相關規則與量子電腦分析工具，誰就能領先群雄。如果中共創辦、必須聽命於中共的公司能奪取全球數據流，中共自然能取得重大情報、軍事與經濟利益。[30]不僅如此，控制通信基礎設施還能讓華為、從而讓中共擁有阻斷通信與數據流通、癱瘓他國國防與日常金融活動的能力。

　　2019年，美國採取防禦措施，對中國進口商品加徵關稅，並禁止美國公司使用華為的網路裝備。那年早先，遭美國司法部起訴的華為首席財務官孟晚舟以涉及逃避伊朗制裁罪名在加拿大被捕。[31]中共隨即展開人質外交，以莫須有罪名逮捕兩名加拿大公民。之後中共在重審另一名涉嫌販毒的加拿大人的當天，將這名人犯改判死刑。中共這些反應明白顯示中共不是一個可以信賴的夥伴。所謂華為只是民營公司、與國家政策無關的謊言也因此揭穿。

　　儘管許多國家與美國聯手抵制華為的通信基礎設施，但法國決定讓華為建造它的三個5G網路中的兩個。法國實際上已經讓中國國安部輕鬆闖入它67%的電信網路，以及法國公司的內部電腦網路。但由於速度比4G快一百倍的5G網路，可以滲透人民個人生活、企業、國家基礎設施、運輸、衛生與國防的每一層面，實際情況還要更加嚴峻得多。20年前，美國決策人士也因讓中國電信在加州建一個網路而犯下同樣錯誤。當時美方認為這個網路的地緣規模有限，不會帶來安全風險。美國花了15年時間才了解它這項引狼入室的後果有多嚴重。中國電信透過它在美國與加拿大的據點將來自北美各地的公司、個人與政府數據轉送北京。[32]

　　美國必須抵制華為已是不爭之實。2019年進行的一連串調查顯示，華為電信裝備帶來嚴重國家安全風險。一名獨立研究員發現，許多華為員工同時也受雇於中國國安部與解放軍情報部門。此外，華為技術人員還曾利用攔截到的手機數據幫助非洲獨裁者監視、找出對手，讓對手「被消失」。[33]中共運用大型電信公司控制海外通信與網際網路是一條單向道：美國與其他西方國家公司在中國市場幾乎沒有據點。透過鉅額補貼、非法金融手段與產業間諜，中國公司正在壟斷全球各地產業——這是由於不能對抗中共經濟侵略，而將自由市場經濟體之優勢轉為劣勢的又一例證。[34]跨國公司在發展基礎設施、特別是5G通信網路的過程中必須注意廣度，必須建立可以信賴的網路以保護高度敏感、有專利的數據。

　　美國與其他自由開放社會必須攜手合作，對抗中國的不公平貿易與經濟作法與各式各樣的經濟侵略。歐巴馬政府為反制中國的不公平貿易作法，耗神費力與11個國家（其中七個在亞太地區）談判多邊貿易協議。不過這項「跨太平洋夥伴關係協定」（Trans-Pacific Partnership）在2017年後遭到封殺。2018年，為對抗中國產業產能過剩、過度生產、以及在國際市場傾銷的作法，川普政府開始對中國進口商品加徵關稅。雖說川普政府在一開始對鋼鐵與鋁加徵關稅（美國同時也對其他國家，包括一些親密盟邦的鋼、鋁產品加徵關稅）的作法未必合理，隨後展開的「貿易戰」顯示美國已經大夢初醒，決心與中國在經濟戰場一較高下。這項美、中貿易角力主要的對手是美國貿易談判代表羅伯・賴海哲與中國副總理劉鶴。初步成果是川普總統與劉鶴在2020年1月簽署的第一階段貿易協定。根據這項協定，中國保證購買更多美國產品，但比這更重要的是，中國保證降低進入中國市場的壁壘，避免貨幣操控，並且實施新法保護智慧財產與敏感科技。不過這項協定標示的，只是一項曠日持久的競爭的序幕：競爭一方是美國等自由市場經濟體，另一方是中國等採納中央控制經濟模式的國家。事實證明，中國的不公平經濟作法（例如對國有企業的政府補貼）問題很難解決，因為中共想繼續掌握權力就不能解決這些問題。

國際組織與民營企業的角色

　　由於中國鼓吹它的中央管控式經濟模式，美國應該與有志一同的國家聯手展現集體解決辦法，以免被個個擊破。在保護世界衛生組織（WTO，中共一直在嘗試顛覆這個組織）這類國際組織的公正與效益這方面，跨國公司扮演的角色也至關重要。在國際組織內部與中國抗衡的需求超越貿易與經濟作法範疇。中國已經有系統地在重要全球性組織的關鍵性高層安插自己的親信。以2016年為例，它利用國際民航組織（International Civil Aviation Organization，簡稱ICAO）秘書長的職權，對台灣進行外交孤立。它還利用聯合國人權理事會（United Nations Human Rights Council）推動中共那套歪理，讓政府可以藉國家利益之名違反人權。

　　中國濫用國際組織的最誇張的例子出現在世界貿易組織。它在2001年簽約加入世貿組織時作的許多承諾，直到將近20年後的今天仍未兌現。直到今天它仍然不肯就中國企業享有的政府補助提出報告，且仍然以進入中國市場為交換條件，迫使外國企業轉移專利核心技術。由於中國揚言經濟報復，向世貿組織提訴的企業寥寥無幾。除了威迫利誘之外，中共還偷偷摸摸修改規則，讓外國企業「自願」轉移技術，而當然，不自願就不能進入中國市場。中共仍然以開發中市場為由，堅持自己應該享有特殊地位，就算不能遵守全球規則與標準也有權享用全球市場。如果中國惡習不改，不遵守其他會員國遵守的規矩，美國與其他遵守公平、公正、互惠貿易原則的國家應該要考慮將中國逐出世貿。

　　不僅因為不公平經濟作法，也因為與獨裁政權做生意的風險不斷升高，中國與自由市場經濟體之間正出現一場自然的經濟「脫鉤」。美國可以協助組織這場脫鉤，以防止經濟成長放緩與全球供應鏈遭到衝擊。對付中共政策最有效的反制措施來自民營企業。中共那些詐騙濫權之術已經曝光，許多公司已經質疑為進入中國市場而付出如此成本是否值得。或許只有從中國市場撤資、將製造與其他產業撤出中國，才能讓中共領導人相信真正經濟改革最符合他們的利益。

破解修昔底德陷阱

　　美國與其他自由開放社會應該充滿信心。他們可以展現面對中國時的優勢，對抗其侵略，鼓勵中國內部進行改革。北京的行為已經引發不願淪為「中國天朝的藩屬」諸國的眾怒。同時在中國境內，在改革期間感受過自由化遠景的中國人也開始反抗變本加厲的管控。儘管李克強等中共官員表面上仍然狀似自信，許多中國知識分子、商人與決策人士已經逐漸看清中共解決不了中國社會與經濟基本問題。許多人認為他們坐在一個隨時可能爆炸的火藥桶上。2019到2020年的香港抗議事件、經濟成長趨緩，以及政府處理新冠病毒欠缺效率與矇騙引發的民怨，都使情勢更加緊迫。甚至在「中國製造2025」這類科技研發應用領域，中共創造專制經濟發電廠的大膽企圖能否成功也仍在未定之天。學術與創業自由是在全球市場創新與角逐的根本,而中共的迷信控制與這種學術與創業自由格格不入。此外,中共在1979與2015年間進行的一胎化社會工程導致人口迅速老化與性別嚴重失衡。這種人口扭曲帶來的衝擊雖說還不明確,但無疑會有深遠的負面影響。

但除了認清我們的系統性優勢之外,更重要的是對於保護我們的優勢得有絕對的信心。我們可以從中共追求「全面國家實力」的成就中學得教訓。特別是,美國與其他國家可以運用與中國的競爭在落後的領域勵精圖治。這類領域包括教育改革、基礎設施改善、以及運用經濟治術根據自由市場原則整合公共與民間投資。

有人說與中國競爭很危險,因為那等於墜入「修昔底德陷阱」。所謂「修昔底德陷阱」指的是,在全球權力出現長期結構性改變之後,新興強國(中國)與逐漸沒落的強國(美國)之間很可能爆發軍事衝突。[35] 避開這個陷阱的安全之道,既不是走向戰爭,也不是消極讓步,而是找出一條中間路線。在與我們的中國對手會面時,我告訴他們我們必須在公平的遊戲規則中進行公平競爭,因為這是避免對抗的最佳之道。如果美國坐視中國破壞國際法、在南海侵犯他國主權的作為(例如不斷填海造島與建造軍事設施),雙方爆發衝突的可能性更高。如果中共動用政府力量竊取美國關鍵科技而美國不聞不問,中共的地下行動只會變本加厲而不會稍有收斂。透明競爭可以防止兩國間緊張對立情勢不必要的升溫,可以讓兩國在利益有交集的領域攜手,一起面對緊迫的挑戰。在氣候變遷、環境保護、食物與水資源安全、傳染病防治，甚至在北韓核武與飛彈問題上，兩國不必因為競爭而關閉合作之門。

不過經濟攤牌可能加深中共的恐懼，讓中共採取更極端的手段緊握政權，讓中共更加卯足全力，把中國的問題推到美國與其他國家身上。中共憑藉取巧的經濟政策超越美國與自由世界，但矛盾的是，中國領導人的「中國夢」也正因為這些政策而終歸幻滅。[36]中共既沒有讓人民進行體制內改革的民主程序，又不能容忍讓民眾以和平手段表達不滿，結果很可能得面對激烈的反黨鬥爭。

當新冠病毒疫情在2020年爆發時，地方官員一開始試圖隱匿真相，之後又蠻橫地審查批判黨的言論，將中共系統的弱點暴露無遺。中共知道反對勢力暗潮洶湧，於是加緊趕工、打造高科技警察國。中共可能還會繼續加強這項作業。

此外，隨著經濟成長腳步放緩，中共高層愈發焦慮，中國的外交政策與軍事戰略可能因此會在南海、台灣海峽與釣魚台群島這類衝突熱點，引發中國人所謂的「擦槍走火」。美國與其盟友必須擁有意志力與軍力讓中共相信它不能靠武力達到目標，原因就在這裡。

中共常說，任何對中共的指控都意在「貶低中國」。美國與其他國家必須對這種說法嚴正駁斥。我們應該了解，與中共在外交、經濟與軍事上進行透明公開的競爭才是避免對抗最佳之道。2019年，中國駐美大使崔天凱在中國大使館一項集會中發表演說指出，美國對中國採取的新作法目的在壓制中國崛起，不讓中國人民一圓中國夢。博明隨即以中國話發表反擊，並說明美國從合作走向競爭的策略轉型。博明引用孔子的話說，「名不正則言不順；言不順則事不成」。[37] 我們的競爭目的在讓習近平與黨領導人相信，中共不必犧牲本國人民的權益，不必侵害其他國家的安全、主權與繁榮，也能實現他們的夢想。

第五章

打20次的一年戰爭

美國自欺欺人的阿富汗政策

每一種主義都必須靠先知帶著它向前，

一面強行闖入社會，肩負龐大沉重的使命，

付出巨大犧牲……「基地」就是那個社會的先行者。

——基地組織創辦人、賓拉登的導師

阿布杜拉·阿札姆

　　當我於2017年2月抵達白宮時，決策者對阿富汗問題避而不談的情況讓我想到30年前當我還在西點軍校念書時，也沒有人願意正視越南那段不堪的往事。負責阿富汗事務的許多政府部門都職缺虛懸，乏人問津，似乎反映美國人對這場打不完的戰爭已經失去興趣。沒有幾個美國人知道美軍還在那遙遠、荒涼、群山蔽障的國家幹些什麼。我們得優先考慮其他問題，例如怎麼處理北韓的核武與飛彈計畫，在習近平到訪海湖莊園以前訂定對中策略等等。而且既然川普總統已經決定撤出阿富汗，又何必重視阿富汗問題？主張撤出阿富汗的人不願為總統提供替代選項。那些主張修正我們的戰略缺失、繼續支援阿富汗軍對塔利班與其他恐怖組織作戰的人，也不敢提起這個議題，因為擔心這麼做會讓總統下令驟然撤軍。與其促請總統立下決定、從而可能損及美國利益，不如就讓這場已經打了16年的戰爭繼續拖下去反倒好些？

　　為協助總統完成他對美國人民的戰時領導職責，我們必須針對阿富汗問題提出符合南亞全面性戰略的選項。南亞地區有印度與巴基斯坦兩個相互敵視的核武國家。欣欣向榮的印度是全世界最大的民主國家。但主要由於印度與巴基斯坦兩國間的敵意，南亞是全世界經濟整合得最差的區域。單在阿富汗與巴基斯坦就有20個活躍的外國恐怖組織。[2]

　　南亞有龐大潛能，但也危機重重、百廢待舉，其成敗對美國安全與繁榮非常重要。數十年的戰亂已經讓阿富汗社會千瘡百孔。美國決策者與策略家不了解不斷衝突為這個國家帶來的分裂與耗弱。在美軍2001年出兵取勝後，阿富汗開始上演錯綜複雜的群雄混戰，參與角逐的對手包括：已經失勢但尚未落敗的塔利班；難以捉摸的基地組織；新恐怖團體；這些恐怖組織的支持者，其中包括表面上為美國盟友的巴基斯坦軍部分成員。美國計畫人員沒有將阿富汗暴亂的政治推手納入預估，特別是，對於敵對組織如何利用部落、種族與宗教矛盾坐大，美國人尤其渾然不解。讓人感到反諷的是，速戰速決心態讓這場衝突更加打得沒完沒了。這場戰爭已經持續近20年，但美國與其聯軍夥伴從沒打過一場20年的戰爭。阿富汗是一場打20次的一年戰爭。

到2017年，阿富汗戰爭作戰計畫就像一架自動駕駛的飛機一樣盲目亂竄。沒有人注意這件事。前後矛盾的政策、欠缺效率的戰術，已經年復一年讓美軍疲憊不堪，而塔利班、基地與其他恐怖組織卻在巴基斯坦支援下一再崛起。我認為，美國沒有訂定務實、有效的戰略不僅是現實問題，還是一種道德失敗。就像在越戰一樣，美軍冒著生命危險在他鄉異域奮戰，卻不知道這些犧牲奉獻究竟值不值。如果目標是撤軍，為什麼還要讓美軍在那裡受苦受難？中世紀經院哲學家聖湯瑪斯‧阿奎納（Saint Thomas Aquinas）在13世紀寫道，一場戰爭要能被稱之為是正義的，就必須滿足正當意圖的標準。換句話說，它必須以重建正義的和平為目標。[3] 有鑑於我們根本上有瑕疵、而且不斷改變的戰略，我相信阿富汗戰爭不再是正義之戰。我認為必須在美國注定打輸這場戰爭以前為總統提出替代選項，這很重要。

我計畫4月間訪問南亞，聽取情勢評估，以便研擬出可行的戰略選項。為謀同策同力，了解這個地區的問題與機會，隨行人士還有來自國家情報總監、國務院、國防部與財政部等相關部門的代表與國家安全會議幕僚。我不久前才剛聘了一名新南亞司司長莉莎・柯提斯（Lisa Curtis），她是著名南亞事務專家，將在我們訪問巴基斯坦時加入我們。莉莎曾以外交官、情報官與智庫分析師身分在南亞工作20年。她曾在印度與巴基斯坦工作，在20幾歲的時候遇上賈拉魯丁・哈卡尼（Jalaluddin Haqqani）。在1980年代蘇聯入侵阿富汗期間，哈卡尼是美國人所謂的「自由鬥士」，但之後他帶領他的組織與美國以及阿富汗政府作對。南亞司代理司長與阿富汗事務負責人是陸軍特種部隊軍官費南多・魯永（Fernando Lujan）。費南多出身西點，擁有哈佛大學公共政策碩士學位。在新舊任政府交接期間，我們需要像他這樣擁有相關教育與經驗背景的人。身為國安會代理司長的費南多在主持會議時，有時不免與國防部那些重視階級、官階比他高得多的官員發生口角，因為他的軍階只是中校。費南多原本應該已經離開白宮前往阿富汗，但我要他留下來直到莉莎接手為止。

關於阿富汗的四項假設

自2009年起，歐巴馬政府與國務院就一直在宣布撤軍的同時，設法與塔利班談出一項可以接受的和平協議。我在飛機上閱讀背景資料時發現，一些華府官員相信塔利班其實沒那麼壞，一旦獲得可以分享阿富汗政權的保證，我們可以說服他們，讓他們不再支持恐怖組織聖戰。這些華府官員以為塔利班與恐怖組織沒有瓜葛，因此願意考慮一項符合阿富汗憲法的權力共享協議，這根本是一廂情願的極端戰略自戀。就像所有戰略自戀的案例一樣，這些華府決策人士對阿富汗與巴基斯坦的敵人的認知，也誕生於他們的幻想中。

我們於2017年4月14日從安德魯空軍基地（Andrews Air Force Base）起飛。我們團隊在飛機後艙一處可以兼充臥房使用的大辦公室集會。我在討論中形容塔利班是個反動、殘酷、沒有人性、厭女的組織，與基地等聖戰恐怖組織糾纏在一起。由於阿富汗與巴基斯坦的恐怖分子可以利用與世隔絕的地緣環境與鉅額利潤的毒品交易產生勢力強大的組織，我們的阿富汗戰略能否成功牽一髮動全身。每年進帳高達數億美元的毒品交易是恐怖分子的重要財源。由於許多官員受不了飛來橫財的誘惑，它也是造成阿富汗政府與體制腐敗無能的重要原因。我表示我們得聽取中國兵法家孫子的建議。孫子在兩千五百年前說，「知己知彼，百戰不殆；不知彼而知己，一勝一負。」[4]

我很快發現我們團隊的一些成員已經在情緒上陷入撤軍／談判策略泥沼，滿腦子只有幻想，沒有現實。他們幻想塔利班會進行改革，放棄根據伊斯蘭教法（Sharia）建國的目標。此外，與塔利班談判已經成為學界人士與智庫分析師在戰時外交上露臉的一門獨門生意。只不過他們口中的敵人是他們想像的敵人，不是那些迫害阿富汗人民、不是那些協助基地組織在2001年9月11日殺害近3000名美國人的恐怖分子。我希望這次南亞之行能讓我們對南亞情勢、對我們在這個地區的敵人與朋友有更進一步的了解與共識。這許多年來，我們因為不知彼，戰事總是進一步後退一步。不能再這樣下去了。

戰略訂定的基本要件，就是必須願意檢討、挑戰假設。我要我的團隊運用我們在喀布爾的討論，挑戰美國的南亞幻想的四個基本假設：

一，運用情報蒐集發動純屬反恐的突襲，可以防止恐怖組織威脅美國。

二，基地組織與其他跨國恐怖組織威脅美國、美國的盟國，以及海外美國人的安全，但塔利班與它們無關。

三，塔利班即使勢力坐大，在美國撤軍後仍會願意誠心談判，同意放棄暴行。

最後，巴基斯坦會因為接受美國援助，配合美國的外交請求，停止或大幅減少它對塔利班與其他恐怖組織的支持。

重返喀布爾

隨著我們的座機降落，我又回到睽別五年的喀布爾。五年前，我在一次20個月的任期任滿後離開阿富汗。大衛・裴卓斯（David Petraeus）將軍在出任駐阿富汗「國際安全協助部隊」（International Security Assistance Force，簡稱ISAF）司令時邀我加入他的團隊，擔任ISAF概念發展與學習主任，解決阿富汗之戰取勝的最大障礙：貪腐與組織集團。我在停留阿富汗這20個月間，確認我之前學到的教訓：美國軍方與文人領導人走錯方向，他們那些不實際的策略不可能達成長期的政治建設。我有幸獲得這項任命，研擬一項最終能吻合阿富汗實際情勢的戰略。美國必須根據它從這場冗長戰爭中取得的教訓採取行動。儘管喀布爾機場到大使館之間距離僅有2.5英里，但我們都坐上直升機，飛到一處龐大的「安全區」。美國大使館與以美軍為首的聯軍總部都在這處安全區內。喀布爾太不安全、美國官員不能在這裡用例行地面交通工具進出的事實，已經成為主張撤軍者引用的口實。他們強調這表示這場戰爭必敗無疑，卻沒有想到這其實是戰略效率欠佳的後果。當我們的黑鷹直升機著陸時，新大使到任前，我們駐喀布爾最高階外交官胡果·勞倫斯（Hugo Llorens）在機場接機。胡果是我們自2001年以來派駐阿富汗的第10位臨時代辦。

勞倫斯是即將退休的資深外交官，35年外交生涯主要工作領域為美國與西半球諸國關係。62歲的他神采奕奕，看來很有朝氣。兩星期以前他在華府告訴我，阿富汗情勢讓他越來越擔心。他擔心的不是塔利班在阿富汗城市發動的集體謀殺式攻擊，不是塔利班在鄉間勢力漸長，甚至不是2015年9月對昆杜茲（Kunduz）或2016年9月對塔林柯（Tarinkot）發動的這類大規模攻勢，而是美國對阿富汗問題沒有明確的目標，戰略也模糊不清。這樣的模糊讓塔利班益發膽大妄為，也動搖了阿富汗政府與人民的信心。此外，阿富汗必須強化體制、力謀改革，才能對抗藏身巴基斯坦接壤山區、死灰復燃的塔利班，而對未來的疑慮阻礙了這種改革。讓勞倫斯憂心忡忡的還有美國的意志因為不切實際的期望而渙散。儘管阿富汗政府必須整肅貪腐，但阿富汗永遠不會、也沒有必要成為瑞士。

　　自從2003年初訪阿富汗以來，我已經察覺美國阿富汗政策背後的心態已經從過度樂觀轉為畏首畏尾，甚至是失敗主義。勞倫斯同意，我們應該坦然面對情勢，評估美國與其夥伴究竟可以運用多少影響力以確保南亞不再淪為恐怖組織的溫床，然後根據這些評估訂定合情合理的戰略。我們同時需要一套可持續戰略，讓我們可以用美國人民能接受的成本長期推動。就像面對普丁的俄國與習近平的中國一樣，想對阿富汗現況與未來需求進行評估，首先得了解它不久前的過去。

荒腔走板的美國政策

　　我們走出大使館園區前往軍事總部時，我想著阿富汗民兵與美軍將塔利班逐出喀布爾之後發生在這裡的那段往事。2001年12月，美軍陸戰隊重新占領美國大使館建築。這棟建築在1989年1月蘇聯從阿富汗撤走最後一批駐軍之後空置。陸戰隊在大使館地下室一個上了鎖的金庫中發現一面摺疊起來的美國國旗，與詹姆斯‧布萊克（James M. Blake）士官手書的一封致「陸戰隊員」的信。布萊克是美國大使館最後一批陸戰隊警衛隊隊長。負責看管大使館的阿富汗人把舊美國大使館當成「時光膠囊」

一樣，只負責整理園區，卻從不進入建築物本身。2001年，一名名叫哈密‧馬農（Hamid Mamnoon）的看管人回憶1989年那年寒冬的情景。他「非常不悅，認為國際社會已經將阿富汗遺忘」。他告訴記者，他「現在很開心，因為見到國際社會重回我們身邊，不再忘記我們」。[5]

到2017年，1960年代不起眼的大使館建築已經變成閃閃發光的龐然大物。這場景讓我想到經典童書《草原上的小屋》（*The Little House*）。耗資近800萬美元完成的這個新園區，應該足以表示美國將打贏這場戰爭、不會再次遺忘阿富汗。但隱藏在這座大使館建築光鮮亮麗外表底下的，卻是美國對出兵阿富汗這整件事的嚴重疑慮，以及不絕於耳的即將撤軍的預告。美國的阿富汗政策朝令夕改、相互矛盾，讓美國人與阿富汗人都看得一頭霧水，而這座大使館建築已經成為這項政策的象徵。

設有美國大使館、各種總部，以及自1880年以來就是阿富汗王宮的安全區，是阿富汗戰亂頻仍的近代史博物館。1989年，隨著蘇聯從阿富汗撤走最後一批駐軍，蘇聯開始解體，蘇聯支持的傀儡政府也隨即瓦解。1992年，在反共的「聖戰士」（mujahideen）民兵推翻最後一名親蘇領導人穆哈默德‧納吉布拉（Mohammad Najibullah）之後，血腥內戰爆發。納吉布拉帶著弟弟逃出王宮，躲進聯合國園區獲得庇護。軍閥與土匪在內戰中橫行肆虐，阿富汗人民苦不堪言。許多阿富汗部落由罪犯領導，他們對人民予取予求，殺人、酷刑、強暴、虐待兒童無惡不作。塔利班當時挺身而出，誓言終止這一切混亂與罪行，於是迅速崛起。1996年，在巴基斯坦支持下，塔利班攻陷喀布爾。塔利班戰士奪下王宮，讓他們的領導人、獨眼教士穆拉‧奧馬（Mullah Omar）進駐。在宣布阿富汗是一個「徹底的伊斯蘭國」，要強制執行「徹底的伊斯蘭系統」之後，奧馬下達他的第一個命令：抓捕納吉布拉。一支塔利班死刑行刑隊把納吉布拉兩兄弟拖出聯合國園區，在施加酷刑後殺了兩人，還把兩人屍體吊在王宮圍牆外一處交通圓環的路燈柱上。⁶阿富汗人渴望秩序，但塔利班為他們帶來的是一種新的殘酷無情。

在塔利班控制喀布爾與阿富汗大部地區之後，阿麥德‧沙‧馬紹德（Ahmad Shah Massoud）率領數以千計主要由塔吉克、烏茲別克與哈札拉族裔組成的民兵藏身阿富汗北部，繼續對抗塔利班。塔利班與基地組織多年來一直試圖暗殺馬紹德，但馬紹德極獲人民擁戴。他的畫像在喀布爾的告示牌、計程車與政府辦公室仍然隨處可見。賓‧拉登知道，一旦美國追查九一一恐攻事件追到基地組織在阿富汗的藏身所，美軍勢必與馬紹德的「北方聯盟」（Northern Alliance）聯手，對塔利班與基地構成嚴重威脅。2001年9月9日，兩名基地恐怖分子偽裝成阿拉伯電視記者，以訪問馬紹德為名，進入一間北方聯盟用作辦公室的平房。兩名恐怖分子引爆藏在他們攝影裝備中的炸藥，馬紹德被炸死，他的政治助理馬紹德‧卡里利（Massoud Khalili）重傷。⁷

奧薩馬‧賓‧拉登這項計畫遭到反噬。殺害馬紹德不但沒有擊垮北方聯盟，反而讓他們同仇敵愾，決心對塔利班與基地進行報復。在中情局探員與美軍特種部隊抵達潘吉爾山谷北方聯盟營

區49天之後，北聯民兵解放了喀布爾。美軍傷亡很低。結合特
種部隊、中情局人員、美軍空中武力與反塔利班民兵的所謂「輕
腳印」（light footprint）戰略似乎奏效。但這場戰爭很快進入新
階段。這裡我想再次引用孫子兵法思想中所謂「不可勝在己，可
勝在敵」的概念：凡事可以取決於我的，我可以辦到；但取決於
敵人的事就難說了。[8]戰事初期進展順利，2001年12月，賓・拉
登與大約5000名恐怖分子與塔利班戰士逃進巴基斯坦。美國中
央指揮部總司令湯米・法蘭克斯（Tommy Franks）將軍與國防
部長唐納德・倫斯斐（Donald Rumsfeld），決定以經濟手段打垮
塔利班與基地組織。他們不願布署大軍進駐，因為他們認為這
樣做會讓美軍陷入面對叛軍的長期作戰泥沼中。賓・拉登、塔
利班與基地組織於是在巴基斯坦「三軍情報局」（Inter-Services
Intelligence，簡稱ISI）協助下開始重建。[9]

　　從2001到2017年，反反覆覆、莫衷一是的美國戰略讓基
地、塔利班與其他聖戰組織獲得重新坐大的時間與空間。其中有
些戰略雖說確實旨在切斷敵人奧援，強化阿富汗，幫阿富汗對抗
塔利班，但它們或因經費不足，或因過早放棄，都沒有達到預期
效果。事實上從一開始，美國在穩定後塔利班時代阿富汗的工作
上就做得不夠。美國計畫人員絲毫不將過去的軍事干預史擺在
心上。理論上美國必須協助建立一個替代政府，以免阿富汗再
次淪為恐怖分子的庇護所，但美國決策者沒有將這件事列為優
先要務。在聯合國主導下，有關各造於2001年12月在德國波昂
集會，為阿富汗規劃新憲法秩序與選舉。由來自阿富汗各地代

表組成的吉爾格大會（Loya Jirga）推舉哈米德・卡札伊（Hamid
Karzai）為臨時總統。新政府組成以後，美國官員繼續把美國在
阿富汗的任務定位為反恐——美軍進駐阿富汗為的只是追捕塔利
班與基地領導人。[10]

　　在驅車前往總部途中，我想到2003年我第一次造訪阿富汗
時的情景。當時「輕腳印」戰略（拜這項戰略之賜，指揮官缺乏
封鎖基地組織逃亡路線所需的足夠兵力）主要設計人、國防部
長倫斯斐剛下令進一步裁軍未久，讓巴格拉（Bagram）與坎達
哈（Kandahar）兩處基地之間只有一個戰鬥旅的兵力駐守。倫斯
斐、聯軍司令丹・麥克尼爾（Dan McNeil）將軍以及阿富汗總統
卡札伊一起宣布，「我們結束了大規模的戰鬥，進入穩定、安撫
與重建活動期。」[11]兩個月以前發動的伊拉克戰爭這時是喬治・
布希政府矚目的焦點。伊拉克戰爭捆住布希政府手腳，美國也因
此遲遲沒有訂定一項有效的阿富汗與南亞戰略。儘管有一支最後
多達51國的國際聯軍進駐，在阿富汗戰爭初期，甚至在眼見塔
利班與基地組織伺機坐大的情況下，阿富汗戰爭始終是一場資源
不足的戰爭。

　　但在早期的捉襟見肘之後，布希政府突然政策大轉彎，展開
大規模投資計畫協助阿富汗重建。國家、國際與非政府組織資金
開始源源不絕流入阿富汗，但阿富汗經濟承受能力有限，這些援
助大部分不是被中飽私囊、就是平白浪費了。打造國家體制的方
案飄忽不定，不同的北約成員國分別贊助不同的政府部門。天馬
行空的開發案計畫構想，只想創建中央化國家層面的系統，與阿

富汗傳統的分權化治理形式格格不入。[12]資訊不透明也讓犯罪網絡肆意掠奪援款，魚肉阿富汗人民，從戰時經濟肥的流油。阿富汗政府貪腐成風，「鬼」士兵與警察竊取薪俸案件層出不窮，但儘管這類犯行不僅肥了貪腐領導人，也讓塔利班等恐怖組織從中獲利，美國官員卻往往視若不見。在欠缺強有力的警察部隊與法治的情況下，許多阿富汗人只得向軍閥、犯罪幫派與民兵請求保護，造成社會進一步分裂，發展阿富汗戰後認同與未來願景的努力也因此止步不前。情況似乎是，只要不再爆發內戰，只要塔利班不回來，這一切都可以容忍。一些美國國官員就抱持這種態度。

從2010年夏到2012年春天，我碰到許多美國官員認為加強阿富汗政府機能的工作不但沒有必要，不但不可能完成，甚至有害無益。當時我身為陸軍准將，指揮一支多國情報、執法與軍事特遣隊，任務是打擊貪腐與有組織犯罪威脅，使它們不致動搖阿富汗國本。但在喀布爾與華盛頓，美國官員一般認為貪腐是阿富汗改不了的積習，與派系衝突及政府績效不彰無關。這樣的觀點從文化角度來說似乎是空穴來風，因為阿富汗原本沒有貪腐與犯罪的文化。[13]分歧的意見或者讓主事者訂定不切實際的目標，或者乾脆放棄改革。貪腐不會在阿富汗絕跡，但我們至少可以設法防範，減少它們對這個脆弱國度的威脅。美國人的消極常讓阿富汗人困惑不已。有人因此認為美國官員或無能，或同流合汙，或二者兼具。

在與情報官員的會談中，我發現他們對早先那些行動戀戀不忘。在1980年代，中情局官員曾經支援聖戰士團體抵抗蘇聯占領軍，當時他們主要透過巴基斯坦的三軍情報局提供這些援助。2001年，中情局官員再次走上火線，與美軍特種部隊並肩作戰，為北方聯盟與哈米德‧卡札伊等民兵組織提供顧問。他們為聖戰士提供金錢、武器、情報與空中支援，與聖戰士一起出生入死，建立親密關係。[14] 許多年後，部分這些官員鼓勵民兵領導人進行反貪、強國的改革。以反貪為提供援助的條件是一項複雜的作業，因為這樣做可能損及我們與若干團體的關係——如果阿富汗有一天真的垮台，我們可能需要這些團體為我們提供情報、幫我們打擊恐怖分子。在驅車前往總部途中，我思前想後，不知道我們這次的談話與五年前相比有何不同。

基地組織與塔利班

當時人稱「堅決支持」（Resolute Support）的軍事總部，設在一棟擁有大型喬治亞柱的建築內，這棟建築建於阿富汗末代國王穆罕默德‧薩伊爾王（Mohammed Zahir Shah）治下，薩伊爾王於1933年登基，1973年被罷黜。這棟建築目前是陸軍俱樂部。軍官們聚集在它設備齊全的大廳，帶著眷屬享受軍樂隊表演。俱樂部設有游泳池，供軍官們的孩子戲水。為支援以美軍將領約翰‧「米克」‧尼柯森（John "Mick" Nicholson）為首的聯軍官兵，總部內還有許多鋁板屋。

我們在大門台階上與米克會面。他是我的老友，也是我曾

經服務過的一位最了不起的長官。當我在1984年進入西點當
「菜鳥生」（plebe，一年級生）時，米克是「老大」（firstie），
是「學生團第一上尉」（First Captain of the Corps）。米克個性隨
和，很幽默，但他也是萬夫莫敵的鐵漢，曾多次帶兵鎮守農產富
庶的坎達哈與黑爾曼（Helmand）低地，以及東部高原峽谷等塔
利班叛軍猖獗地區。坎達哈與黑爾曼低地的主要居民是杜蘭尼
（Durrani）或低地普什圖人（lowland Pashtun），東部高原峽谷地
區的主要居民是吉爾載（Ghilzai）或高地普什圖人。

　　米克很了解阿富汗各部落錯綜複雜的權力鬥爭。杜蘭尼人
自認是阿富汗合法統治者。自阿麥德·杜蘭尼王（Emir Ahmad
Shah Durrani）於1747年建立現代阿富汗國以來，歷代阿富汗王
一直出身杜蘭尼部落。以驍勇善戰著稱的高地普什圖人一面守護
著部落自治，一面挑戰杜蘭尼的領導。邦聯與邦聯之間，以及邦
聯內部各部落之間的分歧，導致阿富汗人民或倒向政府、或倒向
塔利班。在阿富汗社會與文化景觀上，普什圖各部落間的競爭，
以及與塔吉克、烏茲別克與哈札拉等族裔群體的競爭早已不是新
鮮事。[15]但這種宗派鬥爭近幾十年來越演越烈，特別是由於1980
年代，外國人湧入阿富汗與蘇聯軍交戰，將沙烏地阿拉伯的極端
伊斯蘭意識型態與巴基斯坦的德班迪（Deobandi）教派引進阿富
汗，宗派鬥爭情況更嚴重。賓·拉登就是這樣一名外國人。他的
父親是葉門人，移民沙烏地阿拉伯之後成立了一家市值十億美元
的建築公司。賓·拉登是他父親的第17個兒子。

　　賓·拉登熱衷聖戰，對家族生意興趣缺缺。他利用家族企業

的建築裝備加固游擊隊陣地，在對抗蘇軍之戰中嶄露頭角，博得聖戰士令名。他特別擅長籌款與提供後勤支援。1988年，他與巴勒斯坦教士阿布杜拉‧阿札姆（Abdullah Azzam）建立基地組織，將他這些特長發揮得淋漓盡致。[16]或許最重要的是，賓‧拉登與他的黨徒鼓吹一種極端變態的伊斯蘭教教義。他們在巴基斯坦宣教，引來許多同情者，其中包括德班迪教派信徒。德班迪是起源於19世紀北印度的正統教派。德班迪派信徒加入阿拉伯聖戰士，倡導宗教不容忍，主張以殘酷手段嚴格執行伊斯蘭教律法。巴基斯坦境內越來越多的阿富汗難民，以及住在阿富汗與巴基斯坦邊界山區的人成為他們煽動的最佳對象。

　　賓‧拉登對不遵守伊斯蘭極端教義的人深惡痛絕，並用這種仇恨為基礎建立基地組織。人稱「變節者」（apostates）的遜尼派穆斯林不支持基地組織的殘酷手段與「厭女」教條，於是成為基地組織仇恨的對象。之後，在伊拉克基地組織與伊斯蘭國等其他恐怖組織的推波助瀾下，這股仇恨擴及所謂的「非信徒」的基督教徒與猶太人；擴及所謂的「排斥者」、將第四任哈里發阿里視為穆罕默德第一任真正接班人的什葉派穆斯林；還有反對暴力、主張內省、與上帝在精神上親近的蘇菲派穆斯林（Sufis，或稱神秘派）。基地組織的「近敵」是穆斯林占大多數、不嚴格奉行伊斯蘭教律法的諸國政府。它的「遠敵」是以色列、歐洲與美國。基地組織認為它的敵人只有兩種選擇：要不投降皈依，要不被殺。基地組織自詡為伊斯蘭革命的先鋒，將要建立真正的哈里發王國。

　　基地組織與塔利班堪稱地獄組合。穆拉・奧馬與賓・拉登志同道合，都篤信極端伊斯蘭教信條與殘酷。賓・拉登呼籲穆斯林社群團結支持塔利班，以塔利班為全球聖戰的「種子」。在美國海軍海豹特戰隊2011年刺殺賓・拉登以後，他的接班人阿曼・奧－薩瓦希里（Ayman al-Zawahiri）一再向塔利班頭子穆拉・奧馬誓言效忠。奧－薩瓦希里說，許多基地恐怖分子已經響應賓・拉登的呼籲，「團結在這個伊斯蘭君王身邊」，建立一個從中亞延伸到大西洋的「國際聖戰士聯盟」。2015年8月，在發現穆拉・奧馬已經死了兩年多以後，奧－薩瓦希里轉而向奧馬的接班人阿赫塔爾・曼蘇爾（Mullah Akhtar Mohammad Mansour）效忠。[17]

最不被了解的一場戰爭

　　尼柯森將軍帶我走進他的辦公室，進行一對一會談，以及與中央指揮部總司令喬・沃特爾（Joe Votel）將軍的視訊會議。尼柯森已經第六度在阿富汗服役。2006年，身為旅長的他曾經率部鎮守阿富汗東部山地邊區，親身經歷塔利班的殘暴。[18]在服役巴基斯坦邊區之後，他們知道想擊敗威脅美國與世界的恐怖組織，南亞是一處地緣震央。尼柯森強調，想反恐、想防阻塔利班再次坐大，就必須加強阿富汗的體制。他與沃特爾都認為從華府遙控反恐的作法很有問題。由於恐怖分子可以藏身民眾之間，情報掌握時機稍縱即逝，若不能對恐怖組織不斷施壓，會讓他們像

2001年9月11日以前那樣從容計畫、組織、訓練並執行攻擊。恐怖分子控制毒品買賣，可以用販毒獲利資助他們的組織，讓他們的手段更精密、更有殺傷力。若沒有強大的阿富汗政府與警衛部隊，一旦爆發又一次大規模恐攻，美軍與聯軍可能被迫大舉重返阿富汗。尼柯森指出，阿富汗部隊目前負責大部分戰鬥任務，付出的犧牲也最大。基地組織與塔利班若能打垮阿富汗政府，就能控制「肥沃月灣」（Fertile Crescent of Ancient Mesopotamia，譯按：意指西亞、北非兩河流域附近地區）這類精神意義重大地區。我們的對話明白顯示，美國運用情報蒐集發動遠程突襲的有限度反恐戰略有所不足。

　　我們從尼柯森的辦公室走進王朝時代曾是大餐廳的指揮中心。現在這裡裝滿播著無人機監控影像的電視螢幕，與閃爍著軍事標籤的數位地圖。工作人員穿著各式各樣迷彩服，說明這裡有來自39國聯軍的許多軍官。這些各色制服雖說證明穩住阿富汗、打擊恐怖分子的大業已獲盟國廣泛支持，但也代表盟國對於投入戰鬥、承擔風險的意願各不相同。有些國家的軍官樂於協助訓練阿富汗軍，但不願與他們一起戰鬥。還有些軍官不畏艱辛、英勇奮戰，直到他們的國家不再願意付出流血代價為止。美國政策的矛盾使盟軍的腳步更顯混亂不齊。盟國如果對美國奮戰到底的決心存疑，自然不願作長期承諾、分擔重負。阿富汗的亂象佐證了邱吉爾的一句名言：「只有一件事比與盟國並肩作戰更糟，這事就是沒有盟國、孤軍作戰。」[19]

　　我們的團隊受到歡迎。在場美軍與盟軍軍官都希望新政府能提出健全、持之以恆的戰略，以扭轉戰局。指揮中心裡有些人擔心阿富汗戰爭已經為人遺忘。美國與歐洲媒體有關這場戰爭的報導既少又膚淺。專業而持續的戰事報導不再吻合媒體（包括報紙）商業模式。在美國，電視節目很少播放駐阿富汗或巴基斯坦記者的報導。有線電視新聞節目發現，與其派遣記者遠赴海外採訪，不如找些專家扯些有關白宮內鬥、兩黨政治、或通俗文化的八卦，後者既省錢，又有利可圖得多。

　　但美國人從來就不很了解阿富汗戰爭。大多數美國人甚至說不出塔利班與其他那些與我們交戰的恐怖組織的名字，更別說描述他們的目標、戰略了。這場戰爭通常只會在敵人發動大規模攻勢之後才會曇花一現般出現在媒體。布署了多少軍隊、傷亡情形如何等有關細節似乎無關緊要——沒有人關心美國與其盟國應該在阿富汗完成什麼目標，這些目標為什麼重要，用什麼戰略可以達標。在媒體報導描述下，美軍與盟軍只是在阿富汗挨打。有人哀悼美軍與盟軍的傷亡，但沒有人歌頌他們的勇氣、犧牲與戰功。至於阿富汗人民與阿富汗軍人如何為保衛自由而反抗塔利班，美國人根本一無所知。有人將這問題視為一種媒體偏見，但阿富汗戰爭似乎是媒體最懶得報導、也因此是近代史上人們最不了解的一場戰爭。

阿巴邊境的恐怖溫床

　　我希望美國人民能聽到尼柯森的參謀那一天的簡報。他的情報官在簡報中解釋，巴基斯坦恐怖分子如何將觸角伸向全球。2019年，在阿巴邊境有20個恐怖團體。伊斯蘭國－霍拉桑（ISIS-Khorasan，簡稱ISIS-K）是其中一個特別殘暴、訓練精良的組織。對付ISIS-K的行動證明這些組織如何在巴基斯坦與阿富汗恐怖分子的生態系統中相互聲援、壯大。ISIS-K於2014年夏天在敘利亞與伊拉克發動殘殺攻勢，控制區面積比美國的馬里蘭州還大。之後伊斯蘭國勢力削弱，ISIS-K在全球聖戰組織中的地位更加重要。[20]雖說它與基地與塔利班相互競爭，但這些組織不僅目標相同，還共享許多成員。

伊斯蘭國有一個強大的盟友叫做「巴基斯坦－塔利班」（Tehrik-i-Taliban Pakistan，簡稱TTP）。TTP以發動聖戰、對付巴基斯坦政府為號召，大約2004年起，TTP吸收13個恐怖組織（這些組織有許多是巴基斯坦三軍情報局S處催生的）部分成員，與美國領導的聯軍與阿富汗警衛部隊戰鬥。[21]TTP是三軍情報局孕育的怪胎，如今它反過來狠咬它的舊主，從2007到2014年間殺了數以萬計巴基斯坦人。其中最令人髮指的事件發生在2014年12月16日，當時七名TTP恐怖分子攻擊巴基斯坦白夏瓦（Peshawar）陸軍公立學校（Army Public School），造成149人死難，114人受傷，其中絕大多數是8歲到18歲之間的兒童。這次事件不僅顯示TTP的殘暴，還說明阿巴邊境已經成為國際恐怖主義溫床。參與這次攻擊的恐怖分子包括一名車臣人、埃及人、沙烏地阿拉伯人、摩洛哥人與兩名阿富汗人。TTP與基地組織一起在巴基斯坦進行訓練。他們與其他團體在阿巴邊境恐怖分子生態系統中互通聲息，共享資源與專業經驗。[22]只要有機會，許多這些駐在南亞的恐怖團體就會想辦法在美國幹出屠殺暴行。2010年5月1日，受過TTP訓練的巴基斯坦裔美國人費沙・夏沙德（Faisal Shahzad）圖謀在曼哈頓時代廣場引爆一枚汽車炸彈，就是一個例子。幸虧夏沙德只在巴基斯坦受過粗淺的訓練，他的炸彈沒有引爆。美國在阿富汗的情報蒐集與攻擊能力迫使夏沙德與他的TTP主子未能得逞。[23]也正因為霍斯特（Khost）美國情報基地展現的效力，讓TTP於2009年12月30日利用一名約旦醫生滲入這座位於巴基斯坦邊區的基地，引爆自殺背心，殺死三名警衛、四名中情局軍官與一名約旦情報官。

美國與盟國必須不斷打擊，才能迫使這些殘忍、狡猾、視死如歸的敵人忙於自保，無暇策畫發動對無辜人民的攻擊。尼柯森的參謀簡要描述了阿富汗安全部隊在南賈哈（NanGarhar）與康納（Kunar）省山區，在美國空中武力、特種部隊與陸軍遊騎兵支援下，打擊ISIS-K的過程。2016年7月26日，一架美軍無人機擊殺ISIS-K頭號領導人、巴基斯坦公民哈費・薩伊德汗（Hafiz Saeed Khan）。[24]在我到訪幾周以前，他的接班人阿布杜・哈希布（Abdul Hasib）策畫對喀布爾軍醫院發動一次攻擊，殺了30名手無寸鐵的醫院工作人員與病患，傷了50餘人。[25]在我的訪問結束兩周後，阿富汗特別警衛部與美軍遊騎兵找到哈希布，予以誅滅。

簡報官對TTP、ISIS-K、基地組織、塔利班等恐怖組織的崛起與壯大作了說明，也暴露了美國決策者對敵人的誤解。美國領導人常以為恐怖組織之間涇渭分明──但事實上這些界線根本就不存在。雖說塔利班與阿巴境內眾多恐怖分子團體不時也會相互衝突，但在大多情況下他們會組成聯盟或共享資源，追求共同目標。但由於美國人主觀上希望戰爭越快結束越好，於是就產生了自欺欺人的幻覺。美國對南亞的奇想就是基於這種對於敵人的幻覺──特別是美國領導人認為塔利班與基地是完全不同的組織。歐巴馬政府曾經幻想與塔利班妥協可以讓美國從阿富汗輕易脫身，川普政府一開始拋開這種看法，但之後又重新採納。阿巴邊境的恐怖分子溫床並非自然誕生的；它是巴基斯坦軍方為鎮壓巴魯（Baluch）與普什圖族裔，不讓他們獨立、不讓他們與「杜蘭德線」（Durand Line）──英國外交官與阿富汗阿布杜‧拉曼可汗（Abdur Rahman Khan）為劃分英國與阿富汗勢力範圍而畫的一條界線── 2430公里沿線的同胞採取同一陣線而人為製造的產物。美國領導人不了解這個現實，也是造成他們誤解敵人的一個原因。頗具反諷意味的是，低估敵人、為求縮短戰爭的作法，不僅掩蓋了阿富汗問題的重要性，動搖了美國人完成使命的意志，也使問題更複雜，使阿富汗成了美國最長的戰爭。

有限度反恐的不足

　　第一天的會議讓我更加深信，集中全力對付基地組織的有限度反恐，不足以保護美國免於阿、巴兩國恐怖分子的傷害。在阿巴邊境沿線的山區，塔利班、基地與其他恐怖組織無論在意識形態與物資上都是同枝連氣的。簡報還透露，儘管歐巴馬政府在2014年宣布阿富汗戰爭已經結束，窮凶極惡的敵人仍然鐵了心要奪回土地、人民與資源，美軍與阿富汗軍也仍在那裡與敵人纏鬥。敵人根據偏頗的伊斯蘭教教義，要建立一個伊斯蘭國。我很清楚地看到，我們的時間已經不多。國防部正在執行歐巴馬政府的撤軍政策。駐阿富汗美軍兵力已經從2011年春的10萬人高峰，降到2014年年底的9800人，與2017年3月的大約8400人。[26]這樣的「軍隊限額」與他們奉行的使命無關。這類限制徒然使軍隊束手縛腳，不能有效發揮，徒為塔利班與其恐怖分子盟友創造機會。更何況，軍事與外交努力完全脫節。自2009年起，在執行撤軍政策的同時，國務院一直嘗試與塔利班談判一項可以接受的和平。[27]

歐巴馬政府甚至宣布塔利班不再是敵軍，換句話說，除非遭到攻擊，美軍不能用強大的情報與空中武力對塔利班發動攻勢。一旦少了美軍顧問，空中火力支援因應能力削弱：由遠方總部引導的炸彈往往偏離目標，誤傷介於阿富汗軍與塔利班之間的平民百姓。於是塔利班愈來愈猖狂，開始對阿富汗安全部隊與美軍發動攻擊。塔利班分子滲入所謂安全區內、對阿富汗軍或美軍發動的所謂「內線攻擊」（Insider attacks），目的在腐蝕阿富汗軍彼此之間，以及阿富汗軍與美軍之間的互信。塔利班與同夥恐怖分子甚至對阿富汗平民進行大屠殺，而且往往得到巴基斯坦軍方情報部門的協助。[28]在2015與2016年間，阿富汗安全部隊至少遭到1萬3422死、2萬4248傷的死傷。在那兩年間，塔利班與其他恐怖組織殺害了4446名無辜百姓。[29]他們這麼做目的在消耗阿富汗與美國民眾的意志,而且這招管用。同時,塔利班控制更多土地,加強攻擊火力,對美軍、特別是對阿富汗軍與平民造成更多殺傷。

在離開尼柯森將軍的總部時,我更加下定決心,一定要向總統提出可行選項,包括以戰略同理心、而不以自戀為基礎的一項戰略。有效的戰略需要清楚了解敵人,需要有前後一致的目標(想達到什麼)、作法(方法與戰術)與手段(運用的資源)。如果目標是確使阿富汗不再淪為恐怖分子溫床,不讓恐怖分子用它向美國與我們的海外利益發動攻擊,則我們的南亞戰略不僅在目標、作法與手段之間充滿矛盾,所有這三個重點還不斷相互衝突。

卡札伊與美國交惡

第二天一早,我們驅車經過總部,沿著三線道前往王宮。這座四周高牆環抱的王宮建於19世紀末期,坐落於喀布爾市中心區,占地83英畝。王宮圍牆裡有花園、一座清真寺,還有辦公室以及總統官邸與私宅。[30]在2010年6月到2012年3月間,我曾多次往訪王宮與國家安全會議大樓。我在那段時間,常與美國大使(先是卡爾‧艾金貝里〔Karl Eikenberry〕,之後是萊恩‧克洛克〔Ryan Crocker〕)與國際安全協助部隊司令(先是大衛‧裴卓斯將軍,之後是約翰‧亞蘭〔John Allen〕將軍)聯袂往訪，會晤時任總統的哈米德‧卡札伊，討論阿富汗體制與關鍵經濟區塊的貪腐與有組織犯罪問題。

　　卡札伊經常意志消沉。到2010年，他與美國領導人親密合作的日子已經過去；雙邊關係漸趨冷漠，美國的策略搖擺不定，卡札伊精疲力盡，三軍情報局的一項成功的心理作戰使巴基斯坦成為阿富汗不可取代的權力掮客。[31]缺乏信任以及阿富汗與美國領導人彼此猜忌，導致欠缺效率、朝令夕改的戰略。缺乏互信讓美國領導人誤以為「純反恐」是有效的戰略，塔利班可以輕鬆與基地切割，與美國誠摯談判，讓美國輕易退出這場戰爭。卡札伊一開始就對美國的可靠性存疑。當布希總統在九一一事件過後三個月在橢圓形辦公室與他會晤時，卡札伊告訴布希「我最常聽到的一個我的部長與其他阿富汗人提出的問題是，美國會不會繼續與我們合作」。[32]儘管布希也作了保證，但在之後七年，美國一再給人一種美軍即將撤出阿富汗的印象。2003年5月1日，當倫斯斐宣布阿富汗境內大規模戰鬥行動已經結束時，麥克尼爾將軍說，駐阿富汗美軍兵力將從當時的寥寥7000人進一步縮減，而且將只負責阿富汗軍訓練任務。就在同一天，布希總統在美國航空母艦「林肯號」（USS Abraham Lincoln）上宣布伊拉克境內大規模戰鬥行動已經結束，演講台後方還掛著一幅橫條，上書「任務完成了」（Mission Accomplished）幾個大字。當然，無論是塔利班或是伊拉克境內叛軍都沒有就此消聲匿跡。當倫斯斐宣布戰鬥結束時，塔利班已經在邊界沿線發動攻勢。[33]阿富汗與伊拉克戰事還有更慘重的傷亡陸續到來。美國既已轉而投入所謂「國家建造」（nation building），不再願意投注軍力鞏固戰果，兩國的美國夥伴也只能為美國撤軍作準備。

到2006年，眼見塔利班勢力不斷擴張，卡札伊對他的美國盟友的可靠性也越來越存疑。在2006到2009年間，塔利班在阿富汗南部控制許多地方，包括卡札伊的家鄉坎達哈省。坎達哈同時也是塔利班頭子穆拉・奧馬與塔利班出生地。主要來自加拿大、英國與丹麥的北約部隊，原以為自己擔負的是類似1990年代在巴爾幹的維和任務，卻發現自己陷於激戰。到2008年，坎達哈與鄰省黑爾曼安全情勢急遽惡化。即將卸任的布希總統也承認，對塔利班的初步軍事勝利讓美國過度自信，「讓我們缺少（穩定阿富汗情勢）所需的必要資源」，於是授權將駐阿富汗美軍兵力增至4萬5000人。[34]但早先的撤軍宣布已經損及卡札伊的信任，隨著坎達哈安全情勢惡化，他與美國的關係也每況愈下。

我發現，從2010到2012年間，卡札伊在疑神疑鬼的情況下已經淪為各種陰謀論的受害者。巴基斯坦三軍情報局於是充分掌握這個機會，在卡札伊與新上任的歐巴馬政府間搞離間。當我每次訪問王宮時，卡札伊的參謀長阿布杜・卡里・考拉姆（Abdul Karim Khoram）總是躲在總統辦公室裡探頭探腦。考拉姆是個圓滾滾的矮子，很不友善。在納吉布拉主政期間，考拉姆曾經下獄坐牢，後來他逃往巴黎，得到國際法與外交碩士學位。他似乎頗受巴基斯坦三軍情報局的影響。塔利班與三軍情報局利用考拉姆等王宮裡的人在卡札伊耳邊搬弄是非，說美國在阿富汗除了擊敗恐怖分子以外另有企圖。[35]考拉姆等人總是將美軍與阿富汗軍造成的平民傷亡加油添醋、向卡札伊提出報告，對塔利班的暴行則避重就輕，一筆帶過。卡札伊逐漸開始反對聯軍與阿富汗軍的行動，特別是為了盡可能降低美軍與阿富汗軍、以及平民傷亡而設計的夜襲。到2012年，雙方關係已經降至谷底。裴卓斯與之後的亞蘭將軍竭盡全力止損。

美國開始將阿富汗政府視為問題的一部分，而不是解決方案的關鍵。美國領導人讓已經很糟的情勢更加惡化。歐巴馬總統與國務卿希拉蕊任命理查‧郝爾布魯克（Richard Holbrooke）為駐阿富汗與巴基斯坦大使。許多人認為郝爾布魯克是個飛揚跋扈的人。美國與卡札伊的關係急轉直下。[36]在2009年阿富汗總統選舉前，郝爾布魯克曾積極反對卡札伊。在選舉結束後，郝爾布魯克又建議舉行第二回合選舉，加以有關選舉舞弊的報導，遂導致兩個月的選舉後混亂。2014年4月，卡札伊終於暴怒：「如果你與國際社會再向我施壓，我發誓要加入塔利班。」[37]當我抵達阿富汗、組織一個反貪特遣部隊時，卡札伊認為美國有關貪腐的抱怨，不過是想削弱他的總統權力而已。

奇怪的是，儘管情勢如此，卡札伊與我關係很好。我曾傾聽阿富汗人講述，知道內部部落、種族與政治角逐如何造成貪腐，拖累整個阿富汗的重建。卡札伊似乎喜歡與我討論，因為他與我都了解，如何解決阿富汗的政治問題必須靠肆無忌憚的貪汙與有組織犯罪。為換取他們的忠誠，卡札伊不得不縱容一些最貪婪的軍閥等等聖戰士時代的精英，對他們明目張膽的竊國睜一隻眼閉一隻眼。這些精英只知道自肥、擴張地盤、控制政府，不斷在檢查站、邊界與機場對人民敲詐勒贖。我們兩人一起討論這些罪行如何拖垮阿富汗的經濟與治理，如何一方面依靠國際援助，同時卻又貪腐無度，讓那些捐助的人卻步。但雖說卡札伊與我的討論很深入，卻想不出什麼可行的解藥。我知道，想穩住阿富汗，不僅得與阿富汗領導人維持良好關係，還得持續努力說服這些領導人推動維繫國家命脈所需的改革。偏偏與卡札伊的交惡讓許多美國人相信，在阿富汗推動改革、打擊貪腐根本是天方夜譚。對改革的缺乏信心使美國人走上另一條途徑：狹隘的反恐戰略，以及與塔利班談條件。

在與阿富汗領導層的那些會談中，我忍不住想到卡札伊扮演的角色很像莎翁名劇《奧賽羅》中那位主人翁，而考拉姆則是那背叛他的埃古（Iago）。就像埃古說服奧賽羅，讓奧賽羅相信自己最忠誠的隊長與自己妻子有染一樣，考拉姆（與巴基斯坦領導人）也讓卡札伊相信美國不是可靠的夥伴。像卡札伊一樣，奧賽羅也在這齣劇的一開始贏得掌聲，但之後，部分由於埃古的謊言，他因不斷誤判情勢而終告失敗。奧賽羅在最後一幕殺了他的妻子黛絲蒂蒙娜，卡札伊殺了與美國、北約與國際社群的夥伴關係，然後卸下總統職位。不過，卡札伊在卸任後，從他位於王宮不遠的新居繼續破壞美國與阿富汗的關係。[38]特別是由於他讓美國領導層——包括之後的川普政府——誤判這場戰爭的性質，卡札伊造成的損害很大。

到2009年，我們在阿富汗的戰略自戀似乎已經蛻變成為斯德哥爾摩症候群，或至少成為心理學者所謂「反向作用」

（reaction formation）——有意識地採取與自己潛意識完全相反的看法或行動。不滿卡札伊，加上急於從阿富汗戰場脫身，導致一種怪現象：美國領導人開始將塔利班視為結束這場戰爭的夥伴。一旦美國領導人認為塔利班不是問題（就算塔利班繼續殘殺無辜百姓，與阿富汗、美軍與盟軍軍人），阿富汗政府反被當作敵人，開始扮演莎翁悲劇的一個角色。而且一旦阿富汗政府成了敵人，一些美國人開始認為這場戰爭是民眾對美軍占領的反抗，而不是一場國際社會支持一個有民意基礎的政府對抗恐怖組織的戰爭。隨著美國與阿富汗政府之間罅隙加深，巴基斯坦從中牟利的時機來到。

　　與卡札伊交惡，也讓歐巴馬政府不假思索、接受了布希政府的下述假設：美國只要能提供一種長期關係，就能改變巴基斯坦的行徑。在2009年的一次電話談話中，卡札伊警告歐巴馬說，「除非解決巴基斯坦境內庇護所的議題能明確成為新戰略優先要項，阿富汗境內的軍事與政治和平不可能達成。」[39]但就在這通電話交談結束後不久，歐巴馬的國家安全會議故意將一個「新想法」走漏給媒體。國安會說，歐巴馬政府已經「重新規劃」對阿富汗戰略，認為塔利班與基地組織是兩回事，認為阿富汗境內的基地組織很弱，因此美國將集中力量對付巴基斯坦境內的基地組織，而不是阿富汗境內的塔利班。也因此，派駐阿富汗美軍的兵力，將比新任駐喀布爾美軍司令史坦・麥克里斯特（Stan McCrystal）將軍要求的兵力為少。[40]但歐巴馬政府的自欺欺人還不僅如此而已，它甚至認為巴基斯坦——巴基斯坦軍方不僅支持塔利班，還支持許多恐怖分子組織——會願意與美國一起對付基地組織。

敵友不分的歐巴馬政府

阿富汗大選在驚濤駭浪中結束後，卡札伊卸任，將總統職權於2014年和平轉移給阿西拉‧甘尼（Ashraf Ghani）。但即使在這以後，許多將塔利班與巴基斯坦軍方視為夥伴、將阿富汗政府視為敵人的分析家與官僚，仍然緊抱這樣的荒誕念頭不放。選舉過後，甘尼與他的主要對手阿布杜拉‧阿布杜拉（Abdullah Abdullah）博士互控貪腐，美國新任國務卿約翰‧凱利（John Kerry）於是前往阿富汗進行調停。甘尼是來自東南山區的高地普什圖人，而阿布杜拉是北聯盟推舉的總統候選人，曾擔任阿麥德‧沙‧馬紹德的外交政策顧問。甘尼勉強同意由阿布杜拉出任一個沒有先例的、在憲法中也找不到根據的「首席執行官」（chief executive officer）新職。這麼做旨在至少建立一個和諧的表象，象徵南北一體，普什圖、塔吉克與其他族裔團結一致。

為謀談判解決，歐巴馬政府鼓勵卡達在杜哈（Doha）開設一個由塔利班高階人員組成的塔利班政治辦事處。[41]透過這些談判，歐巴馬政府實際上不但沒有削弱塔利班，還等於幫著塔利班建立一種緊密的認同。美國政府與國防部律師設下限制，讓美軍不能放手攻擊塔利班領導層與戰士。美國領導人一面放話，說與塔利班的任何可能的談判都由阿富汗主導，一面刻意背著阿富汗領導層進行談判，不僅騙了阿富汗政府，也騙了自己。這麼做不僅讓敵人可以自由行動，也破壞了阿富汗政府的合法權益。郝爾布魯克繞過阿富汗政府與塔利班財經委員會頭子塔耶‧阿加（Tayeb Agha）建立聯繫管道，還聘用紐約大學政治學者巴尼‧魯賓（Barnett Rubin）與塔利班領導層拉關係。在談判企圖一一失敗後，美國在2014年5月從古巴關塔納摩灣美軍監獄釋放五名塔利班犯人，交換塔利班釋放一名美國陸軍逃兵。之後，美國政府忙著比照這次所謂「塔利班五人」（Taliban Five）換俘行動展開與塔利班的有效談判，給人一種病急亂投醫的印象。[42]

阿富汗的恐懼、美國的荒謬

當我們驅車通過拱形暗門、進入修整得很好的王宮園區時，我想到王宮歷史，想到直到卡札伊2014年9月將權力和平轉移給甘尼之前，阿富汗從沒出現過政權和平轉移這種事。1973年，前總理穆罕默德‧達烏德汗（Mohammed Daoud Khan）趁他的表兄、國王穆罕默德‧薩伊（Mohammed Zahir Shah）訪問義大利時奪權，廢了王朝。五年後，甘尼現在住的這個王宮發生恐怖暴力事件，就此揭開數十年阿富汗戰亂序幕。在達烏德表態、準備向美國與其盟友（包括巴基斯坦）張開手臂時，蘇聯與它在阿富汗的共產黨黨羽決定剷除達烏德。

在奪取巴格拉機場後，政變領導人處決30名空軍軍官，搶下幾架蘇聯米格戰鬥機，支援戰車發動對王宮的攻勢。王宮警衛投降。達烏德把24名家屬都聚集在起居室，希望能逃過一劫。只是事與願違，政變軍槍殺了達烏德與他的家屬，只留下七名活口，然後用王宮卡車將屍體載到喀布爾郊區普雷夏克監獄（Pul-e-Charki Prison）外的空地。主事軍官下令把屍體都丟進陸軍挖土機事先掘好的一個坑內。[43]直到2009年當局才將這些屍骨挖出來，重新妥為安葬。阿富汗領導人有理由覺得不安全。我不禁想到，歷史記憶帶來的壓力與對美國承諾的疑慮，一定曾讓卡札伊與之後的甘尼惴惴不安。

　　阿富汗國家安全顧問哈尼夫・阿特瑪（Hanif Atmar）在王宮外迎接我。全副執杖的禮兵列隊迎著我們進入王宮大門。阿特瑪冷靜的外表下，隱藏著充滿動盪的人生，而在卡札伊與甘尼政府任職只是其中最新篇章而已。阿特瑪1968年生於阿富汗拉格曼（Laghman）一個普什圖家庭，在1980年代加入「卡德」（KHAD，阿富汗秘密警察）。他拄著一根手杖，必須敲著右腿義肢向前才能行走。1989年，聖戰士與巴基斯坦聯軍攻擊阿富汗東部城市賈拉拉巴德（Jalalabad），阿富汗軍經過七個月激戰擊退來犯敵軍，阿特瑪就在這場大戰的序幕戰中丟了他的右腿。蘇聯撤出阿富汗後，他前往英國，得到約克大學的兩個學位。他以幕僚身分在挪威一個非政府救濟組織工作多年。2008年，阿特瑪出任內政部部長，奉命改革這個人稱「所有政府組織中最貪腐的部會」。[44]我第一次見到他是在2010年，當時他已離開卡札伊政府。我們討論阿富汗政治，細數它的貪婪、歷史仇恨、爾虞我詐，與不斷變化的盟友關係。

　　許多年來，與阿特瑪、甘尼、阿布杜拉與其他阿富汗主事者的討論，使我相信美國的阿富汗政策與戰略及真正的需求完全背道而馳。阿富汗需要一種長程承諾；美國卻不斷宣布撤軍時間表。外交與軍事努力應該相互搭配；但美國的外交與軍事行動卻經常互咬，例如歐巴馬總統在美國與敵人談判時宣布撤軍等等。美國不能讓巴基斯坦與其他區域性勢力扮演如此毀滅性的角色；但美國釋出的訊號讓人看得一頭霧水，在巴基斯坦情報部門加強支援塔利班與其他恐怖組織時，卻增加對巴基斯坦的援助。阿富汗必須加強政府改革，這是重要關鍵；但有關美軍撤軍的預期鼓勵了貪腐，讓阿富汗政府根本無力推動改革。阿特瑪與我通過禮兵隊，進入王宮，緩步走上大梯。阿特瑪先行告退，讓我單獨會晤總統甘尼，當天稍後他再與我會面。我對這次與甘尼的會面充滿期待。我們都了解這場戰爭的變化，也都知道錯誤的假設導致失敗的政策。我希望透過與甘尼的這次討論，為阿富汗戰爭訂出第一項健全、長程、可持續戰略的大綱。

第六章

阿富汗背後的影武者

識破巴基斯坦的兩面手法

我們不是為了戰爭而追求和平,我們上戰場為的是謀得和平。也因此,在戰時要保持平和,這樣一旦征服你的敵人以後,你才能帶領他們享受和平的繁榮。

——聖奧古斯丁

　　甘尼總統在他的辦公室迎接我。我們單獨談了一小時。我早在美軍進駐阿富汗之初已經認識甘尼。我們常在一起為了未能在這場打了近20年的戰爭中把握機會而怨嘆不已。甘尼與卡札伊之間的差異有如天壤之別。甘尼愛美國，因為美國讓他有機會逃避戰亂的恐怖，成為成功的學者與開發專家。他於1949年生在一個富裕的普什圖家庭，在喀布爾哈比畢亞中學（Habibia High School）接受自由教育，之後進入貝魯特美利堅大學（American University）就讀，結識他日後的妻子、一名黎巴嫩基督徒。[1]

　　他隨後返國在喀布爾大學任教，並獲得獎學金前往紐約市哥倫比亞大學攻讀碩士。他於1977年離開阿富汗，幾個月後，政變軍槍殺達烏德總統與達烏德的家人，又隔兩年，由於達烏德接班人努‧穆罕默德‧塔拉基（Nur Muhammad Taraki）總統被暗殺，蘇聯為了在阿富汗保有友好的共產黨政府而揮軍侵入阿富汗。[2]像達烏德一樣，塔拉基也在甘尼夫婦後來進駐的王宮遇害，不過塔拉基的家人倖免於難，而且過程沒那麼血腥：殺他的人令塔拉基躺在床上，由三名男子用枕頭壓住他，讓他窒息而死，然後在夜間將他的屍體秘密埋葬。在這段混亂歲月，甘尼的大多數家人都遭到牢獄之災。甘尼本人留在美國，完成人類學博士學位。

　　2001年9月11日，甘尼正在華府的世界銀行辦公室工作，一架客機載著六名機組人員與包括五名基地恐怖分子在內的58名旅客，撞進隔著一條河與他的辦公室相對的五角大廈大樓。他知道他的祖國阿富汗即將出現巨變。甘尼立即草擬一項五階段計畫，以推動阿富汗政治、社會與經濟的轉型。九一一事件兩個月後，他與英國人權律師克萊爾‧洛克哈（Clare Lockhart）聯名提出的阿富汗轉型計畫，對波昂會議後建立的阿富汗政府產生影響。甘尼加入卡札伊政府擔任財政部長，準備一展長才、將自己的理想付諸實現。他向卡札伊提出警告，要卡札伊不要放縱軍閥與不法之徒，以免削弱國力，讓塔利班坐大。但他沒能說服卡札伊，因為卡札伊仰賴這些軍閥。甘尼於2006年離開阿富汗，與洛克哈合作創辦「國家效率研究所」（Institute for State Effectiveness）。兩人合作寫了一本名叫《修理失敗的國家：重建一個殘破世界的架構》（*Fixing Failed States: A Framework for Rebuilding a Fractured World*）的書，規劃出讓危難中國家起死回生之道。[3]

2011年，甘尼回到阿富汗，協助卡札伊總統與聯合過渡政府控制阿富汗的幾個省分。2014年，甘尼以既是西方開發專家、懂得與世界溝通，又來自東阿富汗、身為傳統高地普什圖人的身分競選總統。他出身人稱「戰士詩人」的阿馬薩伊（Ahmadzais）族，阿馬薩伊族人重視自治，遵行崇尚榮譽與好客的普什圖法則（Pashtunwali）。沒有人對甘尼的決心存疑，但有人擔心他的學術背景與曾在世界銀行工作的經驗，讓他變得學究，而且他急著改革，對不能跟上改革行動腳步的人似乎缺乏耐心，也讓有些人不滿。甘尼的許多改革措施考慮周詳、實際可行，但也有一些作法抱負過大，難以落實。甘尼有些反覆無常，他的脾氣有時也讓一些原本能幫他推動改革的人離他而去，不過他組建了一支強有力的團隊，也逐漸有了進展。川普總統的南亞戰略大綱，是我們討論的要點。

　　我們兩人坐在大廳裡兩張略微相對的太師椅上，這座大廳在一般情況下總是擠滿國際代表團與他們的阿富汗談判對手。像胡果‧勞倫斯一樣，甘尼也對這項戰略的心理層面表示關切。一項好的聯合戰略必須能提升美國與阿富汗人民以及盟國人民的信心，同時要讓敵人與他們的支持者了解我們的決心。這種「由內而外」加強阿富汗、對付塔利班的努力，必須與一項「由外而內」、說服關鍵性區域勢力扮演正向（或至少不那麼具有破壞性的）角色的持續外交努力相互呼應。我們還談到五年前，我們在甘尼的喀布爾家中的多次歡聚，享受羊肉大餐與阿富汗抓飯（有印度香米夾雜著胡蘿蔔、葡萄乾與蔥）。我坦然告訴甘尼，能不能維持一項持久的阿富汗與南亞戰略，阿富汗與美國人民的意志是主要關鍵。我請求他與他的政府協助我們向美國人民解釋，讓美國人了解阿富汗問題不僅對阿富汗人、也對美國人與全人類福祉攸關重大。甘尼與我相信，阿富汗是文明與野蠻之間的現代邊界，20幾個恐怖組織在南亞與中亞生態系統茁壯──但了解這項事實的美國人寥寥無幾。[4]

　　阿富汗與巴基斯坦交接處的環境的獨特條件，讓它成為恐怖組織成長的溫床，譬如：政府力量軟弱；能提供年輕男性兵源；有巴基斯坦三軍情報局支持；能在鬆散的政權之間藏身；各派勢力角逐激烈，讓恐怖分子可以從特定部落取得支持；毒品交易與其他犯罪組織猖獗；邊界管控漏洞百出，金錢、武器、人、毒品走私蔚為風氣。就地緣而言，阿巴邊界地區一方面位於歐亞大陸的中心，一方面又相對閉鎖，都使它成為恐怖組織成長茁壯的巢穴，進而向印度、中亞、俄羅斯、中國、歐洲與中東輸出恐怖暴力。此外，由於伊斯蘭的聖訓（Hadith，先知穆罕默德的言行錄）中預言，一支伊斯蘭軍隊將揚著黑旗，從霍拉桑（Khorasan）出發，最後征服耶路撒冷，這個地區特別具有意識形態上的吸引力。這段預言鼓勵穆斯林「即使必須在冰上爬行也要加入那支大軍；沒有人能阻止他們」。[5]

甘尼知道，投票選川普的美國人大多不了解這個遙遠國度何以如此重要，對這場越來越多美國人稱為「打不完」的戰爭存疑。我請甘尼協助我們，讓全世界了解阿富汗面對的艱鉅挑戰，讓全世界了解盟國的努力與阿富汗人日復一日的犧牲已經達成的成就。儘管歷經20年戰火煎熬，到2017年，阿富汗社會已經轉型。塔利班垮台後，數以萬計難民重返家園。喀布爾人口從100萬增加到近500萬。[6]社會服務也隨著人口回流而增長。2018年10月，超過45%的阿富汗選民在國會選舉中投票。2019年9月的總統選舉，由於擔心遭到塔利班攻擊，投票率重挫，但儘管塔利班揚言殺害任何前往投票的人，仍有約占登記選民總數27%的兩百萬人投了票。[7]

雖說阿富汗的國家開發過程仍然充滿太多貪贓枉法，但整個開發進程並非如有人所說的一事無成。美國人不知道阿富汗是一個轉型社會，因為他們不知道自塔利班2001年潰敗以後出現的大轉變已經讓阿富汗人獲益良多。2001年的阿富汗與今天的阿富汗在教育、科技與女權領域的差距極為驚人。年輕人——包括在塔利班統治下不能念書的婦女——受教育的人口迅速增加。據估計，2001年以前，阿富汗的中、小學學生人數不到100萬人。在2017年，根據聯合國教科文組織的估計，這個數字已經達到930萬。高等教育也有相當進展，以2019年為例，公、私立大學學生人數已經有30萬，其中1/3是女性。[8]

由於能與科技與資訊接軌，阿富汗不再與世隔絕。超過80%的阿富汗人使用手機，在2018年，使用網際網路讀取新聞與資訊的阿富汗人，比2013年多了400%。隨著科技應用益趨普遍，社交媒體的揭發以及行動支付與線上銀行的使用，也幫著阿富汗人打擊貪腐。阿富汗已經擁有南亞最開放的新聞，與塔利班統治時代的全面噤聲，以及巴基斯坦、伊朗與中亞諸國的國家控制的媒體呈強烈對比。到2019年，喀布爾已經擁有96個電視頻道、65個無線電台與911家印刷媒體，阿富汗其他省分也有107個電視頻道、284個無線電台與416家印刷媒體。[9]在塔利班統治下，婦女不但不能受教育，若膽敢在沒有男性親友陪同下離家外出，或與不相干的男子交談，甚至只是電話交談，也會遭到嚴懲。塔利班在他們控制的地區實施這些高壓手段。在2018年，塔利班法庭還根據伊斯蘭教法對婦女實施鞭刑。[10]相形之下，在今天的阿富汗，憲法為婦女帶來的權益在南亞堪稱史無前例。阿富汗法律規定，25%的國會席次必須由婦女擔任，在2018年10月的國會選舉中，女性候選人達到創紀錄的417人。

在這次訪問結束後不久，甘尼在接受《時代》雜誌訪問時告

訴美國人，「他們的安全仰賴我們」。[11]他向美國人提出保證，
阿富汗人將繼續挑起最大部分的擔子，並且提醒美國人，美軍投
入阿富汗的兵力與戰費已經減少了90%。甘尼也表達對美國人的
犧牲的感激。他說，雖然在2001到2014年間，有2300名美軍在
阿富汗喪生，而在過去18個月，在阿富汗喪生的美軍只有不到
50人，但這個數字「仍然太多」。不過他說，美國人需要從本國
領導人口中聽到更多訊息，讓他們知道這場戰爭的重要性，讓他
們知道已經達成了些什麼進展。美國當局也應該訂定一項戰略，
讓美國用可以接受的成本繼續留在阿富汗。

甘尼很清楚，想讓美國繼續支持阿富汗，就得讓美國對阿富
汗境內的美國夥伴充滿信心。也因此，甘尼正與勞倫斯大使與
尼柯森將軍合作，為阿富汗體制改革訂定明確目標與效能評估
的標準。與卡札伊不同的是，甘尼要美國與其他提供援助的國
家訂定提供援助所需的條件。訂定這些條件的目的在於鼓勵改
革，對抗聖戰士時代精英們的反對（那些精英想保有他們的保護
人網絡，反對改革）。[12]甘尼告訴我，他的施政優先是加強國防
部與內政部，以及人稱「國家安全總署」（National Directorate of
Security，簡稱NDS）的情報部。此外，建立實施法治所必需的
體制與功能也是優先考量。不過甘尼需要美國運用它的影響力。
美國外交官與軍事指揮官往往不願施加援助條件，這或許因為他
們不了解問題嚴重性，或許也因為他們過於敏感，不願成為人們
眼中的新殖民主義者——阿富汗已經打過四次對抗外國占領的戰
爭，三次對抗英國，一次對抗蘇聯，美國不願步上他們後塵。但

與民選阿富汗領導人協調運用影響力，是在協助阿富汗維護阿富
汗主權。

　　甘尼描述阿富汗國防部如何與尼柯森將軍的指揮部合作，打
擊犯罪集團，大幅提升阿富汗國民軍領導品質。我們談到美國等
國可以怎麼幫阿富汗減少分裂、加強團結。阿富汗是個在地與部
落領導人群雄割據的地方分權國家。甘尼的難題是，如何推動改
革、但不擴大分裂而削弱國家實力。儘管阿富汗人一般自稱阿富
汗人、而不是特定族裔分子，但數十年戰亂以及塔利班普什圖民
族主義與宗教極端主義的洗腦，已經讓許多阿富汗人對普什圖人
支配塔吉克、哈札拉（Hazaras）與土基克（Turkic）少數族裔的
情勢既怨恨又恐懼。1992年納吉布政府的垮台，開啟伊斯蘭教
各派相互競逐的新紀元。在抵抗蘇聯占領的1980年代，阿富汗
本土的溫和派伊斯蘭教、哈納菲遜尼派（Hanafi Sunnism）與蘇
菲派，遭到外來的極端伊斯蘭教派壓制。阿富汗人因分裂而不能
團結對抗塔利班，遂為伊朗與巴基斯坦等外國勢力所趁，它們以
扶植代理人的方式從背後操縱阿富汗。美國與英國、印度以及北
歐諸國等與南亞有歷史淵源的國家，可以幫著弭平這些分裂，促
進阿富汗各社群之間的合作。

　　阿富汗正逐漸邁向都市化。在它欣欣向榮的城市裡，社會中
的各個團體不僅更和睦，也透過網際網路與社交媒體彼此相連。
它有年輕的人口：全國63%的人不滿24歲。阿富汗年輕人與世
界、與彼此之間的聯繫都比過去強。塔吉克、普什圖與哈札拉等
族裔社群在喀布爾北部平原與喀布爾本身聚集。[13]他們不再坐井

觀天，不再只知道自己的家鄉。所有這些過程都面對一項關鍵性外來阻力：巴基斯坦。甘尼提醒我，他在就任總統之初曾冒巨大政治風險找上巴基斯坦，設法說服巴國軍方領導層，要他們不要支持塔利班與「哈卡尼網路」（Haqqani network）等恐怖組織，而是透過外交途徑追求他們在阿富汗的利益。但結果沒有成功，而且這不是阿富汗總統碰壁的第一次。在歐巴馬政府主政期間，美國極力爭取與巴基斯坦合作打擊基地組織，讓阿富汗總統卡札伊很失望。巴基斯坦於是找上卡札伊。2010年5月，巴基斯坦陸軍參謀長阿西法‧帕維茲‧卡雅尼（Ashfaq Parvez Kayani）在向他的美國夥伴作出承諾後不久，派遣三軍情報局局長阿瑪德‧蘇雅‧帕沙（Ahmad Shuja Pasha）往訪喀布爾，建議與卡札伊訂一個把美國排除在外的協定。[14]多年來一直力勸美國與他聯手對抗巴基斯坦的卡札伊，這時似乎也打算改變策略。卡雅尼真正的動機是挑撥離間美國與阿富汗，以削弱對塔利班的打擊力度。卡札伊碰上老奸巨猾的巴基斯坦自然屈居下風。在2011年10月接受巴基斯坦Geo電視訪問時，卡札伊說，「但願不會這樣，但如果真的發生一場巴基斯坦與美國之間的戰爭，我們會站在巴基斯坦這一邊。如果巴基斯坦遭到攻擊，如果巴基斯坦人民需要幫助，阿富汗會挺身而出。阿富汗是你們的兄弟。」[15]在帕沙訪問喀布爾那一年，塔利班在阿富汗各地針對平民百姓發動至少六次沒有軍事目標的攻擊，以及400次土製炸彈與自殺攻擊，造成眾多平民死亡。[16]到2017年，看著巴基斯坦20年來口是心非的惡形惡狀，只有白癡才會指望巴基斯坦能改變行為。

　　就在我抵達南亞時，哈卡尼網路正準備發動阿富汗近代史上最血腥的一次大屠殺。這次事件於2017年6月6日發生在喀布爾，有150多人罹難。當時美國投入南亞的軍事與經濟援助超過60億美元。美國早就應該改變對巴基斯坦的作法了。

　　那天我還與阿富汗其他官員會晤，包括哈尼夫‧阿特瑪與阿布杜拉‧阿布杜拉。兩人之後都在2019年10月的總統選舉中反對甘尼。那天晚上，我會見阿魯拉‧沙雷（Amrullah Saleh），他後來以副總統候選人身分與甘尼搭檔參選，還險遭塔利班暗殺。沙雷曾在阿富汗國家安全總局（National Directorate of Security）幹了六年局長，直到他與阿特瑪不再能按照卡札伊的陰謀論行事、直言批判戰略、得罪許多美國同行為止。但他誠懇坦率，熱愛他的國家，令我敬佩。沙雷堅決反對塔利班，正直敢言，見解每能發人深省，而且總能把成敗得失剖析的清清楚楚。

　　與阿富汗領導人的會談讓我既感充滿希望，又覺無限遺憾。我希望有一天我們能與阿富汗合作無間，不僅幫阿富汗對抗敵人，還能提振阿富汗國力，阻絕塔利班死灰復燃的生機。讓我遺憾的是，這許多年來，面對這許多長期問題，我們卻始終採取急功近利的短程作法，平白損失許多大好良機。我們是不是已經為我們的意志造成無法補救的損失？我們的時間已經耗盡了嗎？如果美國與其他國家一開始就能以長遠的眼光看待阿富汗問題，我們應該不會淪落至今天的田地。我決心為美國總統找出路，達成阿富汗與南亞的長治久安，但我知道想達成這個使命並不簡單。

反恐的成敗在教育

2016年8月24日，塔利班用卡車炸彈炸穿阿富汗美國大學的要塞化圍牆，占領校園近10小時，殺了學生、教職員、警衛與聞訊趕來救援的人員共15人，傷了數十人。[17]當學校在七個月後復課時，除了一名學生以外，所有學生都立即返校。而那名腰部以下癱瘓的學生也在結束在德國的治療以後返校。我這天的最後一場會議會晤的，就是這些歷劫餘生的學生。這次會談讓我更加相信，就長程而言，想擊敗恐怖分子，教育實在太重要了。這些學生是新一代阿富汗青年的代表，他們已經從狹隘的族裔認同中昇華，他們反對伊斯蘭極端主義，決心為他們自己、為子孫後代建立更美好的人生。

恐怖分子的生存繫於民眾的無知。幾十年戰亂與塔利班的殘酷剝奪了阿富汗人接受教育的權利，讓他們淪為塔利班等聖戰恐怖組織蠱禍的犧牲者。這些組織對年輕人洗腦，鼓勵年輕人仇恨，煽動年輕人以暴力對付無辜。他們下手的對象，主要是被體制剝奪、渴望認同的青少年男子（女子人數也在不斷增加）。許多年輕人在遭到性侵與各種形式凌虐之後加入聖戰恐怖組織。恐怖組織讓這些青年在承受種種創傷之後，參與斬首與其他令人髮指的暴行，有系統地泯滅他們的人性。那些所謂虔誠的信徒不僅犯下最狠毒的暴行，還經營龐大、富可敵國的犯罪集團，集團的頭子們都住在巴基斯坦，揮霍享樂。這些頭子一方面把自己的子女送進私校，一方面卻對阿富汗境內女校發動炸彈攻擊。

　　在會見這些勇敢的學生時，我希望更多美國人能認識他們，能見到阿富汗這些年來緩慢但卓著的進步。我也不禁心想，不知道那些主張與塔利班權力共享的人期待的未來究竟是什麼。塔利班會因此讓步，同意每兩所女校只毀其中一所嗎？同意只在阿富汗部分地區禁止音樂與藝術嗎？同意每隔一個周末才在足球場舉行一次集體死刑？不了解敵人、不了解阿富汗人，讓一些美國人莫名其妙地同情塔利班，卻對勇敢的阿富汗人（士兵、警察、學生、記者、與寧死不屈的政府官員）視而不見。我開始準備此行第二站的巴基斯坦之行，心中對這些勇敢的阿富汗人猶然念念不忘。

重巴、輕阿的錯誤

　　我們經過短程飛行，很快抵達巴基斯坦首都伊斯蘭馬巴德機場。這裡對我並不陌生；在2003與2004年間，我曾隨同中央指揮部總司令約翰・阿比薩德（John Abizaid）將軍幾次往訪伊斯蘭馬巴德。中央指揮部是全面性軍事總部，當時負責阿富汗與伊拉克境內戰事，以及大中東地區的軍事行動。美國駐巴基斯坦大使大衛・海爾（David Hale）在機場迎接我們。海爾於1980年代中期加入外交行列，與我加入軍旅的時間約略相仿。我們都在中東待過相當時間。他曾駐節突尼西亞、巴林與沙烏地阿拉伯，擔任過駐約旦與黎巴嫩大使。海爾曾在2011年5月到2013年6月擔任中東和平特使，多次歷經艱難困苦，但出使伊斯蘭馬巴德對他來說是最棘手的經驗。這是因為他奉命執行的政策基本上有瑕疵，而且也因為他的對手是世上最狡猾、最難纏的一群人。

這些年來，巴基斯坦官員利美國前後矛盾的戰略大有斬獲。2001年9月12日，副國務卿理查‧阿米塔吉（Richard Armitage）找上巴基斯坦三軍情報局局長阿麥德‧穆罕默德（Ahmed Mahmud）將軍說，巴基斯坦「面對一個艱難的選擇：要不站在我們這一邊，要不與我們為敵」。穆罕默德說，他要「驅除巴基斯坦與恐怖分子為伍的誤解」，並且保證他與帕維茲‧穆夏拉夫（Pervez Musharraf）總統「全面、無條件地」支持美國。[18]巴基斯坦就此展開對美國一波波持續不斷的欺騙與推諉搪塞。前後三個美國政府落入他們的圈套。事實證明巴基斯坦領導人特別擅長利用美國領導人的自大與無知。海爾與我一致認為，美國過去對巴基斯坦的政策所以失敗，一則因為了解膚淺，再者也因為將聖戰恐怖分子問題的區域特性過度知識化（overintellectualization）。

了解膚淺是因為美國往往不肯深究塔利班等恐怖組織與巴基斯坦三軍情報局的基本動機、目標與策略。過度知識化問題所以出現，是因為歐巴馬政府的高層根據一項站不住腳的策略發展出一套有瑕疵的邏輯：由於巴基斯坦比阿富汗重要（巴基斯坦擁有核子武器，人口超過2億1200萬），美國應該更加重視與巴基斯坦的關係，而將阿富汗戰爭的結果擺在其次。[19]根據這項邏輯，搞砸巴基斯坦的後果比搞砸阿富汗更嚴重。如果巴基斯坦的安全崩潰，或如果巴基斯坦與西方完全脫鉤，聖戰恐怖分子問題將急遽惡化。孤立的巴基斯坦一旦走投無路，可能與印度開戰，在全世界人口最多的地區造成一場核子毀滅。也因此，最好的戰略就是以維持與巴基斯坦的良好關係為第一優先，以避免最嚴重的後果。不過這項對巴基斯坦的戰略基於一廂情願的想法，它的假設——巴基斯坦軍方與情報部門願意減少他們對塔利班與哈卡尼網路的支援——也有問題。巴基斯坦領導人利用這些恐怖組織威迫阿富汗政府，阻止普什圖民族主義分子重修邊界。巴基斯坦三軍情報局也想至少控制部分阿富汗地區，提供必要「戰略縱深」，以免印度扶持一個親新德里的阿富汗政府、對巴基斯坦形成包圍。

　　為保持與巴基斯坦的關係，美國甚至不惜犧牲阿富汗的安定，卻沒想到巴基斯坦與阿富汗兩地安全息息相關的特性，而且這種「重巴、輕阿」政策徒然鼓勵巴基斯坦軍方繼續玩火自焚、支持恐怖組織。造成2977人喪生的九一一恐攻事件的罪魁禍首，當然是巴基斯坦支持的塔利班，是它讓阿富汗淪為恐怖分子的巢穴。[20]阿富汗的動盪與暴力情勢升溫對巴基斯坦造成反撲，導致巴基斯坦安全情勢惡化，而這正是這項「重巴、輕阿」政策亟欲避免的結果。當歐巴馬政府不再將塔利班視為敵人時，巴基斯坦領導人認為，要騙過他們的美國對手易如反掌。既然美國都已經宣布撤軍時間表，一副急著讓塔利班至少部分得逞的模樣，巴基斯坦又怎會認真響應美國打擊塔利班與哈卡尼網路的呼籲呢？

被軍人掌握的國家

巴基斯坦警方為我們開路，讓我們的車隊進入首都的政府區。看在不熟悉南亞城市的人眼中，伊斯蘭馬巴德顯得混亂不堪：汽車、機車、打扮得俗麗不堪的「叮噹卡車」（jingle trucks）都在擁擠的道路上爭先恐後。但與南亞地區其他城市相比，伊斯蘭馬巴德算得上秩序井然。伊斯蘭馬巴德建於1960年代，它的名字與建構計畫都反映了巴基斯坦當局打造第二個麥地那（Medina，先知穆罕默德於622年遷入這個城市）的雄圖。此外，巴基斯坦地緣廣闊複雜，境內民族雜處，有旁遮普人、普什圖人與信德人。伊斯蘭馬巴德的打造，也有宣示全國各族團結之意。

那天陽光明媚，我們來到總理辦公室，辦公室有幾扇大窗，可以俯瞰窗外的花園。我與總理納瓦茲・夏里夫（Nawaz Sharif）面對面落座。夏里夫已經是第三度回鍋當總理。他在1990至1993年間出任總理，之後在1997年二度出任，但在1999年遭前陸軍參謀長帕維茲・穆夏拉夫發動的不流血政變罷黜。夏里夫是政治不倒翁，不過他始終活在來自軍方與政治對手的壓力下。

我們提出我們的主要看法：美國過去一直視巴基斯坦為盟友，但巴基斯坦卻支援我們的敵人，煽動暴力，至少間接造成聯軍士兵與無辜平民喪生，我們不能再容忍這種吃裡扒外的關係。夏里夫似乎對此表示同情。我告訴夏里夫美國已經失去耐性，我們或許很快就會不再提供經濟與軍事援助。美國已經發現，我們的作法形同於透過第三者齎糧藉寇——美援讓巴基斯坦軍方撥出更多錢，幫助塔利班與其他恐怖組織徵兵、訓練、裝備與維護。

我們走過精心修整的草地，然後驅車沿一條三線道南行。我一路上想著總理辦公室那些修飾與排場，與那位有名無實的總理之間的矛盾。儘管美國、英國等國多年來一直努力扶植巴基斯坦文人政府，陸軍總部始終是巴基斯坦實際權力與權威的中心。夏里夫的同情表態並無影響力。夏里夫與他的財政部長不久就因牽扯到巴拿馬文件洩密事件，被控貪汙而下台，但與夏里夫同黨的人說，所謂貪汙其實是在軍方壓力下編造的罪名。[21] 2018年，軍方支持的總理人選伊姆蘭汗（Imran Khan）就任總理。伊姆蘭汗原是世界著名曲棍球球員，是個打從心眼裡就不喜歡美國的花花公子。很顯然，美國今後對巴基斯坦的政策必須基於以下現實：雖說大多數國家都擁有軍隊，在巴基斯坦卻是軍隊擁有國家。為了從戰略自戀轉為戰略同理心，我們必須注意巴基斯坦軍方領導人的情緒、意識形態與世界觀。

恐怖分子反噬巴國

自1947年立國以來，巴基斯坦軍方一直盯著它龐大的鄰國印度。巴基斯坦打過四場戰爭，都以敗仗收場。1971年的內戰也叫孟加拉解放戰爭（Bangladesh Liberation War），在那當中巴基斯坦割讓55%的人口與15%的土地給新獨立的孟加拉。領土爭議至今猶未平息。在西北方印度次大陸的喀什米爾高原地區，印度與巴基斯坦兩軍不斷衝突。這些衝突經常升高，有時甚至嚴重到揚言動用核子武器，2002年夏天發生的衝突就是例證。巴基斯坦軍方一直以聖戰士恐怖主義為推動國策的工具，而喀什米爾就是它的早期試驗場。這項作法至今仍是印、巴兩國衝突的引爆點。印度在2019年採取行動，廢止賈穆（Jammu）與喀什米爾省享受了65年的半自治狀態。就像1987年那次舞弊頻傳的地方選舉造成當地在1980年代末與1990年代初的動亂[22]一樣，這項廢止自治權的行動也可能引發當地動亂。

　　巴基斯坦軍官的行為舉止頗有西方軍隊那種神氣，不少美軍將領對他們印象深刻。巴基斯坦軍官許多曾在桑德赫斯特（Sandhurst）英國陸軍訓練基地受訓，還有許多參加過美國陸軍設在喬治亞州班寧堡（Fort Benning）、堪薩斯州李文沃斯堡（Fort Leavenworth）與賓州卡萊爾營（Carlisle Barracks）的學校。他們操著英式英語，打馬球，研究美國內戰，喝香醇的威士忌。不過養成他們的，卻是一個獨攬國家大權、以巴基斯坦伊斯蘭教認同保護者自居的組織。巴基斯坦軍方擁有對外交與經濟政策的否決權。[23]巴基斯坦將領將恐怖組織與民兵視為他們一項最有效的工具，讓他們可以運用暴力卻不必負責，他們當然無意放棄這項工具。

　　巴基斯坦軍方於1947年初嘗聖戰甜頭，從此食髓知味，不能自已。在1980年代與1990年代初期，美國援助伊斯蘭教派團體反抗阿富汗的蘇聯占領軍，這些援助就透過巴基斯坦的三軍情報局ISI流入阿富汗。ISI管控的阿富汗反抗運動讓塔利班趁勢崛起，也就此摧毀了阿富汗推動溫和政治改革的一切可能。ISI參與阿富汗境內毒品交易，用得來的不法之財暗中扶植恐怖分子代理網路，還研發核子武器。不過ISI培植出的這些怪物，包括巴基斯坦-塔利班與伊斯蘭國-霍拉桑等等，開始反咬他們的主子。2008年9月的伊斯蘭馬巴德萬豪酒店（Islamabad Marriott）與2009年白夏瓦五洲明珠酒店（Pearl-Continental）大爆炸案，都是巴基斯坦操控恐怖組織攻擊鄰國、卻遭反咬的例子。[24]這些恐怖分子還殺戮巴基斯坦平民，並且逐漸開始攻擊什葉派與蘇菲派穆斯林等宗教少數派，一場吞噬兩河流域「肥沃月灣」的毀滅性宗派衝突似乎有薪火燎原之勢。到2010年，隨著恐怖分子在史瓦（Swat）與邦那（Buner）區展開活動，他們的毒爪也開始伸向巴基斯坦軍人的家屬。

2014年12月，七名穿著自殺背心的武裝恐怖分子闖入巴基斯坦西北的白夏瓦陸軍公立學校，殺了149人，其中132人是8歲到18歲之間的孩子。這次事件證明恐怖組織彼此相互勾結的特性，自2007年起就在巴基斯坦煽動反政府暴力的巴基斯坦-塔利班是這次事件的主謀。參與行動的恐怖分子包括車臣人、阿拉伯人與阿富汗人的事實，證明恐攻問題的國際性，也證明所謂恐怖組織有地緣侷限性的說法根本大謬不然。[25]事件發生後，巴基斯坦國防部長卡瓦加·穆罕默德·阿西夫（Khawaja Muhammad Asif）說，「所有塔利班都是壞塔利班。無論是思想、行動、宗教、或政治極端主義，任何極端主義都是壞的。我們只要找到它們就必須剷除它們。」[26]阿西夫誓言對宗教教育進行規範。看來這次事件終於讓巴基斯坦軍方痛定思痛，決定不再用恐怖組織推動外交了，還決定剿滅境內一切恐怖組織。但結果並非如此。海爾大使與我也因此認定，美國在訂定南亞戰略時，首先必須有一個假定，就是巴基斯坦軍方不會改變它的行為。

美國不能再被巴國軍方操弄

　　儘管雙方各懷鬼胎，美國與巴基斯坦的軍官基於軍事專業經驗，彼此倒也相互敬重。海爾與我會見了陸軍參謀長卡馬‧賈維‧巴吉瓦（Qamar Javed Bajwa）將軍與軍情局局長納維‧穆克塔（Naveed Mukhtar）將軍。我在兩周前曾應納維的邀約與他談話；我們都有戰車與機械化戰爭背景。在知道他對美國南北戰爭的歷史有興趣之後，我送了一本威廉森‧穆瑞（Williamson Murray）寫的《野蠻戰爭》（A Savage War）給他。納維在聽說我女兒即將舉行婚禮的喜訊後，也送來一張美麗的手織地毯，但由於這張地毯過於名貴，遠超過受禮標準，它直接進了政府倉庫。納維在賓州卡萊爾營美國陸軍戰爭學院（U.S. Army War College）受訓期間對南北戰爭產生興趣。他在2011年他的戰爭學院論文〈阿富汗──另類未來與它們的衝擊〉（Afghanistan─Alternative Futures and Their Implications）中寫道，「想為阿富汗的穩定與安全打造有利背景，得靠區域與全球性關鍵勢力共同參與。為達到這個目的，美國需要運用重大外交措施以緩和區域緊張，阻止外來勢力對這項戰略進行干擾」。[27]他的論點很對，只是他或許應該補充一句說，美國要設法解決巴基斯坦造成的問題。納維與其他巴基斯坦軍官在評估南亞情勢時，往往就像局外觀察家在作分析一樣，但他們的分析對象所以如此混亂，罪魁禍首卻正是他們。

在會議一開始，我首先對九一一事件以來，在反恐鬥爭中喪生的8000多名軍人以及2萬多名巴基斯坦平民表示哀悼。[28]我談到巴基斯坦軍方不久前展開反制叛軍措施，對巴國士兵、特別是他們那些因此身陷險境的家屬的勇氣表示敬佩。我告訴他們，白夏瓦陸軍公立學校恐攻事件讓美國人深感哀痛。我用這些話作為會議開場白，部分用意也在於表明巴基斯坦軍方的矛盾：一方面要它的士兵與恐怖團體作戰犧牲，一方面卻又包庇與這些團體暗通款曲的恐怖組織。我告訴兩位將軍，海爾大使與我願意先傾聽他們的看法，從中學習，然後將學到的東西納入川普政府對巴基斯坦與南亞的新政策上。

參謀長巴吉瓦充分利用這個機會希望說服我，讓身為美國新政府一員的我同意他的世界觀。巴吉瓦生在喀拉蚩的一個旁遮普軍人世家，於1978年加入巴基斯坦陸軍。他先後在巴基斯坦軍事學院、國防大學、加拿大陸軍指揮與參謀學院（Canadian Army Command and Staff College）與加州蒙特里海軍研究院（Naval Postgraduate School）受訓。他似乎認定我會要求巴基斯坦在打擊塔利班與哈卡尼網路方面「多做一些」，認定我會希望我們最終能一起合作、終止阿富汗境內的暴力。像他的前任阿西法・帕維茲・卡雅尼一樣，巴吉瓦也希望我接受一項自相衝突的說法：巴基斯坦一方面否認塔利班等恐怖組織躲在巴基斯坦享受庇護，一方面卻向美國保證，只要美國繼續提供援助，巴基斯坦軍方可以採取更多行動對付這些恐怖組織。

我發現自2001年9月11日以來，巴基斯坦官員就不斷用一套說辭對付他們的美方談判對手，巴吉瓦與納維將軍也對我使用了這套故技。巴基斯坦軍方領導人、帶兵官與軍情局首長非常擅長對美國對手的操控之道。就像過去一樣，他們的談話總是先從巴基斯坦軍方角度大吐苦水。第一步，他們會說，自蘇聯從阿富汗撤軍與蘇聯解體之後，美國「拋棄」了巴基斯坦。接著他們談到，在巴基斯坦核武計畫曝光、無從抵賴後，美國先後在1979年與1990年暫時停止對巴基斯坦的一切軍事與開發援助。[29]

隨即他們話鋒一轉，開始將巴基斯坦描述成一個犧牲者：阿富汗難民為逃避蘇聯占領大舉湧入巴基斯坦、阿富汗內戰與塔利班的血腥殘酷，都讓巴基斯坦深受其害；巴基斯坦因發展核武而淪為美國制裁的犧牲品；巴基斯坦因「美國發動反恐戰」而付出慘重代價，巴基斯坦忠實履行盟友義務，付出的犧牲比美軍與盟軍在阿富汗的犧牲加起來都多；最後他們一定會談到印度侵略，說印度如何意圖染指喀什米爾，如何建立一個親印度的阿富汗政府以包圍巴基斯坦。[30]

接下來他們話鋒再轉，談到巴基斯坦的弱處與困境。巴基斯坦由於過度投入軍事，在經濟上捉襟見肘。如果美國能更有耐心一些，並提供更多援助，巴基斯坦一定能逐漸改善塔利班、基地組織等恐怖組織盤據的地區的治安。他們這些說詞不打自招地承認巴基斯坦窩藏恐怖組織，他們一面承諾今後採取更多行動，一面極力否認為塔利班、基地組織與哈卡尼網路等提供支援。如果美國人還是不相信，這些巴基斯坦領導人就會說，雖說軍情局已經垂直整合進入軍方指揮系統，或許一些軍情局現役或退休軍官因出於習慣與多年交誼，在軍情局當局不知情的情況下繼續為一些恐怖分子團體提供建議。這套說詞用意無他，只是告訴來訪的美國領導人，美國必須多耐一些性子，與巴基斯坦共享更多情報，提供更多援助。

　　在一般情況下，聽了這套說詞的美國領導人總是相信巴基斯坦領導人同情美國立場，認為巴國領導人只是無力扭轉局面，特別是無力遵照美方的期待完成工作。這些美國領導人在結束訪問、飛回美國後，一般都會重複巴國軍方那套論點：巴基斯坦需要更多時間與更多錢。就這樣，美國開出更多支票，提供更多武器、補給給巴基斯坦，讓巴基斯坦支援一場對付美國與美國盟友的戰爭。軍事、情報與外交崗位的美國官員不斷輪調，換上新面孔，巴基斯坦官員也一再重複這套幾乎屢試不爽的說詞。海爾與我打趣著說，美、巴兩國關係簡直近乎自虐，不過我們也只能私下這麼自我挖苦罷了。我們早該從根本上改變政策，鼓勵巴基斯坦領導人改變他們的行為，讓他們知道恐怖組織不僅危害南亞、中亞與整個中東，還從利比亞到法國、到菲律賓，對全世界構成威脅，為了巴基斯坦本身利益，他們必須停止支援恐怖組織。此外，美國與其他國家雖說應該繼續鼓勵巴基斯坦建立強有力的文人領導，但也必須了解掌控巴基斯坦實權的是軍方，唯有認清這一點才能訂定理性務實的政策。

　　為了破解這套伎倆，我提出讓巴吉瓦與納維始料未及的論點。我告訴兩位將軍，新上任的美國政府重視的不是口頭承諾而是實際行動。我說，對商人出身的川普總統而言，援助巴基斯坦而間接藉寇兵、齎盜糧，是一項投資報酬很糟的壞交易。巴吉瓦說，美國總是要巴基斯坦做更多，對巴基斯坦付出的犧牲以及巴基斯坦鞭長莫及、無力控制遙遠邊陲的事卻不聞不問。針對巴吉瓦這個說法，我向巴吉瓦提出保證說，我們今後不會再要他做更多。我們會要他、特別是要納維將軍少做一些——我們會要巴基斯坦減少對恐怖組織的支援。我希望至少能用我這個論點讓他相信美國決心不再重複過去的錯誤。我發現美國政府與巴基斯坦的關係一直呈現一種周而復始的型態：首先雙方對話，在聽到巴基斯坦保證真正合作之後，美國官員的期望升高，但這個型態總是以極度失望收尾。

　　我告訴兩位將軍，除非眼見巴基斯坦明顯改變它的行為，我寧可留在極度失望這個點上。美國所以對巴基斯坦極度失望，最主要的原因是巴基斯坦軍方沒能對抗哈卡尼網路。哈卡尼網路活躍於阿巴邊界沿線，是一個異常兇殘的聖戰民兵組織。巴基斯坦境內恐怖分子對巴基斯坦、乃至於全世界構成威脅，哈卡尼網路就是一個活生生的例子。它同時也證明一件事：巴基斯坦軍方不願放棄利用恐怖分子推動外交政策的作法。在巴基斯坦軍情局支援下，哈卡尼為恐怖分子提供一處安全空間。哈卡尼網路的領導人是西拉朱定‧哈卡尼（Sirajuddin Haqqani），他同時也是塔利班軍頭。哈卡尼網路與軍情局、基地組織、塔利班、以及其他在地與全球性恐怖分子——其中許多與巴基斯坦軍方與政府敵對——互通聲氣。這個網路對所有各造都極具價值，因為它能動員部落，它能透過有組織犯罪在國際集資籌款，它能利用多媒體通信，還能發展、維持一種高度軍事專業。哈卡尼為塔利班提供似乎取之不盡、經過洗腦的青少年，這些年輕人許多來自位於阿富汗與巴基斯坦部落地區、80幾所哈卡尼經營的宗教學校。

　　哈卡尼網路就這樣成為基地與塔利班的軍事孵化器，阿巴邊界沿線各式各樣恐怖分子與叛軍團體，也因此相互支援，都享有彼此之間、以及來自巴基斯坦軍情局的保護。這些團體的串連合作，以及有一天霍拉桑將成為日後哈里發根據地的夢想，使這處邊界地區成為反恐作戰的地緣重心。[31]哈卡尼網路曾經主導攻擊美國設施，包括2011年對喀布爾美國大使館、與2013年對希拉（Herat）美國領事館的攻擊。它特別擅長集體屠殺阿富汗平民。我告訴巴吉瓦與納維兩位將軍，已經有數不清的指揮官與外交官要求打擊哈卡尼，我無意重複。現在時間到了，既然巴基斯坦不肯這麼做，美國別無選擇，只得迫使巴基斯坦付出代價。[32]在離開會議室時，我將一張手寫的紙條交給巴吉瓦，紙條上寫的是遭哈卡尼網路擄獲的美國與盟國人質名單。巴吉瓦問道，我是否希望他能採取一些救援行動。我答道，我相信如果他願意，他一定做得到，我並且強調，從現在起，我們要的是行動，不是空話。我們互道再見，隨即駛離陸軍總部。

　　美國自九一一以來的對巴基斯坦政策，令海爾與我都怨嘆不已。愛因斯坦曾說，反覆做一樣的事，卻指望有不同的成果，這就是瘋狂。而我們的政策正是這樣。儘管幾十年的經驗證明正好相反，許多美國外交官與高級將領仍然認為，巴基斯坦軍方會對他們開誠布公，成為反恐戰的忠實夥伴。

此行最後一站是新德里，我們得開始為之做準備。而跡象也越來越明確：我們需要一項長遠的戰略。我不禁想到美國當年支持穆罕默德・齊雅・哈克（Muhammad Zia-ul-Haq）。他在1977年被罷黜、之後殺了巴基斯坦第一位民選總理朱菲卡・阿里・布托（Zulfikar Ali Bhutto）。齊雅・哈克當政11年，為巴基斯坦軍隊與國家帶來至今無法掙脫的詛咒。在對抗蘇聯占領阿富汗之戰期間，齊雅・哈克認為自己「遵奉上帝旨意，要把伊斯蘭秩序帶進巴基斯坦」，把巴基斯坦轉型為全球聖戰士恐怖主義樞紐，而美國在無意之間幫了他大忙。[33]我還想到，美國在九一一事件過後支持帕維茲・穆夏拉夫。穆夏拉夫原是巴基斯坦陸軍軍官，他像齊雅・哈克一樣迷戀聖戰，還仇恨印度，領導巴基斯坦不僅用恐怖主義對付阿富汗，還用它對付印度。我們在登機飛往新德里時已經看清，從巴基斯坦軍方角度而言，一切最後為的都是印度。一旦與印度開戰，阿富汗出現一個友善的政府，能為巴基斯坦帶來「戰略縱深」。

巴基斯坦利用恐怖分子作為對印度外交政策的工具。為了拉攏這些恐怖團體，巴基斯坦軍方打造了一個龐大的恐怖分子基礎設施。軍情局對塔利班與基地組織的支援都仰仗這個基礎設施。「虔誠軍」（Lashkar-e-Taiba，簡稱LET）就是一個這樣的恐怖團

體。虔誠軍成立於1987年，是巴基斯坦軍情局與一群恐怖分子
（他們後來參與建立基地組織）聯手合建的組織。虔誠軍領導人
哈菲茲‧薩伊德（Hafiz Saeed）明白指出，虔誠軍的任務就是
「對抗三大邪惡：美國、以色列與印度」。[34]

與莫迪愉快的對話

　　不僅在對抗南亞恐怖主義的戰鬥中，還是在印太地區與中
國共產黨的競爭過程上，印度都是美國的重要夥伴。印度面對
的挑戰很龐大，但潛力也是無窮。儘管它在1980年代是「不結
盟運動」（Non-Aligned Movement，沒有與美、蘇集團正式結盟
的開發中國家組織的一個團體）領導人，因此一直抗拒正式盟
約，但美國與印度的利益明顯是走在一起的。根據預測，印度將
在2024年超越中國成為全球人口最多的國家。印度有年輕的人
口，有健康的儲蓄與投資率，經濟也欣欣向榮。但隨著經濟迅
速成長與人口不斷增加，能源、環保、食物與水資源安全等相
關問題也越來越嚴重，提供社會服務成為印度政府棘手難題。
從1990到2020年，印度成功讓貧窮率下降一半，但全國仍有超
過3億6500萬人生活在貧窮線下。印度土地的廣袤與人口族成
的複雜，也帶來治理與維護國家認同的艱鉅挑戰。印度有全世
界最大的印度教人口（79.8%）以及全世界第二大穆斯林人口
（14.2%），此外還有基督教徒與錫克教徒。[35]印度承認22種官方
語言，但除此之外，全國各地使用的語言還有約一百種。這一切

都造成印度在地緣與文化上的驚人差異性。但印度做得不錯。印度領導人一般都能與美國與西方國家共享民主原則，也對中國共產黨輸出獨裁模式的作法表示擔憂。美國與世界都需要一個成功的印度。我希望進一步了解如何擴大我們與印度在外交、經濟發展、安全、商務與新興科技領域的合作。

巴基斯坦的核武器，以及對恐怖分子的不斷支持，始終是印度大患。但印度最大的隱憂或許是種族或宗教衝突。印度教民族主義分子與伊斯蘭恐怖分子間的暴力互動，可能釀成慘禍。當納蘭德拉‧莫迪（Narendra Modi）出任總理時，有人擔心他的「印度人民黨」（Bharatiya Janata Party）可能有人陰謀挑撥與穆斯林的宗派暴力。在莫迪於2002年擔任古吉拉省（Gujarat state）省長期間，一輛滿載印度教朝聖者的火車在穆斯林聚集區著火，印度教徒與穆斯林隨即展開一連串衝突。在之後的暴力事件中，印度教徒連續數周鎖定穆斯林發動攻擊，殺了大多是穆斯林的兩千名印度人。有人指控莫迪無力鎮壓暴力。雖說布希政府一開始禁止莫迪訪美，但布希與之後的歐巴馬政府後來都改善了與莫迪以及與印度的關係。[36]2020年2月，就在川普總統訪問印度時，印度爆發數十年來最嚴重的宗派暴力，至少38人遇害，說明宗派緊張情勢始終存在。

在我到訪以前，莫迪總理表示，有人擔心他將推動印度民族主義政策，這類恐懼並無根據。但在他第二任總理任期間，這樣的恐懼並非空穴來風。他在2019年廢止賈穆與喀什米爾省的半自治地位。之後，最高法院判決，准許印度教徒在古城阿約提亞（Ayodhya）巴布爾清真寺（Babri Masjid）舊址建造印度教寺廟。巴布爾清真寺遭印度教狂熱分子於1992年搗毀。2019年年底，印度通過「公民權修正案」（Citizenship Amendment Act），讓鄰近各國各種信仰的人民取得印度公民權——但穆斯林除外。這項法案的通過也引來大規模抗議。

　　不過，這些事件當時都還沒有發生。當我們的座機開始在德里降落時，莉莎‧柯提斯與我檢討近年來的美印關係。布希總統極力改善與印度的關係，將美國在1998年印度進行核試爆後對印度實施的制裁全數廢除。兩國在2005年簽署協定擴大防衛關係。儘管印度仍然不是1968年「禁止核子武器擴散條約」（Treaty on the Non-Proliferation of Nuclear Weapons）簽字國，但美國於2008年在「核供應國集團」（Nuclear Suppliers Group）倡議，讓印度享用民間核子合作。兩國並且隨即展開一項正式國防關係與核子合作計畫。歐巴馬政府在國防、電腦安全與能源安全領域擴大與印度的合作。我期盼與印度國家安全顧問阿吉‧多瓦爾（Ajit Doval）以及時任外交部長的蘇杰生（Subrahmanyam Jaishankar）會談，進一步擴展兩國關係。我首先要與多瓦爾與他的團隊共進晚餐，第二天與蘇杰生共進早餐，之後驅車前往總理官邸，會晤莫迪。

　　多瓦爾顯而易見出身情報背景。他說起話來總是將腦袋略偏右方，就算談的是些無足輕重的小事，他也喜歡壓低嗓門，一副神秘兮兮神氣。相形之下，蘇杰生是一位經驗老到的外交官。他與我討論美國在南亞與印太地區的策略，精闢透徹，言之有物。

蘇杰生與多瓦爾都將目光緊盯著中國，中國的威脅已經使印度更加擁抱多國合作。舉例說，由於中國企圖以海上民兵在釣魚台群島威嚇日本，並利用在斯里蘭卡與馬爾地夫的設施控制穿越印度洋的海運線，日本與印度的關係已經加強。印度領導人認為中國的「一帶一路」是一條單向道，對印度沒有好處。不過，冷戰期間曾以不結盟運動領導人自居的印度，仍然拉不下臉，不願給人一種公然結盟的印象。

　　我們的討論當然免不了處碰巴基斯坦軍情局支援恐怖分子的問題。2008年以來不斷發生的眾多事件頗令印度領導人怵目驚心──不僅是全球金融危機，暴露巴基斯坦對區域與全球威脅的恐攻事件，造成的毀滅更加嚴重。10名虔誠軍恐怖分子從2008年11月26日星期三到11月29日星期六，在孟買泰姬瑪哈宮殿酒店（Taj Mahal Palace Hotel）發動一連串槍擊與炸彈協調攻擊，至少殺害164名平民，包括6名美國人；300多人受傷。10名恐怖分子中唯一沒有死的是一名巴基斯坦人，他供稱他與他的同夥都是來自巴基斯坦的虔誠軍恐怖分子，由巴基斯坦控制。2015年，巴基斯坦從獄中保釋了這次孟買攻擊事件的主謀札庫爾・雷曼・拉克維（Zakiur Rehman Lakhvi）。他立即消失的無影無蹤，更加突顯巴基斯坦對恐怖分子的支持。[37]

　　我看得出來，蘇杰生與多瓦爾都擔心美國不能在南亞實施前後一致的外交政策。在我們的談話過程中，只要有機會，他們總不忘強調美國必須投入印太地區。2008年的金融危機，再加上歐巴馬決定撤出海外、專心投入「內政建設」（這個目標獲得大多美國民眾贊同）的宣示，讓印度領導人懷疑美國究竟能不能遂行一項積極的外交政策。[38]川普總統的競選言論沒能讓他們安心。脫離殖民統治而獨立、過去一直批判美國海外干預的印度，如今在面對中國侵略與恐怖主義猖獗的情況下，非常擔心美國會從海外競技場上退出。蘇杰生與多瓦爾都認為，美國退出會使這兩大威脅更加嚴重。

南亞戰略「由外而內」這部分的成敗，印度扮演的角色至關重要。我告訴兩人，美國將支持印度在南亞、在全球舞台上扮演更重要的角色。印度在巴西、俄國、印度、中國、南非等所謂「金磚五國」（Brazil–Russia–India–China–South Africa，簡稱BRICS）等許多國際場合享有影響力，也即將加入會員國包括中國、哈薩克斯坦、吉爾吉斯、俄國、塔吉克斯坦、烏茲別克與巴基斯坦的「上海合作組織」。印度領導人可以運用他們與俄國領導人的固有情誼，勸普丁為了本國利益而不再支援塔利班，並轉而支持阿富汗政府。也或許，印度還可以與俄國聯手，說服中國向巴基斯坦施壓，要巴基斯坦鎮壓恐怖分子。恐怖分子已經直接威脅到俄國與中國，還可能危及中國在巴基斯坦與中亞各地野心勃勃的基礎建設項目。此外，印度也可以與美國合作，說服卡達、阿拉伯聯合大公國、沙烏地阿拉伯等波斯灣國家，切斷對恐怖分子的財經命脈，並以不再支援聖戰恐怖分子為交換條件，為巴基斯坦提供援助。[39]

在此次印度之行最後一天，莉莎・柯提斯、美國駐新德里代辦兼代表團副團長瑪麗凱・卡爾森（MaryKay Carlson）與我一起往訪總理官邸所在的總統府會見莫迪，受到莫迪熱烈歡迎。很顯然，進一步深化印、美兩國關係仍將是兩國的施政優先。莫迪對中國增兵南亞等變本加厲的侵略行為表示擔心。他極力支持川普政府擁抱自由、開放的印太政策，主張美國、印度、日本與其他志同道合的夥伴應該強調這項政策的包容性，明白表示它的用意不在於排斥任何國家。會議結束時，莫迪伸出雙手擺在我兩肩上為我賜福。我們就這樣結束這次南亞行，返回華府。

　　這次訪問讓我深信，我們需要向總統提出以現實情況、而不以一廂情願思考為基礎的選項。美國的長程目標是確保聖戰士恐怖分子不能攻擊美國與美國盟友；防止印度與巴基斯坦之間爆發可能造成毀滅性後果的衝突；說服巴基斯坦不再支持恐怖組織，採取必要改革以維繫內部安全。美國政策的短程目標仍然不變：切斷國際恐怖組織的資源與庇護所，讓他們不能隨意流竄，讓他們找不到進行計畫、組織、發動攻擊的根據地。[40]我們根據以下新假設訂定我們提出的選項：

　　第一，如果阿富汗安全情勢崩潰，純反恐的戰略一定行不通；阿富汗人在打一場最艱苦的戰鬥。阿富汗需要加強國力，對付塔利班的捲土重來，需要控制關鍵地區，有效打擊叛亂團體、販毒組織與跨國犯罪集團。[41]

　　第二，塔利班、基地等恐怖組織，以及盤據阿巴邊界的許多危險的團體都是同枝連氣、彼此呼應的；我們過去花了太多工夫想「讓它們分家」。[42]

　　第三，絕對不能把塔利班視為可以信任的談判對手，特別是如果他們認為美國即將撤軍、他們勝利在望時尤其如此。

　　第四，巴基斯坦不會結束或大幅裁減它對塔利班、哈卡尼網路或虔誠軍等聖戰士恐怖分子的支持。[43]

2017年川普的梅耶堡宣示

　　我們正在打一場沒有戰略的戰爭。越戰升高期間，麥喬治·邦迪（McGeorge Bundy）曾擔任詹森總統的國家安全顧問，而我現在使用的辦公室正是他曾經用過的。從印度回到這裡，我感到我們必須加緊腳步、釐清我們究竟想在阿富汗與南亞達到什麼目標。一面向陣亡、受傷將士的家屬表示同情，一面卻讓這場戰爭漫無方向地打下去，真的是太偽善了。無論在南亞或在華府，我們都有許多有待克服的障礙。克服這些障礙比我原本想像的更難。從這次訪問4月20日結束，到川普總統8月18日在大衛營發表南亞戰略這段期間，塔利班與哈卡尼網路對阿富汗安全部隊與平民發動了一百多次攻擊，造成慘重損失。[44]在我們返回華府第二天，塔利班恐怖分子與自殺炸彈客在北部巴爾克（Balkh）省攻擊一處阿富汗陸軍基地，殺了140多人，傷了160多人。哈卡尼網路5月31日在喀布爾德國大使館附近一處路口發動大規模卡車炸彈攻擊，殺了150多人，傷了400多人。甘尼總統不為所動，按照預定計畫於六天後在首都舉行和平會議。

　　這次大衛營會議結束後數天，川普總統於8月21日在維吉尼亞州梅耶堡（Fort Myer）向美國人民與世界發表演說，解釋他

的決定與策略。在談到阿富汗時，他承認「美國人民很擔心他們
在打一場沒有勝利的戰爭」，說他的「原始本能是撤軍」。但他
指出過早撤軍很危險，因為伊斯蘭國、基地組織、以及阿富汗與
巴基斯坦境內其他20個外國恐怖組織勢力正不斷擴大，而這個
動盪不安的地區還布署有核子武器。

　　川普談到美國對巴基斯坦政策的矛盾，明白指出巴基斯坦為
恐怖組織提供庇護。他說，美國今後將設法不讓恐怖分子取得土
地控制權，切斷恐怖分子的資金，讓他們在意識形態上陷於孤
立。美國的新南亞政策將阿富汗戰爭視為一場意志力之爭，目的
在擊敗那些威脅美國的組織。今後美國不會再訂定人為的撤軍期
限，不再墜入與塔利班談判的陷阱。川普總統誓言支持阿富汗政
府與軍隊對抗塔利班，但也明白表示阿富汗「必須為他們自己的
未來負責，必須治理他們的社會，達到永久和平」。[45]新政策並
且強調整合外交、經濟與軍事力量，協調一致的重要性。在打了
16年戰爭之後，美國終於有了一項實際可行的戰略。2017年8月
21日，我在官邸會晤總統與第一夫人，隨即上了總統車隊，跨
過波多馬克河。當我們的車隊通過阿靈頓國家公墓進入梅耶堡大
門時，我認為川普總統選在這裡發表演說，讓美國人民了解美國
子弟在阿富汗犧牲的價值，真是選對了地方。

2018年川普的撤軍決定

　　不過就像我擔心的一樣，這項策略沒能持久。那些極度厭惡

美國捲入阿富汗戰爭的人終於說服川普總統，放棄了這場戰爭。在我於2018年離開白宮後不久，那些不了解這場戰爭本質、低估了問題嚴重性、一味只想從這場「打不完的戰爭」中脫身的人說服了川普，讓川普認為繼續用兵阿富汗是徒勞無功與浪費。

2019年7月，巴基斯坦總理伊姆蘭汗訪問華府。他素來的立場就是堅定反美，一直就是巴基斯坦軍方矚目的國家名義領導人人選。當川普總統公開要求伊姆蘭汗協助結束這場戰爭時，似乎是又一位美國領導人墜入巴基斯坦陷阱、把巴國視為反恐夥伴了。川普甚至額外贈送伊姆蘭汗一份大禮，表示願意出面調停巴基斯坦與印度的喀什米爾領土爭議。川普自稱受了印度總理莫迪之託，進行這項調停。但任何了解南亞事務的觀察家都知道，莫迪不可能這麼做，因為聯合國曾經幾次調停喀什米爾爭議，結果都對印度不利，印度也因此一直反對外國勢力干預這項爭議。在喀什米爾問題上，印度是主控現狀的一方，巴基斯坦只能設法削弱印度的主控權。這次華府之行一定令伊姆蘭汗喜出望外，因為在阿富汗與南亞問題上，巴基斯坦又可以扮演既是縱火者、又是救火隊的角色了。

在伊姆蘭汗華府行結束後不久，川普說，「我可以只用一星期時間就打贏那場戰爭，我只是不願殺害一千萬人而已。」[46]他這句話說明他不了解阿富汗與巴基斯坦衝突的性質。美國與盟國在阿富汗用兵，為的不是征服，而是與阿富汗人並肩作戰，打擊一小群不受歡迎的恐怖分子，不讓他們透過恐怖與暴力手段重新掌權。就像南亞、中亞與中東各地人民一樣，阿富汗人民也是塔利班與聖戰士恐怖分子的主要受害者。儘管21世紀這場阿富汗與巴基斯坦戰爭，與阿富汗在20世紀對抗蘇聯占領之戰，與19世紀第一次與第二次英國對阿富汗之戰顯然不同，但所謂阿富汗是「帝國墳場」的說法始終甚囂塵上。可悲的是，川普這番話，不僅對為保家衛國而捐軀的5萬8000多名阿富汗軍警是一種貶抑，對在阿富汗之戰陣亡的2300餘名美國軍人也是。[47] 失去再戰的意志力讓美國當局找到撤軍藉口，重蹈政策矛盾、搖擺不定的覆轍。

2018年9月，國務卿麥克・蓬佩奧（Mike Pompeo）任命前駐伊拉克與阿富汗大使薩爾梅・卡利薩（Zalmay Khalilzad）為阿富汗和解特別代表，與塔利班談判和平交易。美國領導人又開始自欺欺人，認為塔利班願意切斷與基地以及其他恐怖組織的聯繫了。2019年1月，卡利薩告訴《紐約時報》說塔利班會約束基地組織，但就在同一個月，聯合國的一份報告指出，基地組織「繼續將阿富汗視為它的領導層的根據地」，美國情報部門也在年度威脅評估報告中說，基地組織持續對塔利班提供支援。另一份在6月份發表的聯合國報告提出警告說，塔利班「仍然是阿富汗境內所有外國恐怖組織的主要夥伴」。[48] 而就在美國謀求談判的同時，塔利班加強攻擊火力。那年7月，當卡利薩在卡達的杜哈與塔利班領導人談判時，一輛裝滿炸藥的卡車在賈茲尼（Ghazni）市爆炸，造成12死、179傷的慘劇。所幸在最後一刻，幾乎就在九一一恐攻周年前夕，美國政府懸崖勒馬，決定不邀請塔利班領導人往訪大衛營，為美國背叛阿富汗夥伴的協議簽字。在獲悉塔利班發動汽車炸彈攻擊、造成美軍1死11傷之後，川普總統9月7日發推特取消這次預定的會議。川普隨即提出恢復談判的先決條件，要求塔利班停火、減少暴力攻擊。儘管美軍不會立即撤離，但川普也明確表示，「我們在那裡當警察當得太久了。現在阿富汗政府要負起責任、做他們該做的事了。」[49]

那個月稍後，阿富汗軍與美軍對黑爾曼省塔利班一處據點發動突襲，殺了「印度次大陸基地組織」（Al-Qaeda in the Indian Sub-Continent，簡稱AQIS）頭目阿西姆‧烏瑪（Asim Umar）。塔利班軍事指揮官、AQIS黑爾曼省司令、同時兼任烏瑪對基地領導人阿曼‧奧－薩瓦希里信差的哈吉‧馬穆（Haji Mahmood）也一起送命。美國國防部壓下這件事，沒有發布烏瑪的死訊，因為擔心這麼做會又一次暴露塔利班與基地你儂我儂的事實，「讓進一步談判變得更複雜」。美國的南亞政策已經完全重回自欺欺人的老路。[50]

情況更加惡化。卡利薩重啟與塔利班的談判。美國要塔利班「以一周為期減少暴力」，以證明塔利班有能力控制手下戰士與恐怖分子。之後，美國願意簽署有條件撤軍協議，以交換持久的減少暴力，與塔利班的其他保證。這些保證包括：塔利班承諾不與基地等威脅美國與其盟國的恐怖組織合作、不為它們提供庇護、訓練、召募、籌款等服務。塔利班還同意立即採取行動，反制美國認為緊迫的威脅。任何了解塔利班特性、意識形態與素行紀錄的美國人，都不會相信塔利班這樣的承諾。

在協議簽署前不久，《紐約時報》讓塔利班的「阿富汗伊斯蘭國」（Islamic Emir-ate of Afghanistan）副頭目、FBI列為全球恐怖分子的西拉朱定・哈卡尼在它的社論版發表評論。這個身為塔利班軍頭、與基地組織朋比為奸、兩手沾滿數以萬計無辜人民鮮血的恐怖分子，就在《紐約時報》上指責美國，說美國因為他父親幫著加強塔利班與基地間的關係而挑起戰端。他輕描淡寫地提到塔利班今後將讓婦女受教育，將讓婦女就業，但無論這篇社論或之後的協議，對阿富汗政府或阿富汗憲法卻隻字不提，說明塔利班沒有放棄透過暴力奪回政權的野心。

　　特別讓人感到可悲的是，川普政府2017年8月宣布的戰略管用。阿富汗人擔負了主要戰鬥任務。12個月一期的美軍傷亡，從2010年的499人減少到川普表示要撤軍以前的不到20人。[51]年度戰費從2011年的1200億美元減少到2018年的450億美元。[52]根據當時的計畫，盟國保證負擔更多財務擔子，幫美國將戰費減半。阿富汗沒有變得像丹麥一樣，但政府改革、特別是有關警衛部會的改革有相當進展。實事求是的阿魯拉・沙雷出任內政部長。2018年1月，美國停止對巴基斯坦的安全援助，意味巴基斯坦不能再玩兩面手法，既擺出美國盟友姿態，同時又支援我們的敵人。塔利班承受重大軍事壓力，不再能以拖字訣等候美國撤軍。阿富汗情勢仍然凶險，仍是充滿暴力的地方，阿富汗軍、美軍與盟軍也仍然在那裡出生入死，但美國已經不再像過去那樣病急亂投醫，而是從一個有力的地位，為日後談判訂下條件。

　　2019年9月的阿富汗總統選舉並不順利。阿富汗政府在脅迫下進行這項選舉。塔利班威脅一切投票的人。舞弊指控與反指控層出不窮，投票率很低。經過幾近五個月纏鬥，甘尼以些微之差宣布勝選。但選舉終於完成，而且帶來一個大好良機：它讓美國與其他國家能支持一個民選政府，能幫著阿富汗人民反對塔利班捲土重來，還讓那些為文明與野蠻之爭而奮戰的鬥士更添信心。[53]情況似乎是川普政府決定放棄這個機會。卡利薩在2020年繼續與塔利班談判，希望能談成一個好交易，讓美國總統一圓撤軍之夢。但這樣的交易勢必基於一項自欺欺人的假設：塔利班能成為反恐作戰的有效夥伴。這樣的交易只會使塔利班坐大，還會因美國撤軍而削弱阿富汗政府與安全部隊的力量。如果美國決定撤軍，無論撤軍後果如何，不與塔利班打交道總比與塔利班交易好，原因就在這裡。

美國需要一個長期戰略

南亞問題與其他的安全挑戰有關。在南亞地區，與俄國、與中國合作都有可能，而來自南亞、越來越嚴重的恐怖分子威脅，也讓中、俄兩國備嚐苦果。俄國、中國、沙烏地阿拉伯、阿拉伯聯合大公國、以及歐洲國家都可以向巴基斯坦領導人攤牌，要他們在國際賤民與合作夥伴之間做出選擇：他們可以利用南亞龐大的潛能，處理有關能源、氣候變遷、環境、食物與水資源安全等領域的嚴重問題。這些問題對巴基斯坦、印度、孟加拉、與次大陸大部分地區影響重大。多國合作解決南亞問題還能說服伊朗，讓伊朗不僅在南亞、在大中東地區也能有所收斂。一場宗派內戰正在大中東地區打得如火如荼，造成人道慘禍與暴力循環，讓全球聖戰士恐怖組織更加猖狂。

南亞衝突所以愈演愈烈，除了基於與敵人的互動以外，還有其他因素，例如民眾支持與領導人意志力逐漸削弱等等。到2019年，美國好不容易建立的第一項阿富汗與南亞的長期戰略，卻因為川普總統有意退縮而搖搖欲墜。這項長期戰略加強了美國夥伴的意志力，讓塔利班與它的黨羽沮喪不已。但主要為了反映選民基礎中的一股聲浪，川普總統放棄了這些心理利得。「結束這場打不完的戰爭」這句口號，帶來的情緒衝擊不斷升溫。我曾經參與阿富汗與伊拉克戰爭，見證過當地血淋淋的恐怖與犧牲，也曾眼見我的女兒與女婿投入那些戰事。我當然希望這些戰事早日結束。但我也知道南亞長程問題並無短程解決之道。為了我們國家，為了保衛美國而遠赴異域他鄉征戰的男男女女，我們應該訂定一項長期戰略，讓美國以一種可以接受的成本保住我們的安全。當那些2001年9月11日以後才出生的美國士兵進駐阿富汗時，美國仍然一年一年地打著它最長的一場戰爭。但無論如何，美國應該有一項好戰略。有了好的戰略，即使長期投入南亞，也遠比為了撤出這場戰爭而與塔利班打交道強得多。

第七章

誰說那很簡單？
伊拉克的重建工作

這是一場漫長的黃昏之戰，一場對抗激進伊斯蘭主義的鬥爭。
我們不能憑著希望讓它消逝。
無論戰略多偉大，就算能贏得「心與靈」，
也不能讓這場鬥爭結束。美國不能平息這些怒火。

——福阿德‧阿賈米

　　2017年3月20日，在我進入白宮整整一個月後，伊拉克總理海德‧奧－阿巴迪（Haider al-Abadi）訪問華府。阿巴迪領導的伊拉克是對抗伊斯蘭國之戰的主力。伊斯蘭國是新崛起的遜尼派聖戰士恐怖組織，不僅對中東，對全球各地都已造成相當危害。面對勢力不斷擴張的伊朗，伊拉克也置身最前線。此外，伊拉克還與敘利亞一起，處於什葉與遜尼派穆斯林宗派一場內戰的中心。這場內戰肥了恐怖組織，弱了政府，造成慘重人道傷害。美軍於2003年入侵伊拉克並沒有造成中東分崩離析，但這次入侵沒有為戰爭善後工作做足準備，遂在2011年急著撤軍後引發安全情勢崩潰的連鎖效應。阿巴迪此行非常重要，因為要穩住中東，就得有一個穩定、安全的伊拉克，我們得了解如何幫助伊拉克領導人達到這些目標。

　　在阿巴迪到訪當天，我們的工作程序很典型。早上先在橢圓形辦公室與川普總統、國家情報總監丹‧柯茨（Dan Coates）、中央情報局局長麥克‧蓬佩奧舉行例會。我隨後與美國駐伊拉克大使道格‧希里曼（Doug Silliman）會商，為下午三時伊拉克代表團到訪做準備。從2011到2013年，在伊拉克因美軍撤離而亂成一團的那段時間，希里曼擔任美國駐巴格達代表團政治顧問與副團長。之後伊斯蘭國崛起，控制大片伊拉克與敘利亞土地。2016年年底，在打擊伊斯蘭國之戰正夯時，希里曼以大使身分重返巴格達。我隨後回到橢圓形辦公室，進行總理到訪前例行簡報。由於川普總統總是強調夥伴國應該盡自己的力量，我必須讓總統知道，在這場對抗伊斯蘭國之戰中，首當其衝的正是伊拉克。自2014年以來，在伊拉克境內對抗伊斯蘭國的戰鬥中，伊拉克軍已經損失近2萬6000人，相形之下，同期間美軍有17人陣亡。[1]川普總統擔心伊朗在伊拉克境內的影響力。我告訴川普，阿巴迪總理正努力強化伊拉克主權，剷除伊朗影響力。阿巴迪知道，如果伊拉克政府與伊朗沆瀣一氣，新版伊斯蘭國會在遜尼社群中崛起。我向川普強調，美國與伊拉克長遠而正向的關係，不僅有助於擊敗伊斯蘭國，還能制衡伊朗在伊拉克的影響力。

　　伊朗圖謀讓伊拉克繼續衰弱、分裂下去。在伊拉克軍於2014年瓦解、伊斯蘭國迅速奪占伊拉克土地之後，伊拉克政府更加依賴什葉派民兵維持治安。這些民兵大多數聽命於伊朗人員，伊朗因此能將操控之手伸入巴格達政府。在伊朗「伊斯蘭革命衛隊」（Islamic Revolutionary Guard Corps，簡稱IRGC）、即所謂「人民動員軍」（Popular Mobilization Forces，簡稱PMF）操控下的團體，包括一些曾經殺害美軍的民兵。[2]以「阿沙‧阿奧哈克」（Asa'ib Ahl al-Haq，簡稱AAH）為例，就是由伊斯蘭革命衛隊裝備、資助、訓練，活躍於伊拉克與敘利亞境內的一支民兵。什葉派民兵年紀很輕，與他們的指揮官形成新權力基礎。為進一步製造伊拉克動盪，伊朗的伊斯蘭革命衛隊與情報安全部（Ministry of Intelligence and Security，簡稱MOIS）還支援同情德黑蘭的庫德人派系，煽動庫德人彼此之間，以及庫德人與阿拉伯人之間的分裂。

　　這個代表團讓人看到美好遠景，也讓人看到伊拉克的凶險。阿巴迪代表美好遠景。他與伊拉克所有社群合作，以緩減種族與宗派分裂，而他也像美國一樣，希望打造一個強有力、獨立的伊拉克。自薩達姆・海珊1979年當權以來，伊拉克的種族、部落與宗教社群已經多次分裂，而阿巴迪是一位能夠聯合這些社群的領導人。但他的外長、前總理艾布拉希・奧－賈法利（Ibrahim al-Jaafari）卻是凶險的化身。賈法利一味鼓吹什葉派利益，不惜犧牲其他一切社群。他是伊朗的代言人，專門在伊拉克製造分裂與衝突。

為說明我的觀點，我告訴他們十幾年前，阿巴迪如何在塔阿費（Tal Afar）支援我率領的一個團的情形。塔阿費的情況很複雜，幾乎稱得上一個伊拉克與中東的縮小版。2005年的塔阿費，是基地組織的訓練場與它在伊拉克全境作業的發起基地。恐怖分子利用土庫曼（Turkmen）什葉派與遜尼派人的宗派衝突，與庫德、土庫曼、亞茲迪（Yazidis）與阿拉伯人之間的種族傾軋，以保護者的姿態將勢力伸入社群。之後美軍逐漸撤出北伊拉克，塔阿費於是淪為什葉派警察與基地恐怖分子之間的宗派戰場。平民百姓卡在雙方流彈之間。原本是友人與鄰居的遜尼與什葉派家族被迫選邊站。正常生活停擺。學校與市場關閉。人民只能把自己關在家裡。駐在市中心一處16世紀鄂圖曼城堡的警察變成行刑隊，在夜間出來濫殺遜尼派役齡男子。基地恐怖分子能夠以保護者自居，能夠以殘酷手段進行控制，警方的作為實際上幫了他們大忙。恐怖分子迫使父母將男孩交出來，加入他們的組織。實際上頂多受過小學教育的所謂「教長」（imam），要年輕男子接受往往涉及性虐與非人道暴行的所謂新兵訓練。以塔阿費一名十幾歲的男孩為例。他在連續遭到強暴後，奉命在對什葉派或不合作的遜尼派分子斬首行動中擔任劊子手助理。這類事例層出不窮。[3]這樣的場景真是可怕。

在第三裝甲騎兵團於2005年5月抵達塔阿費後不久，我找上阿巴迪，請他協助遏止這場暴力循環。當時身為伊拉克國會議員的阿巴迪，是「伊斯蘭神召」（Shia Dawa）黨重量級人物。在我告訴他，塔阿費警察首長是煽動塔阿費暴力循環的禍首之後，阿巴迪把這名首長調到巴格達，還調來遜尼派阿拉伯人納吉·阿貝·阿布杜拉·奧－吉布里（Najim Abed Abdullah al-Jibouri）少將出掌塔阿費警隊。吉布里是位非常勇敢的領導人。他在2005年發動成功的反恐攻勢，隨後鼓勵塔阿費各族裔與宗派團體彼此了解，群策群力、防阻基地組織捲土重來。不久學校與市場再次開放，家家戶戶又打開門窗，基地恐怖分子被伊拉克軍警擋在城外，塔阿費的生活也重歸正常。我要讓總統知道，不斷傳來的有關伊拉克恐怖暴力事件的報導，往往令人忘記伊拉克還有吉布里這樣堅忍不拔、願意為所有伊拉克人美好未來打拚的人。不過阿巴迪身邊的人並非個個如此。

我告訴總統，這個伊拉克代表團的有些成員或許看起來很強悍，但其中最冷血的首推那個一把灰鬍子修剪得整整齊齊的禿頭醫生賈法利。賈法利一心一意只想對過去海珊的「復興黨」（Baath Party）黨員進行報復。他是伊朗最理想的代理人，因為他不斷在伊拉克鼓吹暴力，削弱伊拉克。在把他送上總理寶座的那次選舉中，伊朗花了鉅額金錢建立什葉派政黨以影響選舉。

同時，美國只是佇足旁觀，沒有採取任何反制伊朗的行動。賈法利從2005年5月到2006年5月期間擔任伊拉克總理，用政策與行動邊緣化伊拉克的遜尼派阿拉伯人與土庫曼人，幫助伊朗人滲透伊拉克的政府體系。1980年代，賈法利在伊朗擔任伊拉克伊斯蘭革命最高議會（Supreme Council for the Islamic Revolution in Iraq）議員。這是一個遭伊朗情報人員徹底滲透了的反海珊的組織。[4]之後他前往倫敦，成為伊斯蘭神召黨發言人。賈法利親伊朗、反美。在2007到2008年間，他曾在他位於巴格達市中心區「綠區」（Green Zone）的宅邸兩次設宴，款待我與我的朋友喬・雷邦（Joel Rayburn）。雷邦與我喝著甜茶，他就在那裡滔滔不絕、數落著西方的眾多缺失。賈法利像伊朗那些教士一樣，有一套綜合馬列共產與什葉派末世論的意識形態，再加上一點左派美國學者的論點，顯得有些怪裡怪氣。他不時還會從書架上抽出幾本書，引經據典佐證他的反美說法。他最喜歡引用的似乎是語言學者諾姆・喬姆斯基（Noam Chomsky）的說法。喬姆斯基與賈法利都相信，世上（包括伊拉克）一切弊端都由殖民主義與「資本帝國主義」衍生而來。賈法利似乎不知道，若不是美國於2003年出兵伊拉克，他到今天仍然只能在海外流亡。在擔任總理時，一面幫著什葉派民兵「巴德爾組織」（Badr Organization）控制伊拉克內政部，一面指責美國。[5]

　　像賈法利一樣，外表一派斯文、內心狠毒兇殘的新聞部長巴楊・賈布爾（Bayan Jabr），利用國家警察綁架、有系統地拷打、殺害遜尼派囚犯。[6]這些暴行部分是為了替伊朗人平反的。

遭到迫害的往往是過去海珊政府的成員,或曾在兩伊戰爭中轟炸過伊朗的伊拉克飛行員,甚或還包括曾批判伊朗革命的大學教授。但話說回來,在賈法利這類人物協助下,伊朗已經在伊拉克政府各個角落安插了一堆凶神惡煞。阿布·馬迪·奧-穆汗迪(Abu Mahdi al-Muhandis)就是一個例子。2005年,美國官員在他的地下室裡發現謀100多名遭伊拉克國家警察非法逮捕的人。穆汗迪曾在1983年因恐怖分子炸彈案而在科威特被判死刑。2020年1月,他在美軍攻擊伊斯蘭革命衛隊「聖城旅」(Quds Force)司令卡西·蘇雷曼尼(Qasem Soleimani)的一次行動中被殺。還有國家警察總監馬迪·奧-賈拉威(Mahdi al-Gharrawi)將軍。美軍曾在他的總部發現一座牢房,裡面關了顯然遭到一再酷刑的1400名營養不良的犯人。[7]賈法利保護穆汗迪與賈拉威這夥人逍遙法外。儘管阿巴迪將穆汗迪與賈拉威這夥人視為貪汙罪犯,賈法利卻幫著他們製造內戰,讓伊拉克基地組織(AQI)與伊斯蘭國先後崛起。[8]

當我們出門迎接伊拉克代表團時,我猜想賈法利一定會向美國獅子大開口,要求更多援助。他與那些為伊朗充當代理人的伊拉克官員,將美國領導人視為容易上當的傻瓜,他們準備好好敲美國一筆竹槓,然後要伊拉克全面倒向伊朗,與美國作對。我們在內閣室長形桃花心木會議桌上進行的討論,主要集中在對伊斯蘭國軍事行動的進展。僅僅四個月前,伊拉克軍從伊斯蘭國手中解放了古城辛加(Sinjar)。2014年8月,伊斯蘭國恐怖分子在這裡屠殺了約5000名亞茲迪人,強暴數以千計婦女,還將她們賣為奴隸，迫使她們嫁給那些殺害她們父兄的兇手。[9]

　　歐巴馬政府主政期間為美軍行動加了許多不必要的限制，例如美軍顧問在戰場上工作不能超過一定距離，布署在敘利亞的直升機不能超過一定數量等等。川普上台後，白宮與國防部廢除這些限制，敘利亞與伊拉克境內打擊伊斯蘭國的軍事行動腳步於是加速。[10]雖說還有硬仗要打，從伊斯蘭國手中奪回土地與人口控制權似乎只是遲早問題。

　　在會議結束時，總統問我有沒有任何補充。我認為，現在的關鍵問題是如何確保伊斯蘭國不再敗部復活，如何阻止伊朗將勢力跨越伊拉克伸入敘利亞，進入以色列邊界。我問阿巴迪總理，我們還能做些什麼幫他打破這場不斷周而復始的衝突時，他談到必須撫平伊拉克傷痕累累的社會，讓所有伊拉克人都相信政府能保護他們，能為他們帶來更美好的未來。當賈法利果不其然提出更多美援的要求時，川普總統沒有理他，結束了會議。

　　但就在會議結束、與會人士紛紛離開時，阿巴迪總理的一名助理塞給我一張字條。阿巴迪要我在晚間前往他下榻的酒店一晤。我在當晚約九點前往赴會。雖說天色已晚，但夜會是伊拉克人的習慣。喬・雷邦與我同行。雷邦上校與我曾多次在伊拉克與阿富汗一起服役。身為國家安全會議資深主管的雷邦，不久前寫了一本精彩的書，從歷史角度分析伊拉克當代的分崩離析。他還針對美國陸軍從2003到2011年在伊拉克的戰陣經驗，編了一本影響深遠的研究報告。我們兩人都曾在西點教授歷史，都相信想了解現在就得先了解過去。在前往阿巴迪下榻酒店途中，我們談到阿巴迪如何見證中東政治悲劇，卻能超越荼毒中東的宗派。阿巴迪必須離開他自己的代表團才能暢所欲言，因為他不信任代表團中的許多成員，包括賈法利在內。他可以幫我們了解美國該怎麼做，才能協助他克服中東這場已經鬧了幾十年的災難。

民族主義、宗派宿怨與兩伊戰爭

　　阿巴迪生於1952年，當時阿拉伯國家正處於後殖民時代文化認知逐漸升溫的時期。社會主義理念——特別是由政府控制石油這類資源，以達到社會正義與收入分配公平的目標——蔚然成風。新政治運動開始在埃及、敘利亞與伊拉克出現，獨裁者也逐漸掌權，並且透過鋪天蓋地的宣傳營造個人崇拜。在埃及，賈瑪爾‧阿布德‧納瑟（Gamal Abdel Nasser）在1956年將蘇伊士運河（Suez Canal）收歸國有，並且由於獲得美國支持，在隨即引發的危機中挺過了歐洲列強的干預。納瑟在尼羅河建造亞斯文大壩，為巴勒斯坦運動辯護，並保證社會改革。年輕的阿巴迪，在伊拉克看著泛阿拉伯主義（主張阿拉伯世界一統）與社會主義實驗失敗，民族主義與伊斯蘭意識形態抬頭。[11]1958年，當阿巴迪在巴格達進小學時，一波波民族主義情緒衝擊著敘利亞與伊拉克。一連串軟弱的文人政府、軍事政變、與反政變，讓左傾的復興黨在敘利亞主政。敘利亞復興黨為謀建立一個單一的阿拉伯國而與埃及結盟，但只維持了兩年。

　　在伊拉克，英國人在1921年建立的哈希麥（Hashemite）王

朝為政變推翻。1958年7月14日,三歲即位、時年23歲、即將
結婚的費沙二世(Faisal II)國王與他的家人,被迫排成一行,
面壁站在王宮院牆前。一挺機關槍開火。國王全身彈孔的屍體事
後還被吊在燈柱上。阿巴迪還記得當時人民為這個貪腐政府的垮
台歡慶不已,但也為國王與國王一家人的慘死感到憐憫。他也記
得國王死後,多黨政治、新聞自由這類自由也開始灰飛煙滅。
之後10年,專制獨裁在阿拉伯世界紛紛出現,其中最著名的首
推納瑟。納瑟的阿拉伯民族主義有強烈的反以色列情緒。1967
年,在巴格達中央中學(Central High School)念書的阿巴迪,
見證了一場民族情緒挑起的戰爭,戰爭結果為阿拉伯民族主義敲
響了喪鐘。

　　阿巴迪還記得,當埃及、約旦與敘利亞發動這場對以色列的
戰爭時,阿拉伯世界是多麼歡欣鼓舞、充滿期待。但六天以後,
以色列國防軍(Defense Forces)不僅擊敗阿拉伯聯軍,還占領
埃及的西奈半島與加薩走廊,敘利亞的戈蘭高地以及約旦的約旦
河西岸。戰後阿拉伯國家彼此忙著推諉責任,引發內鬨,爭執數
十年不息。在敘利亞,國防部長、復興黨黨員哈費茲·奧－阿薩
德(Hafez al-Assad)指責總統沙拉·賈迪(Salah Jadid),要賈
迪為戰敗與失土負責。[12] 1970年,出身少數族裔阿拉威(Alawi)
的阿薩德發動不流血政變,但之後30年,敘利亞情勢充滿血
腥。六日戰爭的挫敗讓伊斯蘭主義勢力崛起。伊斯蘭主義利用以
阿衝突的宗教面爭取支持,擴張勢力。

　　1966年,阿巴迪見到「神召黨」(Dawa Party)創始人穆罕

默德・巴基・奧－沙德（Muhammad Baqir al-Sadr）。奧－沙德在
1957年建立神召黨，目的在打擊世俗主義、阿拉伯民族主義與
社會主義理念；倡導伊斯蘭價值與道德；提升政治覺醒；最後在
伊拉克創建一個什葉派伊斯蘭教的國家。阿巴迪還記得他當時如
何為奧－沙德的魅力與「人性」折服。奧－沙德要用伊斯蘭教取
代馬克思主義與資本主義。阿巴迪於1967年加入神召黨。一年
後，復興黨在伊拉克奪權，同時伊斯蘭運動崛起，勢力範圍包涵
「遜尼穆斯林兄弟會」（Sunni Muslim Brotherhood）、神召黨與其
他什葉派團體，阿巴迪也成為這股勢力的一部分。像許多其他人
一樣，阿巴迪的受過教育、虔誠的什葉派家人，也反對只重權
力、貪得無厭的世俗政府。

　　當伊朗與伊拉克境內事件把中東推向一個衝突新紀元時，阿
巴迪剛在倫敦攻讀博士。1979年2月，出身伊斯蘭教宗師世家的
大教主魯霍拉・何梅尼（Ruhollah Khomeini）推翻伊朗國王，成
為伊斯蘭共和國最高領導人。成為歐洲神召組織領導人的阿巴迪
對未來充滿希望。他認為，既然權勢那麼大的伊朗國王都能推
翻，同樣的結果也可以出現在伊拉克、敘利亞、與中東各地。阿
巴迪與其他神召組織成員會晤，討論在伊拉克推翻復興黨的可能
性。四個月後，伊拉克政權易主，但不是阿巴迪與神召組織希望
的那種更迭。父親在他出生以前逝去、又遭母親拋棄的薩達姆・
海珊，在巴格達發動政變，自稱總統。在伊朗，革命分子不斷處
決前國王手下的高級文武官員，在伊拉克，海珊一星期就殺了好
幾百人。他的政敵若不能向他俯首稱臣就只有死路一條。之後，

由於伊朗的伊斯蘭革命對他的民族主義獨裁政權形成威脅，海珊把矛頭轉向伊朗。在奪權僅僅四個月後，他下令入侵伊朗，認為仍陷於革命混亂中的伊朗應該不堪一擊。兩國就這樣打了八年，雙方損失都極慘重。最後在估計約100萬人喪生後，戰事以僵局收場。[13]

對阿巴迪一家來說，那段歲月著實艱辛。海珊在入侵伊朗時，下令對神召與其他什葉派反對團體進行野蠻鎮壓。1980年4月，神召黨創始人奧–沙德遭復興黨逮捕。當時45歲的奧–沙德遭到酷刑，還被迫看著他的妹妹遭強暴。海珊的特工最後將一根釘子釘進奧–沙德的頭骨。[14]

對何梅尼來說，兩伊戰爭的成敗不僅僅攸關伊朗領土完整而已——它是一場振興什葉派伊斯蘭與傳播伊斯蘭革命的聖戰。兩伊戰爭重新點燃西元680年伊拉克卡爾巴拉（Karbala）之戰的古老記憶。在先知穆罕默德於632年去世後，伊斯蘭教分成什葉與遜尼兩派。「什葉」（Shia）的意思是「阿里的追隨者」，認為先知穆罕默德的女婿阿里是穆罕默德指定的接班人。「遜尼」（Sunnis）則相信穆罕默德沒有指定接班人，認為阿布·巴克爾（Abu Bakr）是繼穆罕默德之後第一位合法的哈里發。兩派人馬在卡爾巴拉展開激戰。什葉派的慘敗為什葉派的歷史、傳統、文學與神學都留下難以撫平的創傷。什葉派信徒每年要用十天時間紀念這場戰爭。紀念活動在阿舒拉節（Day of Ashura）達到高潮，在這一天信徒要哀悼，往往還舉行自我鞭撻儀式。何梅尼非常懂得如何運用什葉派認同、特別是歷史悲劇鼓舞群眾。[15]兩伊戰爭雙方都以宗教之名行殘殺之實。在伊朗這一方，何梅尼把許多手無寸鐵的青少年送上戰場當炮灰，下令他們撿起在他們前面倒下的人的步槍。這些青少年頭繫紅帶，紅帶上寫著「神的戰士」幾個字。何梅尼發給他們小小的金屬鑰匙，還保證他們一旦犧牲就能憑這些鑰匙進入天堂。為防止逃兵，許多青少年被繩索綁著送上戰場。

在伊拉克這一方，薩達姆‧海珊說自己要對抗伊朗什葉派復甦與擴張，不但是伊拉克、還是整個阿拉伯世界的守護者。他的軍隊使用化學武器，還直接對伊朗平民動武。單在1987年1月，他的軍隊就對伊朗城市發動200多次飛彈攻擊，殺了近2000人，傷了6000多名無辜百姓。六萬多名伊朗百姓在這場戰爭中死難。[16]阿巴迪很幸運，躲過了這場災難。他在倫敦經營一家小型設計科技公司，繼續在一家人氣旺盛的咖啡廳會晤伊拉克流亡人士。隨著他要求伊拉克自由化的呼聲越來越響，復興黨沒收了他的護照。[17]同時，他在伊拉克的家人也遭到迫害。他的五個兄弟中有兩人遭海珊下獄，至今下落不明。

出了伊朗國境，伊斯蘭主義的勢力沒能擴張多遠。敘利亞與伊拉克的民族主義獨裁者對反對派進行野蠻鎮壓。在敘利亞，阿薩德的軍隊於1982年用圍城、轟炸與戰車攻擊，敉平了穆斯林兄弟會在哈馬（Hama）的一次暴動。有7000到3萬人在這場持續20天的事件中死亡。[18]僥倖逃生的人被捕送進可怕的黑獄，許多人就此消失。這場血腥殺戮使敘利亞成為後代恐怖分子的溫床。阿薩德的兒子巴沙（Bashar）繼承父親，從眼科醫生轉行當了獨裁者，而且殘殺、監禁、酷刑的紀錄比乃父猶有過之，哈馬城事件只是他初試啼聲之作。兩伊戰爭與早先敘利亞暴動事件的遺恨，在21世紀最初10年吞噬中東的宗派內戰中隨處可見。伊朗努力營造與什葉派反對團體與民兵的關係，形成一種伊拉克特有的政治與軍事景觀。在兩伊戰爭期間，賈法利與許多阿巴迪的什葉派同伴逃到伊朗避難。伊朗徵召伊拉克青年建立巴德爾組織等反海珊團體。在兩伊戰爭的軍事衝突於1988年結束後，伊朗利用巴德爾與其他組織對伊拉克發動暗殺與游擊戰，先後持續15年。這場戰爭可怕的成本與它重新燃起的歷史仇恨，加劇了遜尼與什葉派穆斯林的分裂。宗派敵對助長了暴力，中東地區建立國家認同與合法治理的工作也因此更加棘手。此外，在後海珊的伊拉克，什葉派占多數的伊朗與遜尼派占多數的沙烏地阿拉伯之間的政治與宗教權力鬥爭也不斷激化。隨著伊斯蘭主義從阿拉伯與世俗民族主義灰燼中崛起，它帶來的不是一統而是紛亂，它追求的不是整體而是特定利益，暴力於是取代民主政治，成為解決爭議或角逐權力的手段。

　　出身在那個時代的一些人，例如阿巴迪與吉布里，力謀溝通宗派分歧、排難解紛。還有一些人，例如賈法利卻想方設法加深分裂，與基地組織這類遜尼聖戰士恐怖組織狼狽為奸，加速這場毀滅性暴力循環。

外部勢力的滲透與分化

雷邦與我抵達酒店，跨上最後兩級階梯、通過幾名美國特勤局（Secret Service）武裝人員來到阿巴迪總理下榻的樓層。他迎接我們進房，展開一段輕鬆的談話。我提到2003年5月在抵達巴格達第一天與他會面的往事。當時我放下史丹佛大學胡佛研究所教職，加入約翰‧阿比薩德將軍設在卡達杜哈的中央指揮部前進總部。在隨阿比薩德從杜哈飛往巴格達途中，我遇到一名即將在伊拉克新政府中擔任阿巴迪助理的伊拉克裔美國人，談到在聯軍攻勢將海珊趕下台以後，我們將面對哪些最棘手的問題。之後，在聯軍占領的「共和宮」（Republican Palace），我還幫阿巴迪及時拿到他的通行證，讓他出席一次安全委員會會議。

現在，在阿巴迪的華府酒店裡，我首先告訴他，他在最艱難的環境下的領導讓我非常敬佩。在2014年，前伊拉克總理努里‧奧－馬利基（Nouri al Maliki）被迫下台，讓位給阿巴迪。我問到我們的老友吉布里將軍近況。阿巴迪在就任總理時，請當時住在北維吉尼亞州、即將成為美國公民的吉布里重返伊拉克，打擊已經占領法路加（Fallujah）與摩蘇爾（Mosul）省、威脅首都的恐怖分子。阿巴迪告訴我，就像十多年前在塔阿費一樣，吉布里重返伊拉克以後立即投入派系和解的工作。阿巴迪於是談到一個悲慘的故事：伊斯蘭國恐怖分子在獲悉吉布里重返北伊拉克時，抓了他的家人與族人，在將他們酷刑虐待後殺了他們。就在幾個月前，伊斯蘭國把吉布里的六名家人關在一個鐵籠裡，用鍊子將他們綁在鐵籠底部，沉入泳池，直到他們溺死為止。

　　我們的談話隨後轉到造成區域衝突問題。在見證阿拉伯民族主義與伊斯蘭主義的失敗之後，阿巴迪相信，只有經民眾視為合法的代議制政府才能讓人民掙脫這場暴力循環。除非各宗教、種族與部落社群之間能夠和解、共榮，否則宗派內戰將永無止息，但外來勢力卻不斷搧風點火，助長社群衝突。在代表團其他成員都不在場的情況下，阿巴迪與我談到伊朗對伊拉克政府的滲透，特別是伊朗特工組建、控制的「人民動員軍」。伊朗迫使阿巴迪任命一個有名無實的人擔任人民動員軍司令，真正掌權的人是副司令穆汗迪。穆汗迪同時也是伊朗支持的反美恐怖組織「真主黨旅」（Kata'ib Hezbollah）的頭子。人民動員軍的犯行包括攻擊在地外交與能源目標，在沙烏地阿拉伯進行無人機攻擊，還協助伊朗飛彈擴散，引發以色列空襲。[19]阿巴迪知道，在這種被伊朗綁架的情況下，要美國與伊拉克建立長程正面的關係非常困難。我非常清楚，美國與我們在中東的夥伴必須進一步加強伊拉克主權，以反制伊朗操控。阿巴迪說，敘利亞內戰是中東宗派暴力的亂源重心。他強調，阿薩德政權多年來，一直就在支持遜尼與什葉恐怖組織，包括哈瑪斯（Hamas）、真主黨（Hezbollah）、伊拉克基地組織、巴勒斯坦伊斯蘭聖戰（Palestinian Islamic Jihad）與庫德恐怖組織「庫德工人黨」（Kurdistan Workers' Party，簡稱PKK）。在美國2003年入侵伊拉克後，阿薩德政權造了一個管道，讓外國戰士源源加入伊拉克基地組織，與美軍作戰。我補充說，阿薩德還以伊朗代理人身分在敘利亞挑撥內戰，讓伊拉克與阿拉伯世界持續積弱、分裂。[20]

　　阿巴迪談到阿薩德如何在伊朗與俄羅斯協助下，利用激進薩拉菲（Salafi）聖戰士，將所有反對派描繪成意圖在敘利亞創造伊斯蘭哈里發的恐怖分子。阿薩德在2011年初從敘利亞獄中放出數以千計強硬派伊斯蘭主義分子，這些人後來都成為伊拉克基地與伊斯蘭國的主要頭領。我答道，可悲的是，阿薩德這項策略似乎有效。誠如友人、故教授福阿德‧阿賈米（Fouad Ajami）所說，由於戰事不斷轉劇，阿薩德說服歐巴馬政府，阿薩德雖殘暴，但比他那些反對派好得多。[21]我們談到沒能貫徹始終的「阿拉伯之春」，談到在反政府抗議從突尼西亞、埃及與利比亞傳入敘利亞之後，敘利亞叛軍於2011年3月展開行動。阿薩德政權逮捕、酷刑拷打示威青少年的暴行在九天後引發全國各地暴亂，其中最嚴重的事件發生在霍姆斯（Homs）。反對示威與暴力鎮壓於是愈演愈烈。[22]

　　我們談到我們當年在塔阿費的合作，與大中東地區這些問題息息相關。阿巴迪強調，雖說美國不準備將裝甲騎兵團布署在伊拉克、敘利亞與葉門，但美國應該透過外交與對在地夥伴的軍事與情報支援，打破這種暴力循環，這才是正確的全面性戰略。吉布里與阿巴迪是對基地與伊朗的威脅，因為兩人都是有效的調解人，都是真正的人道主義者，都能運用同理心讓衝突各造走向和解。但兩人若想保住自己與家人的性命，充其量也只能做到如此而已。美國只是運用外交與經濟影響力；伊朗除此之外還運用暗殺。

推翻海珊迎來艱鉅挑戰

　　在2003年4月抵達巴格達以後，阿巴迪帶著母親立即趕往監獄找他失散已久的兄弟。但他們遍尋不著，最後在廢棄檔案櫃中找到一份文件，文件中說他的兄弟在30年前被捕後不久就遭處決。30年來，阿巴迪的母親見證過三場戰爭。在第一場與伊朗的戰爭中，約60萬名伊拉克人死難。[23]海珊殺了超過25萬自己的同胞（伊拉克人口2200萬），包括阿巴迪的兄弟。第二場戰爭於1990年展開，起因是海珊認為科威特、沙烏地阿拉伯與其他阿拉伯國家欠他一份情，認為阿拉伯國家應該替他負擔兩伊戰爭戰費。對阿拉伯國家的怨氣，導致伊拉克於那年8月出兵，兼併了科威特。老布希政府於是組成一個35國聯盟，在沙烏地阿拉伯集結了一支75萬人的兵力。之後盟軍展開37天轟炸與100小時的地面攻勢，打垮海珊的大軍，在1991年2月把他們趕出科威特。以美軍為首的聯軍在2003年入侵伊拉克，這是第三場戰爭。這場戰爭終結了海珊的暴政，但沒能為伊拉克創傷的社會帶來和平。

　　在1991年波斯灣戰爭結束後應該怎麼做的問題上，阿巴迪與我看法不一。阿巴迪對解放科威特表示歡迎，但他認為美國應該趁勢推翻海珊，讓他與他的同胞可以用他們理想的伊斯蘭主義政府取代野蠻的獨裁統治。波斯灣戰爭期間有150萬伊拉克人流亡海外，其中50萬人住在伊朗。他們絕大多數認為這是對海珊與他的復興黨展開報復的大好良機。但意識型態的分裂削弱了海外流亡與伊拉克境內反海珊陣營的力量。我在波斯灣戰爭結束後第一手見證了這些分裂，之後從2003到2008年間，我在服役伊拉克期間再次面對它們。與阿巴迪不同的是，我不認為美國應該在1991年剷除海珊。我們的騎兵部隊曾在波斯灣戰爭尾聲駐防納西里耶（An Nasiriyah）。之後，我寫過一篇社論說，「雖說換成其他任何人上台都比海珊好，但用我們自己取代他會有許多問題」。我以伊拉克人彼此間因種族、宗派與部落團體之爭而分裂為例指出，在後海珊的伊拉克，「公正與負責任的全國性領導縱非絕無可能，可能性也十分渺茫」，「在這種情況下，我們至少得承繼一部分建立新政府的責任」。在履行這種責任的過程中，我們一定會遭遇武裝反抗，新政府勢將面對死硬派復興黨分子與伊斯蘭主義者不斷的攻擊，我們會背上「猶太復國主義者」與「新帝國主義者」的罵名。我因此達成結論說，剷除海珊會造成「後海珊時代一項完成之日遙遙無期的巨型工程」，而且「不能保證能否成功」。[24]

在「沙漠風暴行動」（Operation Desert Storm）結束後，老布希總統鼓勵什葉派起事推翻海珊，但隨即將美軍撤出伊拉克南部。海珊的「馬哈巴拉」（Mukhabarat，秘密警察）與特種共和國衛隊迅速出擊，造成什葉派重大傷亡，削弱了反對派勢力。阿巴迪稱1991年發生在南伊拉克的這次事件為「豬玀灣時刻」（Bay of Pigs Moment），將這次事件與30年前中情局支持的入侵古巴的行動相提並論。不僅如此，布希政府隨後對伊拉克的制裁，由於海珊的復興黨控制走私網路以逃避制裁，實際上反而讓復興黨勢力更大。復興黨減少對不忠誠社區的社會服務，迫使更多伊拉克人仰仗海珊的保護。阿巴迪的父親就這樣卡在叛亂與暴力鎮壓之間，終於在1994年逃往英國，不到兩年後因心臟病發死在英國。阿巴迪的黎巴嫩裔母親留在巴格達。在1980年代眼見自己三個兒子被海珊手下抓進監牢的她，一定想不到自己會在2014年看見另一個兒子宣誓就任伊拉克總理。當我在巴格達初會阿巴迪時，我們也都沒想到之後幾年，我們還會在叛亂與內戰的混亂中一起在伊拉克合作，更別說會在將近14年後在白宮重聚了。

　　阿巴迪與我一致認為，重建伊拉克的計畫龐大艱鉅，但準備工作卻少得出奇。在盟軍2003年入侵伊拉克之後幾年間，隨著伊拉克維安成本與難度不斷升高，美國人開始不斷辯論這次入侵是否遭到誤導。這些辯論大多圍繞一個主題：海珊究竟是否擁有大規模毀滅性武器──這是美國向聯合國提出的出兵伊拉克的主要理由。但隨著戰爭演變成叛亂、內戰與持續不斷的反恐戰，我認為更有意義的辯論主題應該是：誰說伊拉克「政權改變」是件簡單的事？他們為什麼這麼說？

越戰殷鑑不遠

　　在初會阿巴迪那天，我擔任阿比薩德將軍的執行官。兩個月後，當阿比薩德接掌中央指揮部時，我奉命擔任總司令顧問群（Advisory Group）主任。顧問群是一個小團隊，負責協助總司令進一步了解中東複雜的挑戰，了解美軍怎麼做最能完成政策目標。我在就任這項新職時，隨身帶著十幾本康拉・克蘭（Conrad Crane）上校與安迪・泰里爾（Andy Terrill）教授不久前在美國陸軍戰爭學院完成的一項研究報告。報告中警告說，「美國在後衝突時代表現不佳……主要問題就在於美國人厭惡國家建設工作。在越南的失敗助長了這種厭惡情緒。」[25] 報告中列舉在入侵伊拉克之後，軍方一開始必須做些什麼，然後將工作移交給文人當局，或新伊拉克政府與安全部隊。我從抵達巴格達那一刻起就很清楚，美軍與倉促組成的文人機構「重建與人道援助局」（Office of Reconstruction and Humanitarian Assistance，ORHA）根本無力承接這些重責大任。美國在2001年入侵阿富汗與2003年入侵伊拉克之後碰上的許多問題，起因都是事先欠缺考慮，不知道怎麼做才能將軍事成果轉換為讓人民安居樂業的政治目標。[26] 越戰後出現的對長期軍事承諾的厭惡，加上對高科技軍事力量的信心，讓美國把歷史經驗拋在腦後，認為加強戰果只是一種選項，而不是戰爭最主要的部分。許多美國領導人不讀這些歷史教訓，面對出現在伊拉克那些與他們想像中大不相同的情勢，若不是麻木不仁，就是反應得太慢、太遲。

　　還有些美國領導人似乎不知道他們訂定的目標有多難：「伊拉克自由行動」（Operation Iraqi Freedom）的目標是將伊拉克人民從殘忍的政權手中解放，確使一名與人民為敵的獨裁者不能擁有大規模毀滅性武器，並在中東建立一個民主政府，以反制極端主義。儘管這項防阻性軍事行動沒有獲得廣泛國際支持，美國領導人還是樂觀地追逐這些目標。許多人警告說，伊拉克境內的國家建設工作會很艱難，而且耗時費力，但都遭到忽略。樂觀派聽信了不該聽信的人——其中許多是旅居美國、打著自己算盤的伊拉克僑民。

軍事勝利、政治失敗

就像在阿富汗一樣，對戰爭本質的忽視，使原本已經艱鉅的任務更加棘手。戰略自戀讓美國領導人以為在伊拉克取勝易如反掌。他們不了解戰爭是一種政治的延續，由於人力巨大的投入，未來事態的發展難以預知。儘管聯軍與「過渡時期治理委員會」（Interim Governing Council）根據聯合國訂定的伊拉克政權移交時間表採取行動，但對於只見過槍桿子政治的伊拉克人而言，投票政治還太陌生。聯軍打垮了海珊政府，但一個秘密復興黨網路與一個資金充沛的復興黨公開組織存活下來。一開始各行其是、雜亂無章的地方性反抗占領的行動，逐漸成為高度組織化的叛亂。遜尼派叛亂團體就近利用海珊建立的情報基礎設施。前海珊政權的特工不僅從一些波斯灣國家、還從伊斯蘭主義團體處取得支援。外國戰鬥人員與自殺炸彈客源源湧過伊拉克不設防的邊界。[27]美國的任務距離完成還遠得很。

伊拉克人民早已遍體鱗傷，伊拉克社會早已因海珊暴政與戰亂而支離破碎，但美國領導人沒有考慮這些事。海珊在統治期間，為挑起民眾對以色列、美國與「猶太主義十字軍陰謀」

（Zionist-Crusader Conspiracy）的憤怒，發動「回歸信仰」計畫。由於教育水準過低，也由於這項「回歸信仰」的計畫訴求，伊拉克青年淪為恐怖組織召募新手的最佳對象。聯合國制裁的壓力害慘了中產階級。聯軍入侵伊拉克後，海珊政府體制崩潰。盜匪開始洗劫政府財物，犯罪組織與叛軍開始填補權力真空。聯軍剷除了海珊，卻沒有一項穩定伊拉克情勢的計畫。繼阿拉伯民族主義失敗、伊朗革命、兩伊戰爭、1991年波斯灣戰爭、以及復興黨獨裁之後而出現的宗派暴力於是大行其道。遜尼派阿拉伯人擔心遭到什葉派阿拉伯人與庫德族人侵犯、報復。由於過渡時期治理委員會主要由什葉派與海外流亡人士組成，由於「去復興黨」行動針對前軍官、政府官員、甚至教師進行奪權，再加上庫德與什葉派民兵揚言報復，遜尼派阿拉伯人人心惶惶。有些人擔心新政府會把伊拉克石油資源與最富庶的農地交給庫德人與什葉派，讓遜尼派在最貧窮的省分自生自滅。許多遜尼派阿拉伯人達成結論說，他們只有透過暴力才能保護自己的利益。叛亂情勢於是愈演愈烈。

　　有時我覺得，華府以及剛在巴格達成立的「聯合臨時當局」（Coalition Provisional Authority）那些人，似乎是在故意把任務搞得艱鉅不堪。他們除了大舉展開「去復興黨」化以外，還決定不讓伊拉克軍歸隊，決定比照駐阿富汗美軍人數限制駐伊拉克美軍兵力，他們遲遲不對復興黨最惡劣的罪行伸張正義，還建立了一個伊拉克人認為貪腐、無能的過渡時期治理委員會。

　　就像在阿富汗一樣，美國領導的聯軍反應太慢，不能調適敵人與敵人戰略的變化。在衝突第一年，叛軍的暴力矛頭主要針對聯軍部隊，新成立的安全體制以及政治領導人。叛軍的攻擊在一開始成效不彰，但他們慢慢學會布署路邊炸彈與汽車炸彈。2003年夏，叛軍開始摧毀基礎設施以阻撓進度，增加民怨。他們的戰略以恐怖主義為核心；以平民為對象的攻擊，例如2003年8月對約旦大使館與聯合國總部的炸彈攻擊，目的在削弱聯軍的國際支持。就像過去的戰爭一樣，文職人員的力量不足以安定國家。建立法治、提供基本服務、營造地方治理的責任落在軍人肩上。軍事單位沒有受過進行這類任務或反制叛亂作業的訓練；許多單位被這些始料未及的重大責任壓得喘不過氣。有些單位面對不斷升溫的暴力，拋開軍紀、採取以暴制暴的過激手段。阿布・格來布（Abu Ghraib）監獄醜聞等聯軍濫權事件，讓叛軍的宣傳更加振振有詞，說聯軍是21世紀的「十字軍」或「蒙古人」，意在摧毀伊拉克。隨著時間不斷逝去，復興黨殘餘人士與民族主義與部落分子，結合同情基地組織的伊斯蘭主義分子組建聯盟。到2004年，衝突已經演成一場宗派內戰。

　　在這場戰爭第一年，我曾多次穿梭伊拉克各地，第一手見證了這場衝突的變化。2004年2月，我領導的總司令顧問群為阿比薩德將軍準備了一份備忘錄。備忘錄開宗明義指出「內戰陰魂纏繞著伊拉克」。一個月後，伊拉克基地組織頭子阿布・穆沙布・奧－札卡威（Abu Musab al-Zarqawi）為伊拉克提出「阿富汗模式」。就像塔利班的伊斯蘭王國從阿富汗內戰中誕生一樣，札卡威的王國也要在伊拉克的混亂中崛起。札卡威要對伊拉克什葉派社群發動集體謀殺攻擊，煽動報復，點燃內戰火苗。然後他利用對遜尼派的報復攻擊，將伊拉克基地組織描繪成遜尼派保護者，說唯有伊拉克基地組織才能保護遜尼派，免遭什葉派民兵與安全部隊的威脅。最後，伊斯蘭伊拉克共和國將成為基地組織的「聖戰士國」，供基地組織發動對「近敵」——以色列與阿拉伯諸王國——與「遠敵」——歐洲與美國——的攻擊。[28]新萌芽的亂黨需要時間與空間養成氣候。可悲的是，由於準備工作不足，無力將軍事戰果鞏固為政治利得，以及不能因應不斷變化的衝突，我們陷入戰略自戀，讓伊拉克亂黨有了這種喘息的時間與空間。

協助塔阿費重建和平

　　一年後的2005年2月，我回到伊拉克擔任「勇敢槍」（Brave Rifles）——美國陸軍第三裝甲騎兵團——團長。我在巴格達拜訪了阿巴迪，我的團隨即奉命在尼尼微（Nineveh）省執行反制叛軍、組建伊拉克安全部隊的任務。我團的責任區跨越2萬2000平方公里，其中包括與敘利亞的220公里長的邊界。在塔阿費，第三裝騎團具體而微地經歷了伊拉克戰爭最具毀滅性的下階段戰事的主要問題。阿巴迪在尼尼微省什葉派土庫曼部落有一些朋友。他說，尼尼微的情勢與札卡威的「阿富汗模式」如出一轍：基地組織先利用宗派、部落與種族分歧煽動暴力，然後由恐怖分子趁亂控制土地、人口與資源。塔阿費有人口25萬，亞歷山大大帝曾通過穿越這座城的一條古道征服波斯。正是透過這種「阿富汗模式」，塔阿費迅速成為札卡威與伊拉克基地組織的主要訓練場與支援基地。

我們的團抵達尼尼微以後，與伊拉克陸軍一起行動，切斷伊拉克基地組織的在地支援，阻絕來自敘利亞的外國戰鬥人員與補給，並肅清附近鄉間的支援地區。我們毫不留情地進剿敵人，保護百姓，努力反制敵人宣傳，用實際行動表明我們的意旨。我們還要揭發恐怖分子的殘暴、罪惡與偽善，這也很重要。我們的團與伊拉克陸軍第三師，加上美軍與伊拉克特戰部隊開進塔阿費，保護人民，阻斷了宗派暴力循環。一旦籠罩全城的恐懼疑雲消散，我們的官兵開始取得情報。在地人士願意與美軍及伊拉克軍合作。我們在塔阿費與附近地區展開清剿，恐怖分子再也無法藏匿其中。2005年年底，在敵人潰敗後，塔阿費社群間的調停重建了彼此間的互信。重回塔阿費的人對經過改革的政府與警隊重拾信心。學校與市場重新開放。在阿巴迪與成為塔阿費市長的吉布利協助下，遜尼與什葉派社群開始和解，為長治久安奠下基礎。但2004到2005年間以塔阿費為核心的宗派內戰，在2006到2008年間成為一場燒遍伊拉克全境的暴力衝突，而且在2011年後再次在伊拉克重演。

一廂情願的移交戰略

美國在入侵伊拉克以前，一廂情願地忽視伊拉克安定問題的複雜性，也因此在入侵以後極力否認叛亂情勢，拒絕承認衝突已經演成一場宗派內戰。這些都是戰略自戀的產物。有些領導人根據他們的喜好、而不是情勢需求訂定戰略。速戰速決的心態持續；有些將領滿腦子想的似乎不是如何打贏這場戰爭，而是趕快回到承平時期的工作。2005年，美國領導人將美國在伊拉克的戰略改為將責任「移交」伊拉克軍。這項戰略無異於自毀長城，因為它過度高估伊拉克政府與安全部隊接掌全部責任的能力。美國當局所以在安全情勢逆轉的情況下仍然急著移交，部分原因是有人認為聯軍不但無助於解決問題，實際上已經成為問題一部分，認為更多軍隊進駐，會招來更多有關西方占領軍的批判。但就算聯軍只派一個班駐在伊拉克，只要聯軍進駐，基地組織就會以此作為招兵買馬的藉口，所以聯軍駐軍多少並無干係。儘管伊拉克顯然正走向內戰，塔阿費的例子也說明美國必須阻擋這種走勢，美國領導人戰略自戀的習性仍然不改。

2006年2月，伊拉克基地對沙馬拉（Samarra）的什葉派最神聖的「阿斯卡里」（al-Askari，即黃金清真寺）發動炸彈攻擊。直到這次攻擊以前，聯軍與什葉派為避免內戰，一直很克制。但在事件過後，什葉派民兵攻擊遜尼派的事件開始增加。行刑隊殺戮成為日常例行事件。遜尼派民兵遂與基地結盟。隨著一個或另一族群主動或被迫離開社群，社群陷入種族清洗。單在3月一個月，就有1300多人死於宗派殺戮。到那年仲夏，每天死亡人數都破百。甚至在6月間殺了伊拉克基地組織頭子札卡威之後，美軍與政府軍仍然無法控制暴力。到2006年年底，伊朗支持的什葉派民兵因內戰的混亂而勢力擴張，暴力循環於是加劇。

伊拉克政府不僅無力平亂；本身也淪為宗派內戰戰場。

　　就在這段期間，雷邦造了「My-raq」（我要的伊拉克）這個
字，描述美國官員心中想像的「I-raq」（伊拉克）情勢。這是有
趣的文字遊戲，但在戰時，戰略自戀是危險而且代價高昂的錯
誤。移交戰略在 PowerPoint 簡報中仍然表現得有聲有色；螢幕上
的「我要的伊拉克」情勢掩蓋了這項戰略已經失敗的現實。根據
指標，移交戰略執行得很成功。最後，在國防部簡報與伊拉克實
際情勢的脫節已經到了無可否認的地步時，國防部廢了這項戰
略。2006 年秋，華府對伊拉克情勢進行了幾次重估。

　　我參加了其中一次人稱「上校委員會」的重估。我們這組人
奉參謀首長聯席會議主席彼得‧裴斯（Peter Pace）之命，協助
參謀首長聯席會議，向以副國家安全顧問克魯奇（J. D. Crouch）
為首的白宮評估小組提出建言。一直以來，裴斯將軍與參謀首長
聯席會議總是根據他們的偏好、而不是根據伊拉克情勢需求提出
建議。我們的研究顯示，移交戰略與不斷惡化的伊拉克情勢完全
脫鉤，但參謀首長聯席會議與國防部長對此顯然有認知失調之
誤。在退伍軍人節周末，我應同事之請，針對裴斯將軍交給國家
安全會議的建議寫了一份備忘錄。我在備忘錄中向裴斯等人解
釋，伊拉克問題的性質與移交戰略之間何以脫鉤，並且將過去一
些錯誤的假定說得更清楚。[29] 這些假定包括：

　　　　「伊拉克警衛部隊不僅有實力、還有保國衛民的職責，
　　能夠擊敗叛軍，提供長治久安。」

　　「伊拉克政府有能力無分宗派提供基本服務，並說服遜
　尼派阿拉伯人與土庫曼人，讓他們相信政府可以不用暴力、
　而用政治程序保護他們的利益。」

　　我在備忘錄的結論中寫道，移交戰略的主要好處就在於它
不需要美國投入更多軍力或資源。裴斯將軍的執行官、後來成
為網路戰指揮部司令與國家安全局局長的麥克‧羅吉斯（Mike
Rogers），在來到國防部、看到這份備忘錄草案時，對我大發雷
霆。他要我改寫這份備忘錄，但我說，備忘錄說的都是實情。我
要求他將備忘錄一字不改地交給裴斯。我願承擔一切責任，而且
當然，如果裴斯授意，我會遵命修改。最後，裴斯將軍將這份備
忘錄一字不改地送交白宮。

　　另一方面，副總統錢尼也在草擬他自己的評估，就政府程序
問題提出另類省思。在斐德烈‧卡根（Frederick Kagan）與金伯
利‧卡根（Kimberly Kagan）兩兄弟指導下，智庫「美國企業研
究所」（American Enterprise Institute）進行了一次兵棋推演與計
畫會。斐德烈與金伯利兩位歷史學博士都是我的好友，是伊拉克
戰略問題專家。我沒有參加兩兄弟這項計畫，但第三裝甲騎兵團
在塔阿費的經驗成為這項計畫參考的對象。裝騎團副團長喬‧阿
姆斯壯（Joel Armstrong）上校與計畫官丹‧杜耶（Dan Dwyer）
少校還負責組建一場兵推，根據移交戰略推演伊拉克戰局。

　　在我為裴斯將軍草擬備忘錄不久後，副總統錢尼邀我到他家
作客。在答覆他的問題時，我描述美國的伊拉克戰略如何從第一

天起就與這場戰爭的現實脫鉤。在第二次會晤錢尼時，我帶了一份手寫的清單，列舉「我們打不贏伊拉克之戰的十大理由」。在回到倫敦——當時我在倫敦國際戰略研究所（the International Institute for Strategic Studies）工作——過聖誕節時，小布希總統大幅修改了伊拉克戰略。不到兩個月後，我回到伊拉克。與大使大衛・皮爾斯（David Pearce）與一個跨國團隊一起，為新任駐伊拉克美軍司令大衛・裴卓斯將軍與新任駐伊拉克大使萊恩・克洛克訂定戰略。皮爾斯是一位才氣縱橫、經驗老到的外交官，早在2003年入侵伊拉克以前，他已經完成一項研究，料及我們在剷除海珊以後將在伊拉克遭遇的許多問題。皮爾斯能一眼看出一場衝突是否能演成內戰。在進入國務院工作以前，他在黎巴嫩內戰期間曾擔任合眾國際社（United Press International）首席中東特派員。他與我一致認為，我們需要針對亂源訂定一項政治策略，整合我們在伊拉克的一切活動、計劃與行動，以及我們的外交作為處理這些亂源。

塔阿費經驗的啟示

上一次與阿巴迪會面在2006年年初，地點在塔阿費，當時他是國會議員。2007年3月，我們「聯合戰略評估團隊」（Joint Strategic Assessment Team，J-SAT）展開工作，我借了裴卓斯的飛機，送阿巴迪回塔阿費。這時擔任我的副手的雷邦隨即加入我們。塔阿費一片欣欣向榮。基地組織雖說卯足全力重啟宗派暴力循環，卻未能打破當地和平。塔阿費居民不願再次陷入暴力恐怖中。吉布里市長是位了不起的領導人與調停者，他鼓勵社群與社群間不斷溝通，並堅持建立專業警察隊伍。兵力不到一營的小股美軍留駐塔阿費，為伊拉克安全部隊提供顧問與協助。伊拉克軍警彼此間以及與民眾間關係良好。我們走在兩年前還是戰場的大街小巷上，但這一次我們無須戴頭盔、穿防彈背心。市場人潮擁擠。學校擠滿快樂的學童。母親看著孩子在公園與遊樂場玩在一起。百姓向我們問好、致謝。一度因恐怖暴力而遍體鱗傷的塔阿費，現在似乎是整個巴格達與底格里斯與幼發拉底河谷地區唯一免於死亡與毀滅威脅的天堂。

伊拉克全國各地需要的，就是塔阿費這種政治和解模式。為建立這種和解，美國不僅需要增派援軍，還得對戰略進行根本上的改變。新的戰略要「喚醒」遜尼派提防基地組織的意識，鼓勵遜尼派擊敗基地組織，促成地方性停火。新戰略要說服各界人士，讓他們相信政府可以不用暴力、而用政治程序保護他們的利益，從而孤立基地組織與什葉派民兵。

但在各派系相互交火的情況下，政治程序難以為繼。為打破這種暴力循環，雷蒙・奧迪諾（Raymond Odierno）將軍領導的駐伊拉克美軍第三軍，已經展開建立安全區、促成地方性停火、「由下而上」的和解工作。史坦利・麥克里斯特（Stanley McCrystal）中將領導的特戰部隊，負責全力對付伊拉克基地與什葉派民兵內部那些不肯和解的死硬派，讓其他那些有意和解的派系見狀更願意加入政治程序。伊拉克基地組織的極度兇殘也幫

了我們的忙。遜尼派民眾不再將札卡威與隨他湧入伊拉克作戰的
那些人視為保護者，而將他們視為必須剷除的外國病毒。[30] 從開
發援助到籌建安全部隊等一切計畫，都以削弱宗派與外國（即伊
朗）影響力為目的。這一招有效。在完成軍力布署之後一年間，
伊拉克境內暴力降到2004年以來最低點。[31]

　　阿巴迪、雷邦與我在2008年年初又回到塔阿費。阿巴迪認
為我們的作法已經將伊拉克從懸崖邊拉了回來。但我們隨即發現
我們的成功很脆弱，而且局勢很可能生變。想確保伊拉克長治久
安，不與伊朗沆瀣一氣，我們需要長期的軍事、外交與經濟投
入。不幸的是事與願違。

倉促撤退埋下禍根

　　在2009到2010年關鍵時刻，美國新政府根據一種新版本戰
略自戀訂定它的政策。這是一項充滿悲觀、只要能讓美國退出、
怎麼都好的政策。歐巴馬在競選期間提出一項16個月為期的撤
軍時間表。當伊拉克總理努里・奧－馬利基為這項撤軍時間表背
書，而歐巴馬贏得選舉時，美國全面退出伊拉克已經大勢底定、
無可逆轉。小布希政府因過度自信而低估了出兵干預的風險與成
本，歐巴馬政府卻因過度悲觀而低估了退出伊拉克可能造成的風
險與成本。小布希政府認定美國的戰略一定能帶來預定成果，歐
巴馬政府卻認定問題的根本就在於美國介入伊拉克。這兩種作法
都欠缺戰略同理心，因為它們都沒有考慮到這麼做為敵人與對手

帶來的可乘之機。2011年12月，歐巴馬政府宣布，「我們現在要走了，留下一個主權完整、安定而且自給自足、擁有代議制政府的伊拉克。」³²就像美軍撤出阿富汗時（儘管更多美軍於2009年進駐）宣布的一樣，歐巴馬政府將美軍撤出視為等同戰爭結束。副總統拜登從巴格達打電話給歐巴馬總統說，「謝謝你給我這個機會結束這場鬼戰爭。」³³在歐巴馬政府要員心目中，美國不僅應該撤出伊拉克，還應該撤出中東，這是十足的好事。

可悲的是，美國在外交與軍事上撤出伊拉克的作法，讓伊拉克總理馬利基的政府更加肆無忌憚，大規模宗派暴力於是重返伊拉克，伊朗對伊拉克政府與什葉派的影響力進一步擴大，史上最兇殘的聖戰恐怖組織伊斯蘭國也出現了。

由於美國勢力退出，儘管甚獲遜尼社群擁戴的什葉派候選人阿雅‧阿拉威（Ayad Allawi）贏得大多選民支持，但在伊朗策動下，馬利基仍然贏得2010年伊拉克大選。馬利基不遺餘力地重啟內戰。他的政府把遜尼派逐出軍隊與政府要職，不但不履行聘用遜尼派部落民兵的諾言，還將他們逐出軍中，讓遜尼派部落民兵相信政治程序不利他們，從而為基地組織提供了訓練精良的兵源。在當選連任以後，馬利基以恐怖主義罪名逮捕遜尼派副總統塔里克‧奧－哈希米（Tariq al-Hashemi），並在2012年將哈希米缺席裁判判處死刑。馬利基不喜遜尼派阿拉伯人與土庫曼人，從監獄放出大批囚犯，讓這些囚犯回到家鄉，引發害怕基地勢力捲土重來的人的敵意。伊拉克遜尼派的離心離德、伊朗的顛覆、以及敘利亞內戰效應，遂導致伊斯蘭國崛起，與伊拉克政府軍在伊斯蘭國2014年6月攻勢中的潰敗。[34]

　　無論什麼人只要稍加注意，就能在大老遠（或好幾年前）發現伊斯蘭國（又稱伊拉克基地組織2.0）即將登場。對了解伊拉克的人來說，伊斯蘭國火車出軌大難已經出現，不過世人還沒有聽到聲音罷了。當2011年伊拉克情勢惡化時，我正在阿富汗。我先是接到伊拉克友人的電話與電子郵件，告訴我遜尼與什葉社群之間的和解正在解體，之後我讀到一篇報告，預測今後幾個月與幾年會發生些什麼事。馬利基政府不斷煽動宗派對立，再加上釋放基地組織犯人，都讓遜尼派社群認定唯有透過暴力才能保護他們的利益。伊斯蘭國重施故技，以社群保護者自居，並複製基地組織在2004到2006年的攻勢。這篇報告預測，已經因宗派清算而遭掏空的伊拉克政府軍將遭伊斯蘭國擊潰。

　　我從我在喀布爾的辦公室將這篇報告交給國防部的參謀首長聯席會議主席馬丁・鄧普西（Martin Dempsey）。對伊拉克與中東情勢知之甚詳的鄧普西，認為這篇報告很有說服力，將它交給參謀首長聯席會議與國防部傳閱。資深情報官員對它並不熱衷。因為根據美國領導人自欺欺人的想法，伊拉克基地組織已經潰敗，伊拉克軍實力強大。而這篇報告的預測卻背道而馳。一些美軍領導人也不願相信伊拉克軍在接受美軍10年訓練後竟會潰敗。儘管眾多證據證明正好相反，但由於戰略自戀作祟，許多美國領導人仍將幻想當成事實。在2011年12月巴格達美軍指揮部舉行「任務結束」儀式後不到30個月，摩蘇爾淪陷，2004年12月從伊拉克布卡營（Camp Bucca）監獄釋放的阿布・巴克・奧-

巴格達迪（Abu Bakr al-Baghdadi），登上奧－努里（al-Nuri）大清真寺，宣布建立新伊斯蘭國。[35]

阿拉伯之春

　　不僅對伊拉克，對整個中東而言，2011年都是關鍵性一年。在入侵伊拉克八年後，美國從伊拉克撤軍，並表示將不再理會這個多事的地區。突尼西亞一位名叫穆罕默德・包阿吉吉（Mohamed Bouazizi）的水果販，為抗議突尼西亞社會經濟不公與專制獨裁而公開自焚，在2010年底揭開所謂「阿拉伯之春」序幕。包阿吉吉的自焚在中東主要為阿拉伯人的地區引發一連串反政府抗議、暴動與武裝叛亂。這些事件最後導致突尼西亞與埃及總統辭職，推翻利比亞的格達費（Muammar Gaddafi）政府的大規模叛變，以及一場差一點就把敘利亞阿薩德政權打垮的內戰。為響應「阿拉伯之春」，歐巴馬政府在從伊拉克撤軍的同時，對利比亞進行干預，但也重蹈布希政府2003年出兵伊拉克犯下的基本錯誤：在沒有做好下一步怎麼走的計畫時貿然用兵。

　　突尼西亞的抗議事件拖垮了自1987年以來統治突尼西亞的總統薩恩・奧－阿比丁・班阿里（Zayn al-Abidine Ben Ali）。這場政治覺醒浪潮透過推特與臉書席捲整個突尼西亞，然後往東侵入埃及。埃及有8600萬人，是全世界最大的阿拉伯語國家。埃及總統是強人哈斯尼・穆巴拉克（Hosni Mubarak），於1981年就任，用操控選舉與囚禁政治異己的手段維繫政權。受到包阿吉吉在突尼西亞自焚事件的鼓舞，埃及人在2011年1月25日走上街頭，抗議穆巴拉克的高壓政權，要求言論與集會自由。穆巴拉克於2月1日向抗議運動讓步。他在國家電視台上發表演說，宣布將在六年總統任期於2011年年底屆滿時下台。但這項宣布未能平息眾怒。抗議人潮表示除非穆巴拉克下台，他們不會解散。穆巴拉克遂於2011年2月11日下台。前後18天間，震撼中東的示威潮已經迫使阿拉伯世界最有權勢的領導人退位。2月15日，示威運動跨過埃及西部邊界湧入利比亞。利比亞的面積與阿拉斯加相仿，人口600萬。格達費自1969年上台以來，一直利用鐵腕高壓、財務控制與綿密的裙帶關係網絡控制利比亞。在埃及與突尼西亞，推翻總統付出的人命代價相對較少，但利比亞陷入一場全面內戰，死傷慘重。

　　在班阿里下台，穆巴拉克辭職，阿拉伯之春在中東遍地開花。格達費這樣的強人突然間困守愁城，岌岌可危。沙烏地阿拉伯、科威特、巴林與阿拉伯聯合大公國的國王們也如坐針氈。另一方面，許多美國與西方人士認為，阿拉伯之春是積怨已久的人民爭自由的自然爆發，是無可避免的必然。社交媒體是造成這股橫掃中東爭自由浪潮的功臣。

干預利比亞重蹈覆轍

　　2011年3月17日，歐巴馬政府說服聯合國通過1973號決議案，授權軍事干預利比亞，以免獨裁者格達費迫害爭民主的抗議人。此外，對萌芽中的阿拉伯之春而言，格達費是一項可能扼殺這項運動的威脅。在入侵阿富汗與伊拉克初期一樣，北約領導的對利比亞的空中攻擊在一開始也戰果輝煌。在北約空中武力支援下，利比亞叛軍終於在幾個月奮戰後在2011年10月20日把格達費趕出藏身地。格達費的車隊在穿越利比亞一條坑坑窪窪的公路時，遭美軍戰鬥機截獲，美軍戰鬥機射出幾枚空對地飛彈，打癱了車隊。在爆炸震威逐漸消逝後，格達費的隨從紛紛棄車逃竄。格達費的兒子帶著他匆匆穿過沙漠，讓格達費躲進附近一處埋在路面下的排水管裡。不久叛軍趕到，把格達費揪出來，還扯下他的襯衫。兩名叛軍抓緊他，讓他直直站著，另一名叛軍用一條尖頭鐵棍穿透他的褲子、插進他的肛門。第四名叛軍拿著攝影機，在圍觀者喝采聲中拍下這幕雞姦暴力。最後，70歲的格達費渾身血跡、神志不清地被人送上一輛守候著的救護車。之後發生了些什麼有幾種說法，不過格達費沒有活著離開這輛車。[36]

　　格達費死後第二天，歐巴馬總統向全球發表演說，解釋美國在中東的行動。歐巴馬表示不準備在中東投入更多地面部隊。他在談到伊拉克時宣布，「我們仍然留在伊拉克的軍隊將於年底以前返國」。他說，「在之後兩個月，我們駐在伊拉克的數以萬計的軍隊將整理行囊，踏上返鄉歸程。最後一批美軍會打著得勝鼓，昂頭挺胸，跨越邊界離開伊拉克。美國在伊拉克的軍事行動就這樣畫上句點。」[37]

　　由於利比亞空戰行動奏功，美國領導人的「否定症候群」故態復萌。為了不再重蹈在伊拉克犯下的錯誤，他們決定不派地面部隊進駐利比亞。但正因為沒有設法穩住後格達費時代的利比亞，北約又一次忽略了戰爭是政治延伸、受人類情緒鼓動的本質，實際上重複了在阿富汗與伊拉克的錯。格達費死後，混亂與部落衝突情勢更加惡化，一個基地組織支派為紀念11年前的九一一大屠殺，選在9月11日攻擊利比亞班加西（Benghazi）美國領事館。著名中東問題專家、新任美國駐利比亞大使克里斯多福·史蒂芬斯（Christopher Stevens）當時正在領事館內。部分由於美國不願在利比亞過於張揚，當時領事館的警衛很薄弱。史蒂芬斯與美國外交新聞官西恩·史密斯（Sean Smith）就在領事館內遇害。恐怖分子還攻擊了約一英里外的一處政府設施，殺了中情局包商泰隆·伍茲（Tyrone Woods）與葛蘭·杜赫提（Glen Doherty）。史蒂芬斯是美國自1979年以來第一位殉職的美國大使。利比亞成為渴望逃往歐洲的難民的起源地與中繼站。就在這段期間，敘利亞內戰急遽升高，穆罕默德·穆希（Mohamed Morsi）在埃及掌權，用穆斯林兄弟會伊斯蘭獨裁取代了穆巴拉克的民族主義獨裁政權。季節已變。在中東，春天過去了。

令人失望的中東成績單

在冷戰期間，伊朗與沙烏地阿拉伯是美國對抗蘇聯在中東影響力的兩大支柱。伊朗支柱在1979年革命期間崩塌，而有鑑於沙烏地阿拉伯不斷生產、外銷伊斯蘭主義，沙烏地阿拉伯這根支柱也有結構性問題。這兩個原是人們眼中維安重鎮的國度，現在成了宗派內戰的禍源。阿巴迪與中東各地其他許多領導人雖也努力拉攏社群，但伊朗革命、兩伊戰爭、獨裁統治、以及遜尼伊斯蘭變態極端主義的崛起，吞噬了他們的努力。

在2003年入侵伊拉克之後，美國的中東經驗令人沮喪，而退出中東更讓已經很糟的情勢進一步惡化。美國與其他國家不能解決中東問題，但可以支持阿巴迪與吉布里這些有決心的領導人，幫他們帶領中東走出20世紀與21世紀之初的一連串敗績，創造未來。自由與開放社會的人民如果背棄中東人民，他們本身也難免淪為來自中東各種問題的犧牲者。

第八章

打破循環

恐怖主義與它的歷史、政治與社會背景不可分割，
這期間的因果關係既有在地性，也有全球性意義。

——福奧德利・庫斯・克洛寧，《恐怖主義如何結束》

在2020年，西起摩洛哥，東到伊朗的大中東地區，仍然一團混亂，尤其是包括北邊的敘利亞與伊拉克，南邊的蘇丹與葉門。美國不能與志同道合的國家合作，訂定、執行健全、一貫的政策，導致這場災難的規模持續擴大，也造成美國對中東影響力的不斷縮水。美國總喜歡暫時性地投入，希望用短程手段解決長程問題，布希、歐巴馬與川普政府的政策都是如此。[1]

伊拉克經驗告訴我們，治標不治本的做法只會使衝突加劇，使國家與國際威脅更嚴重。宗派內戰是中東人道危機、也是來自中東威脅的根源，我們的中東戰略應該以剷除這些根源為重心。如果想讓這些戰略成功，執行戰略付出的成本必須為美國人民接受。為了不讓美國人民視為一處必須避開的泥沼，我們首先得向美國人民闡述中東的重要性，要美國人民了解，我們必須持續投入中東才能保護美國人民的安全與繁榮。誠如中東分析師肯尼斯·波萊克（Kenneth Pollack）所說，中東地區對美國人很重要，因為中東的問題不適用於拉斯維加斯那句名言——發生在中東的事，不會僅僅留在中東。[2]

阿拉伯之春的失敗、敘利亞內戰與伊斯蘭國的崛起，影響所及遠遠超過中東。從2011年3月到2018年10月，單單敘利亞內戰就造成50幾萬人死亡，迫使2100萬敘利亞人民中超過四分之一的人流離失所。[3]阿薩德政權讓9萬8000多名男、女與兒童人間蒸發，將14萬4000多名敘利亞人下獄。[4]沒有人知道阿薩德政權究竟殺了多少人，但據估計總在數十萬之譜。

隨著暴力情勢不斷惡化，歐巴馬總統與美國的歐洲盟國決定退出中東，不對利比亞與敘利亞危機採取制約行動。舉例說，如果能在格達費垮台後，將一支多國維和部隊進駐利比亞，可以防止這個地廣人稀的國家分崩離析。[5]若能比照1991年波斯灣戰爭後為伊拉克庫德人建的禁飛區與安全區，在敘利亞採取類似措施，原本可以緩和這場人道危機，阻止難民潮，壓制伊斯蘭國與其他聖戰恐怖組織的擴張，迫使阿薩德政權與它背後的主謀以政治手段解決內戰問題。[6]

　　由於敘利亞溫和反對派逐漸失勢，伊斯蘭極端主義派當道，加以俄羅斯於2014年進行干預，防阻阿薩德垮台，以及同一年伊斯蘭國在敘利亞與伊拉克發動的大規模攻勢，有效解決敘利亞問題的選項逐一消失。敘利亞內戰的加劇，伊拉克的大規模宗派暴力，利比亞的混亂，以及2014年後的葉門內戰，為伊斯蘭國以及與基地組織相關的團體──例如「沙姆解放組織」（Hayat Tahrir al-Sham）與「努斯拉陣線」（Nusra Front）的崛起創造了有利條件。在巴格達迪2014年在摩蘇爾建立伊斯蘭國一年後，伊斯蘭國策畫、發動了許多攻擊，包括11月間在巴黎的集體謀殺、葉門的清真寺爆炸事件、對突尼西亞觀光客的攻擊、在安卡拉與貝魯特的自殺炸彈、在西奈半島上空擊毀一架俄羅斯民航機、以及12月在美國聖伯納迪諾（San Bernardino）的槍擊事件。2016年3月22日，三名伊斯蘭國派遣的自殺炸彈客攻擊布魯塞爾機場與地鐵站，兩名平民遇害。伊斯蘭國對西方目標（包括航空業）的覬覦從未間斷。據估計已有一百多名美國人前往敘利亞加入恐怖組織，這樣做的歐洲人也有好幾千人，這些人對美國以及旅遊北美免簽的國家形成一種新威脅。[7]

　　伊斯蘭國勢力所及不僅止於實體世界。它並且運用網際網路與社交媒體進行招募、策動攻擊。顯然發生在伊斯蘭國的事，不會僅僅留在伊斯蘭國。我們要對那些不願捲入中東爭端的美國與歐盟國家人民表達一個論點：防止恐怖組織崛起的成本，遠比等恐怖組織養成氣候、形成威脅以後再想辦法應對便宜得多。為了從伊斯蘭國手中奪回一塊面積等同英國的土地，美軍被迫重返中東、在伊拉克與敘利亞東部支援伊拉克軍與庫德民兵，打了五年仗，造成巨大生命與財產損失。如果當年美軍繼續留在伊拉克，敘利亞內戰規模不致鬧到這麼大，維和平亂的成本也小得多。

　　這個論點另有一個層面：與其病發以後不斷費時耗力進行治療，不如扼住病源、對症下藥明智得多。敘利亞成為自第二次世界大戰以來最嚴重的人道危機，引發的難民潮不僅席捲黎巴嫩、約旦與土耳其等鄰國，還湧入歐洲造成重大問題。在2014與2018年間，估計約有1萬8000名浮海逃生的難民在地中海上溺死，其中24.3%的人是孩子。到2020年，抵達歐洲海岸或從土耳其越界進入歐洲的難民已經超過100萬。敘利亞難民人口在黎巴嫩有90萬，在約旦有60萬，在土耳其有360萬。[8]

　　但統計數字只是冷冰冰的數字，真正揭發難民經驗的報導也寥寥無幾。這場危機造成的駭人聽聞的損失，只能偶然讓美國人與歐洲人動容。2015年9月，三歲男孩亞蘭・庫爾迪（Alan Kurdi）溺水浮屍漂到土耳其海灘的照片，與2016年8月的一個有關兒童受害人歐姆蘭・達尼西（OmranDaqneesh）的視頻就是這樣的例子。達尼西是阿薩德轟炸阿勒坡（Aleppo）的受害人，視頻中的他驚恐地躲在一輛救護車後座，臉上不斷淌血。敘利亞內戰加劇，這場難民危機也不斷惡化。2016年12月底，俄羅斯認定美國與歐洲不會有所行動，於是擴大對阿勒坡不分青紅皂白的轟炸。戰前原是敘利亞人口最多大城與文化中心的阿勒坡，有三萬居民喪生。[9]

這波空襲專挑醫院與喪葬儀式為目標，造成平民百姓慘重傷亡。伊朗支持的什葉派民兵隨即發動攻擊。12月13日，美國駐聯合國大使莎曼莎・鮑爾（Samantha Power）怒問俄國代表，「你們還有羞恥心嗎？」但歐巴馬總統與他的政府認為事已至此，徒勞無益，不準備扭轉他們視而不見的政策。國家安全會議中東與北非司司長史蒂芬・賽蒙（Steven Simon）在《紐約時報》社論版撰文指出，「事實真相是，除非甘冒引發大戰之險，美國現在縱然想對敘利亞衝突進行干預，也已經遲了。[10]美國繼續將中東危機視為侷限在遙遠異國、無休無止的大規模殺人鬧劇，不是美國的問題。

難民不僅帶來財政與政治負擔，還造成實體負擔，進一步削弱中東地區原本已經脆弱的政治秩序，加劇政治兩極化，與歐洲各地本土主義情緒。在收容難民的國家，一開始雖說也有許多人同情難民，願意給予難民協助，但隨著時間不斷逝去，反對分割原本專屬本國人民資源的聲浪轉強。歐洲人越來越擔心大批穆斯林湧入可能改變本國的社會與宗教特質，還擔心聖戰恐怖分子可能滲透難民中、興風作浪。

　　儘管太多證據顯示中東發生的危機不會留在中東,美國除了提供億萬美元人道援助以外,仍然不願採取持續行動解決中東的宗派衝突問題。2019年夏,川普總統搬出歐巴馬政府那套假定——美國只要置身事外就能避開中東的紛紛擾擾——宣布,他要將駐在敘利亞北部的小股美軍特種部隊撤出。這支美軍特種部隊多年來,一直與以「人民保護隊」(People's Protection Unit,簡稱YPG)為主的敘利亞民主軍(Syrian Democratic Forces,簡稱SDF)並肩作戰。川普說,「從這些荒誕無稽、打不完的戰爭中抽身」的時候已經到了。他說,敘利亞不過是「沙與死亡」而已。[11]雖然川普後來又說兩百到三百名美軍將留下來保護敘利亞東部油田,但撤軍行動對美國信譽與影響力的損傷已經造成。[12]美軍退出中東潛在的後果包括庫德族與土耳其的衝突再起,「人民保護隊」不得不與敘利亞政權以及它的俄國與伊朗後台妥協,伊斯蘭國或新的加強版伊斯蘭國捲土重來,伊朗勢力延伸進入敘利亞、威脅到以色列,使宗派內戰愈演愈烈。伊拉克、敘利亞與葉門的戰爭誠然可怕,但置身事外使情況更加惡化。

　　在2019年年底與2020年年初,阿薩德政權以及它的俄國與伊朗後台加緊對敘利亞東北伊德利布(Idlib)省百姓的殺戮。90幾萬百姓——包括50萬名孩子——在嚴寒的天候與不分青紅皂白的轟炸下掙扎求生。就像歐巴馬政府在2016年阿勒坡大轟炸事件發生時的反應一樣,川普政府也譴責伊德利布的殺戮事件,但甚至在土耳其軍隊開始出現傷亡的情況下,美國仍然沒有直接行動。對伊德利布大屠殺的無動於衷,讓已經嚴重的中東情勢更加惡化。要使美國人民相信美國不能退出中東，領導人首先必須解釋何以中東對美國人民很重要。

許多主張撤出敘利亞的人說，由於美國已經成為全世界最大石油產國與淨能源輸出國，中東對美國安全與繁榮不再重要。[13]但中東一直就是、今後也仍將是一處後果遠遠超越其地緣界線的競技場。與修正主義列強、流氓政權以及聖戰恐怖分子的競爭都在中東匯聚、在中東互動。敵人與對手往往平行作業，但一旦利害一致，它們也會合作。舉例說，俄國與伊朗就聯手援助敘利亞的阿薩德政權。俄國利用這場危機削弱歐洲，然後以權力掮客的姿態出現，協助解決它幫忙挑起的問題。伊朗也利用這場混亂製造對付以色列、沙烏地阿拉伯與阿拉伯聯合大公國的戰略優勢。甚至北韓也插上一腳，協助阿薩德發展核子武器。北韓此舉直到2007年才曝光。[14]

除了修正主義列強、敵對國家以及恐怖組織帶來的實體威脅以外，中東與歷史性的「霍拉桑」地區（包括今天的伊朗東北部、土庫曼南部與阿富汗大部），是聖戰恐怖分子心理與意識形態力量的基礎。他們意圖在「新月沃土」——從波斯灣起，經伊拉克、敘利亞、黎巴嫩、約旦、直到以色列與北埃及——重建哈里發。他們的使命就是解放所有「遭外族控制」的穆斯林社群。不僅如此，就像石油禁運與1973年危機與80年代「油輪戰爭」期間一樣，今天世界經濟的成長仍然依賴通過荷姆茲海峽的運油路線暢行無阻。[15]

人道危機為恐怖主義增添柴火

中東地區的難民與人道危機，與毒品、販奴以及其他違禁品走私交易有關。或許最重要的是，這場危機為今後好幾代人帶來大規模的聖戰恐怖主義威脅。到21世紀第二個十年，恐怖主義威脅已經比2001年9月10日更加嚴重。1980年代在阿富汗抵抗蘇聯占領的聖戰士，後來組建基地組織，對美國宣戰，在九一一以前發動一連串攻擊。21世紀恐怖組織的規模，比他們那些阿富汗戰爭的先輩大了許多。伊斯蘭國比伊拉克基地組織進步，有一套精密的宣傳機器、徵兵機構、有組織犯罪網絡與雛型國家。伊斯蘭國吸引了三萬多名戰士，他們不僅來自中東與大阿拉伯世界，也來自歐盟諸國、美國、加拿大與澳洲等已開發世界。伊斯蘭國在中東心腹地區成立不到兩年，它的分支組織已經從阿爾及利亞擴散到奈及利亞、葉門、索馬利亞、甚至到菲律賓。[16]21世紀的恐怖組織不僅觸角遍及全球，還在發展過去只有國家才擁有的科技與化學、生物、放射線、核子與高爆炸藥等毀滅性武器。許多人同意，一旦出現最惡劣的情況，恐怖組織可能經由偷盜、收買、或透過敵對國提供而擁有核子裝置。用一般炸藥與高輻射性物質結合而成的「髒彈」，較核子裝置造成的殺傷力雖說小得多，但它的取得也方便得多。在人口稠密地區引爆髒彈能在全球各地城市引發恐慌。此外還有一些可以輕易取得的新興能力，例如攻勢網路與武器化無人機，對航空與地面人員都能構成威脅。[17]不過，恐怖分子最有威力的武器或許還是他們每個人都藏在身上袋子裡的電腦、攝影機與通信裝置。譯密通信使恐怖分子更能躲避情報偵蒐、更能協調行動。21世紀的恐怖組織還懂得用宣傳引誘年輕人加入他們惡毒的運動。

舉棋不定招致盟友猜疑

　　美國在中東的影響力已經因欠缺一貫而持續的政策而受創，敵人已經趁虛而入，不僅提升本身利益，也不斷打擊美國與美國傳統夥伴——包括以色列、土耳其、沙烏地阿拉伯、約旦、阿拉伯聯合大公國、埃及、科威特、卡達與巴林——的利益。我在2017年發現，這些夥伴國為了避險，為了防範美國政策又一次突然轉向，已經開始與美國的對手合作。他們正落入普丁的空洞畫餅的陷阱中。為了交換讓阿薩德繼續掌權，保證俄國在後內戰時代敘利亞的利益，普丁向美國的夥伴保證將逐漸削弱伊朗在敘利亞的影響力，還說俄國迫切需要波斯灣諸國回報的，是付錢重建俄國、阿薩德政權與伊朗人搗毀的那些遜尼派阿拉伯城市。俄國的保證是謊言，因為阿薩德對伊朗的依賴已經遠遠超過俄國能夠提供的支持。但以色列與波斯灣國家寧可信以為真，因為如果美國退出波斯灣，它們可能必須借重俄國影響力對抗伊朗的威脅。

　　土耳其已經加入俄國與伊朗，在敘利亞推動假和平進程，從而損及聯合國在當地的謀和作業。俄國的假保證，以及莫斯科已經布署軍隊、影響大局的現實，使沙烏地阿拉伯國王沙爾曼

（Salman）2017年10月飛往莫斯科，保證採購俄國空防系統。[18]
同時，約旦購買更多俄製軍事裝備，以色列也擴大與俄國公司的
高科技夥伴關係。從2017到2019年間，以色列假裝相信普丁，
以交換俄軍視而不見，讓以色列國防軍對伊朗設施以及敘利亞境
內「伊朗伊斯蘭革命衛隊」（Revolutionary Guard Corps of Iran）
發動兩百多次攻擊[19]在敘利亞問題上大玩兩面手法，既身為伊朗
主要撐腰人，又最能壓制伊朗在中東氣焰的俄國，在中東的影響
力已經今非昔比。

我有一次質問我們的夥伴，既然極度擔心伊朗在中東勢力坐
大，為什麼他們還要幫助伊朗的首要贊助人俄國，這豈不是太矛
盾嗎。我們的夥伴抗議說，歐巴馬政府退出中東，還在2015年
與伊朗訂定核能交易，解除對伊朗的制裁，迫使他們不得不與俄
國打交道，以保有一些減損的影響力。我設法向他們提出保證
說，川普政府已經訂定一項可以打破中東宗派暴力循環的長期戰
略，就長遠而言，這項戰略不僅有助於美國、也有助於他們的重
要利益。

2018年1月，國務卿雷克斯‧提勒森在史丹佛大學胡佛研究
所的一次演說中談到這項戰略。首先，為嚇阻導致人道危機惡化
的行動，美國必須軍事介入中東。他說，在前一年4月，由於阿
薩德使用沙林毒氣對付無辜百姓，川普總統下令發動攻擊，將阿
薩德的空軍力量摧毀20%。提勒森隨即指出，伊斯蘭國等恐怖組
織「對美國形成不斷的戰略威脅」，美國必須長期投入，讓這些
恐怖組織永遠無法翻身。他說，「伊斯蘭革命衛隊」意圖控制從

伊朗到黎巴嫩與地中海的路線，美國不能讓它得逞，必須削弱伊朗影響力，使伊朗不能繼續在中東挑撥宗派內戰。提勒森向美國的盟國與夥伴保證，川普總統不會再犯2011年過早撤出伊拉克的錯誤，保證一定會「繼續留在中東以保護我們本身的國家安全利益」。最後，美國要實施一項全面性區域戰略，以保證聖戰恐怖分子不能威脅美國與其盟友，按照聯合國政治程序結束敘利亞內戰；制壓伊朗野心；終止中東各地的人道危機，讓難民回到安全的地方重建新生。提勒森承認美國需要長程外交與軍事努力才能完成這些目標，但他保證，美國在敘利亞與中東其他地區的軍事使命都會視情況而定。[20]

我們夥伴的不滿讓我沮喪，但事實證明他們的不滿很有根據。他們知道，川普儘管在2016年競選時誓言加速擊敗伊斯蘭國，但他與歐巴馬政府一樣，也認為繼續在軍事上投入中東只是徒勞無功的浪費。2019年10月13日，部分也為了清出一條路、讓土耳其發動攻勢控制土、敘邊界以南一處「安全區」，川普在發表一連串聲明、表示他有意從敘利亞撤軍之後，下令所有美軍立即撤離敘利亞。[21]美軍撤出後不久，俄軍在前美軍基地升起旗幟，數以萬計伊朗支持的民兵占領原本是伊斯蘭國控制區的東敘利亞。土耳其支持的民兵湧入北敘利亞。庫德族平民百姓淪為許多戰爭罪行的犧牲品。庫德族女政治人物海琳・卡拉夫（Hevrin Khalaf）被殺害就是一例。[22]

美國拋棄庫德「人民保護隊」夥伴、撤出北敘利亞，當然讓我們在中東的盟友憂心忡忡，但中東出現這樣一個伊朗／敘利亞

／俄國軸心不僅令人厭惡，也很不自然。中東的人知道他們為什麼受苦受難。2019年9月，敘利亞東部達爾・奧－薩爾（Dayr al-Zawr）省爆發大規模抗議，遜尼派阿拉伯人要求伊朗民兵撤離。在敘利亞南部，抗議阿薩德政權的示威繼續不斷，叛軍攻擊事件更加頻繁。10月間，在伊拉克，矛頭指向伊拉克政治領導人的反政府抗議演成對什葉派政黨的叛亂，伊朗影響力愈形增長。同一個月，黎巴嫩發生獨立以來最大規模抗議，示威人潮要求政治改革與結束貪腐，迫使總理沙德・哈里里（Saad Hariri）辭職。隨即在12月，20幾萬人在伊拉克發動反政府示威，高喊「解放，解放伊拉克」與「伊朗滾蛋，滾蛋」的口號。他們抗議外國占領，但抗議的外國不是美國，而是伊朗。[23]他們要求伊拉克總理阿德爾・阿布杜・馬迪（Adel Abdul Mahdi）辭職。馬迪於2019年11月30日辭職，但繼續擔任看守政府首腦，直到伊拉克總統巴哈・沙里（Barham Salih）2020年2月任命塔菲格・阿拉威（Tawfiq Allawi）為總理為止。阿拉威曾在馬利基總理任內擔任通信部長。

　　2019年年底，隨著伊拉克抗議事件轉劇，伊朗代理人也加強對伊拉克境內美軍的攻擊。12月27日，伊拉克境內一處美軍基地遭到火箭攻擊，美籍包商納雷斯・瓦利・哈米（Nawres Waleed Hamid）死難，幾名士兵受傷。[24]伊朗的「伊斯蘭革命衛隊」顯然運用阿布・馬迪・奧－穆汗迪手下的伊拉克民兵興風作浪。在美國採取報復行動，對敘利亞邊界五處民兵哨站發動空襲後，伊朗支持的什葉派民兵動員群眾抗議，對巴格達美國大使館發動攻擊。12月31日暴民群集巴格達美國大使館前的畫面，讓人想起40年前伊朗人攻擊德黑蘭美國大使館的景象。同時，伊斯蘭革命衛隊「聖城旅」司令卡西・蘇雷曼尼負責協調對地區內美國設施發動的攻擊。1月3日，約上午1時，就在穆汗迪在巴格達機場接到蘇雷曼尼，準備協調下一步行動時，美國的一枚飛彈擊中兩人座車，車毀人亡。川普總統認為，為重建對伊朗的嚇阻力，為防範蘇雷曼尼策畫更多攻擊，美國這項飛彈攻擊是必要行動。雖說什葉派抗議人潮在巴格達與巴斯拉（Basra）等什葉派居民占大多數的城市走上街頭，哀悼穆汗迪與蘇雷曼尼之死，伊拉克國會也在遜尼派與庫德國會議員缺席情況下通過一項沒有約束力的決議，要求美軍撤離，伊拉克繼續要求伊朗撤軍。2020年初，伊朗動員了一次百萬人大遊行，並組建一個抵抗陣線以整合互相敵對的民兵，卯足全力向伊拉克境內美國當局施壓。伊朗政權越來越擔心，它本國境內與黎巴嫩、伊拉克境內的抗議，再加上嚴峻的經濟問題，會對它的統治合法性構成嚴重威脅。伊朗企圖利用這次穆汗迪與蘇雷曼尼暗殺事件煽動伊拉克抗議運動，鎮壓反對勢力。但由於伊拉克與伊朗的結盟很不自然，也因為絕大多數伊拉克人民將伊朗勢力視為貪腐與治理解體的代名詞，伊朗的企圖未能得逞。2020年初，伊拉克示威人潮拒絕塔菲格・阿拉威的總理任命，繼續要求停止貪汙、停止欠缺效率的治理，還不斷抗議伊朗對伊拉克的顛覆罪行。

　　但儘管伊拉克人民對伊朗與其代理民兵的抗拒不斷升溫，由於伊拉克社會的分裂，由於伊朗持續不斷的顛覆，也由於美國政策始終在干預與撤出之間猶疑不定，伊拉克情勢遠景仍然一片黯淡。2020年，由於美國證明它無力訂定、執行一項一貫而長程的中東政策，不僅在伊拉克，在整個中東的美國影響力都減弱了。

中東亂局的根源與因應之道

　　訂定一項長期戰略不僅需要強大的戰略同理心，還得對區域動能情勢有更精密的了解。中東問題就本質而言，就是先後一連串殖民統治、後殖民君王統治、阿拉伯民族主義、社會主義獨裁統治、與伊斯蘭極端主義不能帶來有效治理，不能為中東各地形形色色族群建立共同認同，從而造成秩序崩潰所引發的問題。數十年不斷的衝突造成種族、宗派與部落的分裂，權力、資源與爭生存的角逐愈演愈烈。從而導致的暴力讓聖戰恐怖分子與伊朗影響力坐大。美國與其夥伴應該找出那些能為政治解決貢獻一己之力、能打破宗派暴力循環、能阻止恐怖分子建立支援基地的團體，加強它們。2005年在塔阿費的經驗與我們在伊拉克的行動，證明我們可以用協助社群進行政治和解、推動地方治理與安全部隊改革的方式，孤立恐怖分子，讓他們得不到民眾支持。相形之下，無論是歐巴馬政府在敘利亞與伊斯蘭國交戰，或是川普政府宣布從東敘利亞撤軍，都是企圖運用軍事手段達成政治目的而失敗的例子。若干華府人士認為，美國沒有可以合作的遜尼派阿拉伯人夥伴，但事實上，在敘利亞內戰之初，有效支持遜尼反阿薩德派或許是打擊基地組織、伊斯蘭國與其他聖戰恐怖組織最佳之道。2014年1月，在歐巴馬政府出兵敘利亞、干預伊斯蘭國五個月以前，遜尼派阿拉伯叛軍給了伊斯蘭國毀滅性一擊。反對派抗議群眾與溫和派叛軍聯手發動攻勢，將伊斯蘭國恐怖分子逐出伊德利布、大馬士革郊區與阿勒坡省大部地區。這些反對阿薩德的遜尼派阿拉伯人都曾慘遭伊斯蘭國之害。2014年8月，伊斯蘭國在一天內屠殺約一千名反對阿薩德的奧－廈伊泰（Al-Sha'itat）部落，這是伊斯蘭國在敘利亞犯下最大規模的一次殘暴犯行。[25]

　　但歐巴馬政府為支援阿拉伯反抗軍而實施的五億美元「訓練與裝備」計畫，與政治鬥爭脫了鉤。儘管伊斯蘭國所以能夠以保護者自居，是阿薩德軍與伊朗民兵攻擊遜尼派阿拉伯人社群造成的結果，這項援助計畫只是狹隘地專注於反伊斯蘭國作業而已。獲得訓練與援助的戰士必須簽一紙合約，保證他們只與伊斯蘭國作戰，不會攻擊那些將他們趕出家園、殺害他們親友的敘利亞或伊朗軍。[26]這項計畫最後以徹底失敗收場，自然不足為奇。歐巴馬政府不願支援同時也反對阿薩德與阿薩德背後伊朗主子的其他反對派，部分原因是擔心這樣做會影響到與伊朗的核子計畫談判。美國在敘利亞、伊拉克與中東各地的運作，絕非單純的打擊伊斯蘭國恐怖分子的軍事行動那麼狹隘，單純軍事行動不能解決造成恐怖組織坐大、伊朗勢力入侵的宗派衝突。舉例說，當伊朗2013年以黎巴嫩真主黨為先鋒、在奧庫沙爾（Al Qusayr）對敘利亞反抗軍發動攻勢時，穆斯林兄弟會精神領袖尤蘇夫‧奧－卡拉達威（Sheikh Yusuf al-Qaradawi）宣布，現在是必須在敘利亞對付阿拉維派（Alawites）與什葉派，說阿拉維派「比猶太人或基督徒還壞」。[27]

　　壓制伊朗影響力需要多方面齊頭並進與長程承諾。制約伊朗勢力的一個關鍵之道，是透過外交與經濟手段將伊拉克、後阿薩德的敘利亞以及後內戰的葉門與中東地區整合。阿巴迪總理在2017年3月訪問白宮前不久，先在巴格達會晤了沙烏地阿拉伯外長阿德爾・奧－朱貝爾（Adel al-Jubeir）。[28]6月間，阿巴迪訪問了利雅德。這些訪問都很重要，因為加強伊拉克什葉派多數政府與阿拉伯世界的外交與經濟關係，能削弱伊朗製造分裂、煽動暴力衝突的能力。削弱伊朗影響力能讓遜尼與其他少數派不再有遭到邊緣化、孤立無援的感覺，從而促成伊拉克和平。但想削弱伊朗影響力，僅僅靠幾次精準打擊、甚至就連殺了穆汗迪與蘇雷曼尼這類恐怖分子頭目，仍然遠遠不足。

　　巴格達與利雅德間的良好關係，可以說服所有波斯灣國家，讓他們與伊拉克建立強有力的外交關係，而不是支持遜尼派民兵與恐怖組織攻擊什葉派多數政府。與擁有什葉派多數（如巴林與伊拉克）以及擁有重要什葉派少數（如沙烏地阿拉伯與科威特）的阿拉伯國家進行外交，應該強調法律之前權益平等、負責任治理，要無分宗派提供社會服務，以遏制暴力，建立跨社群共同認同。

　　2019年秋發生在黎巴嫩與伊拉克的抗議事件證明，伊朗在中東擴張勢力、角逐霸權的作法不自然。但它同時也顯示，中東人民渴望有一個有能力、能夠公平治理的政府。在黎巴嫩與伊拉克，人民要求建立代議制政府以滿足他們的基本需求，讓他們能為子孫後代建立更美好的未來。中東的後殖民治理模式已經失敗。因此，美國與其他國家應該支持建立符合中東民族文化與傳統的代議制治理。這類行動包括支持必要改革以建立法治，加強政府反應能力，使政府能無分宗教、種族或部落，一視同仁地為人民提供服務等等。

阿巴迪曾經告訴我，由於在英國的那段經驗，他希望在伊拉克建立民主程序，讓問題在轉變成危機以前先浮現檯面、得到解決。在2011年經歷阿拉伯之春的那些阿拉伯與北非國家，由於欠缺合法的反對黨或公民社會組織，在獨裁政權崩潰後，原本在地下活動的伊斯蘭主義組織（如穆斯林兄弟會）、犯罪組織（如人蛇集團與北非地區跨國有組織犯罪網絡）、民兵〔包括伊朗在敘利亞與伊拉克的代理人、以及哈里發・哈夫塔（Khalifa Haftar）等人在利比亞的民兵〕、恐怖組織（包括伊斯蘭國、沙姆解放組織、與敘利亞的努斯拉陣線）、以及外國情報機構（如敘利亞與伊拉克境內的伊斯蘭革命衛隊）都趁機坐大。結束中東宗派與部落衝突的長期戰略，首先必須加強治理與民主體制及程序，原因就在這裡。

突尼西亞是個特別值得注意的成功故事，因為突國伊斯蘭主義政黨「復興運動黨」（Al-Nahda Party）在選舉過後將權力和平轉移給一個敵對政黨。以埃及為例，一名獨裁的伊斯蘭主義領導人取代了一名民族主義獨裁者，但之後又在一場軍事政變中被一

名將領取代——在這樣的國家，除非政府能努力朝代議制轉型，
能鼓勵合法反對黨與公民社會組織參與政治程序，否則想讓國家
長治久安根本不可能。

　　支持中東各地少數派宗教與種族群體，例如德魯茲人
（Druze）與巴哈伊人（Baha'i），也是維繫中東長久和平的要
件。由於少數族群往往是主張容忍與溫和的重要力量，保護少數
族群，讓少數族群參與政治程序、警衛部隊與政府機關，能發揮
對極端主義的緩衝效應，能促成社群間的和解、結束宗教與種族
爭端。自1980年代起，伊斯蘭主義政治與政黨的崛起、政治動
盪、戰爭、以及聖戰恐怖分子勢力的坐大，都導致宗教少數派逃
離中東。伊斯蘭國對亞茲迪人的種族滅絕，以及在敘利亞、伊拉
克與埃及對基督徒的集體謀殺，都讓幾千年來鼓勵多元共存的社
群蒙受重創。隨著容忍傳統崩潰，伊拉克的亞茲迪人、伊朗的巴
哈伊人、黎巴嫩的德魯茲人等少數民族不得不面對暴力。美國與
其盟國應該鼓勵、獎勵保護中東少數族群的政策與行動。散布在
北敘利亞、東安納托利亞、北伊拉克與西北伊朗的兩千五百到三
千五百萬庫德人的需求，特別值得注意。對庫德人的迫害，以及
逐漸崛起於庫德各部落的民族主義意識，幾十年來一直是衝突禍
源。庫德人長久以來就在外族壓迫下苟延殘喘。儘管庫德人在伊
拉克取得巨大進展，但由於他們居住的國家的反對，也由於他們
本身的部落與意識形態分歧，成立主權庫德國的遠景仍然黯淡。

土耳其的角色與利益

如果能得到土耳其支持，所有這些區域性議題處理起來會容易得多。美國撤出中東已經讓俄國與伊朗趁虛而入，從而導致土耳其加速疏離北約、歐洲與美國。土耳其總統艾爾段（Recep Tayyip Erdogan）與他的正義發展黨（Justice and Development Party，簡稱AKP）愈來愈獨裁與反西方，與土耳其改善合作關係的可能性不大。也因此，目前我們應該考慮如何減少失去土耳其盟友帶來的損失，同時設法建立一種業務性的關係。在2016年一場罷黜艾爾段的政變失敗後，艾爾段加緊控制，與北約盟國更加疏離。正義發展黨對軍隊、司法、執法、媒體與大學進行大規模清算。遭到清算的人大多是同情凱末爾主義（Kemalism）的人士。凱末爾主義是現代土耳其創建人穆斯塔法・凱末爾・阿塔圖克（Mustafa Kemal Ataturk）的政治理念，強調世俗、親西方與民族主義論點。[29]

由於艾爾段指控美國參與這場政變陰謀，他與他的正義發展黨在意識形態上反對凱末爾主義已經很明顯。艾爾段在2001年一手創辦的正義發展黨，植根於保守派伊斯蘭意識形態，與穆斯林兄弟會有淵源，並且鼓吹一種反西方民族主義形式。土耳其政府甚至訴諸擄人為質手段，用毫無根據的罪名將美國公民安德魯・布倫森（Andrew Brunson）牧師與一些為美國大使館工作的土耳其人下獄。[30]川普也曾嘗試與艾爾段建立正向關係，但特別是在布倫森牧師的事件上，艾爾段的冥頑不靈令川普越來越沮喪。2018年8月，川普政府展開制裁，將土耳其進口鋼與鋁關稅加倍，造成土耳其里拉幣值暴跌。艾爾段於2018年10月12日釋放布倫森，但與土耳其的盟友關係顯然已經名存實亡。

但較為明智的美國戰略應該認清土耳其的利益與俄國、伊朗的利益不能自然吻合。艾爾段想讓土耳其成為一種另類世界秩序的一部分，但俄羅斯不是值得他信任的夥伴。他決定進口俄國武器，決定加深土耳其對俄國能源的依賴，而這些作法只會增加莫斯科對安卡拉的影響力，造成怨懟，勾起土耳其人對俄國與伊朗霸權的痛苦的歷史回憶。俄國與伊朗2020年初支持的對敘利亞伊德利布省的攻勢，殺害了約60名土耳其士兵，迫使近一百萬難民湧入土耳其邊界。[31]

令人不解的是，既然俄國支持的屠殺造成土耳其軍人死難，艾爾段或他身邊那些人，在採購俄製S-400飛彈時豈能沒有絲毫悔恨？在短期內，美國與歐洲國家應該避免徹底撕毀與土耳其的盟約，一面撇開正義發展黨發展關係，透過國營媒體以外的渠道接觸土耳其人民。外交官員可以協助土耳其領導人了解他們的長程利益與俄國及伊朗的長程利益背道而馳。儘管正義發展黨夢想有一天土耳其能置身後西方國際秩序，但土耳其需要這個跨大西洋社群克服它艱鉅的經濟挑戰。儘管艾爾段對建制派進行清算，對新聞與言論自由發動攻擊，選舉在土耳其仍是舉足輕重的大事。到2020年，正義發展黨已經在土耳其當權18年，開始為保住政權而陷於苦撐。正義發展黨在2019年伊斯坦堡市長選舉中敗選，艾爾段對結果表示不滿，下令重選，結果正義發展黨敗得更慘。美國與歐洲國家應該鼓勵土耳其領導人扭轉走向，重投北約懷抱，讓他們認清土耳其如想克服它面對的人道、地緣政治與經濟挑戰，就得仰仗與歐洲及跨大西洋的關係。

打擊恐怖組織必須釜底抽薪

　　聖戰恐怖組織仍是造成中東動盪的主因，要擊敗它們需要有新思考與新作為。我們在訂定戰略的過程中，首先應該提出一些面向廣闊的問題，例如這些組織的認同是什麼，它與其他恐怖組織的關係如何？這些組織的目標是什麼，有什麼比較特定的標的？它們的戰略是什麼？它們的長項與弱點何在？最後，我們如何整合情報、執法、軍事、財務、資訊、網路與經濟力量，孤立它們，削弱它們的長項，攻擊它們的弱點？不能提出這些問題、為這些問題作答，可能導致協調不良、與目標沒有明顯關係的貿然行動。

　　恐怖組織需要動員支持。一旦從國家、從土地控制、從不法活動、或從賓‧拉登這類有錢人處取得資金援助，它們變得更加危險。整合情報、執法與財務行動所以重要，原因就在於它們可以束縛恐怖組織，讓它們無法取得資金。我們的戰略應該確保短程與長程努力相互呼應。短程努力包括對恐怖分子領導人或撐腰人的情報、軍事或執法追緝行動，長程努力包括營造地方情報與執法能力、支援教育與經濟改革、擴大通信以削弱恐怖組織信譽等等。

　　雖說美國政府機構與多國的反恐合作自2001年以來已經大幅提升，但需要改進的地方仍然很多。美國官僚系統中必須有一個總其成的負責人，負責整合美國與國際一切可資運用的反恐工具。由於面對的敵人窮凶極惡，以及不可能處處設防，這個負責人與所有投入反恐作業的人都必須擁有攻勢心態。以直溯源頭的方式發動先發制人攻擊，是最有效的作法；遭到狠狠打擊的恐怖分子必須以求存為最高優先，無暇策畫、準備、發動新攻勢。

　　儘管要求將美軍與情報、執法官員從「九一一戰爭」中撤回美國的呼聲不斷，與海外夥伴並肩努力可以減少反恐成本，可以增加打擊聖戰恐怖分子的效率。舉例說，駐在索馬利亞的非洲聯盟（African Union）軍隊與當地小股美軍聯手，不僅對索馬利亞基地組織分支「索馬利青年黨」（Al-Shabaab）、也對葉門境內的「阿拉伯半島基地」（Al-Qaeda in the Arabian Pen-Insula，簡稱AQAP）發動猛攻。AQAP決心攻擊美國人以及美國的海外利益。從2017到2019年，美國採取行動殺了兩名AQAP領導人與AQAP的炸彈製造專家（這名專家至少涉及三項炸毀美國民航機的陰謀）。[32]海外軍事行動不僅可以在獲得授權時攻擊恐怖分子領導層，還能讓恐怖分子無法取得保護傘與支援基地，仍然很重要。控制土地、人口與資源無論就心理與實體實力而言對伊斯蘭國都很重要。伊斯蘭國不僅透過恐嚇，還透過治理手段加強控制——它提供基本服務，並建立精密的內部安全組織「國家安全局」（Amniyat）。伊斯蘭國透過非法走私（主要是石油）、偷盜勒贖等各式各樣犯罪活動廣闢財源。聖戰恐怖主義是一種禍延幾代的威脅。許多年前在阿富汗抵抗蘇聯占領軍的人，在巴基斯坦找到棲身之所，經過技巧學習與意識形態灌輸，養成日後的基地組織。而伊斯蘭國的威脅比基地組織猶有過之。採取軍事行動打擊伊斯蘭國很重要，因為這可以讓伊斯蘭國所向無敵的神話破滅，讓它難以招募新兵。

　　我們還必須集中力量，防範後繼恐怖組織出現。2019年10月，當川普總統宣布美軍撤離敘利亞、美國陸軍特戰部隊殺死伊斯蘭國領導人巴格達迪與伊斯蘭國發言人阿布‧哈珊‧奧－穆哈吉（Abu Hassan al-Muhajir）時，伊斯蘭國因為在戰場上屢嘗敗績而脆弱不堪。但它存活下來。就像基地組織犯人逃出伊拉克監獄，以及阿薩德在敘利亞釋放聖戰恐怖分子導致基地組織、伊斯蘭國與其他恐怖組織的死灰復燃與崛起一樣，美軍這次突如其來、未經協調的撤軍，也導致伊斯蘭國一些囚犯獲釋，從而增加了伊斯蘭國或其後繼組織重振旗鼓的機會。[33]我們必須採取一切手段切斷恐怖分子的支援，包括監禁他們，直到他們不再能構成威脅為止。

　　長期的反恐戰略必須強調隔離，不讓年輕人接觸吸引他們投入恐怖主義的意識形態。2017年，當沙烏地阿拉伯親王穆罕默德‧賓‧沙爾曼（Mohammad bin Salman）成為王儲、開始掌權時，川普政府曾對沙烏地阿拉伯寄予厚望。人稱MBS的沙爾曼當時31歲，似乎是個改革派。他主張婦女有權工作，有權開車，無須男伴陪同也能旅行。而且更有意義的是，他發表聲明，認為不必以拘泥形式解釋瓦哈比派（Wahhabism）與薩拉菲派（Salafism）遜尼伊斯蘭教教義，還承認沙烏地王國過去不應該支持激進派意識形態。[34] 2017年5月，在沙烏地阿拉伯國王沙爾曼按照預定計畫把王位繼承權從外甥穆罕默德・賓・納耶夫（Muhammed bin Nayef）轉移到MBS以前，川普總統就任後第一次海外行就訪問了沙烏地阿拉伯。沙國極盡排場、熱情款待這位新美國總統。不過這次訪問也有實質上重大意義。川普總統與沙爾曼國王主持了一項武器採購簽字儀式（簽約時支付1100億美元，其餘3500億美元分10年支付），沙國還與美國公司簽了幾項價值好幾百億美元的協定。兩國並且誓言與其他波斯灣國家合作，切斷幾個特定恐怖分子與極端組織的經費來源。這些極端組織為年輕人洗腦，要年輕人仇恨猶太人、基督徒，與所有不遵守激進意識形態的穆斯林。

與沙烏地阿拉伯合作非常重要，因為幾近50年來，沙國一直就是一些宣揚激進主義的清真寺與學校的主要財源。這些清真寺與學校有系統地泯滅同理心，宣揚以暴力欺壓無辜的極端派伊斯蘭教義。事實上，伊斯蘭國在訂定屬於自己的一套教義以前，就使用沙烏地阿拉伯的宗教教材宣揚對他人的不容忍與仇恨。[35]極端主義與聖戰意識形態非常危險，因為它們教導新一代人要他們仇恨，要他們將最恐怖的暴力形式合理化。2019年，以防止洗錢與資金流入恐怖分子為宗旨而由多國政府組成的「金融行動特遣隊」（Financial Action Task Force）發現，沙烏地阿拉伯在打擊恐怖分子財務這方面成效不彰。沙爾曼國王在2017年利雅德高峰會上發表演說指出，「我們必須團結一致，打擊極端主義的源頭。」他又說，伊斯蘭是一個「講究憐憫、容忍與共存的宗教」，恐怖分子誤解它的訊息。沙烏地阿拉伯有望成為一個對抗、而不是鼓吹極端伊斯蘭主義的領導國。

美國應該要求沙烏地阿拉伯與其他波斯灣國家，要它們加緊努力切斷財源與意識形態支援，以孤立恐怖分子組織。伊朗革命的傳承，以及瓦哈比派與薩拉菲派聖戰意識形態的輸出，讓黎巴嫩真主黨、伊拉克民兵、葉門「胡塞」（Houthi）叛軍這類什葉派代理人在中東各地製造恐怖，讓一支什葉派部隊在敘利亞為保阿薩德政權而戰。另一方面，沙烏地阿拉伯與其他波斯灣國家，例如阿拉伯聯合大公國與卡達等等，則支持伊拉克、敘利亞、葉門與利比亞境內的遜尼派。過去40年來，兩大陣營的激進派獲得的支持都在不斷增加。[36]由於沙烏地阿拉伯對全球經濟的重要性——1973年石油禁運危機就是充分證明——對於沙烏地阿拉伯輸出極端伊斯蘭主義的作法，美國領導人始終不聞不問。當川普總統帶著第一夫人梅蘭妮，與沙爾曼國王以及埃及總統阿布德·法塔赫·塞西（Abdel Fattah al-Sisi）並肩站在利雅德，為一座反制伊斯蘭意識形態中心主持揭幕式時，他們將手都放在一個發光的球體上，象徵對抗極端主義意識形態的共同承諾。如果這座中心的揭幕，真如川普總統所說、代表「穆斯林多數國家必須帶頭打擊激進化的一項明確宣示」，沙烏地阿拉伯從支持轉而打擊極端主義意識形態的這項大轉型，一定能發揮重大效用，切斷恐怖組織的意識形態支援。[37]

但緊跟在希望之後的是失望。美國與沙烏地阿拉伯的關係在深度上有其極限。特別是，兩國之間欠缺美國與加拿大、歐洲諸國與日本之間的那種共同原則。在沙爾曼國王宣布他為王儲之後，MBS為了鞏固權位，抓捕潛在對手，將其中許多人關在利雅德麗池卡爾頓酒店（Ritz-Carlton），關了好幾個月。2017年11月，他拘留了黎巴嫩總理沙德·哈里里，因為MBS認為哈里里對真主黨太軟弱——這樣的推斷不合邏輯，因為真主黨暗殺了哈里里的父親、前總理拉菲·哈里里（Rafic Hariri）。法國人想方設法讓哈里里獲釋，最後讓他復職。但不到一年以後，MBS的殘酷與判斷力低下已經盡人皆知。2018年10月，美國合法居民、身為記者的賈馬·卡紹吉（Jamal Khashoggi），在沙烏地阿拉伯駐伊斯坦堡領事館領取結婚文件時遇害。卡紹吉慘遭骨鋸分屍，而且整個事件顯然由MBS一手主導。儘管沙烏地阿拉伯一開始甚至不承認發生這起事件，但證據無處不在，令他們無法否認。情報圈都認定這是沙國官員幹的事，國會也發聲譴責，但川普總統沒有譴責MBS，也沒有對沙國政權實施任何有意義的制裁。[38]而且沙烏地阿拉伯還在傷口上撒鹽：雖說俄國繼續在敘利亞為沙國死敵伊朗撐腰，利雅德政權卻與普丁熱絡交往。沙爾曼國王在卡紹吉謀殺案發生前往訪莫斯科，並承諾採購S-400空防系統等俄製武器。在卡紹吉遇害事件過後，MBS在阿根廷G-20峰會與普丁相談甚歡。MBS的行動說明，盟國如果犯下野蠻暴行，美國姑息只會養奸。

　　在中東，夥伴可以像敵人一樣惱人，想建立一套遠程戰略就必須持續投入，就必須不假辭色、譴責人權犯行，譴責對極端主義與恐怖分子的支持。這是因為伊斯蘭主義已經造成伊斯蘭世界分裂，一邊是不肯容忍的基本教義派，另一邊是改革派，認為應該隨著時代演進、不斷修改伊斯蘭教義。兩派間的競爭是中東多年來不斷紛擾的根源。穆斯林世界終有一天必須解決這種意識型態競爭問題。我們的因應之道不是說教或斥責，而是明白宣示、保衛我們的價值觀，與志同道合的友邦夥伴攜手合作。

化解以巴衝突至關重要

中東地區一些最棘手問題的解決可能仍然遙遙無期，但沒有美國的參與，問題會更加失控。當然，其中最讓人沮喪的問題是以色列與巴勒斯坦的衝突。美國有能力幫助以色列與巴勒斯坦邁向永久和平，這是由於我們講究誠信，也由於我們有能力營造區域性支持、促成以色列與它所有鄰國的關係正常化。儘管自以色列1948年宣布獨立以來，支持以色列一直就是美國既定政策，但歐巴馬政府期間的「壞經驗」已經讓以色列對美國的可靠性更加疑慮。川普政府支持以色列，例如同意將大使館遷到耶路撒冷，支持以色列永久兼併戈蘭高地（1967年以前屬於敘利亞的戰略高地），還發表聲明說以色列在約旦河西岸的屯墾區合法等等。不過川普政府也因此除去一些攸關未來協議的關鍵要件。2020年2月與以色列總理班哲明‧納坦雅胡（Benjamin Netanyahu）在白宮簽署的一項謀和建議，由於沒有巴勒斯坦人參與，以及許多阻礙和平的障礙遲遲無法解決，在一開始就注定將以失敗收場。這些和平障礙包括：巴勒斯坦人主張有權回到自1948年以來失去的土地；以色列在約旦河西岸屯墾區的命運；東耶路撒冷的命運，以及它日後可能成為巴勒斯坦國首都等相關問題。儘管這項謀和建議詳列安全條款，許多以色列人仍然擔心和平解決方案會讓約旦河西岸淪為恐怖分子天堂。

　　不過2020年2月這項「和平到繁榮」建議，或許有助於重新促成一項「以色列與巴勒斯坦兩國」解決方案。要使這項以色列與巴勒斯坦「兩個國家在安全與經過認可的疆界內並肩共存」的概念成為現實，以色列政府與巴勒斯坦當局必須能夠不僅達成協議，還要有在領土內對人民執行這項協議的能力。以色列政治的個性化與零碎化，以及政治情緒的轉右與極端正統派人口的增長，使得以色列很難批准與巴勒斯坦的任何協議，就算是這項很受歡迎的「和平到繁榮」建議也不例外。此外，巴勒斯坦領導層由於認為美國偏祖，要他們同意進行有意義的談判幾乎不可能。不僅如此，巴勒斯坦當局的軟弱以及它遭到哈瑪斯等激進組織操控的事實，也是難以克服的障礙。或許解決巴勒斯坦問題還有一線希望，就是說服阿拉伯國家合作，協助約旦、約旦河西岸與加薩的巴勒斯坦人脫離貧窮，讓巴勒斯坦民眾相信，他們若想擁有安全與繁榮的未來，最好的辦法是支持主張和平、而不是主張暴力的領導人。想打破中東地區宗派暴力循環，就得解決以色列與巴勒斯坦衝突，因為捲入中東內戰的恐怖組織（與它們的撐腰人），或藉助、或煽動，都與這塊應許之地的控制權鬥爭有關。

美國應改弦更張而非袖手旁觀

想打破這種暴力循環，就必須不斷施壓，讓對手無力挑撥戰爭，無力打擊政府威信。美國可以根據20年來在中東的經驗，作為今後中東政策的指針。事實證明，無論透過外國干預（例如2003年的出兵伊拉克）或民眾暴動（例如2011年的阿拉伯之春）在中東地區推翻獨裁暴君，都不能自動帶來自由與開明治理。事實也證明美國退出中東不僅會為這個地區帶來更多暴亂，造成更嚴重的人道危機，還可能讓威脅進一步擴大，溢出地緣範疇。中東的長程問題需要持續長程投入。美國與志同道合的夥伴應該不懈努力，以行動、計畫與方案不僅打破這種暴力循環，還要鼓勵容忍、鼓勵參與，鼓勵透過代議制政府重建希望。雖說在中東建立和平與繁榮的遠景充滿障礙，但並非沒有希望。沙烏地阿拉伯已經出現改革，黎巴嫩與伊拉克民眾也在高喊結束貪腐，這一切都為教育、制度發展與商務合作帶來新契機。

不過，追求長程機會先得有效防止現有危機惡化，防止新危機出現。黎巴嫩與約旦是敘利亞內戰引發的人道災難的兩個重災區，對這兩個國家的援助仍應是最高優先。美國也應該支持人口九千八百萬的埃及進行政府改革，為埃及提供教育與經濟機會。但有鑑於伊朗不斷煽動宗派暴力，削弱阿拉伯世界，企圖威脅以色列，將美國勢力逐出中東，染指地中海，如何對抗伊朗仍是當務之急。

第九章

———

一個壞交易

伊朗的**40**年代理人戰爭與和解的失敗。

美國人屁事都做不到。

——

福何梅尼於 **1979** 年如此表示，

哈米尼於 **2020** 年再次複述

談到「聯合全面行動計畫」（Joint Comprehensive Plan of Action，簡稱JCPOA），即通稱的2015年「伊朗核子交易」，就會讓川普總統大發牢騷。對川普來說，由伊朗、聯合國安理會五個常任理事國與德國共同參與的這項談判，是美國放棄談判、用太多讓步換取太少回報的典型例證。川普在競選期間曾多次發表聲明，稱這項交易是「有史以來最爛的交易」。我也有同感。我認為，JCPOA由於在兩個領域犯下的基本錯誤，不但強了敵人、也弱了美國的利益。首先，這項交易有實際上的問題。訂定這項交易的目的在於防止伊朗用核子武器威脅其他國家，但交易中不但不提與飛彈等核武相關的非核能力，還納入一個「日落條款」，同意在2025年後放鬆、最後終止對伊朗核武發展的限制，大大削弱了這項交易的目的。[1]

其次，這項交易與伊朗政權仇視美國、根本上不能信賴的本質大相逕庭。JCPOA條文的種種不當，以及伊朗領導人對美國的仇恨，使這項交易只能為伊朗的秘密核武計畫提供掩護，讓伊朗領導人趁制裁解除之便，投入更多資源對美國、以色列與阿拉伯國家發動代理人戰爭，將勢力伸入中東。由於相關監督與執行機制太不可靠，在欠缺實證的情況下，熟悉伊朗政權仇視、欺騙本質的人，很清楚這項交易無法確定伊朗究竟有沒有按照協議行事。伊朗領導人並不隱瞞他們的意圖。歐巴馬總統宣布，簽署這項「有史以來最強的禁止核擴散協定」將讓國際原子能總署（International Atomic Energy Agency，簡稱IAEA）「在必要時機進入必要地點檢驗」。[2]但協定剛簽字，伊朗原子能組織

（Atomic Energy Organization）發言人就說，「根據白紙黑字的道路圖，伊朗並沒有允許國際原子能總署對伊朗任何軍事中心與核子科學家進行檢驗」。[3]伊朗領導人不斷在言行上與他們的外交官相互矛盾，讓人不能不懷疑他們究竟能不能信守條約規定。

「聯合全面行動計畫」是戰略自戀的極端例子——它以一廂情願的思考為出發點，進而導致自我欺騙，最後還欺騙了美國人民。它信任一個公開仇視美國的政權，認定這個政權不僅會信守條約文字，還會信守條約精神，這是一廂情願。它認為解除對伊朗的制裁，會使伊朗改弦更張，不再支持恐怖組織，這是自我幻想。它認為與伊朗訂定這項有問題的交易，是避免戰爭唯一之道，這更是自我欺騙。

這項交易不僅沒有說服伊朗政權放棄對民兵與恐怖組織的支持，還造成反效果。根據這項交易，伊朗政權先獲得17億美元現金，之後隨著資產解凍，還能陸續獲得約1000億美元。[4]更多資金在制裁解除後湧入，伊朗政權就利用這筆橫財加強它的代理人戰爭，擴大在中東的宗派衝突。[5]套用前美國中央指揮部總司令喬・沃特爾將軍的話說，伊朗「在這項協議簽訂後變得更有侵略性」。[6]

儘管川普總統急著擺脫這項「可怕的交易」，為因應伊朗政權對美國安全與繁榮構成的各種挑戰，我要向他提出全面性選項。退出這項交易可能引發的效應也必須考慮。舉例說，如果其他國家認為美國不應退出這項交易，美國對伊朗施壓的效力會受到影響。雖說單單恢復制裁一項已經是一記財務重擊，但我們也

可以一面繼續這項交易，一面針對伊朗發展飛彈、支持恐怖分子
這類交易中沒有涵蓋的行為，對伊朗進行制裁。儘管大家都知道
川普總統有意退出，但留在JCPOA能創造一種槓桿，幫我們在
外交與經濟上孤立伊朗政權。川普總統可以運用這種槓桿，讓其
他國家支持我們修改這項交易的瑕疵，與我們一起堅持強有力的
監督，並運用額外制裁。何不在退出以前，先看看我們能用這項
交易完成一些什麼？

　　我也擔心退出這項交易可能讓美國處於守勢，從而無暇顧及
伊朗政權的罪惡與殘酷。外國領導人、特別是歐洲領導人，經常
認為川普總統傲慢無禮。伊朗那名能言善道、在西方受教育的外
長穆罕默德·賈法·沙里夫（Mohammad Javad Zarif），當然會
趁機想辦法把伊朗描繪成川普的犧牲品。貪腐的伊朗教士與官員
會藉口美國退出，把伊朗經濟衰敗的責任推到美國身上。反之，
繼續這項交易但對伊朗的不法活動進行制裁，能讓伊朗人民發現
他們的領導人浪擲國家財富、在國外煽動暴力與毀滅，才是伊朗
問題的真正禍源。

　　基於這些理由，我要求川普總統多給內閣一些時間，讓內閣
根據JCPOA訂定全面性伊朗戰略選項。為達到這個目標，我要
求集體毀滅性武器問題高參安德烈·哈爾（Andrea Hall）與中東
事務司司長麥克·貝爾（Michael Bell）加緊努力，把有關伊朗
的問題定位。哈爾、貝爾及國家安全會議主管戰略事務副顧問迪
娜·鮑威爾（Dina Powell）、國務院政策計畫司司長布里安·胡
克（Brian Hook）、以及所有相關部會合作，找出與伊朗有關的

各種挑戰，為新的伊朗戰略草擬目標、訂定假設。2017年5月，我召集內閣相關人員開會，檢討（我們集體訂定的）伊朗對美國國家安全的挑戰，並針對選項研議提出方向。總統在會後批准我們的評估。每個人都同意，伊朗政權對美國、以色列、阿拉伯鄰國與西方的仇恨，是基本問題所在。

但川普總統等不及了。讓他更加欠缺耐性的，是共和黨占多數的參、眾兩院在2015年通過的「伊朗核子協議檢討法案」（Iran Nuclear Agreement Review Act of 2015，簡稱INARA）。共和黨當時所以通過這項法案，是因為共和黨當時認定希拉蕊·柯林頓即將勝選，這項法案可以迫使希拉蕊新政府公開、嚴肅面對這項核子交易的種種弊端。根據這項法案的規定，政府必須每隔90天向國會證明這項交易「能達到美國禁止核擴散的目標，不會損及共同防衛與安全」，並保證伊朗的核子活動不會「構成不合理的風險……」。[7]這項法案的要求很高，肯定讓川普不能接受。

INARA的第一個限期於2017年4月、在我出任國家安全顧問不到兩個月後來到。當我發現國務卿雷克斯·提勒森打算以一份敷衍了事的信件證明伊朗依約行事時，我知道川普一定會光火。我們的團隊與國務院、以及其他部會一起工作，提出另一選項，它符合INARA的認證規定，但也明確指出，由於制裁解除，伊朗在中東的行為已經威脅到「共同防衛與安全」。提勒森似乎對白宮方面的建議有一種反射性的反對，這一次也不例外。他反對我們提出的選項，把那封語焉不詳的信件交給總統。

川普果然大為光火，隨後我與提勒森一起進入橢圓形辦公室與總統討論。提勒森隨後修改了這封信，說這項核子交易「沒有達到非核伊朗的目標。它只是延後了他們成為核武國的達標期限而已」。提勒森進一步指出，「過去犯下的錯讓我們今天面對來自北韓的立即威脅」，這項與伊朗的交易「如出一轍」。他告訴記者，「證據很明顯：伊朗的挑釁行動威脅美國、中東地區與全世界」。[8]有鑑於2017年還有兩次INARA認證，一次在7月，一次在10月，我要我們的團隊加緊工作，盡速完成對伊朗戰略。我們把這些認證限期前的討論系列稱為「不斷給出的贈禮」。我們的職責是為總統提供選項，一旦總統選定要走的路，就得協助總統妥為執行。我們為每一個限期準備兩套選項，一套退出、一套繼續交易，每一套選項各有其因應的外交與通信之道。[9]

　　儘管總統的決定在幾乎每一次對話之後都有變化，但我們最後說服總統，將這項交易繼續下去，同時要求其他國家加入我們的陣營，對伊朗實施與JCPOA無關的制裁，幫我們修補這項交易的瑕疵。但事實證明這不過是徒勞一場。7月間，就在國務院發表文件、證明伊朗遵照交易行事的同時，財政部長史蒂芬・梅努欽（Stephen Mnuchin）宣布對18個支持恐怖組織的伊朗實體進行制裁。[10]不過就像當初主張簽訂這項交易的那些歐巴馬政府官員一樣，主張退出的人也只是將目光侷限於這項交易本身。部分也為了回應這些反對聲浪，川普總統告訴《華爾街日報》說，如果90天以後發現伊朗仍然按照規定行事，他會很「驚訝」。[11]不幸的是，有關伊朗的公共討論繼續幾乎毫無例外地只有「美國應該留下或應該退出」這兩個焦點，沒有人關心伊朗可能採取行動危害中東、乃至於更廣地區和平與安全的問題。美國政府內外，沒有人討論美國可以用什麼全面戰略不僅阻止伊朗發展核武，還能迫使伊朗停止它的代理人戰爭。

我要求國家安全會議幕僚研擬伊朗戰略選項，以便在10月間下一個INARA限期截止前呈交總統。川普總統在9月初批准這項新伊朗戰略，我們隨即開始準備一份講稿，讓總統向美國人民與國際人士說明伊朗的威脅，以及我們保護美國與盟國利益的戰略。又一次有關INARA認證的痛苦對話即將來到，不過川普總統至少可以透過全面性戰略考慮對伊朗的作法。10月間，除了過去認證的兩套選項外，我們為總統提出第三套INARA選項：拒不認證這項交易符合國家利益，但有條件地繼續這項交易，以激勵其他國家解決這項交易的基本瑕疵，因伊朗繼續支持恐怖分子與民兵，而與美國聯手制裁伊朗。總統批准了這套選項。他在演說中宣布，「儘管我很想這樣做，但我還沒有讓美國退出伊朗核子交易。我提出兩個可能的日後途徑：要不修復這項交易的重大瑕疵，要不美國退出。」[12]回想起來，將這次有關伊朗戰略的演講與INARA的決定綁在一起是一項錯誤。新聞報導幾乎完全聚焦是否退出的狹隘議題，對伊朗戰略轉型的重要性隻字不提。儘管有瑕疵，但留在JCPOA才是完成新戰略目標的最佳途徑，不過想證明這一點，我們的時間已經不多。麥克‧貝爾、喬‧雷邦、與後來成為國務院伊朗政策主導人的布里安‧胡克於是前往歐洲，要求友邦支持我們，繼續對埃及施壓。我們希望能與歐洲簽字國聯手，限制伊朗發展飛彈，讓伊朗在2025年條約規定的日期屆滿以後仍然不能推動濃縮鈾計畫，不過我知道這件事很棘手。川普總統在他最後一次INARA認證中說，「我會刪除某些核子制裁，不過這麼做為的只是爭取我們的歐洲盟國同意，幫我們修補這項伊朗核子交易的可怕瑕疵。這是最後一次機會。在沒有這樣一項協議的情況下，美國不會再為了留在伊朗核子交易而放棄制裁。此外，無論什麼時候，只要我認為這樣的協議破局，我會立即退出這項交易。」[13]

我們為我們的盟友開啟一扇機會之窗，證明我們可以留在這項交易，同時讓伊朗因為它在中東的犯行而付出代價。在我離開白宮後不久，那扇窗也關了。2018年4月9日是我擔任總統國家安全顧問的最後一天。一個月後，川普總統退出JCPOA。國際反應果如預期：輿論主題從譴責伊朗轉為對美國的惱怒。第二年，川普總統宣布將把伊朗「伊斯蘭革命衛隊」定性為外國恐怖組織，說「伊朗不僅是一個恐怖主義的支持國，伊斯蘭革命衛隊還積極資助、鼓吹恐怖主義，把恐怖主義當成推動國策的工具」。[14]以色列與（伊朗代理人戰爭直接受害人）波斯灣國家表示支持。儘管歐洲盟國的初步反應很負面，我相信他們會發現制裁伊朗的重要性。伊朗的侵略遲早會讓世人真相大白：伊朗政權才是真正問題所在——德黑蘭那些領導人一定會對西方展露他們的猙獰面孔的。[15]

安倍訪伊斡旋受挫

　　到2019年夏，重啟了的制裁已經讓伊朗感到壓力。經濟萎縮腳步比2018年還快，國內生產毛額從年成長率3.7%重挫到負成長3.9%。原油出口從2018年的每天230萬桶降到2019年3月的每天110萬桶。通貨膨脹率從9%增加到40%。伊朗領導人面對三項基本選擇。首先，他們可以想辦法捱到川普下台，一方面與其他國家合作以避開制裁。但經濟壓力很大，在面對或與美國、或與伊朗做生意，只能擇其一的選項時，公司與投資人自然選擇美國。歐洲國家也曾嘗試繞過美國財政系統進行貿易與投資，不過效率不佳。[16]其次，德黑蘭政權可以與美國及其他國家重新談判這項交易，放棄對恐怖組織與民兵的支持以交換解除制裁。但伊朗那些革命分子，特別是最高領導人阿里‧哈米尼（Ali Khamenei）與伊斯蘭革命衛隊骨子裡根本沒有妥協這樣的東西。最後，他們可以加強對美國、歐洲與波斯灣國家的敵意活動，一面破壞協議條件，迫使美國與其他國家放寬制裁。

　　6月12日，他們顯然做了選擇。安倍是40年來第一位訪問德黑蘭的日本領導人。他在沙達巴宮（Sa'dabad Palace）會晤伊朗總統哈珊‧魯哈尼（Hassan Rouhani）。日本最擔心的事就是波斯灣石油運輸流量中斷或減少，因為在所有工業國中，日本對原油進口的需求最殷。在2011年福島核災之後，日本大幅降低核能發電，對廉價石油的需求於是飆升。在檢閱一支軍方儀隊之後，安倍與魯哈尼走進沙達巴宮一間飾有鮮花與伊朗、日本國旗的密室，在鑲金邊的椅子上坐了下來。魯哈尼說，「如果我們見到緊張，這些緊張的根源來自美國對伊朗的經濟戰。只要這場經濟戰停下來，我們會在這個地區與世界見到非常正向的發展。」伊朗的勒贖就這樣展開。在之後與最高領導人哈米尼的晤談中，安倍轉交了川普總統的一封信。哈米尼拒絕回覆。[17] 在魯哈尼與哈米尼接待安倍的同時，伊斯蘭革命衛隊海軍也在追蹤當時正從阿曼灣駛往印度洋的日本油輪「國華勇氣號」（Kokuka Courageous）的動向。就在安倍會晤哈米尼之前幾小時，伊斯蘭革命衛隊的幾艘快艇利用夜幕掩護駛近油輪，在船殼上裝了幾個水雷。快艇隨即駛離，水雷爆炸，炸開油輪右舷，震波撼動船橋，在船尾炸開一個1.5公尺的裂口。石油從船體滲入海洋，但船艙的密閉裝置控制住損害。這幾艘快艇發現他們裝上的水雷有幾個沒有爆炸，於是重新折返。這時，「國華勇氣號」船組人員已經撤離，美國海軍已經在監視這艘油輪。美國海軍一架飛機錄下伊斯蘭革命衛隊人員從油輪上除下未爆水雷。（註18「國華勇氣號」是那天上午遭到攻擊的第二艘，一小時以前，挪威油輪「前線牛郎星」（Front Altair）號也遭到水雷攻擊受損。伊斯蘭革命衛隊顯然刻意選定時機下手，不僅用它們羞辱安倍首相，也用它們來羞辱任何有意與這個伊斯蘭國尋求和解的人。有些人雖說知道伊朗政權的殘酷本質，也知道意識形態使它肆意侵略，但仍主張撇開這一切與伊朗談判。對這些人來說，這些油輪攻擊事件是喚醒他們的警鐘。

　　隨著事態明顯，伊朗選擇了升高事端，美國也宣布增派軍隊

進駐。在油輪攻擊事件發生後不到一星期，伊朗的一枚飛彈在國
際水域上空擊落一架美國的遙控偵察機。就在美國即將展開報復
攻擊之前不久，川普總統因為認為美國的報復會造成伊朗人命傷
亡與不成比例的財物損失，臨時決定停止這項報復行動。有人為
川普此舉鼓掌，認為這項決定讓美國可以用外交、經濟與財政手
段對伊朗施壓，對美國更有利，但沒有立即反應讓伊朗領導人膽
子更大了。川普放棄報復似乎顯示，他在想辦法為伊朗找下台
階。川普告訴記者，他發現「要相信（伊朗此舉是）有意的很
難，如果你想知道真相……我有一種感覺……它是有些人犯下
的錯」。[19]川普這番話或許用意良善，但他就像其他許多美國領
導人一樣，沒有從伊朗40年來不斷對我們發動代理人戰爭這個
角度思考，認為伊朗這項最新的侵略行為只是一次孤立事件。

美國對伊朗政策的盲點

　　先後六屆美國政府的對伊朗的政策都犯了一個通病：欠缺戰
略同理心，不了解歷史記憶、情緒與意識形態如何驅動伊朗政權
的行為。有效的伊朗戰略需要具備戰略同理心，也就是說，必須
拋棄導致那項爛核子交易的錯誤假定，必須廢止我們自1979年
以來用來對付伊朗的那些欠缺效率、前後不一的戰略。

　　美國領導人多年來一直認為，中國的繁榮能導致中國經濟與
政府的自由化。基於同理，歐巴馬總統也認為「見到解除制裁帶
來的好處能說服伊朗，讓伊朗更加專注於經濟與它的人民」。歐

巴馬總統的副國家安全顧問班‧羅德斯（Ben Rhodes）認為，美國必須在「伊朗核子交易」與戰爭之間有所選擇。他根據這項錯誤的假定向美國人民推銷這項交易，說這項交易將使伊朗「更加投入國際社會」，從而導致「伊朗人在行為上的進化」。[20]美國領導人很早以前就相信可以用解除制裁這類示好行動影響伊朗領導人，讓他們把利益擺在狂熱與意識形態前面，「聯合全面行動計畫」不是第一個例子。自1979年革命以來，伊朗領導人每在害怕或陷於困境時就找美國談判，美國領導人往往因為希望與伊朗改善關係而忽略了他們這種傾向。為掩飾他們真正的意圖——或是逃避恐怖犯行的後果，或是爭取更多資源發動他們的毀滅性作業——伊朗領導人會在談判時表現得很有誠意。

以1979年為例。吉米‧卡特政府不了解造成伊朗革命的那股根深柢固的反西方情緒。為了能與魯哈拉‧何梅尼（Ayatollah Ruhollah Khomeini）發展關係，以便將伊朗建成對付蘇聯的冷戰堡壘，卡特政府官員對伊朗革命的反美呼聲、對何梅尼加在本國人民身上的殘暴恐怖不聞不問。1979年11月1日，國家安全顧問茲比格涅夫‧布里辛斯基（Zbigniew Brzezinski）在訪問阿爾及爾（Algiers）時，在接待會上找上伊朗總理梅迪‧巴札根（Mehdi Bazargan），表示美國願意與這個新成立的伊斯蘭共和國建交。伊朗報紙隨即刊出兩人握手的照片，同時出現在報端的，是被罷黜的伊朗國王穆罕默德‧雷沙‧巴勒維（Mohammad Reza Pahlavi）在美國住院接受治療的新聞。伊朗革命分子把這兩個新聞併在一起，說中情局與美國軍方準備讓國王重返伊朗掌權。憤怒的學生在德黑蘭占領美國大使館，擄了52名美國人質，阿爾及爾的伊朗官員也立即停止這項會談。這次事件引發一場歷時444天、一直鬧到卡特總統卸任的危機。1981年1月20日，隆納德‧雷根宣誓就任總統後幾分鐘，伊朗政府為示善意，才釋放了這些人質。[21]當時我是西點軍校一年級新生，我們在泰耶路（Thayer Road）列隊，迎接初返國門、乘坐六輛綠白兩色軍用巴士穿過校園、前往泰耶酒店（Hotel Thayer）與家人團聚的人質。

　　伊朗是在被迫的情況下放人的。伊拉克於1980年9月入侵伊朗，大幅增加了伊朗外交與經濟孤立的成本。伊朗的武器與彈藥儲備在這場毀滅性戰爭的初階段幾乎耗盡。由於美國在與伊朗還是盟友期間曾協助伊朗建軍，伊朗官員這時沒有其他選項，只能向他們稱為「大魔頭」的美國求助。在雷根第二任總統任期間，就在1983年10月伊朗主謀攻擊黎巴嫩境內一處陸戰隊營區、殺害241名美軍的事件兩年後，美國官員用飛彈交換被扣在黎巴嫩的美國人質。在伊朗拿到這些飛彈之後，黎巴嫩境內一個伊朗支持的恐怖分子團體又扣了三名美國人質。伊朗的激進革命分子把這些用武器換人質的醜事宣揚了出來，讓雷根政府最後兩年任期狼狽不堪。[22]儘管這個醜聞讓當時身為副總統的老布希名譽受損，但老布希當上總統以後力主拉攏伊朗，特別是希望藉此救回被扣在黎巴嫩的九名美國人質。他在就職演說中向伊朗伸出橄欖枝，說伊朗協助釋放這些人質可以讓美伊關係轉型：「親善能導致親善。誠意可以形成無止境運轉的漩渦」。[23]老布希政府要求聯合國派員前往德黑蘭，試探伊朗與美國打交道的意願。

　　美國就這樣不斷對伊朗滿懷期望，之後又一再失望，期望、失望循環不已。1989年，在何梅尼死後，阿里·哈米尼成為最高領導人，曾經談判武器換人質交易的阿克巴·哈希米·拉夫桑加尼（Akbar Hashemi Rafsanjani）當了伊朗總統。身為商人、政客與教士的拉夫桑加尼與伊朗商人階級關係很好。兩伊戰爭重創伊朗經濟。基礎設施損毀不堪。石油生產不斷萎縮。布希政府為改善關係釋出的善意不只口惠而已，還將1979年德黑蘭大使館遇襲後凍結的5億6700萬美元伊朗資產解凍。[24]但拉夫桑加尼既無意、也沒有向美方釋出善意的實權。與哈米尼以及他的保守派教士、安全人員與伊斯蘭革命衛隊盟友相形之下，拉夫桑加尼與伊朗商人階級的勢力相去甚遠。

　　在整個過程中，伊斯蘭革命衛隊不斷為歐洲境內的恐怖分子提供武器，攻擊他們的政敵與西方利益。1989年，伊朗特工在維也納謀殺了著名庫德裔伊朗抵抗運動領導人阿布杜·拉曼·賈斯魯（Abdul Rahman Ghassemlou）；同一年，哈米尼發出「裁決」（fatwa，伊斯蘭法官發的判令），通令誅殺小說家沙爾曼·魯西迪（Salman Rushdie），因為哈米尼認為魯西迪在他的著作《撒旦詩篇》（*The Satanic Verses*）中有褻瀆之處；翌年，伊朗「外交官」在日內瓦槍殺「伊朗人民聖戰士」（People's Mujahedin of Iran）共同創辦人馬紹德·拉加維（Massoud Rajavi）的兄弟卡山·拉加維（Kazem Rajavi）；1991年，伊朗殺手在巴黎殺了巴勒維國王的最後一名首相夏普·巴克泰（Shapour Bakhtiar）。

1992年，伊朗特工在柏林一家希臘餐廳殺了三名著名的庫德裔伊朗領導人。[25]

　　就在老布希總統向伊朗伸出橄欖枝，歐洲擴大與伊朗經濟關係的同時，伊朗支持的恐怖團體真主黨也走向全球。真主黨在世界各地發動攻擊，其中包括1989年為暗殺魯西迪而在倫敦發動的一次炸彈攻擊，但沒有成功。1992年，真主黨用炸彈攻擊阿根廷的以色列大使館，死了29人；1994年炸彈攻擊阿根廷一處猶太社區中心，殺了85人；[26]巴拿馬阿拉·奇利坎那（Alas Chiricanas）航空公司901號航班在從科隆（Colón）飛往巴拿馬市（Panama City）途中遭到真主黨自殺炸彈攻擊，機上21人全部罹難。1996年，真主黨炸彈攻擊沙烏地阿拉伯胡拜爾塔（Khobar Towers），19名美國空軍人員遇害。就像伊朗領導人一貫作法一樣，拉夫桑加尼的繼任人穆罕默德·卡塔米（Mohammed Khatami）也極力否認伊朗支持海外恐怖行動。不過他認為伊朗有望改革，說伊朗內部正出現一場政治角逐，其中「一個政治傾向……堅決相信邏輯與法治至上」，「另一個政治傾向認為它有權超越法治」。[27]或許這位要求「文明之間相互對話」的伊朗新總統能夠結束伊朗利用恐怖主義的作法。儘管伊朗顯然是胡拜爾塔炸彈攻擊事件的主謀，但改善關係的可能性讓比爾·柯林頓放棄了報復。

　　戰略自戀讓美國領導人不願對抗伊朗侵略。當布希政府在2001年初上台時，美國認為溫和派與改革派在伊朗內部擁有相當實力，因此對改善雙方關係仍然抱持希望。九一一慘案似乎是個讓美國與伊朗聯手對付基地組織與塔利班這類共同敵人的機會。在美國入侵阿富汗之後，伊朗與美國外交官曾討論組織阿富汗新政府的事，不過這項合作範圍有限，也很短命。[28]小布希總統在他的2002年1月國情咨文演說中達成結論說，伊朗與伊拉克及北韓都是「邪惡軸心」一部分。伊朗隨即停止與美國的外交聯繫。伊朗的經濟弱勢、國際對伊朗核武計畫的更加認識，以及伊朗代理人戰爭的加劇，將是影響下階段美伊關係的關鍵。

伊朗的所謂溫和派，主要存活在美國與西方人士想像之中，伊朗本土根本沒有溫和派。2001年12月，在卡塔米以前，曾是西方人「溫和伊朗」之夢寄託的前總統拉夫桑加尼，在德黑蘭大學發表官方每周布道時說，「如果有一天，伊斯蘭世界也裝備了像現在以色列擁有的那種武器，到那時帝國主義的戰略就會到達一種僵局，因為就算只在以色列境內引爆一枚核彈也能毀掉一切。」2002年8月，伊朗一個流亡團體透露，伊朗在納坦茲（Natanz）有一座濃縮鈾的秘密設施，可以用來生產核子武器與民用核子反應爐。[29]對伊朗來說，核彈是它的代理人戰爭的終極武器，可以用來將美國趕出中東，主宰它的阿拉伯鄰國與毀滅以色列。

小布希政府雖然也透過波斯語廣播以及對公民社會的支持，鼓勵伊朗政權進行改革，但仍然設法與伊朗合作，對付基地組織。基地組織對伊朗什葉派穆斯林的仇恨，似乎不下於對美國基督徒與猶太人的仇恨。2003年，在美軍與英軍只用了幾周時間，就將伊朗軍隊苦戰八年還完成不了的目標——推翻海珊——

完成以後，伊朗人曾經進行討論，害怕布希政府下一個要推翻的就是德黑蘭政權。但結果是，伊朗人不但沒有與美國合作對付他們的共同敵人，伊斯蘭革命衛隊與伊朗安全情報部門還決定為基地組織頭目提供安全庇護，幫他們對付美國與阿拉伯諸王國。[30]伊朗還利用基地在伊拉克發動一場宗派內戰，讓伊朗對過去的復興黨宿仇進行報復，打造強有力的代理人部隊，將人員滲透進入伊拉克政府。美國成功入侵伊拉克，卻未能鞏固戰果，遂為伊斯蘭革命衛隊與伊朗間諜組織情報安全部（許多成員是前巴勒維國王手下的SAVAK秘密警察）帶來可乘之機。伊朗特工與情報人員在不設防的邊界隨意穿梭。眼見美軍與聯軍忙著應付不斷升溫的伊拉克叛亂情勢，伊朗也將原本對美國傳統軍力的恐懼拋到九霄雲外。隨著伊朗加強對美國的代理人戰爭，伊斯蘭革命衛隊與他們在伊拉克的結盟民兵，也開始將美軍納入他們的攻擊目標。

這些民兵用伊朗製造的所謂「爆炸成形彈」（Explosively Formed Penetrators，簡稱EFPs）的路邊炸彈攻擊美軍。這種路邊炸彈非常簡單，但也非常致命。EFPs用一根金屬管或聚氯乙烯管裝滿炸藥，上面加上銅或鋼碟引爆裝置而成，爆炸把銅或鋼碟轉換成高速飛動的溶塊，可以穿透車輛的裝甲板。[31]EFPs需要在伊朗進行精密製造。德黑蘭政權發展出一套複雜而有創意的走私網絡與技術，將它們運往海外戰場。儘管美國一些文職與軍職官員也曾呼籲示警，面對伊朗侵略的升高，華府卻遲遲沒有行動。就像歐巴馬與川普政府一廂情願地認為塔利班與阿富汗以及巴基斯坦的基地組織無關一樣，布希政府也自欺欺人地相信，伊朗領導人或許不知道他們的特工在伊拉克殺害了數百名美軍。詢及 EFPs 來自伊朗這件事時,小布希總統答稱,「我們不知道伊朗領導人是否下令聖城旅幹下這些勾當。」[32] 兩天前,參謀首長聯席會議主席彼得‧培斯(Peter Pace)說,這些武器從伊朗運出來這件事,並不表示「伊朗政府本身一定直接參與這件事」。在讀到這些聲明時,我以第三裝甲騎兵團團長身分駐在伊拉克。我與我們的官兵都很清楚,我們在巴格達南方的傷亡,罪魁禍首是透過革命衛隊聖城旅控制的網絡運來的、伊朗製 EFPs。執行這些 EFPs 攻擊的人都經過革命衛隊聖城旅訓練,都接受他們的指示。EFPs 攻擊奪走六百多條美軍性命,占 2003 到 2011 年間伊拉克境內美軍死亡總數 17% 以上,伊朗領導人不可能沒有責任。[33] 但華府仍然力謀和解,甚至為德黑蘭編了一套故事幫著掩飾,不過這些和解既沒有讓伊朗的毀滅性活動有所收斂,也沒有讓伊朗改革派立場轉強。事實上,美國軟弱的反應使伊朗革命狂熱派更加肆無忌憚。

　　2005 到 2013 年是馬穆德‧阿瑪迪尼加(Mahmoud Ahmadinejad)總統領導下的對抗年。在他與他的保守派主導下,伊朗政權不僅在口頭上,也在行動上加強對以色列、美國、沙烏地阿拉伯與英國的攻擊。2006 年 7 月 12 日,真主黨綁架兩名以色列軍人,引發一場真主黨總書記哈珊‧納斯萊拉(Hassan Nasrallah)始料未及的戰役。1200 名黎巴嫩人──包括 270 幾名真主黨戰士──與 158 名以色列士兵在這場戰役中喪生。戰役結束後,阿瑪迪尼加大幅增加對真主黨,以及對巴勒斯坦恐怖團體哈瑪斯與巴勒斯坦伊斯蘭聖戰的支援。伊拉克境內的德黑蘭代理人開始對美軍發動更大膽的直接攻擊。2007年1月20日，凱斯·奧－卡札利（Qais al-Khazali）領導的「正義聯盟」（Asa'ib Ahl al-Haq）民兵，攻擊了卡爾巴拉的省聯合協調中心（Provincial Joint Coordination Center）。這些民兵穿上美軍制服混過伊拉克警衛。他們殺了一名美軍，劫持另四名美軍，之後將這四名美軍悉數殺害。「聖城旅」甚至計畫在美國境內發動暗殺與恐怖攻擊。2011年10月11日，美國政府官員阻止了一次對沙烏地阿拉伯駐美大使阿德爾·奧－朱貝爾的暗殺企圖。恐怖分子計畫對朱貝爾經常光顧的華府一家餐廳發動攻擊，如果得逞將傷及許多無辜。一個半月後，2011年11月29日，伊朗抗議群眾圍攻、闖入德黑蘭英國大使館，高唱「打死英格蘭」，將大使館財物與裡面的敏感資料洗劫一空。這場動亂在英國宣布對伊朗實施新制裁之後出現，而且跡象顯示是政府幕後撐腰的行動。[34]

不過伊朗也因為加緊代理人戰爭與發展核武而付出代價。在伊拉克，儘管華府不願把這些攻擊事件的帳算在伊朗領導人頭上，什葉派民兵不斷升高的暴力仍然招來美軍的報復。2007年1月，美軍特戰部隊突襲美方認為是伊斯蘭革命衛隊基地的厄畢爾（Erbil）伊朗領事館。兩個月後，聯軍特種部隊攻擊巴斯拉的一處恐怖分子巢穴。那年1月發生在卡爾巴拉、導致五名美軍喪生的攻擊事件，就是這裡的恐怖分子幹的。聯軍俘獲的恐怖分子中，包括巴斯拉攻擊事件頭子奧－卡沙利（al-Khazali）、他的一個兄弟、還有穆拉·阿里·穆沙·達杜克（Mullah Ali Mussa

Daqduq）。達杜克是黎巴嫩真主黨顧問，一直與伊朗人合作，準備在伊拉克建立一個黎巴嫩式的真主黨。聯軍還曾於2007年支援伊拉克總理努里・奧－馬利基，在伊拉克南方對「救世主軍」（Mahdi Army）發動「騎士衝鋒」（Charge of the Knights）攻勢。馬利基所以發動這項攻勢，是因為他發現救世主軍陰謀政變，想用賈法利或阿麥・夏拉畢（Ahmed Chalabi）這樣完全聽命伊朗的人來取代他。美國軍方加強反擊讓什葉派民兵與伊斯蘭革命衛隊頗感意外。五名聖城旅軍官在厄畢爾伊朗領事館被俘的事件，尤其令聖城旅司令蘇雷曼尼提心吊膽。他擔心類似事件重演，於是減少伊斯蘭革命衛隊在伊拉克境內的作業與人員。[35]

　　從2005年起，小布希政府與歐洲盟國加緊對伊朗經濟制裁，據說還用秘密行動對伊朗的核武計畫進行打擊。[36]歐巴馬政府繼續對伊朗施壓，自2012年起，伊朗經濟嚴重萎縮。隨後油價在2014年重挫，加以制裁收緊，伊朗經濟瀕臨崩潰邊緣。[37]伊朗在國內、外兩線均告失利。伊朗的盟友阿薩德在敘利亞已經形同行屍走肉。伊朗需要脫困。2013年，新領導人哈珊・魯哈尼總統與賈法・沙里夫外長展開笑臉攻勢，甚至裝出一副有意與以色列改善關係的姿態。之前的伊朗總統阿瑪迪尼加對「大屠殺」事件矢口否認，沙里夫外長現在說，納粹對猶太人這項種族滅絕是「可怕的悲劇」，他甚至表示，如果以色列能與巴勒斯坦達成一項和平協議，德黑蘭可能承認以色列。[38]西方領導人就這樣又一次落入圈套，相信伊朗這次真的有意和解妥協了。

　　但伊朗卻增加對敘利亞政權、真主黨、伊拉克民兵、與葉門「胡塞」民兵的援助，加強它的代理人戰爭。舉例說，伊朗於2014年2月派遣數以百計「軍事專家」、聖城旅指揮官與伊斯蘭革命衛隊隊員進駐敘利亞，為阿薩德政權撐腰。伊斯蘭革命衛隊建立、指揮的阿富汗什葉派民兵「法特米揚師」（Fatemiyoun Divi-Sion）的兵力增加到約兩萬人。在整個2014年間，伊朗還在暗中為阿富汗境內的塔利班提供更多物資與人力支援。[39] 同時伊朗繼續推動著它的核武計畫。就在伊朗領導人與西方外交官談判之際，最高領導人哈米尼宣布伊朗追求的目標，不是談判代表們討論的一萬部離心機，而是19萬部離心機。但就像之前幾屆美國政府一樣，歐巴馬政府仍然主張妥協讓步，決定放鬆對伊朗的壓力。當伊朗抗議群眾於2009年「綠色運動」（Green Movement）期間向西方民主國家求助時，歐巴馬政府為避免惹怒德黑蘭，發了一篇不痛不癢的聲明。2012年，中情局局長大衛‧裴卓斯擴大對敘利亞反對派支持的計畫，遭到白宮立即拒絕。[40] 部分由於對德黑蘭的讓步，白宮決定不執行為警告敘利亞不得用化學武器屠殺平民而訂定的「紅線」政策。[41]

歐巴馬政府由於對它與伊朗的核子交易寄望過高，在原本可以有效遏阻伊朗侵略的一些努力上退縮了。從2008到2016年間，伊朗資助海外代理人——包括黎巴嫩真主黨的國際恐怖分子網絡——的作業，因美國的「卡珊德拉計畫」（Project Cassandra）而受阻。但誠如財政部官員凱瑟琳‧鮑爾（Katherine Bauer）日後所說，「為了怕惹怒伊朗、損及核子交易，美國壓制了這項調查行動」。[42]

　　在與伊朗的核子交易生效後，歐巴馬政府為了不危及這項交易，決心盡可能避免對抗。就這樣，流入伊朗的美國資金與伊朗的外銷增加了三倍，恐怖組織與伊斯蘭革命衛隊經費暴漲。真主黨每年的活動經費多了七億美元，巴勒斯坦民兵與各式恐怖團體也多了一億美元。「伊朗核子交易」在心理上與財務上加強了伊朗政權。儘管「聯合全面行動計畫」在前文中規定，簽字國應該「本著誠信與一種建設性氛圍實現聯合全面行動計畫」，應該「避免任何與（這項協議）文字、精神、意旨不合的行動」，但伊斯蘭革命衛隊不斷加強它在敘利亞、伊拉克、黎巴嫩、葉門與東沙烏地阿拉伯的行動。舉例說，在「伊朗核子交易」簽字僅僅幾個月後，每十天就有數以百計伊朗軍抵達敘利亞，以加強在伊德利布與哈馬的攻勢。伊斯蘭革命衛隊繼續違反聯合國安理會決議，進行一連串彈道飛彈測試。從協議簽字起到2017年2月間，進行了14次飛彈測試，包括以發射衛星為名，測試了一枚長程彈道飛彈。這些測試雖說有些以失敗收場，但伊朗人在進步。2017年6月，恐怖分子攻擊德黑蘭，伊朗人為了報復，也為了展示它的新能力，從伊朗境內發射六枚飛彈，飛越伊拉克，攻擊敘利亞境內達爾・奧－薩爾的伊斯蘭國控制區。[43]

　　歐巴馬政府對伊朗的妥協還不僅止於此。就在伊朗核子交易簽字前不久，美國國務院把幾個裝滿歐元與瑞士法朗的箱子空運到日內瓦，接駁送上飛往德黑蘭的貨機。就在同一天，伊朗釋放了四名事實上是人質的美國人。這讓人想起雷根政府時代那項以武器換人質的交易。2009年6月，歐巴馬總統在開羅發表演說指出，他願意向伊朗「伸出妥協之手」。但看在伊朗領導人眼裡，歐巴馬政府這種明擺著就是「付錢贖回人質」的作法，代表的是軟弱，而不是「妥協之手」。儘管歐巴馬政府謊稱付錢給伊朗與人質獲釋無關，但這次事件鼓舞了伊朗人，讓伊朗人對他們擄人勒贖的作法更加樂此不疲。德黑蘭革命派說，美國人付錢贖回人質證明美國人認罪與軟弱。伊斯蘭革命衛隊副情報頭子侯賽因‧尼加（Hossein Nejat）說，美國人付錢贖人證明「美國人自己說他們無權攻擊伊朗」。[44]在這次付款事件過後幾個月間，除了多次飛彈試射以外，伊朗政權還吹噓它的核武庫藏，為一名殺了美國人的伊斯蘭革命衛隊指揮官頒勳，還扣押兩艘美國海軍船隻，逮捕船上10名水手，將他們排在攝影機前留影存證，15個小時過後將他們釋放。伊朗繼續玩著它的擄人勒贖老把戲，在2016年拘留普林斯頓大學研究生王熙岳（Xiyue Wang，音譯）。當時王某在伊朗進行卡加王朝研究，學習波斯語，撰寫他的歐亞史博士論文。就像過去一樣，妥協只能導致伊朗變本加厲。

貪腐壓倒改革

　　儘管美國一再希望伊朗能夠出現溫和派領導人與改革派政府，但伊朗內部的政治脈動使真正的改革幾乎不可能出現。許多年來，在保守派與最高領導人哈米尼聯手制壓下，即使是一些最起碼的改革努力（例如新聞自由、振興經濟、減少法律途徑外殺戮）也行不通。壟斷「護國理事會」（Guardian Council）、擁有政府操控權的「穆拉」（mullah，伊斯蘭教領導人），表面上一派虔誠，卻只知道透過道德與財物貪腐掌握權力。他們主要利用「烈士基金會」（bonyad）做幌子進行斂財、牟利。烈士基金會控制企業，承接政府合約，洗錢，在沒有任何外部審計的情況下運作，而且不必繳稅。最高領導人負責指派烈士基金會會長，擔任會長的多為有權勢「穆拉」的子女。伊朗最大的烈士基金會「阿斯坦・庫茲拉沙維」（Astan Quds Razavi）旗下控制遍及汽車製造到農業、石油與天然氣及金融服務的一百多家企業。

　　不僅教士貪腐，治安人員與革命衛隊也早已淪為貪腐淵藪。一名殺了美國人的伊斯蘭革命衛隊靠著走私違禁品與販毒大發利市。貪腐網絡為了保有對政府與經濟的控制權，而扼殺政治改革。舉例說，獲有憲法授權、由教士與律師組成的護國理事會，操控2004年國會選舉，將改革派邊緣化，確保民粹派德黑蘭市長馬穆德・阿瑪迪尼加在2005年總統選舉中擊敗前總統拉夫桑加尼。[45]最惡名昭彰的竊取選舉成果的例子，是2009年的總統選舉。在大多數情況下，護國理事會只需將改革派候選人從候選人名單中剔除就行了——以2020年2月國會選舉為例，它剔除了7000多名候選人。[46]

　　令人感到諷刺的是，西方的妥協政策往往助長了革命派鎮壓改革的氣焰。舉例說，在2004到2005年間，保守派靠選舉違規在國會與總統選舉中獲勝，但歐盟談判代表故做不見。他們認為，避免對抗或許能促成伊朗在核子計畫方面的合作。但結果是，隨著革命派在伊朗內政上權勢日增，阿瑪迪尼加也開始更加肆無忌憚地展開對外侵略。對海外的侵略衍生於、也有賴於革命派在國內的大權在握。阿瑪迪尼加靠著石油營收為伊斯蘭革命衛隊提供資金，讓聖城旅在海外執行恐怖活動。當阿瑪迪尼加在2009年面對普獲民眾擁戴的改革派候選人米－侯賽因·穆沙維（Mir-Hossein Mousavi）挑戰時，勢力越來越大的伊斯蘭革命衛隊與情報安全部，為表示他們對阿瑪迪尼加的感謝，幫他竊取了這次選舉。穆沙維的「綠色運動黨」（Green Movement）不甘認敗，揚言發動綠色革命推翻腐敗的教士階級。伊朗民眾走上街頭，發動自1979年以來最大規模的抗議示威。伊斯蘭革命衛隊與巴斯吉（Basij）民團組織隨即以維安為由，對民眾展開野蠻鎮壓。[47]

　　事實證明，對最高領導人哈米尼、烈士基金會與伊斯蘭革命衛隊來說，伊朗核子交易是天外飛來的橫財，讓他們擴張他們的裙帶關係網絡、加強在中東的代理人戰爭。將伊朗整合、融入全球經濟的作法，就理論而言應該可以強化伊朗民營企業、迫使政府放寬對商務的控制，讓溫和派掌權，假以時日，讓伊朗出現一個比較不仇視西方的政府。但放鬆制裁的結果不但沒能打開伊朗市場、促成伊朗自由化，反而讓革命分子——特別是烈士基金會與伊斯蘭革命衛隊——氣焰更加高張。像烈士基金會一樣，伊斯蘭革命衛隊也是伊朗經濟系統的中心。它在兩伊戰爭期間取得高度經濟影響力，控制20%到40%的伊朗經濟。在JCPOA的17億美元款項交付後18個月間，110項商務協定中至少有90項、總值約800億美元外資落入國營公司袋中。[48]

誤解歷史比無知更糟

　　美國領導人認為，美國的行動是伊朗態度與行為的主要根源。正是基於這種自戀的假定，美國領導人相信放鬆制裁不僅能改變伊朗政權的行為，還能改變它的本質。美國領導人並不很了解、或許不重視伊朗的政治結構。這項伊朗核子交易的首席談判代表溫蒂・謝爾曼（Wendy Sherman）說，「想達成一項有意義的交易，我們不僅不能將我們的對手視為外敵或可以用完就丟的東西，還得將他們視為真正的夥伴。」[49]美國的伊朗政策所以這麼失敗，是自我欺騙、欠卻對伊朗的專業知識，以及對伊朗領導人的情緒與意識形態的誤解所致。

　　對歷史一知半解造成的誤導，往往比完全不理會歷史更加嚴重。歐巴馬政府接受了伊朗革命的創始神話，同意1953年那場推翻伊朗首相穆罕默德・摩沙迪克（Mohammad Mosaddeq）、鞏固巴勒維國王統治的政變，是外國策畫、執行的。對伊朗革命派來說，這個政變神話讓他們更加認定伊朗是西方殖民主義者的犧牲品。對歐巴馬政府來說，這個說法讓它更堅信美國是決定伊朗行動的關鍵。但這個神話忽略了巴勒維國王有權罷黜首相的事實，摩沙迪克不接受巴勒維的罷黜事實上是違憲與不法的。儘管伊朗革命派與美國新左派歷史學者對摩沙迪克大力吹捧，摩沙迪克確實也是一位愛國者，但他的剛愎自用與毫無彈性終於拖垮了伊朗經濟，為政治激進派開啟了大門。此外，伊朗王室與巴勒維國王頗獲國民擁戴、摩沙迪克是君權主義者也是事實。儘管英國

與美國情報機構確實也插手了推翻摩沙迪克的政變，但2017年
解密的眾多文件證明，若不是伊朗內部人士的支持，這場政變不
會成功。而且最後事實證明，與摩沙迪克那一小群知識分子與左
派政客組成的聯合政府相形之下，巴勒維國王的聯合政府強大得
多。[50]

　　不過有關這段政變歷史的簡化版本，很能符合新左派歷史觀
的訴求——今日世界的種種病態，主要導因於資本帝國主義與過
於強大的美國。美國大學對這場政變的標準詮釋，就若干程度而
言，是越戰反對派提出的一項副產品。對這段政變歷史的錯誤解
讀，讓許多美國領導人認為，美國想改善與伊朗的關係首先得償
贖過去對伊朗犯下的「罪行」。這樣的錯誤很多。舉例說，德州
大學奧斯汀分校2019年在「德州國家安全檢討」（Texas National
Security Review）網站上撰文，檢討艾森豪政府何以選擇推翻摩
沙迪克政府。文中驟下結論地認定艾森豪政府真的這麼做了。
2019年2月NPR網站上的大標題寫道，「中央情報局怎麼在四
天內推翻伊朗的民主」，這是又一個例證。2009年，歐巴馬總
統在開羅發表演說、談到美國與穆斯林世界的關係時說，「冷
戰期間，美國在一次推翻伊朗民選政府的事件中扮演了一個角
色。」[51]雖說歐巴馬隨即指出伊朗也犯下對美國人的罪刑，但他
以這種說法點出美國插手摩沙迪克政變，目的顯然想以自認有罪
的方式改善與伊朗的關係。無論1953年的事實真相究竟如何，
我們必須認清一件事：伊朗革命派所以如此仇美，所以覺得他們
是「美帝」犧牲品，所以渴望報復，摩沙迪克政變神話是重要關

鍵。[52]但在摩沙迪克政變事件中，當年伊朗教士階級應該負起的責任遠比中情局大得多，美國不應該幫著今天的伊朗教士竄改歷史。

鬆綁制裁反助強硬派鞏固權力

美國領導人由於自戀心理作祟，認為決定德黑蘭政權行為舉止的最重要的因素，不是內部動能而是外在行動，因此假定只要能讓這個伊斯蘭共和國融入國際社會，這個國家就能脫胎換骨，形成維持中東安定的一股力量。儘管伊朗政府所以仇視西方，並不是因為一些解除制裁就可以矯正的歷史錯誤，但有些美國領導人仍然希望伊朗能取得區域性霸權，像西元前6世紀到19世紀的波斯帝國一樣，成為中東和平與安定的力量。只是這樣的希望不過是一種不真實的幻想而已。

歐巴馬政府官員一味只是推銷與伊朗的核子交易，卻不對這項交易進行審視。班‧羅德斯為了推銷這項交易，說那些反對JCPOA的人都是伊拉克戰爭主戰派。他說，「我們的宣傳口號就是：當時錯，現在就錯。」這樣的口號不僅是「紅鯡魚」（red herring，譯按：故意提出以擾人視聽、與事實無關的說法），還說明歐巴馬政府那些反對伊拉克戰爭的人如何不分青紅皂白地為反戰而反戰。伊拉克戰爭的「紅鯡魚」導致一種錯誤的兩難式，讓人誤以為美國已經陷入一場「不這樣就會那樣」的困境，但事實是，美國至少還有另一種選項。羅德斯大言不慚地說，美國只能支持JCPOA，否則就得與伊朗開戰。歐巴馬總統也喜歡這個論調，說它是證明美國應該簽訂這項交易的「最佳論據」。[53] 在這個案例上，被刪除的選項是：趁著伊朗已經感受到壓力，繼續用制裁對伊朗政權施壓。早在JCPOA很久以前，伊朗領導人已經憂心忡忡，擔心他們的政權過於腐敗，無力阻止人民反專制的聲浪。他們於是開始討論「中國模式」，想說服美國解除制裁，啟動經濟成長，安撫伊朗民眾的不滿情緒。[54] 美國根據JCPOA解除對伊朗的制裁，為伊朗政權注入大筆資金，幫助它阻止經濟惡化與貨幣貶值。但這項交易削弱了改革派，讓德黑蘭高壓政權與伊斯蘭革命衛隊氣焰更加高張。而且更糟的是，為簽訂這項有瑕疵的協定，美國展現妥協，拍胸脯保證伊朗領導層的值得信賴——這種作法實質上讓伊朗人民不再能發聲，不再能成為一股溫和的力量。羅德斯當時曾下指令，強調必須將JCPOA描述成一項僅僅針對核子議題的協定，因為「我們不要讓那些批判我們的人把這項核子議題與其他議題混為一談」。[55] 羅德斯所謂「其他議題」指的是德黑蘭政權壓榨自己人民、支持恐怖分子與煽動中東暴力。

裹著糖衣的毒藥

後來，那些力主繼續JCPOA的人說，退出這項協定是短視。但JCPOA本身就是一項短視的協定，因為它把伊朗的核子計畫與伊朗政權的行為以及它的本質分了家。這是一項披上外交

勝利外衣、造成政治惡果的協定，美國為簽訂這項協定而放棄美
國的核心價值，與一個高壓政權站在一邊，對付這個政權的人
民與中東地區其他人民。不過，JCPOA的基本假定與幻想並非
JCPOA或歐巴馬政府的專利。美國一連六屆政府都向伊朗表示
親善，但都未獲伊朗親善回饋。這個政權對美國、以色列、歐洲
與阿拉伯諸王國的仇視從未因美國的妥協而稍有轉變。JCPOA
表面上似乎是美國政策的一次大轉向，事實上它沿襲了美國多年
來政策錯誤與不實幻想的老路。想匡正這種歷史性政策錯誤必須
深入了解伊朗政權，特別是意識形態與情緒對這個政權的影響。

第十章

強迫選擇

說宗教與政治分家的人都是白痴；
他根本不懂伊斯蘭或政治。——**何梅尼**

　　要執行川普總統在2017年10月的演說中宣布的對伊朗政策，比表面上看起來困難得多。想在美國政府各部會執行政策轉移本來就不容易，如果碰上像伊朗這樣的重大政策轉移，就更加困難了。這類執行難度部分來自對妥協政策揮之不去的同情。我相信我們必須迫使伊朗在兩條路之間擇一而行：做一個負責任的國家，享用負責任行為帶來的利益，要不繼續發動代理人戰爭遭到制裁與孤立。但有些人仍然像歐巴馬總統一度相信的那樣，相信伊朗領導人有一天會放軟，因此主張繼續妥協、避免對抗。[1] 2019年夏天與秋天，約在美國退出伊朗核子交易一年之後，就在伊朗石油出口與它的幣值創下歷史新低時，爆發了所謂2019年波斯灣危機：伊朗攻擊沙烏地阿拉伯、阿拉伯聯合大公國、日本與挪威油輪；對沙烏地阿拉伯石油設施進行無人機攻擊；還擊落一架美國無人機。[2]

　　這些行動應該能讓美國人了解，除非德黑蘭政權性質出現變化，伊朗領導人不會放棄它們的代理人戰爭。它們也應該能讓美國的一些盟友改變初衷，不再相信西方可以透過交易與經濟利誘方式說服德黑蘭放棄侵略。這場危機讓我們更加認定，革命意識形態帶動著伊朗對外行動。伊朗的革命派不要妥協，伊朗認為它可以繼續玩弄兩手策略：一面運用暴力達到目標，同時還讓國際繼續視它為一個負責任的國家。伊朗政權所以有這種態度，或許也得歸咎於國際社會的縱容：在2019年波斯灣危機爆發後，許多國家認為，造成這場危機的罪魁禍首，不是最高領導人哈米尼，不是護國理事會或伊斯蘭革命衛隊那些指揮官，而是美國退出伊朗核子協定。太多新聞分析的潛台詞就是「美國迫使伊朗這麼幹」。

但伊朗政權的「大魔頭」、「打死以色列」與「打死美國」的口號並非純屬叫囂而已。伊朗對美國、以色列與西方的敵意，雖說是伊朗革命意識形態的基礎，但這種仇恨早在革命以前很久已經根深柢固。伊朗領導人對殖民與外國列強深惡痛絕，認為它們是造成19世紀與20世紀之初波斯帝國崩潰、伊朗喪失主權的主因。由於戰略性地緣位置與油藏，伊朗當時成為英國與俄國角逐中亞勢力的「大國競賽」競技場。但伊朗同時也是這場競技的積極玩家。舉例說，在1930年代，伊朗獨裁者里薩汗（Reza Shah）就曾拉攏德國、義大利與土耳其的法西斯以鞏固自己的權力。里薩汗痛恨英國，認為英國搶走太多伊朗石油財富。軸心國在第二次世界大戰初期的勝利，似乎為他帶來將英國勢力趕出伊朗的良機。但他押錯了邊。在蘇聯從北方、英國從南方入侵伊朗後，里薩汗把王位讓給兒子穆罕默德·雷沙·巴勒維，之後巴勒維統治伊朗37年。伊朗於1943年對軸心國宣戰。[3]

蘇聯與西方國家的冷戰，讓巴勒維面對一場新版本的「大國競賽」，美國取代英國，成為影響伊朗政治與經濟的主要外國勢力。直到將近70年後，對美國與英國破壞伊朗主權的仇恨，仍是伊朗外交與軍事政策的主要情緒性決定要件。在1979年前那段時間，魯哈拉·何梅尼等反巴勒維國王人士因表示反美情緒而獲得民意支持。何梅尼於1964年從伊朗流亡，1978年被逐出伊拉克，之後他到了法國，利用法國的自由大搞反美與反西方宣傳。他在巴黎郊外諾夫勒堡（Neauphle-le-Château）住處進行了超過450次訪談，把巴勒維國王說成是美國傀儡。當他於1979年2月1日返回伊朗時，迎接他的群眾高唱反西方與反以色列口號。444天的人質危機也給了何梅尼與他的革命派大好良機，讓他們利用反美情緒鞏固權力。直到今天，打反美牌仍是德黑蘭政權慣用的招數。[4] 2019年11月，伊朗政府宣布汽油配給與天然氣漲價300%，[5]引起全國各地示威抗議，伊斯蘭革命衛隊於是發動群眾大會，把民眾不滿的矛頭從德黑蘭政權轉移到美國。伊斯蘭革命衛隊司令在群眾面前發表演說，把當時全國各地街頭抗議事件的罪責推給美國。他說，「我們正在打一場世界大戰，此刻你們正在擊敗傲慢的外國。這場不久前在我們的街道上展開的大戰是一項國際陰謀。」[6]

　　要訂定對伊朗的對策，了解伊朗領導人的行為動機當然重要，但了解伊朗人民本身的各種想法與信念也同樣重要。1998年，伊朗總統卡塔米在建議「文明之間相互對話」時說，一個人應該「認識你要的文明，才能維持對話」。[7]他這話指的就是戰略同理心。伊朗人民對美國與西方的態度既非一致，也不是一成不變。在伊朗革命以前，美國與伊朗人民能維持一段很長的友誼，原因就在這裡。跨越公、私領域與伊朗人交談溝通，可以幫助彼此了解雙方間錯縱交織的歷史。或許霍華·巴斯克維（Howard Baskerville）的故事就是一個值得分享的好例子。巴斯克維是個美國青年，在塔布里茲（Tabriz）教英文、歷史與幾何，後來在1905到1911年的波斯憲政革命中成為烈士。巴斯克維當時指揮150名憲政派青年，試圖突破國王軍隊包圍圈，為困守塔布里茲城內人民運糧，結果死難。他說，「我與這些人的唯一差異就是我的出生地，而這並不重要。」[8]我們應該知道伊朗人民有各式各樣的觀點，找出那些喜愛美國與西方文學、電影、音樂與演藝的社群。許多伊朗社群的文化與宗教認同，與德黑蘭政權的馬克思與伊斯蘭基本教義派意識形態並不相容。[9]

雖說我們不能從外面施壓、改變伊朗政權，但我們可以與伊朗人民溝通，讓他們制約這個政權，讓它改變它對外侵略、對內高壓的政策。我們可以運用滲透或迂迴手法，營造與伊朗人民的關係，對抗德黑蘭政權的宣傳。儘管許多伊朗裔外國公民遭到伊朗非法監禁，但住在西方的伊朗僑民與他們留在伊朗親友之間的往來溝通，仍能有效反制德黑蘭政權的謊言。[10]可以繞過新聞檢查的科技手段即將問世。衛星網際網路與其他相關科技，能讓德黑蘭政權更難以阻礙人民享用資訊。

對話還能讓伊朗領導人不能把當前的種種悲劇怪罪「大魔頭」（美國）、「小魔頭」（以色列）與其他國家，從而增加對德黑蘭政權的社會壓力。伊朗經濟的衰敗不是美國與其他國家的錯。伊朗領導人的貪腐與窮兵黷武才是伊朗經濟不能正常發展、繁榮的元凶。伊朗今天的悲劇，不僅來自它造成的毀滅與苦難，也因為它的領導人沒能妥為運用伊朗人民與天然資源的龐大潛能。根據估計，在阿瑪迪尼加擔任總統期間，德黑蘭政權浪費的石油財富約達8000億美元。[11]從歷史角度而言，每逢動盪不安時節，伊朗那些貪腐的領導人為了本身特權，總是變本加厲、大肆搜刮。美國與其他國家還可以採取更多行動,揭發這個政權的偽善與它那些錯誤的意識形態。貪汙腐敗的德黑蘭政權,與冷戰時代共產黨極權政權有許多相似之處。伊朗革命派為了解釋1979年內戰初期大屠殺而發表的聲明,令人想起布爾什維克為合理化1918年「紅色恐怖」而發表的下述聲明:「為打造一個階級不再存在的社會,我們必須毀滅、殺戮社會中的邪惡分子。」[12]在什葉派世界,並非每個人都接受最高領導人透過「法學派統治」概念取得的理論權威。許多人認為這個披著宗教外衣的貪腐獨裁系統是一種異端。調查記者與分析家應該揭露伊朗浪擲在代理人戰爭上的金錢,揭露政府官員與教士藉「烈士基金會」而聚斂的龐大財富,讓伊朗人民知道他們的財富遭到剝奪的真相。外國領導人在公開聲明中應該小心謹慎,將伊朗政權與伊朗人民有所區分。不能做到這一點,只會使伊朗政權繼續推諉罪責。

伊朗與中東地區的代理人戰爭

　　儘管經濟衰敗,伊朗領導人仍然膽氣很壯,因為他們認為美國與歐洲各行其是,而且沒有決心。伊斯蘭革命衛隊所以能取勝,不僅因為它狂妄無度、精於欺騙,也因為它的對手沒有持續應對之策。看在哈米尼眼中,美國內部在2016年總統選舉過後出現的分裂與爭執,是一種政治與道德淪喪的象徵。他說,美國「就像遭白蟻蛀蝕一樣,已經由內而外空洞化了」。就像中國共產黨領導層一樣,他也將2008年金融危機視為一種軟弱的跡象，說美國經濟「近幾十年驚人衰敗」，「美國在政治領域的力量也在下挫」。[13]伊朗領導人判斷，美國對伊朗的挑釁不會有強烈反應，伊朗在2019年發動的攻擊沒有引起美方軍事反擊，佐證了他們這些看法。在美國退出JCPOA之後，雖說伊朗升高了攻擊行動，歐盟仍然緊抱妥協政策。[14]伊朗領導人很可能認定，無論是美國與歐洲國家都沒有堅持與伊朗軍事對抗到底的意願。2019年11月，伊斯蘭革命衛隊司令沙拉米（Salami）對美國誇口說，「你們已經在戰場上嚐到我們的厲害，被我們狠狠打了一耳光，連還手的力量都沒有……如果你們膽敢跨越我們的紅線，我們會殲滅你們。」[15]美軍於2020年1月3日在巴格達發動突襲、殺了蘇雷曼尼與穆汗迪的行動，一定讓伊朗大吃一驚。就在美軍這次行動之前不久，在談到美國可能因美軍基地與美國駐伊拉克大使館遇襲而採取報復時說道，伊朗最高領導人嘲諷川普總統說「你什麼也做不了」。[16]伊朗政權顯然已經認定了這一點。

　　美國若不能展示對伊朗施加實體與財經壓力的決心，伊朗會加強它的代理人戰爭。伊朗想現代化它的軍事力量、發動代理人戰爭，部分依靠它的經濟實力。從2008到2018年，伊朗在軍事與海外戰鬥任務方面的開支幾近1400億美元。在2017到2019年間，美國制裁了約1000個伊朗個人與組織。在2018年，伊朗幣「里亞爾」（rial）對主要貨幣貶值了四倍，作為伊朗政權主要財源的石油出口，從每天250萬桶高峰減少到100萬桶。制裁、國內生產毛額降低與通貨膨脹率居高不下，使伊朗將軍費開支減少10%。但儘管陷入如此經濟困境，伊朗繼續動支外匯儲備進行代理人戰爭。[17]在這個政權停止對美國、以色列、西方國家與阿拉伯世界的敵意以前，美國與其夥伴應該不斷加強對伊朗的防務。由於在地緣與參與人數兩方面都在不斷擴大，伊朗的代理人戰爭已經越來越凶險。其他國家為保護它們在敘利亞、葉門與波斯灣水域以及曼德海峽（Babel-Mandeb strait）的利益，也已加入這場衝突。從2012到2020年間，伊朗由於利用黎凡特陸、空橋加強對以色列的威脅，已經迫使以色列國防軍進入敘利亞進行干預。[18]在2019年，以色列增加在黎巴嫩與加薩的攻擊，以打擊真主黨、巴勒斯坦伊斯蘭聖戰、與哈瑪斯的實力，而伊朗則繼續用武器與金錢支援這些組織。在2015到2020年間，伊朗在葉門的代理人將250多枚飛彈射進沙烏地阿拉伯與阿拉伯聯合大公國，還在曼德海峽對過往船隻發動幾十次攻擊。[19]沙烏地阿拉伯因此揚言直接報復伊朗。沙國穆罕默德・賓・沙爾曼親王在2017年5月發表聲明說，沙國一定會想辦法讓今後兩國之間的衝突「都在伊朗境內進行」，同年11月，沙爾曼說，最高領導人阿里・哈米尼是「中東的新希特勒」。[20]

伊朗的代理人戰爭所以越來越凶險，也因為伊朗為它的民兵提供了毀滅性武器。真主黨與葉門「胡塞」叛軍都已經具備用導向飛彈攻擊船隻的能力。伊朗運用網路與無人機、以及彈道飛彈攻擊，對中東與世上其他國家進行威嚇。美國與其盟友可以與波斯灣國家加強飛彈防禦、空防等領域的合作，讓伊朗領導人相信使用武力完成不了目標。隨著地緣擴張，伊朗的管控與後勤也越繃越緊。美國與其盟友可以透過多邊合作，進一步暴露伊斯蘭革命衛隊與代理人網路的弱點，例如地緣規模過廣以及後勤支援能力拉得過於單薄等等。

另一方面，阿拉伯國家的國防措施必須超越軍事手段：它們應該推動政治與治理改革，以舒緩非遜尼派民眾的疾苦、滿足非遜尼派民眾的需求。這樣做可以削弱伊朗影響力，讓願意支援伊朗進行顛覆的人數減少，特別是在什葉派占多數的國家，如伊拉克與巴林，以及擁有什葉派重要少數的國家，如科威特、黎巴嫩與沙烏地阿拉伯，情況尤其如此。特別是，強化黎巴嫩的治理與削弱黎巴嫩真主黨應該列為最高優先。黎巴嫩是伊朗第一場代理人戰爭的戰場。革命衛隊利用1975年展開的那場多宗派內戰，以什葉派社群保護人的姿態在黎巴嫩出現。他們開始組織、訓練什葉派民兵，在以色列1982年入侵後將這些民兵併入真主黨。真主黨與伊朗控制的其他民兵組織隨後發動一連串毀滅性恐怖攻擊，包括1983年對貝魯特美國大使館的炸彈攻擊。1970年代，後來成為伊朗革命衛隊領導人的反巴勒維國王伊朗人，就在黎巴嫩巴勒斯坦解放組織營區接受訓練與支援。伊朗革命過後，新成立的伊斯蘭革命衛隊保有它那套好戰的傳統。

多年來，透過社會服務提供，與真主黨在黎巴嫩政府的政治權力，伊朗不斷加強真主黨與什葉派群眾基礎間的關係。[21]真主黨在一開始因為抗拒以色列占領黎巴嫩土地而成為黎巴嫩什葉派的守護者，之後在以色列2006年入侵黎巴嫩期間還與以色列軍交戰。真主黨自2013年起就在敘利亞與伊斯蘭國交戰，趁著遜尼聖戰宗派暴力，把自己描述成什葉派穆斯林與聖地保護者。真主黨的勢力其實已經遠遠超越黎巴嫩國界，將戰略目標擺在敘利亞與以色列，還展現了在歐洲、南美與大中東地區發動恐攻的能力。伊朗利用真主黨為它在海外的顛覆活動提供一張「阿拉伯面具」。[22]

美國政府必須運用它的一切財經、軍事與執法權威，全面打擊真主黨與伊朗的其他代理人。我們應該跟監、制裁與真主黨有關的公司與烈士基金會，支援黎巴嫩境內反制勢力，與歐盟以及區域夥伴合作。[23]我們應該揭發真主黨的貪腐，以及它身為伊朗政權利用工具的事實，鼓勵黎巴嫩人民起而反對這個組織。由於真主黨擁有強大軍事實力，而黎巴嫩在政治上又十分脆弱，我們得了解這是一項艱鉅的挑戰。想削弱真主黨首先得向黎巴嫩人民提出強有力的訴求。唯有讓黎巴嫩與敘利亞人民了解真主黨為他們帶來的苦難，才能激發反真主黨情緒。在2011與2019年間，7000多名真主黨戰士在敘利亞境內受傷，1139人戰死，其中有600多人來自什葉派聚居的黎巴嫩南部。[24]

2019年10月，黎巴嫩人民對黎國政府的怒火終於爆發。他們痛恨真主黨，認為真主黨保護貪腐無能的政府與當權派。11月，數以百計反政府抗議人一反常態地走上街頭，高喊「真主黨是恐怖分子！」與「這裡是黎巴嫩，不是伊朗！」的口號。2020年初，黎巴嫩財政系統重挫，政府瓦解。[25]海德‧奧−阿巴迪曾經告訴我，宗派主義與貪腐是狼狽為奸的。

在伊朗對以色列的代理人戰爭中，黎巴嫩仍是伊朗的主要戰線。即使是陷於經濟困境中的伊朗，仍將以侵略「小魔頭」

為首要目標。儘管我們努力嚇阻又一場戰爭，伊朗仍有可能像
2006年一樣，利用真主黨煽動與以色列的另一場危機。事實證
明2006年那場戰爭沒有結果，但真主黨自稱對以色列國防軍取
得「神聖的勝利」。雖說真主黨在那場戰爭中傷亡慘重，但真主
黨的頭目卻利用它來誇耀他們的勇氣，爭取反以色列人士的同
情。就像伊朗支持的另兩個組織、巴勒斯坦伊斯蘭聖戰與哈瑪
斯一樣，真主黨也仍然決心「全面殲滅以色列」。自2017年以
來，伊朗對這些組織的援助已經高達每年一億美元。就像伊朗在
2008年加薩戰爭中增加對哈瑪斯的火箭補給一樣，為因應以色
列在2019年7月發動的空襲，哈米尼也為哈瑪斯提供武器與更多
經費。伊斯蘭革命衛隊副司令在2018年警告以色列，「聽好囉！
任何一場戰爭爆發都會導致你們滅亡。」[26]我們沒有理由懷疑伊
朗這樣的警告。

伊朗與區域宿敵

在中國，「共產主義之光」以及民族復興的說詞，意在維護
黨的生存。伊朗不同。伊朗這個國家之所以存在，用意就在散播
它的意識形態。在伊斯蘭革命衛隊負責非傳統戰爭與情報活動
的那些聖城旅頭子，認為他們是在保護「革命的純淨」。伊朗在
兩伊戰爭期間死傷超過一百萬人，財物損失近6450億美元。戰
後，伊朗領導人根據進攻是最佳防守的理論投入境外作戰。[27]伊
斯蘭革命衛隊以沙烏地阿拉伯與以色列等兩個基本敵人為目標，

展開它的「前進防禦」戰略。

　　面對伊朗威脅，以色列的反應比西方國家強硬得多。在2019年，當伊朗企圖完成它跨越伊拉克與敘利亞的黎凡特陸橋、在以色列邊界建立一支代理人軍隊時，以色列國防軍對敘利亞、黎巴嫩、據報導甚至對伊拉克境內的伊朗網路關鍵據點發動攻擊。以色列總理班哲明‧納坦雅胡暗示這項攻勢只是開端，說「伊朗無論在哪裡都沒有藏身的地方」。[28] 需要克服的障礙仍然十分巨大，但以色列與巴勒斯坦人之間、以及以色列與鄰國之間的和解，能讓伊朗不能再像過去一樣，一面以巴勒斯坦人守護者身分自居，一面遂行它摧毀以色列的目標。許多有關以色列與巴勒斯坦人之間和平遠景的因素——例如能不能在加薩走廊培植出一個取代哈瑪斯的組織，「巴勒斯坦當局」（Palestinian Authority）能不能除了讓巴勒斯坦人重燃和談指望以外、還有能力執行和談——取決於巴勒斯坦人。但也有許多有關因素取決於以色列人，例如以色列政治景象是否允許真誠的謀和努力，最後促成以、巴和平協議的達成。以、巴和解的進展，也依賴美國的能力——美國能不能向以色列與巴勒斯坦當局施壓，或能不能在雙方之間進行斡旋。而這種能力還得視以、巴方對美國的信任而定。

　　儘管有些分析家將沙烏地阿拉伯與伊朗兩國間的關係比為冷戰，但事實上，由於不斷升高的政治與宗教鬥爭驅使中東各地宗派暴力循環，兩國關係比冷戰更危險，更有毀滅性。在1987年「朝覲」（Hajj，穆斯林每年一次的麥加朝聖，每一名穆斯林一生應該至少往訪麥加朝聖一次），沙烏地阿拉伯皇家感受到伊朗革命與革命意識形態的威脅。在那次「朝覲」中，伊朗什葉派朝覲徒聚在一起發動政治示威，高喊「打死美國！打死蘇聯！打死以色列！」口號。隨後他們與沙烏地阿拉伯鎮暴警察發生衝突，造成四百人死亡。[29]哈米尼對這次事件發表聲明說，「這些卑鄙可恥、不知敬神的瓦哈比派（Wahhabis，穆斯林極端保守派，為沙國國教），就像匕首一樣，總是從背後捅著穆斯林。」1991年，兩國重建外交關係，但改善關係的努力以失敗收場。伊朗在伊拉克與葉門擴張勢力讓沙烏地阿拉伯感到擔心，兩國間的緊張情勢升溫。2016年，在沙烏地阿拉伯以恐怖主義罪名在利雅德處決什葉派教士尼姆・奧－尼姆（Sheikh Nimr al-Nimr）之後，伊朗人攻擊沙烏地阿拉伯駐德黑蘭大使館，兩國再次斷交。[30]2020年初，調停沙烏地阿拉伯與伊朗的工作再次展開。儘管前途並不樂觀，但兩國關係的惡化只能導致宗派暴力的加劇。[31]

　　兩國之間這場歷時40年之久的衝突，已因新科技而出現新危險。舉例說，2019年對沙國石油基礎設施的攻擊，讓人想起1987年用快艇對沙烏地阿拉伯與科威特油田發動的一次突擊隊攻擊。那一次突擊隊攻擊因遭美軍直升機攔截而失敗。但2019年這次攻擊史無前例地運用成功。2012年，伊朗駭客入侵，讓屬於沙烏地阿拉伯國家石油公司（Saudi Aramco）的三萬部電腦與一萬部伺服機當機，造成的系統性損害費時五個月時間才修復。[32]沙烏地阿拉伯、以色列等國不會接受伊朗發展彈道飛彈、核子武器與化學武器。也因此，為阻止伊朗擁有這種毀滅性武力，一場先發制人戰爭爆發的可能性不斷增加。有鑑於這樣的戰爭演成全面大戰的凶險，緩和沙國與伊朗間的緊張情勢就變得非常重要。

　　美國與其他國家不應該在什葉與遜尼兩派衝突中選邊，但應該鼓勵有關當局孤立鼓吹暴力、煽動宗派內戰的極端分子。沙烏地阿拉伯、阿拉伯聯合大公國與卡達這些波斯灣國家，必須停止私人與政府對聖戰組織的支持，因為這麼做為伊朗帶來口實，伊朗可以因此宣稱，它的支持葉門胡塞叛軍、伊拉克民兵，以及它在敘利亞發動宗派代理人戰鬥等等，都是合法的反恐行動，而不是勢力擴張。我們應該設法促成敘利亞、伊拉克與葉門境內遜尼、什葉派與庫德人和解，這些都是反制伊朗在中東擴張的重要步驟。

　　聖戰恐怖組織對什葉、對伊朗人民都充滿敵意，但伊朗卻為這些組織撐腰。揭發伊朗這些陰謀能為伊朗最高領導人哈米尼帶來壓力，迫使他放棄削弱阿拉伯世界的努力。舉例說，伊朗庇護基地組織領導人，為遜尼派聖戰恐怖分子提供方便之門。在賓‧拉登藏身處找到的一封信中，一名基地組織高級官員在 2007 年說，伊朗「向一些沙烏地阿拉伯的兄弟表示……願意為他們提供金錢、武器與一切他們需要的東西，並且讓他們在黎巴嫩的真主黨營區接受訓練，以換取他們攻擊美國在沙烏地阿拉伯與波斯灣的利益」。那年稍後，伊拉克基地組織頭子阿布‧穆沙布‧奧－札卡威因威脅伊朗而遭賓‧拉登指斥：「你應該知道，無論在資金、人員、通訊、以及人質問題上，伊朗都是我們的主動脈。」[33] 聖戰恐怖分子對伊朗發動過許多攻擊：包括 2010 年發生的夏巴巴（Chabahar）清真寺自殺攻擊事件，導致39名伊朗人喪生；2017年發生的伊朗國會與何梅尼墓血案，12人喪生；以及2018年在阿瓦茲（Ahvaz）閱兵儀式中發生的、25名伊朗人喪生的事件等等。我們當然應該譴責這些事件，但必須注意的是，像巴基斯坦一樣，伊朗所以淪為這些攻擊的目標，是因為德黑蘭政權仰賴宗教壓迫，而宗教壓迫造成伊朗境內的宗派暴力。巴基斯坦是個讓人怵目驚心的警告。伊朗有一天也可能像今天的巴基斯坦一樣，成為一個恐怖分子享有支援基地的核武國。今後數十年，人類面對的最大威脅，有可能來自擁有地表最具毀滅性武器的恐怖分子。

伊朗擁核後果不堪設想

　　阻絕伊朗通往核武之路仍是我們今後努力的最高優先，原因就在這裡。伊朗一旦擁有核武，除了伊朗可能將這種武器轉手給恐怖分子之外，沙烏地阿拉伯與其他國家也有可能認定它們也需要擁有核武以反制伊朗。禁止核武擴散的協議一旦破局，早已因政治與宗教衝突而硝煙瀰漫的中東，更有可能引爆一場世界末日式的大戰。伊朗領導人的救世主意識形態，以及他們那種崇拜烈士的傳統，可能讓他們擁有不惜本國人民重大傷亡、也要發動核子戰的決心，在這種情況下，核子嚇阻對伊朗的效力令人懷疑。在兩伊戰爭期間，伊朗青少年在走上戰場赴死以前，都要經過一些告示牌，牌上寫著「帶來勝利的不是劍，而是血」。[34]

　　伊朗政權對美國、以色列、阿拉伯王國以及西方國家的敵意是當前最重要的問題，而JCPOA解決不了這個問題。這項交易事實上讓伊朗左右逢源。德黑蘭政權從中取得經濟利益，並運用這些利益加強它的代理人戰爭。我們必須迫使伊朗領導人在兩者之間作一選擇：要不面對經濟破滅與國際孤立，要不簽訂一項結束代理人戰爭的和平協定，並且接受強有力的國際監督，保證不發展核武、飛彈、或其他集體毀滅性武器。[35]

　　伊朗所以在2006與2015年間參與好幾回合核武談判，除了制裁效果之外，對伊朗核子設施發動軍事攻擊的威脅也是迫使伊朗就範的原因。[36]但在美國退出JCPOA之後，由革命派把持的伊朗政府短期內幾乎不可能達成又一項協議。在美國與其他國家設法改變伊朗政權性質之際，我們應該運用一切可行之道設法延滯、打斷它的核武計畫。小布希總統在向總統當選人歐巴馬簡報美國對伊朗核武計畫採取的行動時說，「我們希望你成功。」[37]是的，今天的美國也應該無分政治黨派，整合一切情報、執法與網路力量，對付伊朗核武計畫。隨著對伊朗的壓力升高，美國與其他國家必須為衝突轉劇作準備。過去的例子可以為鑑。2010年6月，幾種電腦病毒，包括一種名叫Stuxnet、特別厲害的病毒入侵，讓伊朗納坦茲（Natanz）濃縮鈾設施三分之一的電腦當機。電腦安全專家判斷，這些病毒是以色列與美國科學家作出來的。[38]接著在2011年11月，伊朗進行飛彈測試時發生大爆炸，炸死17名革命衛隊成員，包括飛彈計畫負責人哈珊‧摩哈達（Hassan Moghaddam）少將。在考慮對伊朗核子與飛彈設施發動軍事攻擊時，以色列領導人似乎對祕密攻擊情有獨鍾。在2010到2012年間，五名伊朗核子科學家遭到暗殺。機車騎士駛近他們的座車旁，在車門上貼個「黏炸彈」然後加速逃離現場。[39]伊朗也不示弱，發動多次暗殺攻擊，包括2011年企圖在華府米蘭諾咖啡廳（Café Milano）暗殺沙烏地阿拉伯駐美大使阿德爾·奧－朱貝爾。我們必須擬定應變計畫，找出伊朗可能採取的行動預作防範。

斬殺蘇萊曼尼並非荒唐

2017年秋，我要求國家安全會議幕僚協調政府各部門，訂定這類應變計畫。就像在阿富汗與伊拉克的戰爭一樣，在伊朗代理人戰爭中，未來事態的發展也與我們與對手如何互動息息相關。美國對伊朗的戰略應該有彈性，要能預估伊朗的反應與行動。由於在40年來的代理人戰爭中，我們屢見不鮮，伊朗的反應有些不難預估：他們會在波斯灣水域以及曼德海峽布雷；會對美國或其他國家的海軍或商用船隻發射地對艦飛彈；會從葉門對阿拉伯國家、或從黎巴嫩南部或加薩對以色列發射火箭；進行綁架與勒贖；攻擊地區內美軍；對美軍設施發動炸彈攻擊；攻擊沙烏地阿拉伯石油基礎設施。甚至一些伊朗可能採用的新選項，例如無人機與網路攻擊，多少也在預料之中。不針對這些可能的行動進行防範就是失職。

2020年，情況已經明顯，在發現伊朗由於不斷發動恐怖與顛覆戰爭，已經不再能享受外資與國際貿易之利以後，最高領導人哈米尼決定加強代理人戰爭，一面大舉違反JCPOA，以勒贖讓步。有鑒於這個政權過去40年的行為表現，哈米尼做出這樣的選擇並不令人意外。在驕傲與憤怒驅策下，再加上馬克思主義與什葉派教義作祟，這些革命派不可能讓步。在制裁、石油輸出與油價重挫、以及德黑蘭政權貪腐成性等眾多因素推擠下，經濟壓力已經過於龐大，這個政權已經不再能使用「拖」字訣，等候川普政府下台了。

　　雖說最高領導人哈米尼與伊斯蘭革命衛隊在2019年年底升高攻擊是意料中的事，但美國的斬殺蘇雷曼尼與穆汗迪一定讓伊朗領導人感到意外。由於伊朗政權鼓勵在伊拉克與伊朗大規模抗議、煽動反美情緒，它對蘇雷曼尼與穆汗迪事件採取報復也在意料中。哈米尼已經誓言「嚴厲復仇」。1月7日，伊斯蘭革命衛隊對兩個駐有美軍的伊拉克基地發射16枚彈道飛彈。[40]沒有人死亡，不過有士兵因此腦部受損。對於這項剿殺蘇雷曼尼與穆汗迪的行動，美國的盟國反應不一。有些盟國認為這項行動升高了衝突，不過這類說法沒有考慮到伊朗已經對美國打了40年代理人戰爭，沒有考慮到伊朗不計後果、升高這場戰爭在先。蘇雷曼尼不僅為伊朗境外人民帶來死亡與苦難，對伊朗人民也同樣狠毒。在他的領導下，聖城旅一面揮霍伊朗財富，一面讓伊朗成為國際唾棄、制裁的恐怖分子主謀。在蘇雷曼尼死前不到兩個月，伊朗31個省有29個省爆發自1979年革命以來死傷最慘重的抗議事件。抗議人潮一面洗劫貪官汙吏擁有的國營銀行，一面高喊「打死哈米尼」與「打死獨裁者」口號。德黑蘭政權派出安全部隊對本國人民進行鎮壓。據估計，300多人在事件中喪生，2000人受傷，7000人被捕。[41]哈米尼很可能希望蘇雷曼尼之死，能讓民眾把怒氣從他與貪腐領導層身上轉移到其他地方。不過事與願違。蘇雷曼尼死後僅僅八天，伊朗軍方擊落一架民航機，機上176人全數罹難，德黑蘭政權又一次引爆眾怒。伊朗民眾怒罵伊斯蘭革命衛隊，說伊斯蘭革命衛隊與伊斯蘭國一個樣，「他們告訴我們說美國是我們的敵人，但我們的敵人就在這裡」。[42]財政衰敗與打倒政權的呼聲，自然可能令伊朗領導人心生警惕，不願加強代理人攻擊或恢復核武計畫。但更可能的是，他們會下令繼續代理人戰爭。伊朗領導人幾乎必然會繼續利用外來衝突轉移民眾怒火，讓民眾把怒氣發在「大魔頭」與「小魔頭」身上。

伊朗未來的可能行動

陷於困獸一搏的伊朗，可能整合老招、新法升高衝突。它可能決定運用化學毒劑或（用炸藥結合輻射性物質製成的）「髒彈」造成大規模傷亡。伊斯蘭革命衛隊無疑會透過代理人發動這些攻擊，但大家都知道這些攻擊來自何方。但更可能的是，伊朗會想辦法在中東以外地區攻擊美國與歐洲的利益，包括對關鍵性基礎設施發動的網路攻擊。這些網路攻擊可能比過去規模更大，也更有效。在沙烏地阿拉伯石油公司遭到惡意軟體攻擊同一年的2012年，伊朗駭客對美國金融體系發動176天的「分散式阻斷服務攻擊」（distributed denial-of-service attacks），遭到攻擊的銀行暫時癱瘓，狀況與俄國在2007年對愛沙尼亞系統發動的攻擊類似。2013年，伊朗駭客闖入紐約萊溪（Rye Brook）包曼大道水壩（Bowman Avenue Dam）的系統，展開一項似乎是對美國基礎設施的網路攻擊的預演。[43]如果伊朗革命派認為他們不會有什麼損失，網路攻擊會變得更有可能。

在美國、沙烏地阿拉伯、以色列或多國報復以後，伊朗網路攻擊引發的衝突可能持續。伊朗可能從代理人部隊、可能從本土發射火箭與飛彈，升高衝突。伊朗正在加強戰力，準備用精準火箭與飛彈，對以色列、波斯灣國家、波斯灣水域以及曼德海峽的目標發動攻擊。因此，我們應該布署更多經整合的飛彈防禦、空防、監控、攻擊與反制無人機戰力以資因應。不過儘管用盡一切努力進行跟監、防範，一場衝突仍然可以輕易為雙方帶來始料未及的後果。以伊朗人在1987年「朝覲」期間在麥加的暴動為例，就引發將伊朗、沙烏地阿拉伯、科威特與美國一起捲入的軍事衝突，導致無辜平民以及戰鬥人員的傷亡。

在暴動發生、沙國進行鎮壓後，革命衛隊司令摩森‧雷沙耶（Mohsen Rezaei）下令對沙烏地阿拉伯油田發動突擊隊攻擊。由於早在兩伊戰爭戰火延燒到科威特門前時，科威特皇室已經要求美國保護波斯灣水運，美國直升機當時在波斯灣巡邏。這些直升機於是擊毀伊斯蘭革命衛隊海軍快艇，迫使剩下來的突擊隊撤軍。這次突擊行動失敗後，伊斯蘭革命衛隊用中國造的蠶式（Silkworm）飛彈攻擊停泊科威特市外海的兩艘油輪。其中一艘是另行註冊的美國油淪，17名船員與美國籍船長受傷。美國海軍於是報復，砲擊用來發動油輪攻擊行動的勘油平台上的兩處革命衛隊基地。四個月後，伊斯蘭革命衛隊海軍在一次報復攻擊中布雷，美國海軍巡防艦「沙穆爾‧羅伯茨號」（Samuel B. Roberts）觸雷，船殼炸了一個洞，10名水手受傷。美軍隨即攻擊兩艘伊朗巡防艦與革命衛隊基地以示報復。伊朗對中立國船隻發動的攻擊少了，但情勢依然緊張。1988年7月3日，美國飛彈巡洋艦「文森尼斯號」在迎戰伊朗砲艇時，誤將伊朗航空655次班機視為一架伊朗F-14戰機，在荷姆茲海峽上空將它擊落，機上290名乘客與機組人員，包括66名孩童全數罹難。美國在事發後不肯認錯，雷根總統還為文森尼斯號艦長頒勳，進一步加深了兩國間的互不信任與敵意。[44] 這一連串事件說明，伊朗與它的代理人戰爭對象之間的互動，可以導致緊張情勢升高與難以預期的悲慘後果。

　　伊斯蘭革命衛隊與德黑蘭領導人的態勢已經削弱。伊朗的基礎設施正不斷惡化。烈士基金會與伊斯蘭革命衛隊控制的公司貪腐成性，讓伊朗經濟嚴重失血。有辦法有機會的伊朗人正紛紛跳船；大規模人才荒已經湧現。每年約有15萬受過教育的伊朗人移民海外，人才流失成本高達每年1500億美元。就像2018、2019與2020年年初期間發生的大規模示威一樣，要求德黑蘭政權致力內政、放棄海外破壞的壓力會不斷增加。將資源用於軍事的作法，在伊朗並非史無先例。在1973到1974年間，德黑蘭沒有投資工業、農業與教育，而把鉅額資金投入軍事硬體，遂導致對巴勒維國王的民怨。⁴⁵伊朗的革命可能來得突然,而且極端暴力。今天的伊朗政權已經創造了與1979年革命前極為類似的條件。巴勒維國王的垮台,部分由於經濟崩潰,貪腐成風,軍事開支過於龐大,培養政治反對派的途徑也受阻。巴勒維國王認為他已經打造了堅強邊界,肅清了內部紛爭,認為伊朗可以不再遭受內憂外患的歷史困擾。但他伊朗政權的內憂外患古有先例。在17與18世紀之初,薩非王朝(Safavid)統治者建立一種系統,將自己的、軍方的與教士們的勢力做一平衡,用這種系統進行統治。教士們有時效忠政權,有時向商人階級示好。今天,最高領導人哈米尼所處的態勢,與當年薩非王朝那些統治者的處境非常近似。隨著經濟情況不斷惡化,教士與伊朗人民怨聲四起;哈米尼採取的對策是加緊對什葉派聖城庫姆(Qom)的管控,而這種做法加強了伊拉克什葉派聖城納加夫(Najaf)教士的勢力。納加夫的教士遵守「沉默主義」傳統,反對作為哈米尼權力基礎的「法學派統治」概念。哈米尼必須防範內部反對勢力,繼續推動他的救世主式理念,輸出革命。頗具反諷意味的是,哈米尼與他的革命派可能已經創造了政治、經濟、社會與軍事條件,這些條件既曾導致當年巴勒維政府垮台,也將使他們處心積慮建立的帝國土崩瓦解。

　　宗教傳統與世俗溫和派之間的緊張關係也不是新鮮事。巴勒維國王壓迫什葉派學者導致他的垮台。革命派野蠻鎮壓共和派(主張拋開神學威權主義,建立世俗代議制政府)的作法也造成內部緊張情勢不斷升溫。「護國理事會」在2020年國會選舉中取消約七千名候選人候選資格一事明白表示，革命派仍然不願為改革派讓出政治生存空間。當年巴勒維國王不能調和傳統與現代、宗教與世俗、鄉村與都市之間的緊張關係。如今哈米尼也面對同樣困境。伊朗人民可能已經對法學派統治感到厭倦、唾棄。這種統治概念與伊朗文化傳統不合。有跡象顯示，伊拉克聖城納加夫與伊朗聖城庫姆的什葉派教士對法學派統治的批判聲浪越來越強，而且這些批判之聲已經引起回響。眼看什葉派大教主阿里・奧－西斯坦尼（Ali al-Sistani）已經90歲，哈米尼也早已是八旬老人，他們的接班人將如何影響伊朗教士統治卻始終未見明朗。

　　伊朗政權有可能出現轉彎，不再對美國、以色列、阿拉伯鄰國與西方國家抱持敵意。不過自1979年以來，伊朗政權已經一再證明它的敵意，而伊朗革命派的優勢也始終居高不下。對付伊斯蘭革命衛隊與伊朗政權，最有效的辦法就是運用多國聯合施壓，迫使他們做出選擇：要不繼續代理人戰爭，自尋死路，要不做一個負責任的國家。如果我們能實施長期戰略，對抗伊朗侵略，美國與其他國家可以鼓勵伊朗選擇後者。

第十一章

瘋狂的定義
—「偉大領導人」治下的北韓

如果美國帝國主義挑釁我們，
我們會毫不遲疑發動先發制人核子攻擊。美國必須選擇！
這個世界上是不是還有一個叫做美國的國家，得看你們了。

——北韓宣傳影片，〈最後機會〉，2016 年

　　雷斯利・麥克奈爾堡（Fort Lesley J. McNair）位於美國首都南方、安那柯西亞（Anacostia）與波多馬克兩條河流會口，是個寧靜的地方。它是國防大學（National Defense University）所在地，有國家戰爭學院（National War College）與幾個軍事教育與研究機構。2017年4月，當我人在南亞時，在我們幾個女兒協助下，我的妻子凱蒂（Katie）搬入華盛頓運河邊上一處第一次世界大戰時期的將軍大院。華盛頓運河貫穿泰達盆地（Tidal Basin）。從這裡可以遠眺傑弗遜紀念堂與華盛頓紀念碑。漢斯角（Hains Point，位於運河與波多馬克河間的半島）的日落景觀壯麗。

　　我們這處新家是招待政府同事與外國官員的理想地點。因為比起在白宮，在這裡更能開懷暢談，談話內容更有創意、也更有建設性。凱蒂與我們的助理胡安・桑奇茲（Juan Sanchez）士官總能讓我們的客人賓至如歸。第一位造訪的是我的南韓同事鄭義溶大使。那年6月，鄭義溶大使與他的助理朴錦和（Park Jang-ho，音譯）與博明與我會面。僅僅幾周前，南韓左翼民主黨贏得一次特別選舉，讓朴槿惠總統提前九個月下台，也結束了保守派自由黨九年的統治。我們的關係很重要。朝鮮民主主義人民共和國（即北韓）是我們面對的最嚴重的國家安全挑戰。由於北韓的核子與飛彈計畫，鄭義溶與我都感覺到事情的緊迫性。成立才一個月的南韓政府與成立四個月的川普政府必須建立良好的關係，我們得辦到這一點。

　　北韓的威脅越來越大，但並不新鮮。在面對這些威脅時，美國與大韓民國（即南韓）必須協調一致。不過許多年來，在因應北韓問題的對策上，我們兩國的作法往往各行其是。

美國與南韓的矛盾策略

鄭義溶對美國與南韓的關係史知之甚深。在當選國會議員後，他曾投入美韓貿易協定相關工作，觀察美國總統小布希與南韓總統盧武鉉之間的互動。這兩位總統走得很近；在盧武鉉2009年自殺之後，小布希還出席他的喪禮致詞。但這兩位總統對北韓問題的作法卻南轅北轍，為北韓帶來求之不得的可乘之機。

問題在2002年變得更嚴重。在美國助理國務卿詹姆斯・凱利（James A. Kelly）訪問平壤時，一名北韓官員不否認北韓正在秘密生產核子武器用濃縮鈾。根據1994年簽訂的「協議框架」（Agreed Framework），北韓應該凍結核武計畫，歡迎國際監察員往訪它的設施，而美國應該為北韓提供能源援助，包括運送石油，以及為北韓建兩座輕水核子反應爐。但這項協議始終未獲美國參議院批准，執行工作從一開始就困難重重。[1]

在北韓方面透露這項秘密生產訊息後，小布希也決定不再為這個他曾認定是「邪惡軸心」的國家提供援助。同時，盧武鉉總統治下的南韓政府對北韓採取所謂的「陽光政策」（Sunshine Policy），主張透過和平合作對北韓開放，達成與北韓的和解。就這樣，當小布希政府為達成朝鮮半島「非核化」而在2003年展開「六邊會談」（包括美國、中國、俄國、日本與兩韓）時，由於首爾援助平壤，這項會談毫無經濟制約力量。六邊會談的作法是運用經濟開放，誘使北韓放棄發展核武，但既然陽光政策為北韓提供免費經濟好處，北韓又何必放棄核武？[2]儘管陽光政策早期的成功有誇大不實之嫌，但對南韓領導人而言，這樣的政策仍然有其魅力。2000年，盧武鉉的前任金大中（金大中在1980年曾因他在光州暴動事件中扮演的角色而被判死刑，後來奇蹟般東山再起）就因在平壤會見金正日，「為所有韓國人以及世上其他愛好和平的人民帶來更美好的未來」而獲頒諾貝爾和平獎。不過，為了與金正日舉行這項歷史性峰會，金大中政府秘密付了五億美元現金給這個獨裁者。[3]在這件秘密交易曝光後，反對金大中的人挖苦說，這是有史以來最昂貴的諾貝爾和平獎。

就在這項峰會結束後數周，南、北韓運動員一起參加2000年雪梨夏季奧運會開幕式，一些評論員還因此感動不已，預測兩韓即將統一。但就像金大中籌畫的那場高峰會一樣，兩韓運動員一起參加奧運開幕式的故事也另有隱情：北韓事先要求南韓秘密支付一筆款項，並且得逞。[4]不僅如此，北韓還要求出席開幕式的來自南韓的運動員，人數不得超越北韓的運動員出席人數。就這樣，許多南韓運動員只得放棄參加開幕式的權利。運動與文化活動不斷讓韓國人燃起兩韓統一、朝鮮半島永久和平的希望。這次峰會過後，兩韓之間還出現一些商業合作與交流項目，包括金剛山觀光區、開城工業園區與開城市觀光等。這些項目確實讓貧窮的平壤嚐到甜頭，但未能如預期般導致北韓開放或逐漸改革。

這些項目，特別是開城工業園區，確實讓兩韓之間出現有限互動，對北韓的宣傳（例如南韓人民因為政府無能而貧苦不堪等等）形成挑戰。經濟合作項目讓南韓公司雇用廉價北韓勞工，而且由於北韓工人薪資直接匯入北韓政權，能為北韓帶來迫切需要的外匯。[5]

　　儘管南韓與美國政策不合，六邊會談終於結束持續很長一段時間的僵局，在2007年簽下一紙臨時裁軍協議。2008年6月，北韓毀了寧邊原子能研究中心的冷卻塔，還讓外國記者與外交官參觀爆破過程。美國於是把北韓從恐怖主義贊助國名單中剔除，還說服澳門當局，將北韓用於洗錢的一個帳戶裡凍結的2500萬美元歸還平壤。不過，就像1994年的協議框架一樣，這紙裁軍協議創造的僅僅是一種進步假像而已。四個月後，北韓毀約，將國際原子能總署的監察人員逐出寧邊。[6]六邊會談就這樣落幕，沒有再恢復談判。

　　2008年後，南韓的陽光政策也在北韓的一場侵略風暴下灰飛煙滅。繼盧武鉉之後出任總統的李明博與他的保守派政府認為，10年來為北韓提供的鉅額援助既未能改善北韓人民生活，也沒能讓平壤政權稍改它狂妄的行徑。這時的北韓已經重開挑釁，包括在2009年4月進行長程飛彈試射，在5月25日美國陣亡將士紀念日那天進行第二次地下核試，就連表面上的合作姿態也放棄了。[7]在進行試射期間，北韓政權扣下兩名沒有簽證而入境的美國記者李尤娜（Euna Lee，音譯）與林蘿菈（Laura Ling，音譯）。儘管這兩人都是為前副總統高爾（Al Gore）的「潮電視」（Current TV）工作的記者，北韓仍然判處兩人12年勞役。雖說兩人在柯林頓總統8月間訪問平壤之後獲釋，但北韓的挑釁仍然繼續不斷。2010年3月，一艘北韓小型潛艦擊沉南韓海軍「天安號」巡防艦，46名官兵陣亡。八個月後，北韓向南韓延平島射了170枚砲彈，造成4死19傷慘劇。[8]那年稍後，平壤向到訪的史丹佛大學冶金學者賽格夫萊・海克（Siegfried Hecker）出示顯然已經完全運作的寧邊濃縮鈾設施。此前幾近十年間，北韓領導人始終斷然否認這座設施的存在。[9]

這一連串時機精準的挑釁，說明北韓刻意為接班人金正恩營造軍事威望，以便金正恩鞏固權力，從有利的立場展開談判。[10]但華府仍然自欺欺人，想方設法與北韓談判，誤以為和解外交可以促成平壤政策的根本性改變。在「天安號」巡防艦沉沒事件後，前總統卡特訪問平壤，要求重啟談判；卡特之後帶著一名被拘禁的美國人返美。兩個月後，北韓砲轟延平島。但卡特仍然認為北韓此舉意在「提醒世人，他們是不容忽視的談判對手」。[11]卡特隨即警告歐巴馬政府，若不能直接談判，「北韓將採取他們認為一切必要的行動以保衛自己」。[12]

歐巴馬政府認為，與其採取可能導致軍事衝突升高的行動，不如維持現狀。2011年10月，歐巴馬總統在華府接待到訪的李明博總統時說，「北韓如果能放棄對核子武器的追求，邁向非核化，就能為它的人民帶來更大安全與機會。這是北韓今天面對的選擇。」歐巴馬政府認為，北韓的挑釁意在引人矚目，榨取讓步，美國只須採取「策略性忍耐」（strategic patience），不加理會，就可以讓北韓這些挑釁「貶值」。歐巴馬政府認為，套用北韓問題專家車維德的話，北韓的金氏政權殘暴、貪腐、運作不良，終必崩潰。[13]此外，老邁多病的金正日很快就會為當年27歲、相對無名的金正恩取代，而金正恩看起來不像獨裁者。

六年後，當鄭義溶與我在我家裡會面時，情況已經明顯，就像盧武鉉的「陽光政策」一樣，歐巴馬的「策略性忍耐」也已失敗。在兩人第一次也是唯一一次會面中，歐巴馬總統告訴總統當選人川普，北韓已經成為他最緊迫的問題。[14]號稱「偉大接班人」的金正恩已經斬除一切可能的異己，以殘酷手段鞏固權力。甚至可以說，金正恩正在追求他自己的一套「戰略不忍耐」政策。2016年是這位「偉大接班人」上台第五年，而他不喜歡被人忽略。他大舉投入北韓核子與飛彈計畫，讓它們飛速進展。原以為北韓政權撐不過三代獨裁統治的樂觀逐漸消逝了。美國與南韓已經走到十字路口，必須重新思考它們的北韓政策了。

鄭義溶與我在訂定新戰略時一致同意，美國與南韓需要避免分歧。我建議，我們兩國應該提出保證，以後不再採信兩項錯誤假定：第一項假定是，對北韓開放可以改變平壤政權性質的「陽光政策」概念；第二項假定是「策略性忍耐」政策的基本前提。根據這項前提，平壤政權已經無以為繼，即將崩潰，或至少在北韓成為核武國、對美國與其盟國構成難以接受的風險以前崩潰。在總統就職以前，博明與我已經將對北韓戰略要點研擬妥當。美國將與其他國家一起努力，對金正恩政權施加堅定不移、一體整合的多國壓力。根據這項戰略，我們首先必須協調南韓、美國與日本的對北韓政策，然後不斷爭取更廣大的國際支持，以謀朝鮮半島非核化。我們需要一項實際可行的戰略，讓平壤政權相信，它的核子與飛彈計畫對它是一大危險而不是利多。

美軍駐紮韓國的必要

鄭義溶與我同意，協調兩國努力這件事說起來容易做起來難。文在寅政府在動盪之秋就任。首爾在2016年爆發一場政治醜聞，最後導致文在寅的前任朴槿惠的彈劾、下台、起訴與下獄。[15]文在寅是南韓十年來出現的第一位自由派總統，許多人認為曾經擔任盧武鉉幕僚長的文在寅，會重新啟動對北韓的陽光政策，南韓媒體甚至忍不住技癢，將這項回鍋政策改名為「月光政策」（Moonshine Policy，譯按：文在寅的姓氏英文為「Moon」）。我老實告訴鄭義溶，月光政策與我們所謂「最大壓力」不搭調。

我告訴鄭義溶大使，我們兩國如果不能協調一致，同步對付北韓，可能造成一場完美風暴。就像來自一個低氣壓系統的熱空氣撞上來自一個高氣壓系統的冷空氣一樣，對海外軍事承諾極度不信任、支持川普的「經濟民族主義分子」，會撞上支持文在寅的那些對依賴美國表示擔憂的左派分子。這樣的撞擊，不僅有損對北韓政策的成效，對美國與南韓的聯盟關係也會造成無法修補的創傷。一些川普的支持者是孤立主義者。一些支持文在寅的人卻是「新左派」同情者，認為朝鮮半島乃至於全球各地許多問題

都是美國「資本帝國主義」惹的禍。朝鮮半島雖說位於美國勢力
範圍遠端，卻是美國全球性角色有關辯論的核心。

美國在南韓駐有約三萬名軍隊，而鄭義溶知道，川普不是質
疑美軍駐韓必要性的第一位美國總統。1976年，兩名美軍在朝
鮮半島非軍事區因一場砍樹爭執遭北韓士兵用斧頭砍死，當時身
為總統候選人的吉米‧卡特在競選期間一再表示他要撤回駐韓美
軍。[16]卡特對當時南韓總統朴正熙的貪腐與侵犯人權很是不滿。
將領出身的朴正熙在南韓一連當了五任總統，直到1979年遭到
他的情報部長暗殺為止。從朴正熙死後到其女朴槿惠上台34年
間，南韓努力推動民主轉型，締造驚人的經濟成長。但這項成功
也為主張美軍撤離的人帶來新理由：南韓已經有錢，能夠保護自
己。雖然許多人認為美軍必須留在韓國，因為唯有如此才能防止
又一場後果比韓戰（1950到1953年）更嚴重的大戰爆發，但部
分由於歷史無法反證，主張美軍撤離的人不相信這種論點。只不
過歷史可以透過潛在性後果的方式提出警告。

與鄭義溶大使交往以後，我對他的背景有了進一步了解。北
韓在鄭義溶四歲那年入侵南韓。當時他住在南韓首都漢城（譯
按：後來改名首爾），在韓戰期間，漢城控制權易手了四次。在
他最早的記憶中，整個漢城街道化為一片瓦礫；他的母親強迫
他與弟妹們戴上她用椅墊縫製成的頭盔，以防遭到彈片之傷；
他還記得他家裡擠滿哀號的病人，等著他的醫生父親替他們療
傷。他也記得在街上遊玩時，看見街道上處處堆著半遮屍身的可
怖景象。他記得當年的艱苦。1951年，為逃避中共軍對漢城的

攻擊，他在冰天雪地中徒步200多公里。他記得第一天上學時那間「教室」的樣子：它沒有牆壁，沒有天花板，唯一的結構是一塊簡易黑板。鄭義溶大使知道我父親赫伯特‧麥馬斯特（Herbert McMaster）曾以步兵身分參加韓戰，也經常表示對我父親，以及太多曾為韓戰犧牲奉獻的人的敬意。韓戰奪走將近3萬7000名美軍、20萬南韓與聯合國軍、40萬北韓軍、60萬中國軍，與150萬平民的性命。據估計，這場戰爭直接導致約300萬人喪生，戰事結束後，沒有一方可以宣稱獲勝。統計數字令人麻木，但鄭義溶大使透過遙遠的記憶了解這場可怕的戰爭，也決心防止大戰再次爆發。他與我都同意，防止一場戰爭的成本比打一場戰爭低得多。我們也都同意，韓戰原本是可以避免的。

　　第二次世界大戰結束時，盟軍從日本人手中解放了韓國。杜魯門總統派遣美軍進駐韓國，以防止蘇聯占領整個韓國。就這樣，在之後幾年，美國與蘇聯各據有半個朝鮮半島。當聯合國的兩韓託管期於1948年屆滿時，美、蘇兩國未能就統一韓國的治理問題達成協議。南韓隨即舉行大選，擁有普林斯頓大學政治學博士學位的李承晚當選總統，從美國軍政府手中接過南韓統治權。同時，蘇聯也建立朝鮮民主主義人民共和國，用金日成當領導人。金日成在大戰期間曾在遠東戰區蘇聯軍中服役，是個野心勃勃的共產黨游擊隊頭子。[17] 從一開始，這兩個意識形態水火不容的韓國人就決心消滅對方，以便由自己統一整個朝鮮半島。[18]

　　儘管朝鮮半島戰雲低垂，當時的美國國防部長詹姆斯‧福萊斯特（James Forrestal）並不認為美國應該在朝鮮半島駐軍。他說，派遣美軍駐韓只會「讓那些美軍不快、不滿、無聊，讓他們的父母怨聲載道」，是沒有必要的「浪費軍隊資源」。[19]史達林眼見美軍無心留駐南韓，於是要金日成準備大舉入侵南韓。[20]1950年6月25日上午四時，六個北韓步兵師在戰車支援下跨過北緯38度線。

照理說，這原本算不上是一次奇襲。中央情報局早在1949年2月就在極機密研究報告中預測，美軍一旦撤離，「入侵很可能接踵而至」，還說「美國應該繼續用小股部隊留在韓國，這樣不僅可以讓北韓不敢南侵，還能有助於南韓抵抗入侵的意志與能力」。[21]

我向鄭義溶表示我的擔心，因為美國人由於不願再次捲入對外戰爭，已經出現一股新的孤立主義暗流。這類暗流早在美國立國時已經出現。美國第三任總統湯瑪斯‧傑弗遜在他的1801年就職演說中將「和平、商務，以及與世界所有國家的誠摯友好關係，不與任何國家結盟」列為「我們政府的基本原則」。在21世紀的今天，反對美國駐軍海外，特別是反對阿富汗、伊拉克與敘利亞之戰的人士，喜歡引用第六任總統約翰‧昆斯‧亞當斯（John Quincy Adams，譯按：他是第二任總統約翰‧亞當斯的兒子）的話，說美國才剛立國，向西部擴展的大業有待完成，還得忙著處理與土著的邊境衝突，財政與軍事力量都還不足，「不會到海外去找魔鬼來消滅」。[22]第一次世界大戰後，美國拒絕加入國際聯盟，在第二次世界大戰之初，美國不肯直接干預，直到1941年12月日本攻擊珍珠港以後才參戰的事實，都將美國的孤立主義情緒表現得淋漓盡致。珍珠港事件不僅對美國海軍艦隊、對美國境內孤立主義運動也構成重創。川普總統的部分政治支持者正在鼓吹建造邊界牆，主張在海岸建立保衛美國的防線，主張退出對海外的承諾。這些人認為，至少其他國家（特別是盟國）應該靠自己的力量。許多人認為，盟國免費享有山姆大叔提供的安全保護，而美國只是白做工，什麼也得不到。

　　美國人認為盟國應該合理分擔部分防衛負擔，這事並不新鮮，不過抱持這種看法的人越來越多。我在與鄭義溶大使交談後發現，在左派文在寅政府中，最能幫著我防範這場完美風暴的人就是鄭義溶大使。他從長年外交官生涯中鍛鍊出冷靜與自信。他歷任南韓駐聯合國與駐以色列大使，貿易部副部長等職。在擔任國會議員期間，他是外交關係委員會主席。已經71歲的他，仍然風塵僕僕、席不暇暖，但他精神抖擻，看起來比實際年齡年輕得多。此外，由於他在亞洲各地、在莫斯科與北京都信譽卓著，鄭義溶是幫我們爭取國際支持、推動這項北韓戰略的最佳人選。不僅由於川普與文在寅的國內支持者不能相容，也因為中國領導人將竭力分化我們，我們必須努力工作才能確保兩國的政策協調一致。

中國挑撥首爾與華盛頓

　　晚餐過後，我們走入院子。我在那裡談到我對兩個月以前那次海湖莊園高峰會的觀感。我認為，中國會趁朝鮮半島緊張情勢在東北亞奪取主控權。如果金正恩政權崩潰，由於南韓人口比北韓多得多（南韓有5100萬人，北韓2500萬），南韓經濟規模約為北韓的88倍，南韓將支配統一後的朝鮮半島。[23]如果金正恩政權注定失敗，對中國來說，想阻止美國勢力跨過鴨綠江北上，最好的辦法就是在華府與首爾之間搞分裂。

中國希望將美軍逐出朝鮮半島，以便對南韓進行威迫利誘，讓首爾親近北京、疏離華府，進而孤立中國最強大的區域性競爭對手日本。將美國勢力逐出東北亞是中國的戰略優先。每當美國要求中國在北韓問題上多採取一些行動時，中國官員總會用一些中國對北韓、南韓與美國道德義務均等的理由加以搪塞，原因就在這裡。就算北韓幹了最惡劣的侵略行為，中國也總是呼籲各造降低緊張情勢。為了推託北韓侵略的責任，中國領導人不斷表示這是美國與北韓之間的問題。北京顯然制得住金正恩政權，不過它不肯承認。在那次海湖莊園高峰會中，川普總統告訴中方代表，中國只要願意，就能解決北韓問題。川普說得沒錯。北韓的貿易有九成以上以中國為對象，北韓的燃料與石油進口幾乎完全來自中國邊界另一頭。[24]沒有燃料不能發射飛彈。每次在北韓挑釁（例如進行核爆與飛彈試射）之後，中國總會裝模作樣地建議「以凍結交換凍結」，也就是說，北韓應該停止試驗，美國與南韓也應停止聯合演習一類的活動。問題是，每一次「凍結」都強調北韓的行動志在防禦，都將北韓進一步提升的能力視為「新常態」。但在海湖莊園高峰會中，博明與我發現，中國領導人有關北韓的用語出現一種微妙的轉變，或許那意味，中國為了追求亞洲霸權之夢，正考慮改變它的對北韓政策。中國領導人需要認清一件事：擁有核武的北韓對中國與全世界都不好。北韓的核武器不僅對中國構成直接威脅，還能迫使其他國家考慮打造自己的核武以嚇阻平壤政權。這些國家當然包括日本與南韓，但台灣與越南也極有可能躍躍欲試。就像美國一直努力勸阻南韓與日本，要它們不要發展核武一樣，中國也應該對北韓採取類似行動。

我們不指望中國領導人能突然大澈大悟，全面承諾非核化，但中國的初步反應至少並不令人失望。習近平（當時習近平與金正恩還沒有會過面，兩人之間沒有關係）在會中沒有重談「以凍結交換凍結」的老調。習近平似乎了解，只有徹底、可以查證、不能逆轉的非核化才是美國可以接受的結果。儘管有這些正面跡象，鄭義溶與我也討論了中國可能採取的行動。中國會繼續想辦法破壞美國與南韓的聯盟關係，運用南韓與日本的歷史仇恨孤立日本。在日本軍國主義在東北亞侵略擴張那段期間，中國與韓國都曾備受日本人燒殺搶掠之害。日本除了占領韓國35年以外，還曾經侵入中國東北、上海與南京。其中尤以1937年12月到1938年1月間發生的「南京大屠殺」事件令人髮指。約有20到30萬名平民在這次事件中遇害。中國當然會利用這段共同的歷史仇日情緒，在南韓民眾與文在寅總統的政黨中爭取同情。

「368世代」的反美情緒

戰略同理心適用於盟國，也適用於敵國。我設法了解鄭義溶與文在寅總統對美韓聯盟與對北韓問題的省思。鄭義溶大使比文在寅政府大多數官員都要年長，他不僅經歷過韓戰那段恐怖歲月，對北韓在1953年停火後那段冗長的侵略史也有親身體驗。他在1968年從國立漢城大學外交系畢業，當時北韓正加強統一戰線戰略，意圖造成南韓政府動盪，破壞美韓聯盟。就在那一年，在鄭義溶漢城大學生涯最後一學期，31名北韓突擊隊員滲入漢城，意圖攻擊南韓國家元首官邸青瓦台，殺光青瓦台裡面的人。他們被攔截，在漢城市區的槍戰中除了兩人外都被槍殺。同一個月，北韓獵潛艦與魚雷艇在北韓海岸附近攻擊美軍情報船「普布魯號」（USS Pueblo），打死一名水手，俘虜這艘船與船上83名官兵，將他們凌虐、關禁了一年多。那年10月，120名北韓突擊隊從海上發動攻擊，在南韓東海岸登陸，占領幾個村莊，準備發動一場共產黨革命。他們為了徵召村民加入他們的革命隊伍，先向村民散播北韓是人間天堂的神話，之後殺了那些顯然不買帳的村民。南韓軍方花了兩個月時間才將這批惡棍拿下。[25]北韓的攻擊持續到1969年。4月15日，兩架北韓解放軍空軍米格機在北韓東部95英里外外海擊落一架無武裝的美國海軍偵察機，機上31名美國人全數罹難。

　　身為所謂「386世代」一員的文在寅，比鄭義溶年輕許多。這個熱衷政治的世代之所以稱為「386世代」，是因為他們當時都30幾歲，都在1980年代進大學，都於60年代出生。[26]此外，在1990年代，英特爾Intel 386微處理器是最通用的電腦晶片。對老一輩南韓人而言，韓戰與南韓的復甦是他們人生的主題曲，他們親歷美國人保護南韓、協助南韓復甦的過程。他們因此有強烈的反對北韓與親美的觀點。但對「386世代」而言,他們人生的主軸是光州暴動事件,是他們心目中美國援助或默許南韓軍隊暴力鎮壓反政府示威、最後導致全斗煥於1980年上台。這些人生經歷造就386世代強烈的反美情緒。386世代積極推動民主化運動,終於在1987年結束了漢城幾十年來的獨裁統治。他們啟動了一個民主改革與經濟成長新紀元,直到今天,這項成就仍是民主與資本主義史上最成功的故事之一。一度為人視為無力進行民主統治的南韓,已經成為亞洲最欣欣向榮的民主國。

我告訴鄭義溶,文在寅的一些競選辭藻令我擔憂。文在寅似乎重蹈陽光政策錯誤假定的老路,認為透過政治讓步與無條件援助的方式對北韓開放,能使北韓政權像鄧小平統治下的中國、或像1986年經濟改革之後的越南一樣,逐漸轉變。南韓與其他國家必須認定,想解決北韓問題就得運用強硬經濟措施,就得在外交上聯合一致以孤立平壤,就得做好軍事準備、做最壞的打算,若非如此,想迫使北韓屈服就是緣木求魚。南韓對北韓的任何妥協讓步,不僅能為平壤紓壓,還能鼓勵金正恩政權繼續挑釁,勒贖。

「偉大接班人」金正恩

到2017年,我們已經發現「策略性忍耐」戰略的基本假定顯然是錯的。金氏家族第三代、「偉大接班人」金正恩不會將北韓轉型為一個負責任的國家。而且證據顯示，他有能力繼續以殘暴手段鎮壓北韓人民。在2011年12月的金正日與金正恩接班過程中，不難看出金氏獨裁政權的黑色幽默。在誇張得太超過的喪禮中，民眾哭聲震天動地。走在送喪隊伍最前面的，是27歲、在瑞士受教育、為著貌似祖父金日成而剪了一個怪裡怪氣髮型的金正恩。就連那些以沒有幽默感著名的中國領導人，也忍不住稱這位「偉大接班人」為「金三胖」。[27]這位新上台的獨裁者似乎繼承了金氏家族衣缽，很能捏造自己如何偉大、仁慈、英明的故事，將自己吹捧到幾乎令人噴飯的地步。根據北韓中學教師手冊的說法，金正恩是個神童，三歲就能駕車，寫了無數樂曲。[28]但金正恩絕非頑童，他秉持金氏家族一貫傳統，以毫不容情的手段鞏固權力。

　　就在我與鄭義溶會面前兩個月，「偉大接班人」金正恩的同父異母哥哥金正男在馬來西亞離奇死亡。金正男是個賭徒、花花公子與酒鬼，整日沉醉於亞洲最繁華都市醉生夢死的生活中。金正恩從來就不信任金正男，因為金正男的背後有中國撐腰，他的存在對金正恩始終構成一種「取而代之」的威脅。但金正男犯了一個致命的錯：他不該批判他那同父異母的弟弟。2017年2月13日，長相平凡、童山濯濯、45歲的金正男穿過人潮擁擠的吉隆坡國際機場，轉機前往澳門。就在他停下腳步時，兩個女人向他走近。走在前面的是個印尼少婦，她走到他身後，用雙手遮住他雙眼，然後將雙手往下，在他的臉頰與嘴上一陣揉擦。隨即另一越南女子也上前重複同樣動作。據說，兩名女子都說她們在玩一場電視惡作劇。兩名女子離開後，金正男出現 VX 神經毒劑中毒症狀。他的肌肉開始不自主地收縮。他先被送進機場醫護室，在歷經約 15 分鐘椎心之痛後，死於前往醫院的救護車上。[29]

這次暗殺事件說明金正恩排除異己絕不手軟的決心。根據南韓智庫「國家安全戰略研究所」估計，金正恩在上台第一個五年間，至少親自下令處決了 340 人，其中 140 人是軍事、政府或黨務高官。[30] 處決在北韓並不新鮮，但就連自己的家族也不放過卻是新的發展。金正男不是金氏家族第一個犧牲者。幾年前，金正恩下令處決了他的姑父張成澤。一般認為是金正恩背後實力派人物的張成澤被控貪汙、叛國等多項罪名。[31] 他在一群軍校學生面前被幾挺高射機槍打成碎片。金正恩一定很喜歡這種處決方式，因為兩年後，他又用同樣手法殺了北韓人民軍參謀總長玄永哲將軍。玄永哲的罪名除叛國外，還包括在與偉大接班人舉行會議時打瞌睡。[32] 用高射機槍執行死刑或許不是最經濟的行刑手段，但就像在人潮擁擠的機場使用神經毒劑殺金正男一樣，這種殺人手法可以讓任何膽敢挑戰金正恩權威的人毛骨悚然。

薩德風暴

沒有人對金正恩緊握大權感到意外。大家都知道金正日之死不會改變北韓政權牢控人民生活方方面面的習性。外界資訊都是禁聞。每個人都生活在政府監視下。金氏家族並且利用北韓的「出身成分」政治系統，將人民分成忠誠、騎牆派與敵對派三個階級。占全國人口40%的敵對派階級固然注定受苦受難，永無翻身的一天，位於最頂端的忠誠派也得時刻小心翼翼，以免淪入最底層。[33]地方線民會舉報即使最微不足道的小事，而黨就利用這些線民的通風報信進行監控。被舉報的人會被送入勞工營，與估計約20萬「反革命分子」一起接受再教育，做苦工，餓肚子，遭到酷刑拷打。婦女被強暴，強迫墮胎，有時還得眼睜睜看著自己剛生下來的孩子遭到殺害。聯合國與一個國際人權法庭的法官認定金正恩應為反人類罪行受審。[34]在這種殘忍、毫無人性的背景下，北韓的核武與飛彈計畫變得更加充滿凶險。「策略性忍耐」不再是可行的戰略。

北韓的核武與飛彈計畫進展之速出乎預料的事實，是我們不能再坐視的另一理由。2016年1月6日，儘管專家根據地震數據表示懷疑，北韓宣布完成第四次核武器試驗，還說它已經第一次引爆了一枚氫彈。一個月後，北韓不理會聯合國禁令，發射一枚據北韓說載有一個地球觀測衛星的長程彈道飛彈。之後八個月，北韓進行了八次中程飛彈試射。雖說這八次試射中有七次失敗，但金正恩顯然非常重視這項計畫，而且北韓科學家也正從這些失敗中汲取教訓。而就在2016年美國總統選舉前兩個月，北韓進行第五次核武器試驗，還說武器上有核彈頭。[35]

正是因為2016年這些核試，歐巴馬政府與南韓朴槿惠政府在南韓布署「終端高空區域防禦」（Terminal High Altitude Area Defense，簡稱THAAD。譯按：中文也稱薩德反飛彈系統）機動飛彈系統。這種系統可以在來襲短程到中程彈道飛彈的最後飛行階段進行攔截。有鑑於北韓對南韓，以及對南韓境內2萬3000名美軍與13萬名美國平民的威脅，布署這種飛彈似乎合情合理。[36]但在2017年夏，THAAD的布署卻險些造成川普與文在寅的政治基礎之間的一場完美風暴。對川普總統與他的選民班底來說，THAAD的布署是美國用納稅人的錢保衛一個遙遠國家的又一例證。反對美國在海外駐軍的人並沒有意識到，其實THAAD系統完全由美國陸軍擁有、運作，而且比「愛國者」（Patriot）防空飛彈便宜。在他們看來，像南韓這樣的國家不能保衛自己，特別令人難以置信。

　　文在寅總統的政黨對THAAD也有所保留。中國已經因為南韓布署這種系統而對南韓展開經濟懲罰，手段包括金融制裁、限制南韓公司在中國境內活動、大幅減少對韓國觀光等等。文在寅在競選總統期間說，是否應該在南韓布署THAAD的問題有待進一步研究與國會批准。對於南韓當局在選舉前匆匆在一處高爾夫球場布署兩套THAAD飛彈與雷達，其他四套也加速運抵南韓的發展，文在寅表示失望。他認為，美國不應未經他的新政府的同意就匆匆布署這些飛彈。一些南韓反對者還跟著中國共產黨領導班子起舞，做出沒有根據的說法，說THAAD會深入中國境內進行雷達偵測、擊落中國而不是北韓的飛彈。不滿美軍駐軍南韓的南韓人，對南韓布署THAAD尤其憤恨。這些人似乎見不到北韓的挑釁，只知道一味責怪美國。就連中國因為南韓布署這種飛彈而對南韓採取的懲罰行動，也被他們算帳算在美國頭上。[37]在川普總統與其他美國領導人眼中，甚至在北韓威脅高張的情況下，

南韓對布署THAAD仍然三心二意,這說明南韓對中國軟弱,
對美國的援助不知感恩。南韓布署THAAD的議題,也與「美
韓自由貿易協定」(United States–Korea Free Trade Agreement,
簡稱KORUS)對美國不利的概念有關。在南韓總統選舉以前,
川普總統曾揚言退出美韓自由貿易協定,並且迫使南韓為布署
THAAD付費。

在那天的晚餐會中,鄭義溶在一張餐巾上畫了一幅兩套飛彈
系統布署在高爾夫球場上的草圖,並建議延後剩下四套THAAD
飛彈系統與相關設施的布署計畫,以便對這個議題做更多分析,
等待國會批准,並進行環境評估。我告訴鄭義溶,他的這項建議
可能造成大亂子。就算只是建議,房地產開發商起家的川普總統
一看到「環境評估」這幾個字可能都會有直覺反應。他會認為這
是南韓的拖延戰術,甚至認為南韓此舉意在削弱美韓聯盟以討
好中國。THAAD的延後布署,還會讓美國境內反對美韓聯盟的
人士更加振振有詞,認為文在寅政府不知感恩。讓他們更有理
由不僅反對在南韓布署THAAD,反對美韓自由貿易協定,甚至
反對美軍布署朝鮮半島。我告訴鄭義溶,我不是危言聳聽,但
THAAD的延後布署可能危及60多年來維繫朝鮮半島和平的美韓
聯盟。

我把那張餐巾拿過來,在兩枚飛彈旁的小空間又加上四套飛
彈系統。我問鄭義溶,為什麼不能先將剩餘四套飛彈系統一併布
署在高爾夫球場上,以免進一步拖延。之後進行環境評估,評估
過後再將飛彈系統散開,布署在較大空間。鄭義溶說,他會想辦

法做到這一點。我隨即將這張餐巾交給博明,然後對鄭義溶說,如果他與文在寅總統能讓THAAD的布署迅速完成,我們會把這張餐巾加框裱起來做紀念。博明與我認為,與鄭義溶的這次餐會很成功。我們不僅就這樣成為好友,在對北韓的問題上,我們也決心不再重蹈覆轍──不斷做同樣的事,卻指望有不同的結果。我們決心協調一致,讓金氏家族那些獨裁者不能再像過去一樣敲詐勒贖、予取予求。我們也下定決心,不將我們的聯盟視為理所當然。

「最大壓力戰略」半途而廢

在2017年夏,我想我們已經走上正路,開始放棄「策略性忍耐」,改採「最大壓力戰略」(strategy of maximum pressure)。川普總統在3月間批准最大壓力戰略。所有出席那次國家安全會議的人一致同意,北韓政權既不會垮台也不會改革。我們決心不再重複過去錯誤,並且強調說服其他國家下定同樣決心的重要性。與南韓的協調進行得很順暢,我們兩國關係的潛在危險性逐漸消弭。6月底,文在寅總統訪問華府。他與川普總統達成協議,要運用最大壓力戰略向北韓施壓,以達成北韓非核化。但我們也都明白這不是一件簡單的事。我們正在試驗一種新理論:美國與其他國家可以迫使金正恩思考一種新未來。根據這種前景,金正恩會在較為繁榮的北韓繼續執政,這使金正恩認定,與其擁核自重,不如不要核武還更加安全。在華府之行結束後,文在寅總統改變早先的決定，不等環境評估，就批准了那天在我家晚餐會上畫在餐巾上的布署計畫。川普總統對我大發雷霆，認為南韓分文不出，平白享用美軍擁有、操作的飛彈的保護，不過我甘之如飴。同時，美國貿易代表賴海哲、國家經濟理事會（National Economic Council）主任蓋瑞・柯恩（Gary Cohn）與我極力主張，就經濟與國家安全角度而言，對美國人來說，重新談判美韓自由貿易協定比退出這項談判好。

但隨著最大壓力增加，北韓也卯足全力想重返過去。北韓在2017年進行了17次飛彈試射，包括在7月4日美國獨立紀念日這天的一次洲際彈道飛彈試射。這些發展進一步佐證了我們這項新戰略的正確性：它一方面能避免危險而且所費不貲的軍事對抗，一方面還能讓我們避開不成熟的談判，以免演成一種北韓不斷試射飛彈、提升核武能力的「新常態」。美國駐聯合國大使妮基・海莉（Nikki Haley）談成四項聯合國安理會決議，對北韓施加經濟壓力。川普政府也與國會合作，進行更多制裁。國務院、財政部與司法部加緊努力實施這些制裁，以阻撓北韓的有組織犯罪與網路犯罪活動。

過去，由於我們的政策假定錯誤，我們對北韓政權的外交、經濟、財務或軍事壓力從來就不足以迫使它的領導人認真思考非核化。反之，北韓運用挑釁、虛與委蛇、談判、勒贖、先訂定軟弱協議之後再違反協議等等手法一再得逞，這使北韓政權更加肆無忌憚、進行侵略。2017年，由於壓力不斷增加，也因為中國等世界各國開始執行制裁，北韓趕緊走回談判桌。9月3日，美國勞工節假日，北韓進行一項氫彈級核試。爆炸威力據估計相當於14萬公噸TNT炸藥，約為1945年投擲廣島的那枚「小男孩」（Little Boy）原子彈的10倍。[38]

我們要做的事情很多。想貫徹、落實我們的政策，就得一方面內部協調一致，一方面結合其他國家齊心合作。但儘管一開始做得似乎有模有樣，事實證明要讓每一個人全力投入很難。一些協助我們推動最大壓力戰略的官員開始改口，使用「和平施壓」一詞。許多人開始淪入戰略自戀，開始自欺欺人，而沒有因應情勢採取必要行動。博明、國家安全會議工作人員與我奮力在各部會間協調、遊走，力求統一我們對付北韓的口徑。2017年10月，儘管總統已經指示國務院「要平壤先嚐嚐它的行動造成的惡果」，國務院仍然企圖經由幾個渠道與平壤溝通，川普於是告訴國務卿提勒森說，提勒森「與那個小火箭人（Little Rocket Man）談判是在浪費時間」。[39]

川普總統發表過三篇批判北韓違反人權的重要演說，他的第一次國情咨文演說是其中一篇。我們在準備這篇演說的過程中，深感因應北韓挑戰的重要性。在奧圖・瓦貝爾（Otto Warmbier）的家屬前往白宮橢圓形辦公室會見川普總統以前，我在我的辦公室先招待他們，在場作陪的還有博明與國安會韓國司司長艾立森・胡克（Allison Hooker）。奧圖・瓦貝爾原是維吉尼亞大學學生，在亞洲進行海外遊學時往訪了北韓。北韓以偷竊一張宣傳海報、危害國家的罪名將他逮捕，判處他15年苦刑。他被折磨得不成人形，在終於獲准返美之後死亡。在川普的國情咨文演說發表前不久會晤奧圖的家人，讓我更加堅信，我們必須將平壤政權的性質、它的意識形態與它的泯滅人性，作為我們對北韓戰略的基礎。不幸的是，在2018年新加坡高峰會後，川普總統不再批判北韓人權，對金正恩明知奧圖受到虐待一事不加追究，還說金正恩「愛他的人民」，是個「可敬」的人。

第十二章

北韓沒有核武的明天

儘管金正恩主席個人對川普總統頗有好感，
但那純屬他個人的……北韓不可能像在越南一樣，
提議放棄關鍵核子設施以交換解除聯合國制裁，
那怕只是緩解一點點北韓人民的痛苦。

——北金正恩的發言人金桂冠，
2021 年 1 月 11 日

　　自19世紀中葉以來，舊金山一直就是美國進出印度洋與太平洋地區的門戶，2018年3月中旬，我在舊金山招待鄭義溶大使與日本國家安全顧問谷內正太郎。這是不到一年間，我們舉行的第三次、也是最後一次三方面會談。這次會談選在舊金山聯合廣場（Union Square）附近的陸戰隊紀念俱樂部（Marines' Memorial Club）酒店舉行，意義十分重大。早在加州淘金熱期間，舊金山就是印太地區僑民的重鎮，住有許多中國、台灣、日本、越南、印度與韓國移民。自1990年代起，火熱的矽谷經濟引來一波新的、受過高等教育的印太地區移民，將舊金山打造成全球科技與商務創新之都。陸戰隊紀念俱樂部內展示的物品，訴說著美國在20世紀印太地區扮演的歷史角色。這家酒店為紀念為國犧牲的美軍而於1946年創辦。酒店內展示許多圖片，內容包括二次大戰太平洋戰爭的戰鬥景象，從1941年12月7日日本攻擊珍珠港，到1945年8月6日與9日在廣島與長崎投下原子彈；包括韓戰，從北韓於1950年6月25日入侵南韓，到1953年7月27日簽訂休戰協議都有。這些圖片影像讓人想到戰爭的可怕。

東亞的軸與輻

　　我與谷內正太郎於2017年3月在白宮初會，谷內在那次會議中就對川普的「美國第一」外交政策對日美關係的影響表示關切。[1]我向他保證，儘管特別是在貿易、市場開放與國防負擔均攤等領域，川普總統會堅持互惠，但川普政府每一個成員都了解強有力的美日聯盟關係是實現「自由與開放的印度－太平洋」的基本要件。谷內與我成為好友。我何其有幸，能夠與這樣一位日本最資深、最有聲望的外交官一起工作。北韓對日本不斷增加的飛彈與核武威脅是他的優先要務。

谷內正太郎生於第二次世界大戰結束前一年，是深化美日聯盟關係的忠實信徒。二戰結束後，600萬日本駐在海外的軍民輾轉返國，發現他們的國家經過不斷的轟炸、以及最後兩枚原子彈的洗禮，已經化為一片廢墟。當時日本人心惶惶，沒有人知道這個土地面積只與美國蒙大拿州相等、沒有天然資源、卻有一億多人口的國家，將如何從這場徹底的毀滅中重獲新生。谷內就在這樣的環境下長大。但在日本於1945年投降以後，美國向日本伸出友誼之手，而日本人也證明他們的韌性與重建國家的決心。當谷內八歲那年、盟軍占領結束時，日本經濟幾乎已經恢復戰前生產力水準。而這不過是一個驚人的成功故事的開端。[2] 這也是日本與美國之間強大、持久的聯盟關係的開端。儘管這項聯盟關係有時也出現緊張——例如日本在1960年爆發反對「美日安保條約」（U.S.-Japanese Treaty of Mutual Cooperation and Security）續約的示威——但美、日兩國的友好關係不僅造福兩國人民，也引發一場驚人的經濟擴充熱潮，幫助千百萬東亞人民脫貧。日本在位最久的首相安倍晉三（他的外祖父岸信介是首相，他的父親安倍晉太郎是外相）曾經說，日本與美國的聯盟關係為世界帶來希望。他問道，「如果這不是歷史奇蹟，這是什麼？曾經打得你死我活的敵人，現在竟能成為志同道合的好友。」[3]

　　我選在舊金山舉行這項會議，一方面也暗藏向所謂「舊金山系統」（San Francisco System）的美國東亞聯盟致敬之意。二次大戰結束後，美國以舊金山為根據地，與日本、南韓、台灣、菲律賓、泰國與澳洲等東亞諸國透過政治、經濟與軍事承諾，建立這個又稱「軸與輻」（hub-and-spoke）的雙邊聯盟關係網絡。[4]美國官員很重視這些聯盟關係的互惠性質，還將日本比喻為東北亞安全與繁榮的「基石」，南韓是「關鍵」。不過，「基石」與「關鍵」之間的關係仍然緊張。1950年代末期，安倍晉三的外祖父岸信介在首相任內提倡民族主義戰後復甦，還為遭東京戰犯法庭定罪、處死的東條英機將軍與其他六名軍頭立碑。

　　像谷內正太郎一樣，隨著南韓走出數十年戰火摧殘與殘酷野蠻的占領歲月，鄭義溶也見證了天翻地覆的巨變。儘管條件惡劣之至，南韓人民卻能克服蕩然無存的基礎設施、一貧如洗的鄉間、文盲與貪汙腐敗的治理，創建欣欣向榮的民主與亞洲第五大經濟體。在1960與2020年間，南韓經濟增加了350倍，人均壽命從54歲增加到82歲，生活水準的提升創下現代史紀錄。[5]

　　但韓國的奇蹟在畫分南、北韓的休戰線戛然而止。在21世紀的第二個十年，在首爾繁華的市街北方僅僅40英里的北韓，享有電力供應的人口不到總人口半數，只有上層階級的人住處才有管線排水系統。[6]由於營養不良，五歲以下的兒童近30%發育不良。[7]北韓政權根據忠誠度為少數特權階級提供商品。展現最高度忠誠的人可以住在平壤，生活環境相對舒適，其他人只能艱苦度日，甚或挨餓受凍。平壤政權重視的不是人民福祉，而是軍事、武器計畫，甚至為金氏家族獨裁者建碑的工作都比百姓福祉重要。

南韓與日本人民雖說都取得驚人成功，也都決心捍衛民主治理與法治，但歷史記憶始終是造成兩國分裂、難以癒合的創痛。這種緊張關係有時在鄭義溶與谷內正太郎兩人的針鋒相對間出現。我決心為這兩個人、為我們這兩個盟國之間的關係盡一份力。北京在言談之間，總將這個美國在亞洲的聯盟系統視為冷戰遺跡。依照中國的說法，南韓與日本應該退出這個聯盟，與勢力不斷增強的中國結盟。[8]南韓與日本之間的不和，能讓中國趁虛而入，分化美國與兩國的聯盟關係。美國、南韓與日本三國一旦不能合作無間，北京對於朝鮮半島非核化的支持力度會大幅縮水，平壤也不再那麼擔心它的核武與飛彈計畫會迫使三國聯手。

陸戰隊紀念俱樂部酒店陳列的展品強調記住歷史教訓的重要性。我希望這些展品能讓我們想到我們的成就，共享這些成就代表的價值。為了克服今天的挑戰，營造更美好的未來，我們得回顧那段痛苦的往事。

北韓為什麼需要核武？

博明與我在周六下午分別會晤鄭義溶與谷內正太郎。國安會韓國司司長艾立森‧胡克參加與鄭義溶的會議，國安會日本司司長艾立克‧強森（Eric Johnson）參加與谷內正太郎的會議。之後，博明與我、鄭義溶、谷內正太郎再加上兩位司長在酒店頂樓的「陸戰隊鐵漢牛排館」（Leatherneck Steakhouse）共進晚餐。舊金山壯觀的夜景，再加上頂級牛排與加州黑皮諾葡萄美酒，多少化解了鄭義溶與谷內正太郎兩人之間的緊張。在那段期間，南韓一再要求日本為1910至1945年占領期間犯下的暴行（包括迫使韓國人充當戰時性奴「慰安婦」、在日本工廠當奴工等等）贖罪與賠償，日本領導人則一味迴避、辯駁，認為日本已經為前幾代人的罪行付出代價，雙方關係總是劍拔弩張。博明憑藉絕佳的幽默，不斷為席間破冰，酒酣耳熱之際，我們開始談到彼此家人，開始營造面對未來挑戰所必須的個人私交。鄭義溶與谷內正太郎都是政治家，他們彼此敬重，也都能將自己置身於兩國這波緊張關係之上。我們在第二天上午繼續這項三邊會談，之後我退出會談，把時間完全交給鄭義溶與谷內正太郎。

這項三邊會談有三個目的：首先，對北韓核武威脅的性質建立共同了解；其次，訂定我們三國都認同的必要原則，以確使金氏政權不再能對我們的安全構成嚴重威脅；第三，找出我們領導人與政府可以採取、以消弭這項威脅的行動。鄭義溶、谷內正太郎與我必須就北韓政權的動機與意圖取得協議，因為我們三國對於金正恩為什麼要核武、要先進飛彈的問題各有不同解讀，三國採取的因應作法也自然不同。

舉例說，有人認為危險性最小、成本最低的作法就是接受北韓作為一個核武國，然後嚇阻北韓使用核武器。抱持這種看法的人認為，平壤所以要核武主要為了防禦。大衛·萊伊（David

Lai）與愛麗莎・布萊爾（Alyssa Blair）在2017年8月就曾寫道，「面對美國與美國盟友日本與南韓不斷的敵意，北韓對它的國家生存極度關切；就這樣，它將核武器視為必須。」[9]美國陸軍戰爭學院教授萊伊說，「就實際而言，北韓攻擊美國的核武能力對美國安全並無威脅」，因為「北韓爭取的是對美國軍事行動的嚇阻」。我不同意這種說法。這種金正恩要核武只為了建立嚇阻力的假定，根據的是冷戰期間對蘇聯核子嚇阻那段歷史。鄭義溶、谷內正太郎與我一致認為，我們必須假定，金氏家族獨裁政權所以要核武，目的不只是防禦而已。一連三代金氏家族獨裁政權的法統都以「最後勝利」為前提。[10]金正恩政權本身，對它所以如此不顧一切犧牲、拚死發展核武的原因也有一段說詞。金正恩與他父親金正日都曾表示，他們所以要建立核武，為在擁有一把可以切斷美國與南韓聯盟的「寶劍」，以便一旦發生戰爭，美國在馳援南韓以前會投鼠忌器，不敢貿然採取行動。在北韓擁有核武以後，美國可能認定，不值得為保護南韓而冒核子戰的危險，於是將美軍撤出朝鮮半島，北韓因此可以逐步完成「紅色統一」、達到將南韓置於金氏家族統治下的「最後勝利」。[11]據報導，金正恩在上台以後指令軍方提出一項新作戰計畫，讓北韓人民軍在三天內占領首爾，在七天內攻下整個半島。據說這項作戰計畫包括在南韓機場與港口、在日本美軍基地上空進行核爆，北韓在2016與2017年的飛彈試射就是這項計畫的準備作業。[12]

更何況，如果北韓主要關心的是嚇阻南韓與美國，它不需要核武。北韓擁有驚人龐大的傳統嚇阻力，包括2萬1000多門大砲與火箭系統,可以把距離非軍事區只有31英里的首爾夷為平地。[13]北韓究竟想嚇阻什麼?自1950年6月入侵南韓以來,首先對美國、南韓與日本發動侵略與暴力的都是北韓。北韓突擊隊在1968年對青瓦台發動攻擊,北韓特工在1983年在緬甸仰光暗殺全斗煥總統未遂。這些都是直接對南韓領導層發動的攻擊。北韓用恐怖暴行對付平民百姓也毫不手軟。1987年,就在1988年漢城奧運不到一年前,兩名北韓特工引爆韓航858號班機,113名南韓平民罹難。其中一名特工在自殺未遂之後招供稱,這項攻擊是奉金正日之令而行的。自達成休戰協議以來,北韓還綁架了數以千計南韓人與數以百計日本公民。[14]北韓投誠人士的供詞顯示,北韓進行這些綁架有許多動機,包括為北韓間諜尋找語言教師、訓練被綁架人的子女當秘密特工等等。[15]

　　金氏政權一旦擁有核武,不但不會用它們來嚇阻衝突,還會更加肆無忌憚地發動侵略、挑起戰端。在核武能力的掩護下,金正恩可以加強對南韓的心理戰、以及對全球的網路攻擊。[16]平壤幾乎必定會設法向南韓、日本、美國與其他國家進行勒贖。[17]如果北韓研製出可以攜帶核子彈頭、能夠打到美國的洲際彈道飛彈,平壤極可能向華府發出最後通牒,要求美軍撤出朝鮮半島。而且就算金正恩那麼想要核武,真的只是為了鞏固金氏家族的統治、而沒有對外侵略動機,基於其他一些理由,擁有核武的北韓仍是對和平安全的嚴重威脅。

　　就像處理伊朗與中東問題一樣,讓北韓擁有核武會製造強烈誘因,引發東北亞地區進一步核子擴散。如果北韓擁有用核武攻擊美國的能力，人們會更懷疑美國將南韓與日本置於「核子保護傘」下的決心，南韓與日本遲早會認定它們需要自己的核武。而且亞洲國家與其他國家遲早也會認定它們得有自己的核武才行。

　　從歷史記錄來看，北韓政權有什麼武器就賣什麼武器，包括核子與飛彈科技。這是又一項必須納入考慮的因素。以色列國防軍情報長阿摩斯・雅德林（Amos Yadlin）將軍在2006年年底指出，敘利亞沙漠中一個立方體建築物是一座用來生產武器級鈽的核子反應爐。[18]幾個月以後，摩沙德（Mossad，以色列情報機構）探員闖入敘利亞原子能委員會主席伊布拉希・奧斯曼（Ibrahim Othman）下榻維也納酒店的住房，從他的電腦裡竊得許多資料。其中包括北韓科學家與工人在這座立方體建築物現場的照片。2007年9月5日晚10時30分，以色列發動「另類行動」（Operation Outside the Box），國防軍戰鬥機以距離地面僅僅100公尺的超低空高度飛越敘利亞沙漠，然後飛臨這座建築物上空，投下17噸炸彈，將設施徹底摧毀。以色列直到2018年才承認發動這項攻擊。而敘利亞或許既不願承認它的空防形同虛設，又不願揭露它的核武計畫，只承認它的領空遭到入侵。據信有10名北韓科學家在這次攻擊中喪生。[19]

　　北韓還將武器走私運交葉門的胡塞叛軍、利比亞民兵與蘇丹境內武裝部隊，這一切都違反聯合國制裁。北韓不僅將核武計畫賣給敘利亞，還協助敘利亞生產化學武器，在敘利亞內戰期間集體屠殺平民。[20]北韓還將它的飛彈與伊朗共享。伊朗則資助興建敘利亞的奧－奇巴（Al-Kibar）核子反應爐，並撮合北韓武器出售阿薩德政權,作為回報。[21] 對平壤來說,將武器走私與犯罪網絡改頭換面,投入核武與核設施行銷勾當輕而易舉。北韓很可能把核武賣給出價最高的人,就算這人代表的是恐怖組織也不例外。就像考慮伊朗問題一樣,在做有關北韓核武問題的決策時,必須記住它的領導層的邪惡本質。鄭義溶、谷內正太郎與我一致同意,對北韓的戰略決策,對我們三國與全世界的安全攸關重大。

美國應該堅持的三原則

我們訂定三項原則。首先,我們要說服其他國家支持最大壓力戰略,不要只是為了走上談判桌,就與北韓訂定寬鬆、軟弱的協議。在過去,「以凍結交換凍結」類放水的交易讓北韓予取予求,它解除了對北韓的制裁,給北韓錢,減輕了對北韓的壓力。我們不能再有這樣的交易。[22]

其次,我們不能以個別、先後的方式考慮我們的外交與軍事選項。成功的外交有一個先決條件,就是你得展現必要時不惜動武的意志與能力。就像商學院講授的談判與調解理論一樣,我們必須讓平壤的「談判協議的最佳替代方案」(best alternative to a negotiated agreement,BATNA)看起來毫無吸引力,而讓宣布非核化看起來精彩誘人。

第三,也是最重要的原則是,我們絕不在條件不成熟的情況下解除制裁,絕不僅僅為了開啟談判就給北韓政府任何好處。直到非核化大勢已成，不會再出現反覆，我們對北韓政權的制裁將一直持續。

我相信，堅守這三項原則可以讓金正恩相信，他的家族幾十年來玩的那一套把戲不再有效；他不能繼續像過去那樣，運用核武與飛彈進行勒贖。但就在 2017 年 8 月我們之前一次的三方會談會後不久，我們維持這項戰略的能力已經受到考驗。

短暫的屈服

2017 年年底，在那年 9 月的北韓核試爆之後，最大壓力戰略的效力開始顯現。聯合國安理會通過前所未見的嚴厲制裁。美國、南韓與日本武裝部隊加緊演練、備戰。金正恩遭到孤立。那年 12 月，美國與加拿大宣布將於 1 月間在溫哥華舉行全球性會議，以示團結對付北韓的核武計畫。川普政府在 18 個月內制裁的北韓實體，比歐巴馬政府八年期間制裁的北韓實體還多。金正恩一定也發現情況不妙，該想辦法減輕壓力了。他的第一個行動就是響應文在寅總統的一項邀請。

2018 年 1 月 9 日，北韓官員在非軍事區與南韓官員舉行雙方自 2015 年以來首次會談，並且在會中宣布，將接受文在寅總統的邀約，參加即將在南韓平昌舉行的冬季奧運。在冬季奧運舉行期間，北韓運動員、北韓啦啦隊、南北韓聯合女子冰球隊、特別是擔任北韓代表團領隊的金正恩胞妹金與正，成了媒體爭相追逐的寵兒，金正恩要的一切似乎都得到了。

南韓當局刻意安排將包括副總統潘斯夫婦、川普千金伊凡卡在內的美國代表團，與包括年近90的北韓名義國家元首金永南在內的北韓代表團，面對面坐著。[23]文在寅總統顯然希望這兩個代表團能夠破冰，展開一些對話，但兩個代表團始終沒有任何交流互動。不過奧運確實帶來暖意，特別在首爾，支持對平壤妥協的聲浪增強了。或許北韓參加平昌冬奧是一個好開端，平壤今後會像河內政權一樣逐步轉型。[24]文在寅總統急著推動兩韓對話，以緩和朝鮮半島緊張情勢，冬奧結束後，又在2018年4月27日在非軍事區會晤金正恩。兩人像演戲一樣，握著手一起跨過畫分非軍事區的界線，在板門店「休戰村」舉行會談。長年吹拂朝鮮半島那股肅殺之風似乎柔和些了。

在文在寅與金正恩會談結束後，鄭義溶與南韓情報首長徐薰來到美國，向我與中情局代理局長吉娜·哈斯培（Gina Haspel）簡報這次會談的成果。我安排兩人先向川普內閣其他成員簡報，然後到橢圓形辦公室見川普總統。兩人此行的主要目的是轉達金正恩有意會晤川普，以及文在寅要求川普禮尚往來之意，並且將文在寅總統與北韓持續交往的計畫告知我們。

我對川普與金正恩高峰會的意義存疑，因為這樣的會議只會緩和我們對金正恩的外交與經濟壓力。其他國家，特別是中國與俄國，很可能因此而對制裁的執行不再熱衷。此外，最大壓力戰略才剛實行未久，一些制裁要等到2019年年底才能見到真章。我相信，金正恩所以願意參加奧運、會晤文在寅、願意正面回應文在寅的川金會建議，主要原因就在躲避這些制裁。金正恩需要想辦法減輕壓力、改善名聲、打破他的孤立。此外，與首爾及華府交往也能讓他在其他世界級領導人面前更有分量。舉例言之，習近平一定因此擔心平壤會繞過北京、與我們以及南韓對話，達成不符中國利益的結果。

不過我也知道川普總統會同意與金正恩舉行高峰會。這樣一次北韓領導人與美國總統的歷史性會面，對川普而言是難以拒絕的。他對自己運用關係解決問題的能力、對自己的談判技巧深具信心，一切勸他等待平壤受不了最大壓力擠壓之後再行出手的努力都屬徒勞。有鑒於此，我們也只能一方面盡量推動這項最大壓力戰略，一方面與國務院與其他政府部門合作，盡可能在這項即將舉行的高峰會中達成一些成果。

我雖說不看好，但也知道與金正恩的高峰會能帶來一個機會。川普是一位反傳統的人物，而事實證明傳統手段很難因應北韓的挑戰。高峰會可以開闢一條似乎管用，主要是由上而下、而不是由下而上的途徑。許多年來，由下而上、與北韓官員談判的作法，由於這些官員沒有真正決策權，而且只是一味維護現狀，根本談不出成果。我們雖說知道金正恩非常殘酷，但不知道當川普告訴他非核化對他有利時，金正恩會有什麼反應。金正恩的背景與他父親、他祖父的背景不同。至少金正恩是個怪咖。像他父親一樣，他也喜歡美國職業籃球賽（NBA），是90年代NBA冠軍隊「芝加哥公牛隊」的忠實粉絲。金正恩尤其對芝加哥公牛隊那個全身刺青、穿了許多環、離經叛道的後衛丹尼斯‧羅德曼（Dennis Rodman）——羅德曼也曾在川普的實境電視秀「誰是接班人」中露面——情有獨鍾。這似乎說明金正恩是個有狂妄傾向，可能不按常理出牌的人。[25]此外，在他當權的第一個五年，這位「偉大接班人」已經在北韓破天荒打造了一批富裕的「金主」階級。這個階級的成員包括企業家、軍官與黨官，他們熟門熟路，能夠在嚴厲制裁下運用商品走私與外匯幫著他穩定經濟，而他們希望對外開放。[26]或許金正恩不願讓這些「金主」失望。曾經多次往訪北韓、美國政府頭號北韓問題專家艾立森・胡克也同意，高峰會至少有些許突破的機會。

我們與鄭義溶以及谷內正太郎的會議，聚焦於如何充分利用兩韓會談與川金高峰會帶來的機會，以及如何盡量降低風險、謹守我們的原則。南韓、日本與美國的同步，能向北韓與全世界展現我們的決心。在聽取鄭義溶與谷內正太郎的意見之後，我將他們的看法歸納為三點協議。第一，雖說兩韓關係的改善可以緩和緊張情勢，除非非核化已成定局，不會再出現反覆，我們對北韓政權的制裁將一直持續。第二，我們要向金正恩等人強調，聯合國安理會決議案規定的是北韓採取行動，而不是美國或南韓讓步。我們尤其必須拒絕「以凍結換凍結」這類初步協議，因為它們不能解決問題，只能減少對北韓的壓力。最後，我們應該要求世界各國，包括中國與俄國，鼓勵金正恩把握這個機會，達成永久和平與繁榮。我對這項高峰會仍然極度保留，但現在的美國有一位願意冒險的總統，現在的韓國總統也願意追求一種根本上與過去不同的兩韓關係，金正恩正好對了兩人胃口。

我在之後一個月的2018年4月9日離開白宮。放下國家安全顧問這個職務為我帶來三個遺憾，它們都反映在早先那次舊金山會議上。首先讓我深感遺憾的是，不再能與鄭義溶以及谷內正太郎這樣敬業的外交官員一起工作。我也想念我在國家安全會議的那些同事，包括博明、艾立森‧胡克與艾立克‧強森等。留下我們未盡的國家安全工作也讓我遺憾。但我也了解，華府、政府，與白宮的環境過於陰霾險惡，讓我無法為總統與我們的國家效勞。早在舊金山會議結束時，我已經與總統談到我的去意。由於白宮幕僚長辦公室向新聞界走漏，谷內正太郎當時已經知道這件事。在會議結束時，我與谷內坐在陸戰隊紀念俱樂部圖書館的大壁爐前聊天。谷內說，他與安倍首相都希望我繼續留任，我含糊其辭地答道，我也希望能有機會與他共事。我知道，沒有人能保證最大壓力戰略能不能達成非核化，但我希望在我的國家安全顧問任內最後推出的這項策略能夠存活。

金正恩反臉

　　儘管川普總統極力謀求突破，在與鄭義溶以及谷內正太郎最後一次會議結束兩年之後，北韓的飛彈與核武威脅持續升溫。在新加坡舉行的第一次川金高峰會確實達成一項成果：北韓以含混的口吻承諾朝鮮半島非核化。但會後的事態發展顯示，金正恩與川普對非核化的定義並不一致。2018年夏，或許為了表示善意，川普延後了一項他在推文中稱為「荒謬而昂貴」的美國與南韓聯合軍演，毫無回報地給了金正恩一些好處。[27]川普總統不僅否決了財政部對北韓的新制裁，說他不再想用「最大壓力」這個說法，因為「我們處得很好」。川普還表示，由於與金正恩的關係，他不想對北韓實施更多制裁。這一切看在金正恩眼裡，都說明川普已經走回過去「以凍結換凍結」、不能解決問題的老作法。2019年初，川普總統提醒北韓，金正恩只有進行非核化才有更光明的前途。川普在推文中預測北韓將成為「偉大的經濟發電廠」。雖說從西方觀點來說，北韓開放能帶來投資與房地產景氣，是一件好事，但對金正恩而言，北韓開放可能為金氏王朝敲響喪鐘。川普在同一推文中稱讚金正恩是「能幹的領導人」。[29]

　　川普設法將他與金正恩的關係與雙方間的談判分割。新加坡高峰會結束後不久，川普在西維吉尼亞州一次群眾大會中談到這次峰會。他告訴他的支持者「我對他私毫不留情面，他也不甘示弱。我們就在會中你來我往。之後我們陷入愛河。真的，我說的是真的。他寫了幾封非常美麗的信給我。」[30]川普總統甚至說他「相信金正恩說的話」，相信金正恩不知道奧圖‧瓦貝爾下獄、慘遭酷刑凌虐的事。[31]川普的這些表態似乎也讓金正恩決定不對川普個人進行批判，不過北韓問題並沒有因此有所突破。北韓擅長營造希望。2018年5月，金正恩為了打通通往新加坡高峰會之路，釋放三名美國人質交給美國國務卿蓬佩奧。2018年6月高峰會後，金正恩與北韓都放棄了過去那些叫囂煽動的言詞。同時，金正恩與文在寅繼續進行著兩韓對話。2018年9月，文在寅偕同妻子金長淑在平壤訪問三天，簽署「平壤聯合宣言」，保證民間交流、經濟合作、家庭重聚，以及拆毀兩處飛彈設施。在這次歷史性訪問中，文在寅發表演說，宣布他與金正恩「同意採取具體措施，徹底消除朝鮮半島戰爭的恐懼與武裝衝突的風險」，「將我們美麗的國土，從白渡山到漢拏山，化為沒有核武器與核威脅、永久和平的樂土，獻給我們後代子孫」。[32] 像川普總統一樣，文在寅總統也提出將兩韓彼此相聯的「三個經濟帶」構想，保證與北韓共享繁榮。他還下令拆除非軍事區的地雷，禁止軍用飛機進入邊界部分地區，向北韓釋出更多善意。文在寅不遺餘力地試圖啟動逐步轉型進程，希望去除北韓政權的敵意。可悲的是，就像過去一樣，文在寅也像川普一樣不能有所突破。

如前文所述，戰略自戀是雙向的。2019年2月在越南河內舉行的第二次川金高峰會，暴露出兩方面的誤解。金正恩的一名官員曾經觀看電視劇《白宮風雲》（*The West Wing*）與《國務卿女士》（*Madam Secretary*）以了解美國政府決策過程。[33] 或許就因為聽信了這類看電視學決策的助理與一些中國官員的建議，金正恩似乎相信，由於共和黨在2018年期中選舉吞敗，也由於刻正進行的穆勒調查案，川普總統迫切需要打一場外交政策「勝仗」，也因此金正恩只需象徵性地拆毀寧邊一處已經報廢的核設施就能換得川普同意解除制裁。[34] 而川普總統或許因為對自己的說服力、對經濟誘因的不可抗力過於自信，過度高估了金正恩放棄北韓政權「主體思想」的能力。金日成訂定的這套「主體思想」強調北韓人民必須自力更生，強調北韓人民利益的優越與他們的純淨。根據這套思想，貧窮是北韓人民的美德與優越的標誌。在河內高峰會失敗後，有人說，川普因為不肯向金正恩讓步，終於沒能與北韓達成協議。但事實是，川普如果在會中向金正恩讓步，就會重蹈1994年「協議框架」覆轍。根據這項框架，美國放鬆制裁，北韓則停止寧邊核設施的活動。

在2019年，美國與南韓都想方設法敞開對北韓的門，但金正恩不斷關閉這扇門。川普總統繼續強調他與金正恩的私交，甚至在6月間參加日本大阪G20峰會之後，還刻意往訪非軍事區，會晤金正恩。另一方面，北韓政權重新展開它的攻擊謾罵，說國家安全顧問約翰・波頓（John Bolton）是「人渣」，罵國務卿蓬佩奧「像小說作者一樣捏造故事」。[35]文在寅繼續向北韓提供人道援助，與北韓進行共同隔離豬隻以防範豬瘟等等合作。金正恩在2019年年底舉行的勞動黨第七屆五中全會中強調，「我們要進一步堅定決心，絕不為換取任何利益而出賣國家安全與尊嚴以及前途」，似乎一口否定了以非核換取繁榮的概念。[36]金正恩說，川普政府「企圖透過挑釁意味濃厚的政治、軍事與經濟運作，徹底窒息北韓」，還揚言將「改採震撼性行動，為我國人民遭受的痛苦求償」。換言之，他要走回過去的老路。在2019年新年致詞中，金正恩39次提到經濟，預測2019年將是「充滿希望」的一年，還向「南方與海外、願意與我們共創修好、團結、和平與繁榮歷史新頁的愛國者」致意。[37]但在2020年新年致詞中，金正恩說「北韓與美國的對立現在終於演變為自立與制裁之爭」，似乎預料重重障礙就在眼前。但在2020年1月，川普總統仍然發給金正恩一封熱情洋溢的信，祝他生日快樂。[38]金正恩個人沒有辱罵川普，但金正恩的發言人指控美國在過去18個月的談判中一直欺騙北韓。

另一方面，北韓繼續推動它的核武飛彈計畫，毫無緩和跡象。在河內高峰會後不久，它試射一件不明質地的「戰術導向武器」，還向日本海射了幾枚短程飛彈。[39]北韓在2019年射了26枚飛彈，創下北韓在一年內違反聯合國決議最多次的紀錄。不過金正恩在這一年沒有進行長程飛彈試射，也沒有進行核爆。但隨著改善關係遙遙無期，北韓的反撲也不斷加強。金正恩開始痛斥文在寅「自以為是」與「兩面手法」，還說南韓應該「管好自己的事」，為開放交流的希望大潑冷水。[40]

文在寅總統與川普總統的大膽外交嘗試，原本或許可以為北韓人民帶來更美好的未來，為世界剷除一項嚴重威脅。在見證1989年10月那場地緣政治景觀巨變之後，我對北韓問題的解決原也至少抱有一線希望。但金正恩對南韓的成功嫉恨過深，為了不讓北韓人民知道真相，為了保住「主體思想」的謊言，不讓北韓人民發現金氏王朝既非善類、也不超人一等，他不肯對世界開放。

美國應嚴格落實制裁

2020年，當金正恩展開獨裁者生涯第九年、川普準備競選連任之際，最大壓力戰略仍然不變，不過迄未有所成就。制裁措施的執行始終不能徹底，而且中國與俄國都在呼籲放鬆制裁。兩國也毀約，不肯交還在中國與俄國境內工作的約十萬名北韓奴工。有關中國逃避制裁的報導不斷增加，船對船轉運燃料進口與非法燃煤出口的情事有增無已，中國為北韓提供生產直立式飛彈發射架載運裝置關鍵零組件的證據也曝光了。[41]在非核化問題顯然不可能有所突破之後，加強壓力的時機到了：我們應該更嚴厲地進行制裁，揭發北韓破壞人權的罪行，發動網路與資訊作戰。

　　美國與其盟國應該懲罰那些未能按照規定執行制裁的國家，應該採取各式各樣行動強化制裁的執行。對於與北韓非法交易的金融機構──中國兩家最大型銀行就涉嫌從事這類商務──進行的次級制裁可能特別有效。30名北韓銀行代表駐在中國、俄國、利比亞、敘利亞與阿拉伯聯合大公國幫著逃避制裁。北韓也利用外交特權與駐外使領館取得武器計畫所需強勢貨幣。持續不斷的嚴厲罰款、制裁與執法行動可以讓北韓無從逃避。網路閉鎖可以與這些作業相輔相成。我們也應該對北韓支持的網路罪犯發動網路攻勢。許多這類罪犯在海外作案。舉例說，根據投誠人士的證詞，許多北韓駭客隊伍在中國的瀋陽接受訓練、執行網路攻擊。[42]聯合國對北韓迫使勞工在海外賺取外匯的制裁應該確實執行。一些國家與商業實體協助北韓逃閉制裁，幫北韓繼續它的核武計畫，美國與其盟國應該對它們進行制裁。

　　外交行動的重心應該是讓其他國家不僅執行制裁，還更進一步採取行動，迫使平壤因繼續推動核武飛彈計畫而付出更高代價。舉例說，在鼓勵他國制裁北韓有組織犯罪網絡這方面，美國國務院與派駐海外的美國外交官表現一直很有成效。[43]由於北韓不斷想出迴避制裁、投入網路犯罪等新興不法活動的新招，這類外交努力應該進一步強化。有人說，對北韓的制裁效率不彰，但問題是對北韓的制裁從來就沒有全面執行過。北韓能夠推動核武飛彈計畫，靠的正是制裁的漏洞百出，因為這項計畫的重要零組件，北韓自己一件也造不出來。2017年授權的制裁如果執行，會對北韓造成前所未見的壓力。舉例說，強迫從中國與俄國遣返北韓勞工，會使北韓政權更難以獲取強勢貨幣，迫使它在核武飛彈計畫與改善人民生活開支之間有所取捨。在2019年的新年致詞中，金正恩曾保證改善北韓經濟。但之後，他重彈軍事能力勝於生活品質的老調，在2020年告訴北韓人民，「就算勒緊褲帶，我們也有堅定的革命信心，透過自我繁榮保衛我國尊嚴，擊敗帝國主義」。[44]經過一再的希望與失望，不僅北韓龐大的農民階級，就算是平壤那些特權階級可能也會對這位「偉大接班人」的智慧與效率起疑。2020年初因新冠肺炎疫情爆發而造成的嚴重的貿易限制，不僅必將綑綁北韓經濟，對北韓也是一項意外形成的制裁手段。

美國外交官也應該與其他國家與國際組織合作，揭發、制裁北韓違反人權的罪行。聯合國北韓人權調查特別委員會在2014年達成結論說，「這些犯行的嚴重程度、規模與性質，說明它的狀況在當今世界絕無僅有」。[45]之後幾年，北韓政權的殘暴有增無已。有些人說，在人權問題上向平壤施壓會減少談判成功的機會。但除非有一天金正恩認為沒有核武對他更有利，任何談判都是時機不成熟的談判，河內高峰會就是例證。

在這個施壓過程中，美國、南韓與日本軍方以及其他國家軍方扮演重要角色。我們應該根據「合理基礎」找出合法性,對與北韓有勾搭的船隻進行阻斷與搜索,沒收違禁品,對違規的船隻與船公司進行制裁。軍事演習,以及隨時做好準備,一旦北韓發動侵略,就能立即而壓倒性的反應也很重要,因為這樣才能讓金正恩相信,美國與其盟國擁有足夠力量,一旦面對核子攻擊威脅,願意透過軍事手段完成朝鮮半島非核化。讓金正恩相信,與他擁有核武飛彈的意願相比,美國與盟國更有達成非核化的動機——這是最大壓力的強制性外交能否成功的一項關鍵。[46]與金正恩政權談判的人應該繼續強調,剷除金正恩政權並不是美國政策的目標。但我們也應該讓這些談判代表了解,如果金正恩不肯實踐非核化,如果領導人認為核武化北韓的風險比金正恩政權垮台的風險還大,美國的政策目標可能改變。當然,每個人一定得承認以侵略性行動對付北韓可能導致一場大戰。所謂「有限度攻擊」這類詞彙容易造成誤導,因為在這些攻擊過後的情勢發展中,北韓仍然有發言權。我們唯有從最大壓力、安全保證與繁榮北韓的遠景三方面聯手合圍,才可能達成非核化目標,原因就在這裡。不過,美國領導人仍然應該與盟國——特別是南韓與日本——討論一旦最惡劣的狀況出現,為剷除無法接受的核子勒贖或避免一次災難性攻擊,或許唯一的辦法就是對北韓動武。

有人認為,即使這樣的討論也會鼓勵北韓不計代價保有核武。金正恩很可能因為利比亞的前車之鑑而決心擁有核武。利比亞獨裁者格達費決定放棄他的核武計畫,結果就在金正恩接班之前一個月被推翻,慘死叛軍手下。但格達費是被內部叛軍在北約空襲協助下推翻的。如果北韓人或金正恩身邊的人認為金正恩的政策失敗，金正恩應該更擔心內部，而不是外來威脅。

　　有鑒於金正恩政權的性質，以及它萌芽中的核武能力，美國、南韓、日本或附近其他國家，怎麼知道載著飛彈、從隧道中緩緩而出的發射架，是在進行試射還是真正的攻擊任務？這些國家又怎麼知道它載的彈頭是啞彈、高爆彈、化學或核彈頭？美國、南韓、日本應該擴大跟監與飛彈防禦以及陸、海、空攻擊能力，以進行偵測，必要時對北韓發動先發制人的攻擊。

　　由於面對北韓的直接威脅，南韓與日本必須全程參與因應北韓挑戰的工作。由於南韓最高法院判決日本占領期間的韓國奴工有權向日本公司求償，南韓與日本兩國關係在2019年惡化。日本於是對化學藥劑與精密機械工具（南韓高科技公司仰仗這些產品）等若干日本製工業產品實施貿易限制。[47]首爾隨即幾乎取消了兩國間的情報共享協議「軍事情報安全總協議」（General Security of Military Information Agreement，簡稱GSOMIA）。許多南韓人開始呼籲抵制日本，取消赴日旅遊，抵制日本商品。這項爭議為北京帶來出面調停的大好良機。習近平在2019年12月在北京款待文在寅與安倍。中國利用這次會議以及隨後舉行的文在寅、安倍與中國總理李克強的會議，把中國描繪成東北亞地區最有影響力的權勢掮客。美國應該將促成南韓與日本修好列為最高優先。兩國間的和睦關係，不僅能使兩國齊心協力因應北韓威脅，還能讓中國與俄國扮演更正面的角色。鄭義溶、谷內正太郎與我認定，我們必須將北韓的任何挑釁視為一股推動首爾、東京與華府更加密切合作的推力。

向北韓人民喊話

　　資訊永遠是比甚至最先進的軍事或網路戰力更有力的工具。北韓的「國家安全保衛部」禁止除了國營媒體以外一切資訊傳播，並嚴懲一切涉嫌意識形態犯罪的人。有關北韓問題的政策辯論往往圍繞一個主題：應該對北韓開放，還是對北韓施加最大壓力。但這是一種錯誤的選擇。特別是南韓，應該根據過去的經驗再接再厲，透過電台廣播、傳單、CD與USB隨身碟與北韓人民接觸。我們也應該利用新科技滲透北韓的資訊封鎖。矽谷企業家與科學家在2015年展示了這類新科技，包括兩個韓裔美籍青少年與一名前谷歌工程師合作研發的小型衛星碟，包括可以攜帶USB進入目標地區的智慧氣球，可以透過微型菊花鏈電腦、與P2P Wi-Fi連接，發送數位違進資訊的網狀網路。[48]

　　如果我們可以突破北韓的資訊防線，我們應該向北韓人傳遞什麼訊息？或許我們首先應該反駁北韓政權的說詞與「主體思想」。貧窮不是美德的表徵，北韓的貧窮也不是外國強加在北韓身上的。北韓的鄰國與美國對北韓人民並無敵意，他們也不是造成北韓貧窮與孤立的原因。北韓人民另有選擇，不必生活在現在這種實體與心理上的集中營。針對住在平壤、金正恩身邊那群「金主」，我們要讓他們知道，在獨裁解體後的未來，我們可以原諒他們與他們的家屬過去的罪行。但最重要的是，送進北韓的內容應該讓北韓人民接觸各種觀點，這樣才能幫助北韓人民拾回自我思考能力，不再只是一味相信北韓政權的宣傳。[49]

文在寅總統把移除非軍事區沿線警戒哨站與地雷作為優先要務。但事實證明，消除切割這兩個南轅北轍的社會的心理與思想隔閡，才是更值得做、但難度也高得多的要務。南韓應該把握一切機會，用它的自由開放社會與北韓的封閉、專制系統之間做出強烈對比。想達到這個目標，可以將「脫北者」的故事公開，並保證這些「脫北者」在南韓享受良好就業與教育機會。這些「脫北者」還可以成立一個專業訓練班，在北韓政權崩潰之後幫助北韓轉型。[50]

許多北韓學者認為這個政權不可能持續。但北韓政權會不會在金正恩為這個世界闖下彌天大禍以前崩潰或轉型，則不得而知。美國與其盟國及夥伴現在可以做的，就是為各種狀況做準備。北韓政權一旦崩潰，北韓很可能變得兵慌馬亂。據估計，南、北韓統一會花費三兆美元。兩韓不僅在經濟上，在文化與知識上也一直各行其是。也因此，後金氏王朝的韓國必須加強教育，一方面撫平北韓人民的心理創傷，一方面提升北韓人民的職業技巧與社會水準，讓他們與享有成功社會生活的南韓人民接軌。不過，在北韓核武飛彈計畫持續發展的今天，我們不能坐等北韓政權的崩潰。就近程而言，我們應該用最大壓力戰略讓金正恩相信，無論就內部與外來威脅而言，沒有核武能讓他更加安全。

第十三章 ——

進入競技場

我們需要的是一種通暢的開放系統、
不讓開放系統與它們的環境隔絕的全觀式作法，而
且要了解它們盤根錯節的相互聯繫。

—— 安東尼・伯斯奎（Antoine Bousquet），
《戰爭的科學之道》

　　就在我參訪費城外交政策研究所、討論軍方的「俄國新世代戰爭研究」六個月後，國家安全會議與我成為克里姆林宮新一輪政治顛覆的目標。俄國情報人員抬出他們在2016年美國大選期間運用的老班底，根據社交媒體上有關川普與川普政府的尖酸刻薄的政治論調大加炒作，意圖破壞美國政府的運作。國安會成員，特別是那些不具北歐姓氏的成員，開始遭到社交媒體惡意攻訐。這些俄諜將「深層國家」（deep state，大體上說的是，不忠誠的文官如何暗中破壞川普政府）論述加油添醋，形成這一波詆毀謾罵的主軸。克里姆林宮顯然認為，想推動從敘利亞到烏克蘭、到阿富汗的外交政策，想讓美國與歐盟放鬆制裁，就得先將我與一些國安會官員剷除。這些俄諜隨即利用大西洋理事會（Atlantic Council）當時稱為「有史以來組織得最好的極右派運動」，將我逐出白宮，打擊國安會幕僚人員的信心。像俄國人一樣，極右派也將我視為推動其工作的絆腳石，於是用「#FireMcMaster」（開除麥馬斯特）的標籤在社交媒體上發動將我逐出白宮的運動。

　　就像俄國的「謊言水龍」一樣，「開除麥馬斯特」的陰謀論與內容也矛盾百出。舉例說，一幅出現在社交媒體上的漫畫把我描繪成富豪喬治·索羅斯（George Soros）與羅斯柴爾德（Rothschild）家族的傀儡（索羅斯與羅斯柴爾德家族都是反猶太陰謀論經常攻擊的標靶），而出現在一些假媒體的文章卻指控我與國安會另幾名官員「反以色列」，對伊朗軟弱等等。我不願稱恐怖分子為「伊斯蘭」，因為我認為這樣做不但會掩蓋他們扭曲伊斯蘭教義的真相，還會助長他們與異教徒戰鬥的宣傳。但正因為如此，儘管我直接與恐怖組織奮戰多年，仍被有心人描述成恐怖分子前的軟腳蝦。[1]我雖說關心國安會同僚遭到抨擊的事，但待辦的事太多，我也無暇他顧。不過這項經驗讓我感到美國該趕緊動起來反擊對手的緊迫性。運用「深偽」（deep fakes）等新科技在網路造謠、煽動，以腐蝕美國外交政策的情事，已經越來越普遍，而且越來越危險。我們必須重返競技場，進一步了解這些新興科技，以及對手如何用它們對付我們。

2017年2月，國家安全會議幕僚與川普內閣一起工作，找出美國國家安全面對的重大挑戰。這些挑戰有些具有地緣戰略性，有些主要為功能性競爭，例如太空或網路競爭等等。我們在針對這些挑戰研擬整合策略的過程中發現，在與修正主義列強、聖戰恐怖分子與敵對國家的競爭中，美國因為自欺欺人的戰略自戀而屈居劣勢，在攸關安全與繁榮前途的科技與經濟競賽中，美國也犯了同樣的錯。

我們的團隊將虛擬空間與太空列為工作優先，但我們也與國家經濟理事會的同僚合作，以決定如何在能源、貿易、以及我們所謂「國家安全創新基地」（National Security Innovation Base，簡稱NSIB）的各項競爭領域鞏固美國安全與促進繁榮。我們所謂國家安全創新基地，指的是知識、能力與人員網絡，包括學術界、國家實驗室與民營企業。我們了解美國若想保有在國防與全球經濟方面的優勢，科技（包括5G網路、人工智慧、量子計算與生物遺傳學）非常重要。但保持競爭力未必表示必須關閉合

作大門，對民營企業與其他自由開放社會尤其如此。特別是在防
止核武擴散，以及在處理氣候變遷、汙染、健康、與食物及飲水
安全這類相互聯繫的問題上，我們甚至必須找出新辦法與對手合
作。想做到一面有效競爭、一面促進合作，就得克服自戀，特別
是必須拒絕樂觀偏見與一廂情願的思考。

網路世界的管理與對話

　　網際網路在問世之初，讓世人對未來充滿樂觀。它改變了全
球經濟，加速了通信，傳送了資料。但它也帶來始料未及的政治
衝擊。網際網路讓專制無法立足。美國總統柯林頓曾在21世紀
之初指斥中共對網路的管控。他在約翰‧霍普金斯大學保羅‧尼
茲先進國際研究所（Paul H. Nitze School of Advanced International
Studies）對學生發表演說時指出，「這種行徑就像想把果凍釘在
牆上一樣」。他預測，在這新的世紀，「創造自由的是手機與數
據機」。[2] 像柯林頓這樣認為網際網路將改變中國的人很多。在
那個時候，很難想像中共等專制政權竟能將網際網路做那麼大的
改變。但就像所有科技一樣，網際網路是中性的。最重要的是人
們如何使用它。在中國與其他地方，網際網路與智慧手機使用的
巨幅成長不但沒有為人民帶來參政權與自由，反而淪為專制政權
壓迫、控制人民的新工具。[3]

　　在民主社會，自由與普及的網際網路本應發揮解放與賦權的
效益。而且從許多方面而言，立即取用無窮無盡的資訊與透過電

子、無遠弗屆的人際聯繫，確實也帶來巨變，對社會互動、生產力與教育造成深遠而正面的效應。但好處之外還有副作用。社交媒體公司為了操控行為以獲利，不斷挖掘個人資訊、引誘人們放棄他們的隱私。網際網路平台成為散播仇恨言論、煽動分裂、甚至鼓動暴力的理想工具，2016年起出現在緬甸的羅興亞人種族滅絕案就是證明。[4]更何況人們雖說透過電子改善了聯繫，但人與人之間的社交與情緒聯繫比過去疏遠了。網際網路本應倡導人道，但恐怖分子卻用它宣傳暴力、歌頌謀殺。許多年輕人因此離開運動場與遊樂園，自顧自玩著電玩與手機。[5]

　　到2020年，情況越來越惡化：網路戰對民主社會的威脅，範圍遠遠超出普丁的俄國。舉例說，伊朗從2017年開始運用國營媒體，以獨立新聞媒體的方式在美國境內宣揚反沙烏地阿拉伯、反以色列、與親巴勒斯坦情緒。[6]北韓發動扭曲資訊戰，以影響兩韓對話，以及與美國的非核化談判。[7]中國共產黨自2019年起，多次利用網路戰抹黑香港抗議民眾，還曾企圖影響台灣總統選舉結果，但沒有成功。[8]

　　但利用個人資料、破壞隱私並非獨裁者的專利。網際網路公司或藉由出售個資或用它經營高獲利廣告，同樣幹著這類勾當。美國與盟友夥伴應該要求嚴訂標準，發展保護隱私的科技，以防個資濫用。歐洲與加州已經通過保護個資的法律，不過這些法律應該進一步修訂，擴及其他重視隱私的政府。為了發揮資訊自由交流之利，同時還能避險，我們應該將網際網路與社交媒體視為一種競技場，而不是一種無拘無束的天堂樂園。除了第二章談到的防禦措施以外，對抗網路資訊攻擊還必須守中有攻，將資訊導入封閉系統、反制假資訊、挑戰政府批准的說法。民主國應該研發越過管控機制的手段，以突破中國的「防火長城」或伊朗的網際網路限制。太空寬頻通信這類科技能讓獨裁者較不容易切斷人民獲取資訊之路。

　　或許更重要的是，人民不應等待政治領導人或媒體採取行動，主動反制網路資訊攻擊。每個人都應該拒絕社交媒體生態系統中那些有毒、不實的資訊，注入有益於民主的論點。我們應該認為，與觀點不同的人討論是文明生活的潤滑劑，不僅在虛擬空間如此，在課堂、咖啡館、市政廳、球場上亦若是。人們會因意見分歧的問題而爭論，但也會為他們共同的理念而喜悅。自由開放社會的民眾會珍惜祖先為他們爭來的這些自由與機會，但也要認清世上沒有十全十美的民主或自由開放社會，一切都需要精益求精。每個人都應該自我教育，了解自己面對的安全、健康與繁榮挑戰，以便主動反制網路資訊攻擊。

提升網路防禦力

　　由於人工智慧進步，網路戰威脅只會更加嚴重。人工智慧科技讓系統可以做通常只有人類才能做的事。機器從數據中學習，使用演算法做決定，不受人為干擾。在與5G、超級電腦，與「物聯網」等高速行動通信網路結合之後，從電廠到公共運輸、到金融交易、到全球後勤、到自駕車到家用電器，人工智慧可以影響我們生活一切的一切。由於越來越多實體世界與虛擬空間連線，人工智慧較過去更容易發動網路攻擊。單在2019年12月，勒索軟體（ransomware）攻擊（遭到攻擊的受害者只有兩個選擇，要不破財消災，要不花費巨資重建系統）就癱瘓了喬治亞州的美國最大電線電纜製造廠、紐澤西州的一家衛生網路、以及佛羅里達州里維拉灘與路易斯安納州紐奧爾良的市政府。[9]在2019年，巴爾的摩市不肯支付7萬5000美元贖金，結果花了估計約1800萬美元重建系統。

　　為嚇阻攻擊，美國與盟國必須超越網路領域採取反制行動。但面對這類攻擊，制裁或其他懲罰性威脅往往不管用。因為有效的制裁必須先扣押目標的重要資產，但行蹤飄忽的恐怖分子或犯罪分子會將他們的首要人物與重要資產先行隱藏。一旦面對不斷增加的國際與國內壓力，伊朗與北韓這類敵對政權的領導人可能覺得他們反正沒什麼好失去的。也因此，「拒止性嚇阻」（deterrence by denial）至關重要，也就是讓對手相信他們無法透過網路攻擊達成目標。拒止性嚇阻需要具備攻勢與守勢整合能力，需要更有韌性的系統，以及跨政府、商界與學界的高度合作。不幸的是，在我們這樣的分權式民主系統，這樣的合作真是談何容易。根據國家情報總監詹姆斯・克拉波（James Clapper）的說法，當2014年北韓駭客攻擊索尼片廠（Sony studios）時，反制行動必須「經由一些其他國家的基礎設施進行，我們搞來一大堆律師進行法律行動，結果在網路這條戰線上什麼也沒做」。「我們後來制裁了一堆北韓將領」。[10]

　　在川普政府施政第一年間，我們國安會採取行動以去除這些官僚障礙。進展很慢，讓我很是沮喪。不過一旦取得適當授權，美國的反應速度與競爭力都有改善。在2018年中期選舉期間，由美國國家安全局局長、美國網戰司令部（U.S. Cyber Command）司令保羅・仲宗根（Paul Miki Nakasone）將軍領導的網路防禦很有效。仲宗根在2019年2月的國會報告中說，「我們在虛擬空間建立一支常駐武力監視敵意行動，並且造了工具與戰術讓俄國人不敢蠢動」。[11]根據網路會遭到無情攻擊的假定，電腦網路與系統的設計必須能「從容退場」（graceful degradation），這是一項反直覺、但關鍵性的防禦行動。當俄國人2015年12月攻擊烏克蘭的電廠時，當地老舊的系統反而成了一項優勢，因為烏克蘭當局透過類比備份不到六小時就恢復供電。根據最新科技設計而成的尖端系統反而可能導致慘敗。通信、能源、運輸與金融基礎設施必須將韌性納入考慮重點。

　　想保有韌性就得隨時隨地將可疑的硬體與軟體擋在網路外，就得不斷查緝來襲的敵人，必要時發動先發制敵的攻擊。首先我們得認清，容許中國的華為或中興通訊（ZTE）這類公司進入我們的通信系統，就像把那個肚子裡藏有敵兵的木馬帶進特洛伊的城門一樣。我們必須養成提高警覺的習慣，將這種習慣整合融入公司與政府作業文化。獎勵能夠揭露疏失缺點的駭客是很好的辦法。舉例說，微軟過去揚言以法律手段對付駭客，之後改變作法，邀請駭客參加安全會議，還支付他們「除蟲獎金」，鼓勵他們發掘安全疏失。公營與民營領域也必須有高度跨領域合作。

誠如哥倫比亞大學網路安全專家賈森・希利（Jason Healey）所說，「美國的網路戰力重心不在米德堡（Fort Meade）的國家安全局或網戰司令部，而在矽谷；在波士頓的128號公路（Route 128，譯按：該路線串連起許多高科技重鎮）；在華盛頓州的雷德蒙（Redmond，譯按：微軟的所在地）；在美國人開創與保養虛擬空間的、我們所有的地區。」[12] 不過，美國政府與科技業的關係往往充滿爭議。

想在網路領域有效競爭就得有共同了解。科技公司工程人員必須知道敵國如何運用虛擬空間與新興科技，必須知道他們的公司不僅在與其他公司競爭，也在與敵對國家競爭。不肯與美國等民主國家合作、卻協助獨裁政權鎮壓本國人民的公司，可能不了解他們正在助紂為虐。谷歌員工一面抗議谷歌參與一項美國情報合約，一面卻協助中共對內進行監控——他們這麼做，想必不知道這場美國與中共科技競爭的重要性。[13]

專精網路安全與反制網路跟監的民營公司，負有溝通科技產業與政府之間鴻溝的重責大任。Strider 就是一個例子。Strider 是擁有政府與產業經驗的葛雷格・李維斯克（Greg Levesque）創辦的一家網路安全公司。它運用專有數據集、機器學習與人類智慧對抗公司內部的智慧財產竊取。越來越多的民營公司很可能發現，它們需要採取積極行動對抗敵意網路，以保護它們的系統或智慧財產。民營業者與政府攜手可以導致更好的軍民協調，以及網路防衛負擔共享。由於在虛擬空間採取攻勢的公司可能遭到外國政府懲罰，可能因為對無辜第三方造成傷害而被控，甚至引發

武裝衝突，公民營企業必須整合虛擬空間的攻勢與防務，這一點
至關重要。

重返太空競賽

　　在上個世紀，太空成為最新的強權競爭戰場。當蘇聯在
1957年將「史普尼克號」人造衛星射入地球軌道時，美國領導
人擔心他們會輸了這場競爭。擔憂促成改革，包括重振科學教
育、加強飛彈研發，與創建國家航空與太空總署。[14] 但在冷戰過
後，許多人認為太空應該是世界各國合作共享的地方，美國對太
空領導地位的承諾也逐漸褪色。[15] 就像對自由開放網際網路抱持
的樂觀偏見一樣，美國認為如果它選擇不將太空科技當作軍事武
器，其他國家也會風行草偃。可想而知，這種應用在太空的戰略
自戀造成美國的落後。在太空梭於2011年退休後，美國的載人
太空飛行任務得仰仗俄國協助才能進行。國際太空合作確實擴展
了，但俄國與中國在發現美國因具備太空能力而在經濟與軍事上
取得重大優勢之後，不但決定發展自己的計畫，還開始打造武器
以搗毀美國與其盟國的太空資產。[16]

　　中國在2007年用飛彈擊落一枚它自己的衛星。隨後幾年
間，俄國與中國研發了幾種反制太空能力，包括反衛星雷射武器
與飛彈、軌道運行武器與電子戰干擾系統等等。[17] 與美國友好的
國家為嚇阻敵意行為，也開始研發自己的能力。舉例說，印度在
2019年3月用一枚反衛星飛彈擊毀一枚自己的衛星，向全世界顯

示它也擁有攻勢反制太空武器。

2017年，川普政府認識到有效整合政府與商界太空合作的重要性，以副總統潘斯為首，重建國家太空理事會（National Space Council）。我要求國安會幕僚與潘斯團隊合作，擬出重振美國太空計畫的戰略。我們這個團隊的負責人是當時身為空軍少將的比爾·黎考利（Bill Liquori）。比爾知道這件事攸關重大，知道想對抗太空軍事化的潛在危險，想充分利用太空商業化帶來的機會，就必須與盟國以及民營企業合作。太空理事會訂定的目標包括：嚇阻、必要時擊敗敵意太空與反太空威脅；確保美國公司繼續在創新太空科技領域保有領先地位；以及運用太空探究「轉換有關我們本身、我們的星球、我們的太陽系以及宇宙的知識」。[18]

就像在虛擬空間一樣，要嚇阻侵略就得讓敵人相信，用侵略行動對付美國的太空資產是不可能得逞的。美國政府與業者應該保護可能有助於中國與俄國發展先進太空能力的科技。對於像中國公司騰訊這樣的外國投資人，美國公司應該提高警覺。騰訊持有月球快遞（Moon Express）、行星資源（Planetary Resources）、NanoRacks與世界觀企業（World View Enterprises）等美國太空新創的大部分股票。[19]擁有微信與QQ等兩家大型社交媒體應用業者的騰訊，一直透過審查、跟監、舉報私人通信與個資等手段，充當中國共產黨的爪牙。它會繼續在太空扮演這個角色。

儘管有這許多危險，太空競賽能為提升安全與繁榮提供大好良機，還能解決世上一些最緊迫的需求。送進太空的系統由於運用「非對地靜止」衛星（NGSO，即可以根據地球表面不斷移動的衛星）處理數據與通信，可以為全球提供持續雲端服務。這些衛星可以不斷對地表進行遙感監測，對環保與天災人禍的迅速反應極有助益。由幾名前航太總署科學家於2010年創辦的公司「行星」（Planet），就訂定目標要日復一日拍下整個地球影像，以便可以立即偵知變化、採取行動。它的150枚地球觀測衛星提供的透明度，可以讓事關安全的各種活動——例如北韓的飛彈活動、巴西雨林的損毀、澳洲的野火、印度與中國對生態的汙染與損壞、以及伊朗的抗議——無所遁形。從科技與經濟角度來說，用太空解決地球問題的機會與可行性正不斷增加。以太空為基礎的太陽能發電就是一個例子。要充分利用太空與虛擬空間的機會，就得了解科技如何與彼此、與人類互動。許多原本有前途的科技，就因為不能與其他科技結合運用而裹足不前。科學家與決策者之間的合作對創新非常重要，原因就在這裡。由於以科技為基礎的創新正從政府逐漸轉向私有企業，合作因應國家安全重大挑戰的重要性正不斷增加。

整合民間科技與國防需求

　　美國在冷戰結束前的科技發展模式相對閉鎖，也就是說，核武器、戰鬥機與精準導向軍火等重大研發案由政府出資、控制。這些研發計畫獲有安全機密、專利與版權保護。之後政府決定將微晶片、觸控螢幕與聲控系統等科技解密，私營企業工程師與企業家遂聯手精進這些科技，於是催生了智慧手機等等新產業。到了21世紀，科技創新全面開放。越來越多創新由各式各樣公共資助的研究衍生。另一方面，中國實施由上而下的軍民合一戰略，竊取科技，指揮投資，意圖在「戰略新興產業」（Strategic Emerging Industries，簡稱 SEIs）與軍事能力上超越美國。美國與其盟國由於遲遲未能找出用新科技因應國家安全挑戰的新模式，被中國迎頭趕上。

敵人不斷竊取、利用美國發展的科技，用來威脅安全與人權，美國的學術界、民營企業與政府卻渾然不覺。我在本書前文有關中國的篇章中已經作了許多這方面的討論，但在這裡我要強調的是，美國的資金正幫著中國共產黨在人工智慧等新興科技上超越美國，取得對美國的軍事優勢。主要屬於國營或國家管控的700家中國公司已經在美國證券與債券市場交易。美國人正在資助那些替解放軍製造新一代戰機、軍艦、潛艇、無人系統與空中武器的公司。在2018年，美國對中國人工智慧公司的創投金額超越對美國公司的投資。列寧曾說，「資本主義者會將繩子賣給我們，讓我們用來將他們吊死。」許多美國與盟國主管與金融業者做得比這更超過：他們還會出錢幫中國共產黨買繩子。

2017年，博明、薛德麗、羅伯‧史帕丁（Robert Spalding）准將與國安會其他幕僚人員都認為，美國重返科技戰場的時間到了。任何涉及科技與基礎設施發展的決定，都必須考慮擬議中的這項科技與基礎設施及地緣政治競爭的互動。數據控制是一個非常關鍵的競賽戰場。誰能控制5G硬體，誰就能控制數據流通，影響數據協議的訂定，就能不僅侵犯隱私，還能獲取不當經濟優勢。在與人工智慧科技結合後，誰能控制數據，誰就能控制全球經濟的關鍵戰場。

但如果認為中共只想發展人工智慧與軍事科技就太短視了，因為中共不僅要控制數位基礎設施，還要控制實體節點，以實現它支配今後全球後勤與供應鏈的野心。替中共這項21世紀征服行動當先鋒的就是中國國營與國家資助的企業，包括電信、港口管理與船運公司等。當中國為進一步控制通信基礎設施而決定採購一處全球海事基礎設施時，民主、自由市場經濟體繼續為中國共產黨提供「繩子」。中國為控制港口，已經將矛頭鎖定歐盟國家與以色列等美國盟國。而且許多中國控制下的港口，例如安特衛普、的里亞斯特、馬賽與海法，都距離科學與產業研究設施中心不遠。到2020年，根據中國運輸部的資料，34個國家境內的52個港口由中國公司管理或製造，而且這個數字還在不斷增加。[20]

美國與其盟國由於不了解中國的野心，也由於國家安全社群與矽谷這類創新生態系統之間的文化、理念，以及商業程序差距不斷擴大，我們已經處於劣勢。這樣的情勢不能再繼續。在美國，科技公司主管與政府高級官員終於開始認清，由於不能合作，他們已經把權力優勢從自由社會與開放市場經濟系統拱手讓給封閉、專制系統。他們找出三個阻礙合作的障礙：政府與商業程序不搭調，科學家與工程師不了解科技競爭對安全造成的衝擊，以及公營與民營職位之間交流不易。想克服這些障礙就得採

取行動。「防衛創新單位」（Defense Innovation Unit）這類組織
讓美國國防部得以進駐矽谷，是可以輕鬆複製的最佳組織作法。

　　對於政府、公司或個人控制數據的程度，美國、中國與歐盟
各有不同作法。美國應該與志同道合的國家合作，訂定政策，一
方面確使民眾取得所需數據，一方面保衛隱私、維護消費者信
任。在數據管理、蒐集、處理、儲存與共享的問題上，自由開放
社會應該訂定政府如何與民企、如何與彼此互動的共同標準。[21]
自由與專制數據治理模式之間的差距正逐漸擴大。美國應該與志
同道合的國家合作，訂定符合民主原則的共同標準。

核武、飛彈、無人機

　　為因應有些挑戰，我們不僅需要與盟國及夥伴合作，還得與
競爭對手與敵人合作。為防範核武器擴散或使用，合作有其必
要。阻止伊朗與北韓這樣的政權取得核武，應該符合所有國家的
利益。加強互信、防止誤解或誤判的核武管控協定也一樣。武器
管控協定與國際規範可以限制核武儲存數量，可以遏阻化學或
生物武器發展或將它們銷毀。1997年的化學武器公約（Chemical
Weapons Convention）宣布化學武器的生產、儲藏與使用都屬非
法。美、俄兩國在2010年的新START條約將兩國戰略飛彈發射
器減半，並訂定新的監督與查證規定。1988年的「中程核武條
約」削除陸基中程核武，但俄國自2014年起違反這項協定，而
不是條約簽約國的中國已經發展出這種禁制的武器。很顯然，只

有一造遵守的武器管控協定不可能行得通。美國國務院在2017年告訴俄國美國打算退出中程核武條約，希望克里姆林宮可以重新守約。但結果沒有成功，川普政府遂於2019年2月宣布退出這項條約。我認為這是一項正確的決定。越來越多的人擔心，將於2021年屆滿的新START條約也會遭到同樣命運。

在2020年初，重開START談判，並且讓俄國與中國加入中程核武續約似乎很有可能。有效監督與執行的武器管控協定，不但能降低毀滅性大戰的風險，還能幫我們省下經費，投入造福人群。但由於核武與長程飛彈擴散，為保衛美國本土、盟國與海外美國人的安全，飛彈防禦已經變得比過去更加重要。川普政府在2019年完成一項飛彈防禦評估，認為美國需要大舉投資以改善本土與區域飛彈防禦。為對抗不斷擴大的飛彈威脅，我們應該支持科技研究，以提出有效的解決辦法。根據2019年的評估，這些解決辦法應該整合「攻勢與守勢嚇阻能力」，以保證能夠「在飛彈升空後所有飛行階段加以攔截」。[22]

對民眾與基礎設施構成的其他威脅也在不斷擴散。「無人飛行載具與無人駕駛地下車輛」（autonomous aerial and subsurface vehicles）構成相當危險，因為有關防禦還不成熟。沙烏地阿拉伯國家石油公司在2019年遭到一群無人機攻擊，導致沙國石油生產減半（約占全球石油產量5%），以及倫敦蓋威克（Gatwick）機場在2018年12月因無人機活動而關閉的事件，都應該讓我們提高警覺。這類事件讓我們想到第二次世界大戰期間，納粹用第一代無人機V1與V2火箭攻擊倫敦，造成人心惶惶的情景。

巴黎氣候協定餘波盪漾

戰略自戀讓我們刻意忽略、低估相互交織、盤根錯節的問題，只用短視近利、避重就輕的辦法解決複雜的問題。由於欠缺同理心，美國決策者往往不願意採用長程解決途徑。史丹佛大學心理學教授、社會神經學實驗室主任賈米爾‧沙基（Jamil Zaki）在他所著《仁慈之戰：在一個破碎的世界構築同理心》（*The War for Kindness: Building Empathy in a Fractured World*）一書中指出，時間與距離都能削弱同理心，因為人類的「關愛的本能是短視的」。我們對未來發展產生同理心的能力有限，因為「我們一般不會去感受我們未來的自我。因此，預先處理我們還沒有被迫面對的問題，不符我們的本能。如果採取行動或不採取行動的後果還很遙遠，只會影響那些還未出生的陌生人，我們不太可能今天就付出犧牲或投資」。在氣候變遷、汙染、能源安全，與食物及飲水安全這類重大問題上，這種欠缺同理心的傾向在全球各地都很顯著。就像與川普總統討論伊朗核子交易一樣，有關巴黎氣候協定的討論也激烈非常。我遠遠談不上氣候變遷問題專家，但我很清楚這個議題造成的兩極化反應。一方面氣候激進派主張採用許多不切實際的作法，另一方面否認氣候變遷的人，卻根本不肯承認全球暖化、不防範會造成慘重後果的事實。我或許無知，但我認為，我們只需全力做好我們已經同意要做好的事，就能擬出氣候變遷策略選項，溝通各種分歧，取得實質進展。

我向總統建議，美國繼續留在2015年巴黎氣候協定。根據這項全球幾乎每一個國家都通過的環境協定，各國應該減少全球溫室氣體排放，將21世紀全球溫度增加幅度控制在前工業化時代水準上兩度。我相信氣候變遷是人為的，我們必須擬出一項健全的多國解決辦法。這項協定並無法律拘束力，所以我認為留在協定裡沒有害處。此外我也認為，退出這項協定，不僅有損美國在氣候相關議題上的影響力，在其他需要多國努力的挑戰上也會對美國帶來不利影響。

不過主張美國退出這項協定的人認為，如果美國未能做到協定中規定的碳排放減低目標，激進分子會對政府與產業興訟。他們還相信，要達成這些目標將得不償失，使美國經濟成長受限。像伊朗核子交易一樣，巴黎氣候協定也未經美國國會批准；許多人認為它侵犯了美國主權。川普總統在2017年6月發表的玫瑰園演說中宣布他決定啟動退出程序。他說，這項協定「不利美國，卻把好處完全給了其他國家，讓我鍾愛的美國工人與納稅人吸收失業、低工資、工廠關門、經濟大幅減產的成本」。[23] 簡言之，川普認為這項協定是對美國的一項經濟負擔，它會造成大規模失業，讓美國處於國際劣勢，對長程氣候變遷卻不起任何作用。

我不贊同川普這項決定，但在進一步了解怎麼做才能保護全球環境、減少碳排放、保障能源取用、改善食物與飲水安全等等之後，我發現，美國退出這項協定其實有很好的藉口。退出這項協定能將這項協定的種種不當公之於世，不僅能說服美國、還能說服其他國家對氣候變遷問題採取根本上不同的作法。我發現巴黎氣候協定代表一種危險，因為它讓人自以為是。儘管身為簽約國讓人對自己感覺甚好，中國與印度、以及非洲開發中經濟體的碳排放，是今後數十年間造成全球暖化的最大人為禍源。但這項沒有法律拘束力、也無法強制執行的協定，不能對這些國家採取任何行動。在巴黎氣候協定簽字後四年間，碳排放每年增加1.5%。[24] 我們需要廉價、互利，能夠讓中國與印度、以及非洲開發中經濟體減少碳排放的解決辦法。

為達成有關巴黎協定最後定案，各國代表2019年12月在西班牙馬德里舉行了一項會議，結果以失望收場。就像過去針對全球暖化問題舉行的會議一樣，這次馬德里會議的討論焦點大體上仍是一些或者不切實際、或者不能解決氣候暖化這類複雜問題的解決辦法。與會代表對「綠色新政」（Green New Deal）表示支持。但所謂「綠色新政」是一項不切實際的建議，要求美國透過零排放能源滿足一切發電需求；去除美國交通運輸、製造與農業的一切溫室氣體排放；翻新一切既有建築物、建造新建築物以提升能源效益；保障適當住房、高品質醫療與足以養家餬口的工資；強制病假事假、帶薪假、與所有美國人民的退休給付。有人建議歐洲也採納同樣不切實際的作法。我們需要一套根本上不一樣的作法，不過這類必然徒勞無功的解決辦法似乎是大勢所趨。雖說一些主張環境正義的人建議為開發中經濟體提供鉅額資金，作為歷史性競爭劣勢的補償，若真的想匡正過去的錯誤、創造經濟成長、實現環境正義，乾淨而有利可圖的能源仍是解決問題的最佳途徑。以降低二氧化碳排放對GNP的比率為目標，可以要那些汙染地球、危害本國人民的國家負起責任，而不是要求轉移資金、把責任推給已開發經濟體的納稅人。同樣由於戰略自戀作祟，一些氣候激進分子比照他們的目標想像了一個世界，但沒有採取實際步驟抓住機會、解決問題。他們的自以為是使他們忽略了可能讓他們美夢破碎的政治與經濟現實。

　　否認氣候暖化的人犯了另一種戰略自戀。他們的戰略自戀主要是一種一廂情願的否定。世界各國都應該認清加入國際協定不會壓縮他們的安全與經濟利益，然後以這項認知為基礎，訂定一項我們這個世界真正需要的全面性戰略。解決問題的建議必須有寬廣的商業與政治訴求，不僅對經濟發達的國家，對開發中經濟體也一樣如此。[25]此外，面對這類複雜的議題，解決問題的辦法不能只顧到一面，以免在其他面製造新問題。

　　許多氣候問題建議犯下的一個通病是，想用單一國家解決方案來解決全球性問題。由於汙染不會侷限於每個國家邊界之內，解決辦法必須是跨國界的。氣候科學家一般同意，全球燃煤發電需要在2030年減少70%，到2050年全面停止。印度的發電72%為燃煤發電。中國在2006年超越美國，成為全球二氧化碳排放第一大國。從2006到2020年間，中國每年建造50到70座大型燃煤發電廠。中國現在是全球最大煤使用國，在2019年，中國境內興建中的燃煤發電廠容量達1210億瓦，比全球其他國家所有燃煤發電廠總加容量還多。每一座電廠每十秒鐘約燃燒一噸煤。[26]儘管習近平也大談環保，中國在2019年排放的碳比美國與歐盟加起來還多。更糟的是，中國還將260多座燃煤發電廠外銷亞洲與非洲各國。其中賣到肯亞的一座電廠距離聯合國教科文組織訂定的世界遺產只有15英里，將成為肯亞最大的汙染源。[27] 就像中國碳排放對全球環境造成的影響一樣，中國燃煤發電廠對非洲環境造成的汙染效應一樣可怕。印度的情況同樣惡劣。

有些建議有瑕疵，是因為它們不能有系統而全面地了解問題，只專門針對問題的單一面向下手。但環境、氣候、能源、健康、食物與飲水安全，甚至貧窮與移民問題都是息息相關的。舉例說，農業影響氣候，氣候影響農業。人類焚燒森林，開闢土地畜養牲畜或種植作物，轉為生物燃料。但減少森林就減少了能從空氣中汲取二氧化碳的樹木，而且樹木在燃燒時將碳與溫室氣體送回大氣。氣候變遷造成食物與飲水短缺，傳播人類與農業疾病。這類效應可以立即出現，也可能是長期的，特別是戰亂與犯罪等人為因素，可能因食物與飲水短缺而引發，並且使問題更加嚴重。[28] 刻正在葉門上演的悲劇就是例證。這些盤根錯節的問題不僅在非洲，也在大中東、歐洲，與中美及北美引發移民效應。誠如胡佛研究所最近一項研究報告所說，「近幾十年來，我們在全球各地都見到隨著商品與資金轉移而轉移的人流」。[29]

只解決其中一個問題可能牽一髮動全身、造成其他問題的惡化。以中國為例，預期中電動車大熱潮的出現，可能增加碳排放，使已經惡劣的空氣品質更加不堪，因為電動車使用燃煤發電為它的電瓶充電，而燃煤電廠每英里排放的二氧化碳量比汽油動力汽車更大。[30] 在印度，總統莫迪保證要讓每個家庭都有飲用水，問題是飲用水只占印度用水總量4%，近80%的水用於農地灌溉。據估計，印度每年有20萬人因水資源極度匱乏而死亡，處於嚴重水荒的人約有六億。到2030年，對水資源的需求將達到供應量的兩倍。[31]因此，只關注飲水安全卻不推動農耕技術改革，只能治標，而讓根本問題更趨嚴重。

我們需要用戰略同理心針對這套問題特性找出解決辦法。這些解決辦法必須能激發誘因，讓世人廣加採納。以以下四個目標為重心的作法，可以盡量壓縮兩極化政治討論，應是切合實際的解決辦法：

首先，在擴展我們經濟的同時，要確保美國在減少汙染方面的全球領導人地位，任何計畫必須有跨能源、農業、製造、運輸與建築業的通盤考量。再生能源仍然重要，但更加大膽的短程行動——例如鼓勵世界各國將煤轉為天然氣、擴大核能發電等——也至關重要。

其次，美國應該領導全球發展整合解決辦法，特別是運用改良再生能源、新一代核子反應爐、改良電池與「碳捕捉」科技進行的解決辦法。許多這類新科技的成本正在大幅降低。

第三，美國必須與其他國家合作，解決乾淨能源、新農業科技與供應鏈、水資源安全、運輸、環境與健康等問題。美國可以與印度建立大規模而長久的夥伴關係，解決這些相互有關的問題。

第四，所有的解決辦法都應以節約能源、食物等等為優先，包括製造更節能的車輛。[32]碳信用系統可以鼓勵人們排得更少、省得更多。用限制浪費的手段節省食物很重要。種植被美國人浪費掉的食物所使用的水，比任何一個國家所使用的水都更多，而這些被美國人浪費了的食物所排放的碳，比美國境內所有汽車、卡車排放碳的總量高出兩倍有餘。[33]

　　朝這四個目標邁進的創意解決辦法很多。其中我熟悉的一個案子是Zume。Zume是一家設在舊金山的公司，我是它的顧問委員會一員。Zume透過平衡供需、節省食物與運輸浪費、整合新農業科技以降低排碳等等手段，將既有已成熟科技融入新系統，進行整個食物供應鏈的革新。跨越環境、氣候、能源、健康、食物與飲水安全的相互關係，Zume這類業者提出的整合解決辦法應能產生巨大的正面國際影響力。

　　國際組織與論壇雖有助於跨國解決辦法的協調與啟發，真正的進展仍必須在主權國內進行。值得注意的是，在2019年9月全球氣候抗議活動中，全球各地估計有400萬人在紐約、首爾、喀布爾、伊斯坦堡等地示威，要求當局採取行動。[34]但中國境內沒有人抗議。[35]國際組織與克盡「地球好管家」義務的國家，必須對那些不負責任的國家施壓。絕大多數美國人會同意氣候變遷是個大問題；它是人類造成的，與碳排放有關；它沒有一刀切的解決辦法；它的解決辦法需要創造能夠廣為採用的經濟誘因；必須將燃煤發電轉換為天然氣或其他低排碳能源發電，列為短期優先要務。為了激勵我們採取行動，除了替我們的子孫著想以外，我們還必須認清這不是未來的問題。環境、氣候、能源、健康、食物與飲水安全是一套現在已經十分嚴重、相互糾纏的問題。

先進核能發電

能源是與氣候變遷有關的最大的一個關鍵，為我們帶來的機會可能也最大。舉例說，溫室氣體排放最大幅的削減，並非來自一項大規模的政府計畫或法規，而是來自美國境內出現的「裂解」（fracking）革命。裂解是一種鑽岩、將高壓液體灌入岩洞造成碎裂、讓天然氣與石油溢出的技術。憑藉這項科技創新，廉價取得大量天然氣突然間成為可能。這種廉價的供應提供一種誘因，讓廠商願意作必要投資，將燃煤電廠轉換為天然氣電廠。煤在美國發電所占的比重從2008年的48%跌到2020年的22%。美國電力公司不再建造燃煤電廠，因為天然氣與再生能源電廠能用更廉價的成本發電。[36]全球性的煤轉天然氣為發電業者帶來降低碳排放最大的近程良機。

想大幅降低溫室氣體排放而不遲滯經濟成長，先進核子反應爐是另一種選擇。這種「行波反應爐」（Energy Multiplier Module）能像發電廠一樣供電，而且比標準反應爐更有效、更安全。標準反應爐必須將用過的廢料掩埋貯藏，行波反應爐在清除裂變產物之後，可以將用過的燃料再使用。它不必作液體再處理，也不會分離重金屬。更好的是，這些裂變產物只需約五百年儲存，就能衰退到背景濃度，比現有反應爐所需的至少一萬年短多了。此外，由於可以利用廢料發電，行波反應爐有減少廢料儲存的潛能。[37]先進核子反應爐還能為美國帶來機會，讓美國在全球核電市場上與中國、俄國等國競爭。目前美國境內正在施工的核子反應爐只有兩座，中國正在迅速擴大它的核子能力。俄國目前在核子反應爐外銷上領先各國，不過中國正迎頭趕上。[38]如果我們能建造更安全、更廉價、更新、更好的核子反應爐，我們能重拾業界領導地位，為降低溫室氣體排放盡一份力。[39]

　　為了要保衛自由世界，我們得面對許多如火如荼的火線戰場。其中有爭奪影響力與資源控制權的地緣性競爭，刻正在北冰洋、南極洲與東地中海的競爭就是這類例子。有自由市場資本主義與社會主義間的意識形態競爭，這類競爭正在西半球不斷轉劇。想一想：古巴與尼加拉瓜的專制政權；委內瑞拉那個越來越無能的獨裁政權；不滿的百姓想推翻厄瓜多與玻利維亞的國有經濟體制；還有些人想在墨西哥、阿根廷與古巴重建國有經濟體制。有組織犯罪在墨西哥與中美洲的猖獗，使政府元氣大傷，讓人民受苦受難，並引發大規模移民潮。許多非洲國家爭戰不休，一邊是有抱負、爭取發言權的年輕人，另一邊是為保護少數特權階級、隻手遮天的當權派。2020年出現的新冠肺炎疫情突顯國際合作、因應健康挑戰的重要性。想維護和平，想在這一切種種競爭中勝出，我們必須放棄戰略自戀，充分了解我們面對的複雜挑戰，這是邁向解決的第一步。

教育是關鍵

　　我深深瞭解，對今後世界的安全與福祉而言，最關鍵性的競賽就是國民的教育。時機已至，美國現在就該採取類似「國防教育法案」（National Defense Education Act）的行動。1958年，在蘇聯發射人造衛星之後，美國兩黨攜手合作，通過這項法案，不僅將科學，還將歷史、政治學與語言教育列為最高優先。當時的國會議員認為教育是一項國家安全問題。有鑒於中國在人工智慧與其他新興科技方面的進步，今天的國會議員也應該以同樣緊迫的方式推動教育改革。我們或許記得教育不是專為年輕人設計的。科技史學者艾汀・摩里森（Elting Morrison）在1966年說，「產業組織工具的發展，以及我們對它們的情緒性與知識性反應，不能只是念了中學、大學、研究所、當了一年史隆商學院研究員、或參加十周高級主管研習班就能學到的。就算只是想在我們的社會裡安全的生活，更別提管理這個社會，一個人也需要不斷接受教育，活到老學到老。」[40]

　　教育對於保有我們的競爭優勢也非常重要，因為受過教育的公民才能成為優秀企業家，開創新企業，才能成為優秀科學家，創造醫藥突破，針對氣候變遷或新冠肺炎這類複雜問題提出解決辦法。受過教育的公民學習外國語言，與其他社會聯繫，建立戰略同理心，建立和平的世界。受過教育的公民珍惜我們身為自由開放社會一分子的福賜，也知道我們必須群策群力改善我們的社會。受過教育的公民能夠反制那些分化我們、挑撥離間的陰謀。他們還能運用民主系統參政權，選出有原則、思考周密的領導人，讓我們的國家更強大。

結論 ──

── 許多現代人極度懷疑歷史事件。

他們一概否認關於歷史的知識可能有用的觀點。

── 安大衛・海克・費雪，
《歷史謬誤：重建歷史思考的邏輯》

　　陸戰隊MV-22「魚鷹」（Osprey）機放下梯子。在斜旋翼震耳的引擎吼聲中，我扯足嗓門向機組致謝，下機與奉命前來保護我的特勤局特工作第一次會面。這些特工將在今後13個月像我的家人一樣親近。他們直接把我帶到白宮，我身為國家安全顧問的第一天就這樣展開了。我沒有多少時間為這項新職做準備。

　　自川普總統「總統日」那天在海湖山莊當著一大群記者面前宣布我的任命到現在，只有24小時。現在，我陪著總統、第一夫人與總統隨員搭空軍一號回到安德魯空軍基地。停在基地停機坪的魚鷹隨後載我回到維吉尼亞州尤斯提斯堡（Fort Eustis）。我的副官凱文・基布萊（Kevin Kilbride）少校在基地接我，載我回家。基布萊、我的副長尼爾・考森（Neal Corson）上校、與我的助理胡安・桑契茲（Juan Sanchez）士官長將協助我，處理我突然調離美國陸軍訓練與理論指揮部（Training and Doctrine Command）副司令一職的有關行政工作。兩個月後，我與凱蒂一起搬到華府，這段期間我只回到我在尤斯提斯堡的家一次。

　　那一次回到家裡，在接不完的電話（大多是祝福我就任新職的友人打來的）空檔，我與凱蒂以及我的準女婿李・羅賓森（Lee Robinson）中尉討論這項肯定極為有趣、充滿挑戰的新職。在美國陸軍第75遊騎兵團服役的李・羅賓森，當時開車取道通過維吉尼亞返回喬治亞州班寧堡，在我家裡過夜。第二天，在我們跑完晨跑返家時，他問我，為什麼花在書本打包的時間比花在整理衣物上的時間還多。

　　我向他解釋說，我打算以歷史為鑑，釐清今天我們國家安全面對的挑戰。而且我相信，想擬定政策與戰略，首先得了解過去如何導致現在。我也相信，了解過去的總統、內閣與國家安全顧問如何訂定決策、如何起草戰略，能幫我向總統提出最好的建議。對我來說，歷史是一門愛好。我利用公餘之暇寫稿，評書，還擔任《生存：全球政治與戰略》（*Survival: Global Politics and Strategy*）的特約編輯。身為將官的我發現，檢驗一項新職的歷史，能幫我問出該問的問題，幫我了解現行挑戰牽涉的可能性與難度。舉例說，在擔任班寧堡司令期間，我曾根據第一次世界大戰結束後，當時身為中校的喬治‧馬歇爾在班寧堡採取的行動，在班寧堡實施教育改革。我在2015年針對俄國兼併克里米亞、入侵烏克蘭事件提出的研究報告，是根據唐‧史塔利（Donn Starry）將軍的1973年以阿戰爭研究報告的模式寫成的。對我來說，只有將歷史運用於現代挑戰與環境，才能活用歷史。2004年，在擔任團長進駐伊拉克時，我參考了許多有關反制叛軍的文獻，找出最佳對策。我讀過許多美軍少將厄尼斯特‧哈蒙（Ernest Harmon）與德軍元帥厄文‧隆美爾（Erwin Rommel）有關二戰期間北非戰役裝甲戰的著述，在1991年波斯灣戰爭期間，我根據這些閱讀心得擬出我們的騎兵戰鬥準則。對軍事領導人而言，閱讀與思考歷史，是我們對國家、對我們的士兵一項神聖的責任。由於戰爭是攸關人命的大事，用兵打仗的人只憑自己個人經驗行事就是不負責任。所以我相信，鑽研軍事與外交史是提升美國戰略能力的基本要件。

　　我的準女婿李原本只是隨口問了一句，沒想到我的答案卻如此長篇大論。這也只能怪他，誰要他問一個學歷史的人歷史的價值呢。讀者們讀到這裡，想必也已了解，我相信，想了解、因應當代挑戰就必須了解歷史，而這也是本書的重點之一。

國安幕僚的四個責任

對有幸進入白宮服務的人來說，走進白宮西廂房是個令人感到謙卑的經驗。但進入那間麥喬治‧邦迪52年前使用過的國家安全顧問辦公室，令我尤其心生敬畏。我在20年前寫過一本書，而邦迪正是書中要角之一。我在那本名為《失職：林登‧詹森、羅伯‧麥納瑪拉、聯合參謀首長，以及導致越戰的謊言》（*Dereliction of Duty: Lyndon Johnson, Robert McNamara, the Joint Chiefs of Staff, and the Lies that Led to Vietnam*）的書中，解釋越戰怎麼成為一場美國人的戰爭。我在書中撰寫有關國家安全決策過程時，壓根也沒想到有一天我會成為這個過程的負責人。在我走進那間辦公室、會晤國安幕僚以前，我已根據詹森政府當年的疏失，在心中擬妥加強美國戰略能力的四個解決方案。詹森政府由於這些疏失而做出錯誤決策，擬了一項有根本性瑕疵的戰略，最後導致越戰失利，奪走5萬8000名美軍與100多萬越南人性命，耗費天文數字戰費，讓美國嚐到自南北戰爭以來最慘重的政治創傷。[1]

首先，國安會程序要提出選項，以促進、保護美國人民的利益，克服國家安全挑戰。《失職》那本書大體上談的問題就是逃避責任。詹森總統基本上只是根據他的內政需求——在1964年當選總統，在1965年通過「大社會」（Great Society）法案——來訂定戰時決策。由於將越南主要視為一項實現這些內政目標的阻礙，詹森選擇了一條中間路線，希望這樣做可以讓他躲開艱難的決策。由於主要建構在對美國人民與國會的謊言上，這條路線不能持久。當美國人民發現美國軍事干預東南亞的真正規模與成本時，許多人對這場戰爭失去信心。現在，我們的工作是針對最迫切的國家安全挑戰提出整體戰略。我們必須向總統提出各種選項，說明它們對美國的利益、對美國人民的風險，它們需要的資源，以及它們對達成國家安全與外交政策目標的展望。隨後，總統可以向內閣官員徵詢，由內閣官員提出行動建議。國安會的工作程序不應該考慮政策決定對兩黨政治的效應。理由是，成功的政策應該有利於全體美國人民。此外，我們提出各種選項，也能為政治顧問們帶來提出評估與建議的足夠機會。

其次，我們要花更多時間了解、釐清問題與挑戰的性質，從美國重大利益的角度進行觀察，擬定大方向與較為特定的目標。麥喬治·邦迪曾說，美國在東南亞的目標應該保持模糊，以便一旦戰爭失利時讓總統保有彈性。[2]欠缺明確目標，再加上以內政為主要考量的作法，使美國當局以華府、而不是以越南情勢實際需求為主，訂定越南戰略。之後採取的行動，包括1964年初對北越的秘密作戰，1965年2月展開的「滾雷」（Rolling Thunder）轟炸行動，或那年夏天派遣大批美軍戰鬥部隊進駐南越，都在未經有意義討論的情況下貿然採行。為保證不再重蹈越戰錯誤的覆

轍，我決定，國安會幕僚要在為總統提出選項以前先召開「框架
會議」，對特定國家安全挑戰進行分析，詳述挑戰對美國安全、
繁榮與影響力可能產生的效應。古希臘哲人亞里斯多德曾說，只
有我們力所能及的事才值得討論。也因此，我們的「框架會議」
必須有一項假定，說明美國對這項挑戰已經具備的影響力。內閣
重要成員只有在對我們提出的選項討論、修改、與批准過後，才
能了解這些選項，才能提出如何整合政府各部門、如何與盟友合
作以達成目標的指導原則。

第三，我們必須堅持向總統提出多選項的作法，因為這是跨
越政府各部會提供最佳建議之道。在發現詹森總統顯然要的是一
項讓他可以在越南問題上避重就輕的戰略之後，邦迪與麥納瑪拉
提出「漸進施壓」（graduated pressure）戰略，既能安撫那些主張
採取果斷軍事干預的人，又不得罪詹森稱為「心慈手軟、愛好和
平的社會」的那些反對干預的人。[3]但這項戰略暗藏的缺失卻沒
有人理會。我們必須為總統提出多重選項，這很重要，因為與內
閣官員與國安會幕僚不同的是，總統是民選的，負有為美國外交
政策與國家安全戰略定調的重責大任。只向總統提出單一選項，
或是把總統愛聽的話告訴總統，或是把內閣達成的一致立場報告
給總統，都沒有盡到對總統應盡的責任。

第四，我們不能假定事情一定會朝我們的目標線型發展，必
須認清其他各造（包括俄國與中國等專制政權，聖戰恐怖組織等
跨國威脅，伊朗或北韓等敵對國家，或網路與太空競技場的對
手）對事情未來的發展也有一定影響力。「漸進施壓」戰略有一

項基本假定：「除了運用有限而逐步漸進的軍事行動之外，再對為叛軍提供支援的一個國家施加政治與經濟壓力，我們就可以讓那個國家決定大幅減少、或完全撤除它對叛軍的支援。我們的攻擊與壓力的目標，不在於摧毀那個國家提供支援的能力，而在於讓那個國家發現它支援叛軍不合算。」[4]1964年進行的兩場兵棋推演證明這項假定有誤。這項假定是戰略自戀的典型例子。它完全沒有考慮驅動北越與越南共產黨領導人的意識型態與抱負，還認定南越所以動盪不安，主要原因是來自北越的外力支持。這第二場兵推假想時序已經進入1968年：美國在越南已經進駐50幾萬大軍，但仍然無望取勝，民間反戰聲浪不斷高張。儘管這兩場兵棋推演預測得神準，卻沒有人加以理會。邦迪認為它的預估太苛刻。也因此，為保證總統能獲得最佳評估，我們要為每一項經過批准的戰略加上績效評估。評估會定期、或在事件發生轉折、新風險或新機會出現時交給總統。我們要不斷審視我們的戰略假定，一旦發現假定不正確可以立即進行修整。

　　我根據我的實務經驗以及對歷史的研究，訂定我履行國家安全顧問新職的作法。在阿富汗與伊拉克服役的經驗告訴我，我們在那兩場戰爭中的戰略前後矛盾，而且有瑕疵，不能滿足美軍專業教育系統對「戰略」下的簡單定義：有智慧地找出、使用、協調資源（或手段）以成功達到一項特定目標。不過戰略不僅止於邏輯與推理而已，因為它還有一種道德成分。我相信刻正進行的這兩場戰爭的戰略已經在道德這方面站不住腳，因為它們不能讓美國人民信服流那麼多血、花那麼多錢可以換來值得的報酬。[5]

就像越戰一樣，九一一反恐戰爭也因戰略自戀而陷於困境，我們誤認為美國憑藉超人一等的軍事科技，不必對敵人的性質，或對這類戰爭的政治與人性複雜因素進行深思。美國領導人所以這麼想，主要因為疏忽了歷史，特別是這場戰爭特有的持續性。我們很容易疏忽持續性，認為今後的戰爭或競爭與過去的大不相同。我因此極力鼓勵幕僚們，根據戰爭的四種基本持續性為南亞與中東的戰爭訂定選項。

面對南亞與中東戰局的四個新思維

首先，戰爭離不開政治。18世紀戰略家克勞塞維茲（Carl von Clausewitz）說，「絕不能將戰爭視為一種自主行為，必須永遠將它視為一種政策工具。」[6] 我們在阿富汗、伊拉克，與之後在敘利亞戰爭的戰略都違反了克勞塞維茲訂定的這項原則。就像越南戰爭沒有單純的軍事解決辦法一樣，今天的阿富汗與中東戰爭也沒有純軍事解決辦法。後越戰美國領導人沒有從失敗中記取教訓，而只是將越南視為一場應該避免的錯誤。[7] 他們沒有想到，如何利用在阿富汗與伊拉克戰爭中取得的軍事勝利擴大政治成果，也是戰爭的一部分。但我們在敘利亞與伊拉克對伊斯蘭國取得的軍事勝利本身，並不是我們打這場戰爭的目標，軍事行動只是一項工具，必須與其他工具協調配合，才能達到我們想達到的政治目標。美國從越南、阿富汗與伊拉克經驗中學到的教訓是：不要相信戰爭或競爭與政治本質無關的概念，特別是認為可以憑藉科技取得迅速而廉價勝利的概念。

　　其次，戰爭是人的事。將近2500年前，希臘歷史學家修昔底德曾說，人們為了恐懼、榮譽與利益等基本原因而戰爭。直到今天，情況依然如此。在越南，秘密突襲與報復性轟炸沒有讓胡志明與北越領導人停止對越共的支援，這是意料中的事。越南共產黨領導人決心不惜代價取勝；他們不僅向詹森政府，還在第一次印度支那戰爭中向法國人展現了這種決心。在阿富汗、伊拉克與對付聖戰恐怖分子的戰爭中，只是針對敵人領導人或敵軍進行打擊的戰略，不能解決人與政治動機的問題。想擊敗恐怖主義就必須打破暴力循環、重建希望、改革教育、不讓弱勢族群被聖戰意識形態影響，原因就在這裡。戰略同理心之所以如此重要，原因也在這裡。

　　第三，戰爭是不確定的。戰爭所以不確定，是因為戰爭離不開政治，戰爭是人的事，也因為它是交互作用的。事件或敵人未來的發展過程或作法，不會照著我們的計畫（例如提前幾年就宣布的撤軍時間表）走。誠如修伊·史處千（Hew Strachan）教授所說，「一種戰爭可以轉變成另一種戰爭。」[8]阿富汗與伊拉克的戰爭型態不斷變化了近20年，但美國的調適很慢。部分原因是美國領導人不了解，事情未來發展的途徑，不僅取決於你準備下一步怎麼做，還要看敵人怎麼反應、以及敵人可能採取的行動而定。北越並沒有因美國採取「漸進施壓」戰略而自我設限，他們反而利用這個機會、擴大戰端。[9]根據「漸進施壓」概念，美國在考慮軍事行動選項時，考慮的不是運用軍力可能達到的效果，而是有什麼可資運用的現成軍力。在阿富汗與伊拉克，美軍的「輕腳印」作法讓那些不怕死的敵人可以重振旗鼓、發動精打細算的叛軍攻勢。阿富汗與伊拉克戰爭為我們帶來的教訓是，美國不能控制事情未來發展的途徑，戰略不僅必須持久，還得不斷因應調整以掌握先機。

第四，戰爭是意志力的競賽。喬治・馬歇爾將軍曾於1939年在美國歷史協會（American Historical Association）年會中說，「在我們的民主政治中，政府其實是民意的一種喉舌」，外交政策與軍事政策「取決於民眾的意見」，我們的政策與戰略「是好是壞，取決於民眾對有關問題的認知是否充分」。[10]越戰期間，美國人第一次透過電視看到他們打的一場戰爭，他們發現他們不僅被誤導，他們的政府連一項好的、用可以接受的成本達到預期成果的戰略都拿不出來。在阿富汗與伊拉克戰爭期間，美國政府決心避免又一場越戰，這種心態不僅讓領導人採取「輕腳印」戰略，還讓領導人急著宣布「任務完成」，迫不及待地撤軍。除了戰略瑕疵，這幾場戰事的艱辛與冗長也讓美國人無心戀戰。此外，美國領導人沒有投入足夠心力向美國人民說明這些戰爭的成敗得失，讓美國人了解何以值得為打贏它們而犧牲。政府高層缺乏在戰時的領導力，導致了民眾的盲目自滿、自戀，讓民眾既不了解他們的敵人，也不了解他們的子弟在這些戰場上的經驗。有關戰爭的報導一味強調傷亡數字或兵力大小，並且將士兵描繪成不能主宰自己命運的犧牲者。就這樣，後九一一「打不完的戰爭」開始與越戰的創傷混為一體，將美國人的作戰意志消磨殆盡。

針對米爾斯海默「自由主義霸權」的反駁

　　所謂「越戰症候群」（一種認定美國應該避免一切海外軍事干預的信念）讓許多美國人一談到戰爭，就認為戰爭是錯的，是打不贏的。「不要再有越戰」的口號，讓我們無法進行如何記取越戰教訓的討論。美國對越南的干預因1973年簽訂的巴黎和平協定而結束。但在之後30年間，海外用兵會導致「又一場越戰」的陰魂不散，美國在拉丁美洲、在非洲之角、在巴爾幹、東南亞與中亞的軍事行動都深受影響。在第一次波斯灣戰爭之後，老布希總統說美國已經「一勞永逸地踢開了越戰症候群」。[11]但「又一場越戰」的陰魂不散，它潛入阿富汗與伊拉克，造成一種類似越戰症候群加強版的東西。

　　有人以簡化法詮釋美國在阿富汗與伊拉克的經驗，這種作法模糊了這些衝突在性質上的差異。有人認為美國追求的是武力宰制，或想用美國的形象重塑世界。這類說法忽略一項事實：美國與其盟國是在有史以來最血腥的恐怖攻擊事件過後才侵入阿富汗的。此外，儘管或許大多數美國人現在認為入侵伊拉克不智，但這些說法沒有考慮到2011年美軍撤出伊拉克造成伊斯蘭國崛起的後果。我們應該了解，簡化詮釋美國在阿富汗與伊拉克的經驗能混淆我們的認知，導致有瑕疵的決策。

　　許多猛批美國海外軍事干預的人自稱為國際關係現實主義

派。但他們從一種意識型態角度觀察美國的海外用兵，根本談不上「現實主義」派。他們反對任何形式的海外軍事干預，不僅主張美國從阿富汗與伊拉克撤軍，還要求美國放棄對其他許多國家的軍事承諾。

　　「越戰症候群」與美國在1990年代對軍事科技的過度信心，是造成美國在阿富汗與伊拉克慘痛經驗的主因，但許多所謂現實主義派人士沒能看清這一點。他們認為美國在追求「自由主義霸權」（liberal hegemony），要將盡可能多的國家轉變成自由民主國。這派人士代表人之一的約翰・米爾斯海默（John Mearsheimer）教授說，美國憑藉一種「十字軍心態」意圖「用自己的形象重塑世界」，遂導致一項誤導、成本浩大、自找失敗的外交政策。[12]現實主義派與越戰期間與越戰過後在學術界崛起的新左派逐漸同流。拜喬治・索羅斯（George Soros）與查爾斯・科赫（Charles Koch）兩位富豪之賜，現實主義派與新左派聲勢大振。索羅斯與科赫除了都主張美國裁軍以外，在政治立場上並無共同點。兩人投資億萬美元建立「昆西國家事務研究所」（Quincy Institute for Responsible Statecraft）這類新智庫，並對大西洋理事會與蘭德（RAND）這類既有智庫的研究計畫進行資助。[13]根據保羅・米勒（Paul Miller）教授的說法，這些投資就像先建立一個「自由主義霸權稻草人」，再用「歷史上近視、道德上發育不良、策略上相互矛盾」的論點將他擊倒一樣。[14]但儘管如此，這些投資確實發揮了影響力。

　　由於現實主義派與新左派都相信美國是世界問題的主要來

源，認為只要美國撤出海外角逐，我們可以更安全。他們主張克
制與離岸平衡（offshore balancing，譯按：這是米爾斯海默著名
的觀念，指美國應該善用大西洋與太平洋屏障的優勢，只從海外
遠端介入其他大陸上的軍事衝突），換言之就是美國減少對盟國
的支援，從海外逐步撤軍。但他們忽視了「其他人」也可以影響
事情未來發展的途徑。根據他們的觀點，美國造成其他人行動；
我們在海外駐軍造成敵人；我們從海外撤軍能重建和諧。根據他
們的理論，其他國家只是在反映美國的作為，他們對未來沒有自
己的目標。也因此，與俄國、中國結怨都是美國的錯。美國不該
利用北約組織擴張勢力惹惱俄國，不該在印太地區大舉駐軍惹惱
中國。他們認為，聖戰恐怖主義也是美國惹出來的禍，因為美國
人在穆斯林聖地耀武揚威，激起穆斯林對異教徒的反撲。他們認
為美國是核子擴散的始作俑者，因為伊朗與北韓這類國家需要核
武以抵抗侵略成性的美國。他們說，美國只要與伊朗及北韓修
好，就能讓這兩個國家成為負責任的國家，甚至還能說服兩國領
導人不再壓榨本國人民。[15]

　　這些現實主義派與新左派人士相信，美國裁軍不僅能讓世界
更安全，還能省下金錢用於內需。但是這本書談到的發生在各國
的衝突明白顯示，美國的行為並沒有造成俄國與中國的侵略，並
沒有造成聖戰恐怖主義或伊朗與北韓的敵意。美國的退出也不
能使這些挑戰稍有緩和。美國如果能在1950年繼續駐軍朝鮮半
島，北韓不敢南侵，就不會爆發韓戰，付出更加慘重得太多的代
價；美軍如果能在2011年以後繼續留在伊拉克，就不會讓伊斯

蘭國崛起，迫使美國在2014年以後再度出兵，將伊斯蘭國的勢
力逐出伊拉克與敘利亞。美國今天駐軍歐洲以嚇阻俄國侵略，所
付的代價也比明天為擊退侵略、重建安全而出兵歐洲的代價低得
多。現在就在南中國海等地確保航行自由，也遠比日後為重建它
們而戰容易得多。

　　主張美國退出的現實主義派論點，讓許多對民主前途深感
懷疑的人趨之若鶩。1990年代，許多人相信全球正邁向自由民
主，世界情勢一片大好。他們認為，隨著民主化不斷推進，全球
化將導致全球一體。但這種樂觀的世界觀未能持久，代之而來的
是畏縮與放棄。在1989年幾個東歐共產黨獨裁政府相繼解體之
後，許多人相信這種變革可以在中東、非洲與亞洲複製。但這種
想法沒有考慮到在地因素，特別是沒有考慮到政治、社會、文
化、與宗教因素對多數決，對少數權益保障、對法治的衝擊。美
國顯然可以影響、但不能決定世界秩序朝自由與開放社會發展。
誠如19世紀哲人約翰・彌爾（John Stuart Mill）所說，「維護自
由所需的美德，須由人們自己灌溉。」[16]不過，2019與2020年
發生在香港、莫斯科、德黑蘭、巴格達、喀土木、加拉卡斯與貝
魯特的抗議事件也證明，人民要對他們接受治理的方式擁有發言
權。

　　海外的自由與開放社會有利於安全，因為這種社會是對抗侵
略、獨裁政權的天然屏障。如本書前文所述，對民主與法治的支
持，是倡導和平、對抗獨裁、封閉系統的最佳手段。美國與其盟
國雖不能保證，但應該繼續鼓吹聯合國大會1948年12月10日在

巴黎人權宣言中宣示的基本人權。現實主義派認為國際組織沒有在全球各地推動和平、正義與繁榮的能力，他們說得對。由於獨裁政權極力威逼利誘聯合國這類國際組織，民有、民治、民享的強國成為被壓迫人民最有力的保護者。美國2017年國家安全戰略中指出，我們認為，「支持美國利益與反映我們價值觀的世界，能使美國更安全、更繁榮」，我們雖承認「美國不能將自己的生活方式強加在其他國家身上，美國也不是進步的必然極致」，但必須強調「美國對自由、民主與法治的承諾」。[17]

　　我希望這本書能幫我們進一步了解國家安全重大挑戰的成因，以及意識形態、心理因素與政治野心對這些挑戰的影響，從而加強美國的戰略能力。不過，想維護我們的競爭優勢，美國不僅需要朝內專注，還得對外專注。舉例說，對抗普丁的最佳戰略，就是加強我們的民主體制與程序，重建我們對民主原則與自由市場經濟的信心。想加強我們的戰略能力，我們需要培養能夠及時思考、能夠了解怎麼做才能徹底實現理想與戰略的領導人。了解在地現實、認識真正身歷其境的人，這一點至關重要。競爭到頭來離不開有關人類行為的事。儘管對抗中國共產黨的威迫、利誘與掩飾非常重要，一味防禦不僅會讓美國在關鍵性競爭中屈居第二，還會讓中共逮到機會大作文章，說美國想壓制中國。雖說研發、軍事能力與基礎設施的投資非常重要，為確保子孫後代的創新，改善教育或許是當前最重要的行動。

了解戰爭的教育不能等

想在今天的戰場勝出，政府、學術界與民營企業之間需要進行前所未有的密切合作。矛盾的是，意圖指導這種合作會損及美國的民主與分權化性質。為對抗網路資訊戰這類敵意行為，為保持我們在科技、在新興數據經濟方面的領先，我們必須了解今天的競爭，特別是這些競爭的成敗攸關，根據這些了解訂定聯合行動。我們應該鼓勵公共服務，應該讓優秀人才自由進出公共服務領域。由於新的競技場超越地緣，擴及社會與產業，我們必須讓每一個公民都了解這些競爭的性質。無論是保衛自由，或是解決氣候、環境、能源、食物與飲水安全這類相互有關的問題，合作都非常重要。俄國的網路資訊戰，中國的產業間諜與影響力攻勢，聖戰恐怖分子對我們國土的攻擊，伊朗的攻勢性網路戰力與北韓的飛彈，都能跨越邊界對社會各個領域構成威脅。我們不能純靠政府保衛我們的自由，原因就在這裡。

為了更加有效地在戰場、與在準戰爭的競爭中超前，美國與其他自由國家應該投資戰略能力。教育民眾，讓民眾了解今天與明天的戰場是特別重要的工作。在高等教育中強調歷史尤其重要，因為今天許多外交與軍事史課程已經被以理論為基礎的國際關係課程取代，而這類國際關係課程往往不能深入剖析國際事件複雜的因果關係，與它們各不相同的文化、心理、社會與經濟特性。有些理論讓學生失去戰略同理心，鼓勵學生將複雜的問題簡化成一些框架，以創造了解的假象。有些大學開始更加重視應用歷史，這是令人鼓舞的發展。但許多大學不講授軍事與外交史，或者只在涉及社會史時才附帶一提。越戰過後，許多人受反戰運動影響，將有關戰爭的研究與軍國主義混為一談。但透徹了解外交、國家安全與國防問題，是防阻戰爭的必要、也是最佳途徑。已故史學家丹尼斯‧蕭瓦特（Dennis Showalter）作的比喻很貼切：沒有人會因為一位腫瘤學者研究一種腫瘤，就指控他或她鼓吹這種病。

根據「外交政策研究所」（Foreign Policy Research Institute）的定義，所謂地緣政治就是「以歷史、地理與文化研究為基礎，一種對當代國際事務的處理作法」。加上本書第13章討論的新競技場，我們可以在這項定義中納入科技——我們要教育未來領導人，讓他們知道如何在地緣政治競爭中，如何將新興科技的潛能盡量擴大，將危險盡量減小。[18]

為盟國的安全而戰

只有協調努力才能因應當代的安全挑戰。嚇阻衝突有兩種基本形式。首先，用懲罰性行動威脅對手，讓對手發現如果發動攻擊將得不償失。若想使用這種嚇阻形式，領導人必須讓潛在敵人相信，他意欲侵略的目標擁有報復的意志與能力。它還得讓潛在侵略者發現，他可能因侵略而讓他的珍貴資產受損。伊朗能夠不斷升高它對美國打了40年的代理人戰爭，就因為伊朗領導人算準了，它在中東對美國人與美國設施發動代理人攻擊，不會遭到

華府直接報復。殺了卡西・蘇雷曼尼與阿布・馬迪・奧－穆汗迪
的兩次攻擊與美國的經濟制裁，部分目地也在於嚇阻伊朗。不過
用之後報復作為威脅，往往不能收嚇阻之效。

　　對那些意識形態掛帥的政權，或那些不具備珍貴資產的敵
人，採取第二種嚇阻形式比較合適。拒止性嚇阻的基本就在於，
讓敵人相信他們無法透過武力或其他侵略形式達到目標。用拒止
性嚇阻對付普丁，就必須癒合我們社會的裂縫，重建我們對民主
原則、制度與程序的信心。在虛擬空間進行拒止性嚇阻，需要具
備韌性強大的系統，需要對關鍵性網路與基礎設施建立有效、多
層次的主動防禦。想嚇阻潛在軍事攻勢，例如俄國入侵波羅的海
諸國或中國入侵台灣，需要讓潛在侵略者相信目標的防禦力強
大，侵略不能成功。[19]

　　美國在歐亞大陸、在印太地區的盟國，不僅具有高度嚇阻侵
略的價值，對美國能否在準戰爭的關鍵性競爭上取勝也非常重
要。[20]加強盟國防禦，用美國的國防能力支援盟國，可以提升盟
國安全，減輕美國負擔。我們的盟國可以為我們提供超越嚇阻潛
在侵略範疇以外的競爭優勢。從地緣政治觀點來說，位於歐亞陸
塊「邊緣地帶」的盟國，能讓俄國與中國處於進退兩難的困境，
阻止毀滅性戰爭的爆發。盟國可以讓美國發揮比美國本身實力更
強大的道德力與軍事力。盟國還可以擴大美國的聲音，使侵略者
比較不容易侵略鄰國或壓榨自己的國民。在面對經濟侵略時，例
如俄國用能源威嚇利誘，或中國對國家與公司進行的操控，盟國
可以向夥伴伸出援手，幫助他們相信不能為了短期利益或為了取

得廉價5G通信基礎設施而出賣原則或安全。

　　川普政府要求盟國分擔較高防衛負擔，要求北約內部進行改革以因應21世紀的威脅，這些作法都很對。但當俄國與中國竭力分化盟國時，川普政府不應對盟國的價值表示懷疑，這樣作有害無益。我們與盟國的同盟關係，加上歷史認同、科技交流，以及跨軍事、政府、產業與學術界的合作，能增強我們的戰略能力。

國家力量的最大來源是教育

　　不過，想有效競爭除了能力以外還須具備信心。對美國的全球角色的一般性了解很重要，因為戰爭與準戰爭的競爭（例如擊敗俄羅斯的新世代戰爭，或中共的威迫、利誘與掩飾戰略）基本上是意志力競爭。過度樂觀與畏縮，特別是不知道其他人也能影響未來事態發展，都是戰略自戀的產物。在訂定國家安全戰略的過程中，我一直秉持一種信念，要協助總統訂定一套實際可行、既不過度樂觀又不悲觀畏縮的戰略。由於美國的影響力在很大程度上，靠的是其他國家對美國推動有效、長程外交政策能力的信心，在訂定國家安全戰略的過程中，我們努力訂定健全、持久，能夠取得美國人民支持的選項。

　　美國政治領導層的兩黨交互攻訐，給人一種美國在兩黨外交政策基礎上不能有效競爭的印象。誠如已故哲人理查·羅蒂（Richard Rorty）教授所說，「國家榮譽之於一個國家，就像自尊之於個人一樣：是一種自我改善的必備條件。」如果我們缺乏國家驕傲，我們又怎能具備進行有效作戰、推動有效外交政策的信心？美國的公民教育可以設法扭轉「微認同」走勢，轉而強調政治學者法蘭西斯・福山所謂「廣泛、有包容性的認同」。[21]美國人每在討論分化他們的議題時，可以至少用同樣多的時間討論那些讓他們團結在一起的議題——特別是我們的《獨立宣言》、我們的憲法與我們的《權利法案》中明訂的那些對基本個人自由權益的承諾。學術界在重建我們的信心與國家驕傲的過程中可以做很多事，包括檢討歷史、文學與哲學課程，以保證課程內容不僅包括自我批判與各種文化觀點，還要宣揚有待我們完成的美國民主與自由實驗的成就。

　　小學與中學教育很重要，它們必須讓孩子了解我們的歷史，不僅了解我們的民主實驗的矛盾與瑕疵，還要了解美國的美德與偉大承諾。我們犯了許多歷史錯誤，包括強迫美洲原住民臣服、奴役黑人、在二戰期間監禁日裔美國人、制度性種族歧視、對女性不公，或虐待其他少數民族等等。教師們不應該忽略這些史實，但可以說明這些錯誤的背景。教師們可以循循善誘，闡述美國憲法的優點與韌性，說明它如何將主權交在人民手中，如何根據立國原則讓原本遭到排斥的社群享有平等權益。[22]除了教育以外，公共服務是加強戰略信心與國家驕傲的又一手段。在保衛自由世界的鬥爭中，透過教育與經濟改革去除機會不公是不可分割的一部分，因為對民主與自由市場經濟的信心是維護我們競爭意志不可或缺的要件。[23]

移民一直就是、而且未來也會是美國一項最偉大的競爭優勢。被壓迫的人民一旦來到美國，總能努力落地生根，而且珍惜他們在美國享有的自由與機會。克服我們的社會摩擦的一個辦法是，盡量不談我們不希望什麼樣的人來美國，盡量多談我們希望什麼樣的人來美國，多談美國需要什麼樣的人。相信我們的憲法、法治，相信只要努力工作就能創造好生活的人，就應該在我們這個自由民主的社會受到歡迎。重建信心的行動必須延伸到其他自由開放社會。我們不能將西半球在代議制政府與經濟改革方面取得的進展視為理所當然。由於歐洲對美國安全特別重要，美國必須幫助歐洲度過認同政治難關，幫助它對抗俄國分化歐洲諸國的挑戰。這應該是美國外交官的一項優先要務。

我在史丹佛大學校園中心胡佛塔第11樓寫這本書。一個世紀以前，赫伯·胡佛在見證第一次世界大戰的恐怖之後創辦了胡佛研究所。幼年父母雙亡的赫伯·胡佛畢業於史丹佛大學創始班，後來成為美國第31任總統。第一次世界大戰結束後，他在比利時領導大規模救災，讓1000多萬人免於飢餓。[24]他因此目擊戰爭的恐怖，決心竭盡全力防阻又一場戰爭。第一次世界大戰奪走1600多萬條人命，這場可怕的經驗告訴世人，想維護和平、終止戰爭就必須了解暴力衝突的政治與歷史基礎。胡佛於是創辦「胡佛戰史館」（Hoover War Collection），之後改名「胡佛戰爭、革命與和平研究所」（Hoover Institution on War, Revolution, and Peace），為學者提供一個研究過去戰爭、防範今後衝突的地方。只是事與願違，20世紀因兩場世界大戰而成為現代世界史最血腥的世紀，而胡佛見證的所謂「終止一切戰爭的大戰」事實上只是這兩場世界大戰的第一場。胡佛塔在美國加入第二次世界大戰的1941年建成，裡面有龐大的胡佛圖書館與檔案館，為學者提供各種資料，解釋戰爭起源，為和平發掘遠景。我在它的精神感召下寫這本書，希望藉助對過去的研究了解現在，找出塑造未來的最佳途徑。

　　誠如史學者薩夏利・蕭爾（Zachary Shore）所說，「國家力量的最大來源是受過良好教育的人民」。[25] 我希望這本書能為我們的國家與自由世界其他國家的國力略盡綿薄。寫這本書也是對我自己的再教育。如果這本書能造成一些激盪，讓我們討論如何保衛自由世界，維護子孫後代和平，寫這本書就值了。

謝詞

　　加入史丹佛大學胡佛研究所是半生戎馬的我，自17歲進入西點軍校以來第一次的職涯改變。在歷經34年軍人生涯、從美國陸軍退役時，我知道我會想念那段與美國青年男女英才共事的日子。現在，能與史丹佛大學這許多有志報效國家與全人類的大學生與研究生一起工作，也令我感激。若不是一組學生研究助理幫我做了數不清的考證、文字與參考資料整理過濾，幫我組織書評，還得破解我那鬼畫符一般潦亂的手稿筆跡（對生長在電腦世界的這一代青年而言，看懂我的字一定像破解楔形文字一樣困難），我不可能完成規模像這本書這麼大、這麼有雄心的一件案子。

　　我們像舉行研討會一樣討論國家與國際安全挑戰，這麼做幫了我大忙，讓我得以將各式各樣複雜的問題擬出頭緒。我要特別感激切爾西・布里斯・伯基（Chelsea Burris Berkey）、凱特・義格利（Kate Yeagery）、傑夫瑞・陳（Jeffery Chen，譯音）、斯里・穆皮迪（Sri Muppidi）、席爾維・艾西福（Sylvie Ashford）、艾達德・阿斯瑪（Edouard Asmar）、李・巴甘（Lee Bagan）、梅根・錢・海恩斯（Megan Chang Haines）、蘭德・杜瓦特（Rand Duarte）、艾迪・羅沙爾・查維茲（Eddy Rosales

Chavez）、艾隆・拉米雷茲（Aron Ramirez）、納蘭・馬科維
（Nolan Matcovich）、格里芬・包維（Griffin Bovée）、泰克・李
（Taek Lee）、凱爾・杜琴斯基（Kyle Duchynski）、索菲亞・包爾
（Sophia Boyer）、強納森・迪莫（Jonathan Deemer）、大衛・賈菲
（David Jaffe）、莎曼莎・湯普森（Samantha Thompson）、艾瑪・
貝提斯（Emma Bates）、莉莎・艾恩斯坦（Lisa Einstein）、威
廉・郝雷（William Howlett）、伊沙克・基普（Isaac Kipust）、賽
魯斯・雷沙（Cyrus Reza）、卡特・克里蘭（Carter Clelland）、
凱瑟琳・杜（Katherine Du）、齋藤廣田（Hiroto Saito）、席奧・
維萊西（Theo Velaise）與詹姆斯・坎諾夫（James Kanoff）。能夠
結識這許多才華出眾的年輕人讓我倍增信心，相信我們必能克服
這本書談到的種種挑戰。

　　做研究、寫書最理想的地點，莫過於史丹佛大學的胡佛研
究所。我在胡佛研究所、在福里曼・史波利研究所（Freeman
Spogli Institute）與史丹佛商學研究所的同事，他們的研究為我
提供寶貴意見。納迪亞・夏德洛（Nadia Schadlow）、賈可布・
格里吉爾（Jakub Grygiel）、麥克・奧斯林（Michael Auslin）、
維克多・戴維斯・韓森（Victor Davis Hanson）、圖瑪斯・漢德
里・艾爾維（Toomas Hendrik Ilves）、魯賽爾・伯曼（Russell
Berman）、麥克・麥法爾（Michael McFaul）、阿巴斯・米蘭尼
（Abbas Milani）、凱絲琳・史東納（Kathryn Stoner）、丹尼爾・
史奈德（Daniel Sneider）、凱文・瓦希（Kevin Warsh）、尼爾・
弗格森（Niall Ferguson）、艾米・齊加（Amy Zegart）、詹姆斯・

提畢（James Timbie）、康朵麗莎・萊斯（Condoleezza Rice）、大衛・穆福（David Mulford）、史考特・沙根（Scott Sagan）、喬治・舒茲（George Shultz）、戴雅門（Larry Diamond）、史蒂芬・考金（ Stephen Kotkin）、提摩西・賈頓艾許（Timothy Garton Ash）、麥克・伯恩斯坦（Michael Bernstam）、阿耶・維・卡蒙（Arye Zvi Carmon）、葛蘭・提佛（Glenn Tiffert）、提姆・坎恩（Tim Kane）、彼得・羅賓森（Peter Robinson）、卡爾・艾金貝里（Karl Eikenberry）、賀伯・林（Herb Lin，音譯）、艾利克斯・史塔摩（Alex Stamos）、拉吉・沙亞（Raj Shah）、大衛・伯基（David Berkey）、紹米特拉・伊哈（Saumitra Jha）與查爾斯・奧萊利（Charles O'Reilly）都惠我良多，讓我十分感激。

史丹佛法學院的艾立克・金森（Erik Jensen）為我提供許多珍貴建議。整個胡佛研究所，在所長湯姆・吉利根（Tom Gilligan）領導下鼓勵我，帶給我理想的寫作環境，我也極為感念。在此，我要特別向厄文・維契・提爾曼（Eryn Witcher Tillman）、丹尼斯・艾爾森（Denise Elson）、傑夫・瓊斯（Jeff Jones）、曼迪・麥克卡拉（Mandy MacCalla）、瓊妮塔・羅德里古茲（Juanita Rodriguez）、艾立卡・蒙羅（Erika Monroe）、希維亞・桑德法爾（Silvia Sandoval）、已故希利斯蒂・齊托（Celeste Szeto）、勞萊・賈西亞（Laurie Garcia）、丹・威爾希米（Dan Wilhelmi）、夏納・法雷（Shana Farley）、梅根・金恩（Megan King）、詹姆斯・辛巴希（James Shinbashi）與里克・賈拉（Rick Jara）深致謝忱。拜蜜雪・阿加米（Michelle Ajami）

與派翠克・拜尼（Patrick Byrne）鼎力相助之賜，我成為法德與蜜雪・阿加米高級研究員（Fouad and Michelle Ajami Senior Fellowship）。這個職位以一位我崇拜的人命名，寫這本書，讓我對自己有幸獲得這個職位更加感激。

　　我的朋友、過去的同事以及主題專家，為我提供早期指針，審閱我的部分手稿，還幫我做了許多很重要的修正與建議，讓我獲益匪淺。我要感謝：薩夏利・蕭爾、菲歐娜・希爾、馬林・史米基（Marin Strmecki）、克萊爾・洛克哈（Clare Lockhart）、麥克・布朗（Michael Brown）、賈南・摩沙載（Janan Mosazai）、胡珊・哈卡尼（Hussain Haqqani）、賽斯・桑特（Seth Center）、約翰・米克・尼柯森（John "Mick" Nicholson）、諾林・麥當諾（Norine MacDonald）、梅莉莎・史科卡（Melissa Skorka）、格雷欽・彼得斯（Gretchen Peters）、羅伯・基（Rob Kee）、萊利・古德森（Larry Goodson）、費南多・魯永、莉莎・柯提斯、麥克・貝爾、博明、陶比・道吉（Toby Dodge）、崔斯坦・阿貝（Tristan Abbey）、湯瑪斯・拉夫魯（Thomas Lafleur）、喬伊・王（Joe Wang）、奧瑪・霍辛諾（Omar Hossino）、基南・拉曼尼（Kenan Rahmani）、雷吉斯・馬拉克（Regis Matlak）、艾瑪・史凱（Emma Sky）、達娜・艾爾（Dana Eyre）、坎尼斯・波拉克（Kenneth Pollack）、大衛・皮爾斯（David Pearce）、萊恩・克洛克（Ryan Crocker）、奧東・布蘭（Alton Buland）、黛安娜・史東（Diana Sterne）、科斯坦・方坦羅斯（Kirsten Fontenrose）、阿里・安沙里（Ali Ansari）、義爾・巴拉塔利（Yll Bajraktari）、義

伯・巴拉塔利（Ylber Bajraktari）、麥特・圖平（Matt Turpin）、
傑利米・瓦特曼（Jeremie Waterman）、查斯・傅里曼（Chas
Freeman）、查爾斯・伊維斯拉吉（Charles Eveslage）、吉米・古
德瑞奇（Jimmy Goodrich）、奧維爾・謝爾（Orville Schell）、亞
歷山大・伯納德（Alexander Bernard）、唐納・史帕克（Donald
Sparks）、約瑟夫・拜里（Joseph Byerly）、克里斯多福・史塔林
（Christopher Starling）、史考特・穆爾（Scott Moore）與約丹・格
里蕭（Jordan Grimshaw）。

　　我要感謝馬克・杜伯維茲（Mark Dubowitz）、瓊・沙雷
（Juan Zarate）、莎曼莎・拉維奇（Samantha Ravich）、布萊德雷・
包曼（Bradley Bowman）、比爾・拉吉奧（Bill Roggio）、湯瑪
斯・喬斯林（Thomas Joscelyn）、克里夫・羅吉斯（Cliff Rogers）
以及民主防衛基金會（ Foundation for Defense of Democracies）的
團隊，謝謝他們讓我有機會學習如何提升我們的戰略能力。能
夠與坎・溫斯坦（ Ken Weinstein）、派翠克・克洛寧（Patrick
Cronin）、班・吉爾曼（Ben Gillman）與哈德森研究所（Hudson
Institute）日本問題研究員林太郎與村野齊史共事，真是幸何如
之。

　　其他學術機構舉辦的有關討論，對這本書的特定篇章也很
有幫助。我要感謝哈佛大學應用歷史工作組（Applied History
Working Group）的格雷厄姆・艾利森（Graham Allison）與福瑞
德・洛吉法爾（Fred Logevall），他們召集了一組卓越的學者，
包括喬希・高斯坦（Josh Goldstein）、朱斯汀・文努庫（Justin

Winokur）、考德爾・華爾登（Calder Walton）、卡爾・福斯伯格
（Carl Forsberg）、菲立普・包爾森（Philip Balson）、保羅・貝林
格（Paul Behringer）、安妮・卡拉雷卡（Anne Karalekas）、尤金・
考根（Eugene Kogan）、查爾斯・梅爾（Charles Maier）、克里
斯・米勒（Chris Miller）、納桑尼爾・穆爾（Nathaniel Moir）、勞
利・史雷普（Laurie Slap）、彼得・史雷金（Peter Slezkine）與艾
美莉・惠蘭（Emily Whalen）為我提供許多協助。

　　麥克・郝洛維茲（Michael Horowitz）在賓州大學「裴里世
界廳」（Perry World House）舉行的討論會讓我受益良多。克里
斯千・魯爾（Christian Ruhl）、拉夏文（LaShawn）、瑞尼・傑佛
森（Renee Jefferson）、艾維里・高斯坦（Avery Goldstein）、亞
歷山大・維格（Alexander R. Weisger）、艾米・賈斯丹（Amy E.
Gadsden）、史考特・麥克・穆爾（Scott Michael Moore）、米契
爾・奧蘭斯坦（Mitchell Orenstein）、席菈・艾尼・平戴克（Shira
Eini Pindyck）、克里斯多福・威廉・布萊爾（Christopher William
Blair）、凱希・威廉・馬杭尼（Casey William Mahoney）、約書
亞・蕭茲（Joshua A. Schwartz）、麥克・努南（Michael Noonan）
與鄧肯・郝里斯（Duncan Hollis）為這本書的初稿提供許多建設
性反饋與建議。

　　這本書如果仍有疏漏錯誤，都是我個人之過。

　　由於得到一組最優秀的專業人士之助，這本書能夠問世。
我深深感激ICM夥伴（ICM Partners）的拉斐・沙賈林（Rafe
Sagalyn）與阿曼達・厄班（Amanda Urban）的鼎助。能夠與喬

納森‧賈歐（Jonathan Jao）、莎菈‧郝根（Sarah Haugen）、琴娜‧道蘭（Jenna Dolan）、婷娜‧安德利（Tina Andreadis）眾位編輯以及哈潑柯林斯（HarperCollins）出類拔萃的團隊共事，真是何其有幸。能夠與20年前結識、現已作古的馬廉‧布茲‧韋斯（Marion Buz Wyeth）再次共事真是與有榮焉。我也要向白宮的安妮‧韋澤斯（Anne Withers）、麥克‧史密斯（Mike Smith）與基根‧巴伯（Keegan Barber）致謝。

　　若是沒有家人的愛與支持，我不可能完成這件工作。謝謝愛妻凱蒂，謝謝妳的鼓勵與諒解，謝謝妳為我們這個家貢獻的一切。我也要謝謝我的女兒凱莎琳、考琳與卡菈，女婿亞歷克斯與李，還有妹妹莉蒂西亞幫我審稿，為我提供建議。最後我要感謝我的孫子亨利與外孫傑克‧羅賓森為我們的家帶來如此喜悅，也提醒我念念不忘我們這代人為子孫後代奠定和平與自由的職責。

注釋

前言

1　Alan R. Millet and Williamson Murray, *Military Innovation in the Interwar Period* (Cambridge, UK: Cambridge University Press, 2007); Eugenia C. Kiesling, *Arming Against Hitler: France and the Limits of the Military Planning* (Lawrence: University Press of Kansas, 1996); Robert A. Doughty, *The Breaking Point: Sedan and the Fall of France, 1940* (Mechanicsburg, PA: Stackpole Books, 2014).

2　Trudy Rubin, *Willful Blindness: The Bush Administration and Iraq* (Philadelphia, PA: Philadelphia Inquirer, 2004).

3　On the Iron Curtain, see Phil McKenna, "Life in the Death Zone," *Nova*, PBS, February 18, 2015, https://www.pbs.org/wgbh/nova/article/euro pean-green-belt/; John Pike, "2nd Stryker Cavalry Regiment," Global security.org, January 13, 2012, https://www.globalsecurity.org/military /agency/army/2acr.htm.

4　For more on the Battle of 73 Easting, see H. R. McMaster, "Eagle Troop at the Battle of 73 Easting," The Strategy Bridge, February 26, 2016, https://thestrategybridge.org/the-bridge/2016/2/26/eagle-troop-at-the-battle-of-73-easting.

5　Hans Morgenthau and Ethel Person, "The Roots of Narcissism," *Partisan Review* 45, no. 3 (Summer 1978): 337–47, Howard Gotlieb Archival Research Center, http://archives.bu.edu/.

6　Francis Fukuyama, *The End of History and the Last Man* (New York: Free Press, 2006).

7　Statement of Richard N. Haass, President, Council on Foreign Relations Before the Committee on Foreign Relations, United States Senate, On U.S.-China Relations in the Era of Globalization, May 15, 2008, U.S. Senate: Committee on Foreign Relations, March 15, 2008, https://www .foreign.senate.gov/imo/media/doc/HaassTestimony080515p.pdf.

8　Frederick W. Kagan, *Finding the Target: The Transformation of American Military Policy* (New York: Encounter Books, 2007); Herbert R. McMaster, "Crack in the

Foundation Defense Transformation and the Underlying Assumption of Dominant Knowledge in Future War," July 2003, https://doi.org/10.21236/ada416172.

9　Linda D. Kozaryn, "U.S. Aircrew Detained in China Heads Home," U.S. Department of Defense, April 12, 2001, https://archive.defense.gov /news/ newsarticle.aspx?id=44964.

10　Lawrence Wright, *The Looming Tower: Al-Qaeda and the Road to 9/11* (New York: Vintage Books, 2007).

11　On this point, see David Kilcullen, *The Dragons and the Snakes: How the Rest Learned to Fight the West* (New York: Oxford University Press, 2020); Douglas Jehl, "C.I.A. Nominee Wary of Budget Cuts," *New York Times*, Feb. 3, 1993.

12　David Kilcullen, *The Dragons and the Snakes: How the Rest Learned to Fight the West* (New York: Oxford University Press, 2020).

13　The White House, "A National Security Strategy for a Global Age," December 2000, https://history.defense.gov/Historical-Sources/National-Security-Strategy/.

14　Institute for the Analysis of Global Security, "How Much Did the September 11 Terrorist Attack Cost America?," Institute for the Analysis of Global Security, http://www.iags.org/costof911.html.

15　The bailout was part of the Emergency Economic Stabilization Act of 2008.

16　"Obama on Afghan War Drawdown: 'The Tide of War Is Receding,'" *PBS NewsHour*, PBS, June 23, 2011, https://www.pbs.org/newshour/show /obama-on-afghan-troop-drawdown-the-tide-of-war-is-receding#transcript.

17　Obama quotes from Jeffrey Goldberg, "The Obama Doctrine," *The Atlantic*, June 25, 2018, https://www.theatlantic.com/magazine/archive /2016/04/the-obama-doctrine/471525/.

18　Zachary Shore, *A Sense of the Enemy: The High-Stakes History of Reading Your Rival's Mind* (New York: Oxford University Press, 2014), 258.

19　Nadia Schadlow, "Competitive Engagement: Upgrading America's Influence," *Orbis*, September 13, 2013, https://www.sciencedirect.com /science/article/pii/ S0030438713000446.

20　Niall Ferguson, *Kissinger: 1923–1968: The Idealist* (New York: Penguin Press, 2015).

21　Sun Tzu and Thomas F. Cleary, *The Art of War* (Boston, MA: Shambhala, 2005).

22　Winston S. Churchill, "Painting as a Pastime," in *Amid These Storms* (New York: Charles Scribner's Sons, 1932).

第一章　以鄰為壑：普丁的恐懼、榮譽與野心

1　On Russia's alleged interference, see "Assessing Russian Activities and Intentions in Recent US Elections," Intelligence Community Assessment, Office of the Director of National Intelligence, January 6, 2017, https://www.dni.gov/files/documents/ICA_2017_01.pdf; Becky Branford, "Information Warfare: Is Russia Really Interfering in European States?" BBC, March 31, 2017, https://www.bbc.co.uk/news/world-europe-39401637.

2　Sarah Marsh, "US joins UK in blaming Russia for NotPetya cyber-attack," *The Guardian*, February 15, 2018, https://www.theguardian .com/technology/2018/feb/15/uk-blames-russia-notpetya-cyber-attack-ukraine.

3　Andy Greenberg, "The Untold Story of NotPetya, the Most Devastating Cyberattack in History," *Wired*, December 7, 2018, https://www.wired .com/story/notpetya-cyberattack-ukraine-russia-code-crashed-the-world/.

4　Andrew Kramer, "Russian General Pitches 'Information' Operations as a Form of War," *New York Times*, March 2, 2019, https://www.nytimes .com/2019/03/02/world/europe/russia-hybrid-war-gerasimov.html.

5　"Statement from Pentagon Spokesman Capt. Jeff Davis on U.S. Strike in Syria," Department of Defense, April 6, 2017, https://www.defense.gov /Newsroom/Releases/Release/Article/1144598/statement-from-penta gon-spokesman-capt-jeff-davis-on-us-strike-in-syria/.

6　On Gerasimov and the Syrian Civil War, see Kramer, "Russian General Pitches 'Information' Operations as a Form of War." On Syrian use of nerve agents, see Daryll Kimball and Kelsey Davenport, "Timeline of Syrian Chemical Weapons Activity, 2012–2019," Fact Sheets & Briefs, Arms Control Association, March 2019, https://www.armscontrol.org /factsheets/Timeline-of-Syrian-Chemical-Weapons-Activity. On Putin's intervention in Syria, see Maksymilian Czuperski et al., "Distract Deceive Destroy: Putin at War in Syria," *The Atlantic*, April 2016, https:// publications.atlanticcouncil.org/distract-deceive-destroy/assets/down load/ddd-report.pdf; and Thomas Gibbons-Neff, "How a 4-Hour Battle Between Russian Mercenaries and U.S. Commandos Unfolded in Syria," *New York Times*, May 24, 2018, https://www.nytimes.com/2018/05/24 /world/middleeast/american-commandos-russian-mercenaries-syria .html.

7　Neil MacFarquhar, "Yevgeny Prigozhin, Russian Oligarch Indicted by U.S., Is Known as 'Putin's Cook,'" *New York Times*, February 16, 2018, https://www.nytimes.com/2018/02/16/world/europe/prigozhin-russia-indictment-mueller.html.

8　Mariam Tsvetkova, "Russian Toll in Syria Battle Was 300 Killed and Wounded:

Sources," Reuters, February 15, 2018, https://www.reuters .com/article/us-mideast-crisis-syria-russia-casualties/russian-toll-in-syria-battle-was-300-killed-and-wounded-sources-idUSKCN1FZ2DZ.

9   Lavrov was the mouthpiece of the regime abroad, a legendary diplomat who spoke flawless English and used his diplomatic cunning in foreign capitals to cover up the Kremlin's abuses. Yet it was not clear if Lavrov's Ministry of Foreign Affairs had the bureaucratic weight in the Russian system, which was dominated by the security services, to put back together the pieces of a bilateral relationship that the security services had broken with Russia's 2016 election interference. Patrick Jackson, "Europe | Profile: Putin's Foreign Minister Lavrov," BBC News, June 29, 2007, http://news.bbc.co.uk/2/hi/europe/6242774.stm. On Patrushev's rise to power, see Andrew Monaghan, "Power in Modern Russia" (Manchester, UK: Manchester University Press, 2017), 21.

10   Quotations in the previous paragraph are from Fiona Hill and Clifford G. Gaddy, *Mr . Putin: Operative in the Kremlin* (Washington, DC: Brookings Institution Press, 2015), 185–89, 388. On Putin and Patrushev's climb, see Hill and Gaddy, 41, 185–89.

11   This was in violation of the 1997 NATO-Russia Founding Act, an agreement that demonstrates a commitment to respecting the sovereignty of each state and its right to choose the best means to ensure its security while promising a peaceful settlement of disputes. These three concerns are also consistent with the analysis of Russian policy assumptions in Monaghan, "Power in Modern Russia," 26–27; North Atlantic Treaty Organization, "Summary: Founding Act on Mutual Relations, Cooperation and Security Between NATO and the Russian Federation," May 27, 1997, https://www.nato.int/cps/en/natohq/official_texts_25470.htm ?selectedLocale=en. & NATO; "Founding Act on Mutual Relations, Cooperation and Security Between NATO and the Russian Federation Signed in Paris, France," https://www.nato.int/cps/en/natohq/official _texts_25468.htm.

12   Jakub J. Grygiel and A. Wess Mitchell, *The Unquiet Frontier: Rising Rivals, Vulnerable Allies, and the Crisis of American Power* (Princeton, NJ: Princeton University Press, 2017), 49.

13   On Kerry, see John Kerry, "Face the Nation Transcripts March 2, 2014: Kerry, Hagel," *Face the Nation*, March 2, 2014, https://www.cbsnews .com/news/face-the-nation-transcripts-march-2-2014-kerry-hagel/. On *maskirovka*, see "Maskirovka: From Russia, with Deception," October 30, 2016, https://www.realcleardefense.com/articles/2016/10/31 /maskirovka_from_russia_with_deception_110282.html. For more on World War I, see Niall Ferguson, *The Pity of*

War (New York: Basic Books, 1999).

14　For more on sanctions, see "President Donald J. Trump Is Standing Up to Russia's Malign Activities," Fact Sheets, The White House, April 6, 2018, https://www. whitehouse.gov/briefings-statements/presidentdonald-j-trump-standing-russias-malign-activities/; Office of the Spokesperson, "Sanctions Announcement on Russia," U.S. Department of State, December 19, 2018, https://www.state.gov/sanctions-announce ment-on-russia/.

15　On the attempted coup, see Andrew E. Kramer and Joseph Orovic, "Two Suspected Russian Agents Among 14 Convicted in Montenegro Coup Plot," *New York Times*, May 9, 2019, https://www.nytimes.com /2019/05/09/world/europe/montenegro-coup-plot-gru.html; Adam Casey and Lucan Ahmad, "Russian Electoral Interventions, 1991–2017," Scholars Portal Dataverse, December 15, 2017, https://dataverse.schol arsportal.info/dataset. xhtml?persistentId=doi:10.5683/SP/BYRQQS. On sanctions, see Jeremy Herb, "Senate Sends Russia Sanctions to Trump's Desk," CNN, July 27, 2017, https://www.cnn.com/2017/07/27 /politics/russian-sanctions-passes-senate/index.html.

16　Tak Kumakura, "North Koreans May Have Died in Israel Attack on Syria, NHK Says," Bloomberg, April 27, 2008, https://web.archive.org /web/20121103011551/ http://www.bloomberg.com/apps/news?pid =newsarchive&sid=aErPTWRFZpJI &refer=japan; IDF, "The Secret Operation Revealed a Decade Later," IDF Press Center, March 21, 2018, https://www.idf.il/en/articles/operations/the-secret-operation-revealed-a-decade-later/.

17　Vladimir Putin, "Russia at the Turn of the Millennium." https://pages .uoregon. edu/kimball/Putin.htm.

18　Donald Kagan, *Thucydides: The Reinvention of History* (New York: Penguin Books, 2010), 1, 9, 14–16.

19　Vladimir Putin, "Annual Address to the Federal Assembly of the Russian Federation," President of Russia, April 25, 2005, http://en.kremlin .ru/events/president/transcripts/22931.

20　On Russia in the late 1990s, see Michael McFaul, "Russia's Unfinished Revolution: Political Change from Gorbachev to Putin" (Ithaca, NY: Cornell University Press, 2001). See also Chrystia Freeland, *Sale of the Century: The Inside Story of the Second Russian Revolution* (London: Little, Brown and Company, 2000).

21　On the use of assistance, see U.S. General Accounting Office, "Foreign Assistance: International Efforts to Aid Russia's Transitions Have Had Mixed Reviews." GAO, November 2000, 33, https://www.gao.gov /products/GAO-01-8.

On Russia under the Obama administration, see Carter Ash, *Inside the Five-Sided Box: Lessons from a Lifetime of Leadership in the Pentagon* (New York: Dutton, 2019), 272–77.

On Putin's speech, see *Washington Post* Editorial Board, "After the Fall of the Soviet Union, the U.S Tried to Help Russians," *Washington Post*, May 4, 2015, https://www.washingtonpost.com/opinions/after-the-fall-of-the-soviet-union-the-us-tried-to-help-russians/2015/05/04/cc4f7c20-f043-11e4-8666-a1d756d0218e_story.html.

22　On Putin quote, see Russian media source: PNA HOBOCTN, "Путин: 'цветные революции' в ряде стран—это урок для России," PNA HOBOCTN, November 20, 2014, https://ria.ru/20141120/10343 29699.html. For estimates on civilian deaths and torture, see Simon Shuster. "Putin's Secret Agents," *Time*, https://time.com/putin-secret-agents/; Eli Lake, "Georgia's Democracy Recedes into Russia's Shadow," Bloomberg Opinion. September 14, 2018. https://www.bloomberg.com /opinion/articles/2018-09-14/georgia-s-rose-revolution-recedes-into-russia-s-shadow. On the color revolutions, see Lake, "Georgia's Democracy Recedes Into Russia's Shadow"; also, William Schneider, "Ukraine's 'Orange Revolution,'" *The Atlantic*, December 2004, https://www.the atlantic.com/magazine/archive/2004/12/ukraines-orange-revolution /305157/; Anthony H. Cordesman, "Russia and 'The Color Revolution': A Russian Military View of a World Destabilized by the U.S. and the West," Center for Strategic and International Studies, May 28, 2014, https://www.csis.org/analysis/russia-and-%E2%80%9Ccolor-revolution %E2%80%9D. On Putin's reaction to the color revolutions, see Leonid Bershidsky, "Why 'Color Revolutions' Can't Be Exported," Bloomberg Opinion, February 14, 2018, https://www.bloomberg.com/opinion/ar ticles/2018-02-15/saakashvili-and-why-color-revolutions-can-t-be-exported. On Putin's election, see "Putin Declared President-elect," RT, March 5, 2012, https://www.rt.com/news/putin-win-presidential-election-813/.

23　On Putin's view of the color revolutions and their motivations, see Dmitri Simes, "Senior Kremlin Official Accuses NATO of Plotting 'Color Revolutions' in Russia's Neighborhood," CNSNews.com, July 5, 2019, https://www.cnsnews.com/news/article/dimitri-simes/senior-krem lin-official-accuses-nato-plotting-color-revolutions-russias; Julia Gurganus and Eugene Rumer, "Russia's Global Ambitions in Perspective," Carnegie Endowment for International Peace, February 20, 2019, https://carnegieendowment.org/2019/02/20/russia-s-global-ambitions-in-perspective-pub-78067.

24　Statistics from the World Bank, "GDP per Capita—United States" and "GDP per Capita—Russian Federation," World Bank, https://data.world bank.org/indicator/

NY.GDP.PCAP.CD. U.S. GDP per capita in 2017 was $59,927.93. Statistics gathered from World Bank, "Corruption Perceptions Index 2017," Transparency International, February 21, 2018, https:// www.transparency.org/news/feature/ corruption_perceptions_index _2017. On Russia's corruption, see Transparency International, "Corruption Perceptions Index 2017."

25   On projected population decline in Russia, see David Holloway, "Russia and the Solecism of Power," Governance in an Emerging World, Fall Series, Issue 118, October 3, 2018. https://www.hoover.org/research /russia-and-solecism-power. For statistics on health, see Rachel Nuwer, "Why Russian Men Don't Live as Long," *New York Times*, February 17, 2014, https://www.nytimes.com/2014/02/18/ science/why-russian-men-dont-live-as-long.html. Life expectancy data accessed from the World Bank, "Life Expectancy at Birth, Total (Years): Russian Federation," World Bank, https://data.worldbank.org/indicator/SP.DYN.LE00.IN ?locations=RU&name_desc=false.

26   I am indebted to Dr. Kathyrn Stoner of Stanford University for this and many other insights into Russian strategy. For more on Putin's preference for destroying rather than rebuilding order, see Jakub Grygiel, "The Geopolitical Nihilist," *American Interest*, December 10, 2014, https:// www.the-american-interest. com/2014/12/10/the-geopolitical-nihilist/.

27   Valery Gerasimov, "The Value of Science Is in the Foresight: New Challenges Demand Rethinking the Forms and Methods of Carrying Out Combat Operations," trans. Robert Coalson, *Military Review*, January– February 2016 (originally published in *Military-Industrial Kurier*, February 27, 2013), https://www.armyupress.army.mil/Portals/7/military-review/Archives/English/ MilitaryReview_20160228_art008.pdf.

28   Christopher Paul and Miriam Matthews, "The Russian 'Firehose of Falsehood' Propaganda Model: Why It Might Work and Options to Counter It," RAND Corporation, 2016, https://www.rand.org/pubs /perspectives/PE198.html; Margaret L. Taylor, "Combating Disinformation and Foreign Interference in Democracies: Lessons from Europe," Brookings Institution, July 31, 2019, https://www. brookings.edu /blog/techtank/2019/07/31/combating-disinformation-and-foreign- in terference-in-democracies-lessons-from-europe/.

29   Amy Zegart, "The Dark Arts of Deception: What's Old? What's New? What's Next?" Global Populisms Conference, March 1–2, 2019, Stanford University, https://fsi-live.s3.us-west-1.amazonaws.com/s3fs-public/zegart _populisms_ memo_2.21.2019_1.pdf.

30   See Stanford Internet Observatory Paper, "Evidence of Russia-Linked Influence

Operations in Africa," https://cyber.fsi.stanford.edu/io/news /prigozhin-africa.

31　On the Ukrainian presidential elections, see Office for Democratic Institutions and Human Rights, "Ukraine Presidential Election 31 October, 21 November and 26 December 2004: OSCE/ODIHR Election Observation Mission Final Report," May 11, 2005, https://www.osce.org/odihr /elections/ukraine/14674?download=true; and Steven Pifer, *The Eagle and the Trident: U .S .-Ukraine Relations in Turbulent Times* (Washington, DC: Brookings Institution Press, 2017), 274.

32　On Russian interference in Moldova, see Andrey Makarychev, "Russia's Moldova Policy: Soft Power at the Service of Realpolitik," ponarseurasia .org, March 2010, http://www.ponarseurasia.org/sites/default/files/pol icy-memos-pdf/pepm_094. pdf.

33　Gabe Joselow, "Election Cyberattacks: Pro-Russia Hackers Have Been Accused in Past," NBC, November 3, 2016, https://www.nbcnews.com /mach/technology/ election-cyberattacks-pro-russia-hackers-have-been-accused-past-n673246.

34　On Russian subversion in each of these countries, see Jamie Doward, "Malta Accuses Russia of Cyber-attacks in Run-up to Election," *The Guardian*, May 27, 2017, https://www.theguardian.com/world/2017 /may/27/russia-behind-cyber-attacks-says-malta-jseph-muscat; Oren Dorell, "Alleged Russian Political Meddling Documented in 27 Countries Since 2004," *USA Today*, September 7, 2017, https://www.usatoday .com/story/news/world/2017/09/07/alleged-russian-political-meddling-documented-27-countries-since-2004/619056001/; Ann M. Simmons, "Russia's Meddling in Other Nations' Elections Is Nothing New. Just Ask the Europeans," *Los Angeles Times*, March 30, 2017, https://www.la times. com/world/europe/la-fg-russia-election-meddling-20170330-story.html; and Larry Diamond, "Russia and the Threat to Liberal Democracy," *The Atlantic*, December 9, 2016, https://www.theatlantic.com /international/archive/2016/12/russia-liberal-democracy/510011/.

35　On the Montenegrin election, see David Shimer, "Smaller Democracies Grapple with the Threat of Russian Interference," *The New Yorker*, December 8, 2018, https://www.newyorker.com/news/news-desk/smaller-democracies-grapple-with-the-threat-of-russian-interference.

36　Milivoje Pantovic, "Vucic: Serbia Arrests People Involved in 'Illegal Acts' in Montenegro," *Balkan Insight,* October 25, 2016, https://balkan insight. com/2016/10/25/serbian-pm-failed-to-explain-coup-in-montene gro-10-24-2016/.

37　Kramer and Orovic, "Two Suspected Russian Agents."

38　On Americans' economic outlook, see Eduardo Porter, "Where Were Trump's Votes? Where the Jobs Weren't." *New York Times*, December 13, 2016, https://

www.nytimes.com/2016/12/13/business/economy/jobs-economy-voters.html. Michelle Ver Ploeg, "Access to Affordable, Nutritious Food Is Limited in 'Food Deserts,'" U.S. Department of Agriculture Economic Research Service, March 1, 2010, https://www.ers.usda .gov/amber-waves/2010/march/access-to-affordable-nutritious-food-is-limited-in-food-deserts/.

39　Aaron Blake, "More Young People Voted for Bernie Sanders than Trump and Clinton Combined—By a Lot," *Washington Post*, June 20, 2016, https://www. washingtonpost.com/news/the-fix/wp/2016/06/20/more-young-people-voted-for-bernie-sanders-than-trump-and-clinton-com bined-by-a-lot/.

40　For quote on Trump and historical perspective on Trump's election, see Victor Davis Hanson, *The Case for Trump* (New York: Basic Books, 2020); Colleen Kelley, *A Rhetoric of Divisive Partisanship: The 2016 American Presidential Campaign Discourse of Bernie Sanders and Donald Trump* (Lanham, MD: Lexington Books, 2018), 15.

41　These and the statistics on the IRA in the following paragraphs from Renee DiResta, et al., "The Tactics and Tropes of the Internet Research Agency," New Knowledge, 2018, https://disinformationreport.blob.core .windows.net/disinformation-report/NewKnowledge-Disinformation-Report-Whitepaper.pdf.

42　The New Knowledge report on "The Tactics and Tropes of the Internet Research Agency" concluded that the purpose was "to undermine citizens' trust in government, exploit societal fractures, create distrust in the information environment, blur the lines between reality and fiction, undermine trust among communities, and erode confidence in the democratic process." Renee DiResta et al., "The Tactics and Tropes of the Internet Research Agency."

43　Niall Ferguson, "Silicon Valley and the Threat to Democracy," The Daily Beast, January 21, 2018, https://www.thedailybeast.com/social-media-shreds-the-social-fabric-one-click-at-a-time; Report of the Select Committee of Intelligence, "U.S. Senate: Russian Active Measures Campaigns and Interferences in the 2016 U.S. Election, Volume 2: Russia's Use of Social Media with Additional Views," U.S. Senate, n.d., https:// www.intelligence.senate.gov/sites/default/files/documents/ Report _Volume2.pdf.

44　Select Committee of Intelligence, "Russian Active Measures Campaigns and Interferences in the 2016 U.S. Election, Volume 2: Russia's Use of Social Media with Additional Views."

45　Harvey Klehr and William Tompson, "Self-determination in the Black Belt: Origins of a Communist Party," *Labor History* 30, no. 3 (1989): 355, https://doi.org/10.1080/00236568900890231.

46 On the IRA's use of false identities, see Robert S. Mueller, United States of America v. Viktor Borisovich Netyksho, Defendants: Case 1:18-cr-00215-ABJ, U.S. Justice Department, https://www.justice.gov/file/108 0281/download. On Guccifer 2.0, see Robert S. Mueller, "Report on the Investigation into Russian Interference in the 2016 Presidential Election," U.S. Department of Justice, Washington, DC, March 2019, https:// www.justice.gov/storage/report.pdf (hereafter cited as "Mueller Report"); on memes and their repurposing, see New Knowledge report, "The Tactics and Tropes of the Internet Research Agency"; and U.S. Jus-tice Department, "United States of America v. Internet Research Agency," July, 2018, .pdf at https://www.justice.gov/file/1035477/download.

47 See David Folkenflik, "Behind Fox News' Baseless Seth Rich Story: The Untold Tale," NPR, August 1, 2017, https://www.npr.org/2017/08/01 /540783715/lawsuit-alleges-fox-news-and-trump-supporter-created-fake-news-story; and U.S. Senate Select Committee on Intelligence, "New Reports Shed Light on Internet Research Agency's Social Media Tactics," Washington, DC, December 2018, https:// cryptome.org/2018/12 /ssci-ru-sm-aid-trump.pdf; Janine Zacharia, "Facebook, Others Must Do More to Protect National Security," San Francisco Chronicle, October 17, 2017, http://janinezacharia.net/reporting/facebook-and-others-must-protect-national-security/.

48 See Mueller, United States of America v. Viktor Borisovich Netyksho.

49 Tom LoBianco, "Trump Falsely Claims 'Millions of People Who Voted Illegally' Cost Him Popular Vote," CNN, November 28, 2016, https:// www.cnn.com/2016/11/27/politics/donald-trump-voter-fraud-popular-vote/index.html.

50 Adam Goldman, Jo Becker, and Matt Apuzzo, "Russian Dirt on Clinton? 'I Love It,' Donald Trump Jr. Said," New York Times, July 11, 2017, https:// www.nytimes.com/2017/07/11/us/politics/trump-russia-email-clinton .html. Also see Mueller Report.

51 On Cambridge Analytica, see Nicholas Confessore, Matthew Rosenberg, and Sheera Frenkel, "Facebook Data Collected by Quiz App Included Private Messages," New York Times, April 10, 2018, https://www .nytimes.com/2018/04/10/technology/facebook-cambridge-analytica-private-messages.html.

52 Shimer, "Smaller Democracies"; Amy Zegart and Michael Morrell, "Why U.S. Intelligence Agencies Must Adapt or Fail," Foreign Affairs, May/June 2019, https://www.foreignaffairs.com/articles/2019-04-16/spies-lies-and-algorithms.

53 Philip Rucker, Anton Troianovski, and Seung Min Kim, "Trump Hands Putin a Diplomatic Triumph by Casting Doubt on U.S. Intelligence Agencies,"

Washington Post, July 16, 2018, https://www.washingtonpost .com/politics/ahead-of-putin-summit-trump-faults-us-stupidity-for-poor-relations-with-russia/2018/07/16/297f671c-88c0-11e8-a345-a1bf 7847b375_story.html.

54 On the DNC's reaction to the hacks, see Donna Brazile, *Hacks: The Inside Story of the Break-ins and Breakdowns that Put Donald Trump in the White House* (New York: Hachette Books, 2017), 95–103. On Obama, see Philip Bump, "What Obama Did, Didn't Do, and Couldn't Do in Response to Russian Interference," *Washington Post*, February 21, 2018, https://www .washingtonpost.com/news/politics/wp/2018/02/21/what-obama-did-didnt-do-and-couldnt-do-in-response-to-russian-interference/. On Trump's quote, see Paul Waldman, "Trump Sucks Up to Putin, Embarrassing Us Yet Again," *Washington Post*, June 28, 2019, https://www.washington post.com/opinions/2019/06/28/trump-sucks-up-putin-embarrassing-us-yet-again/.

55 Anton Troianovski and Joby Warrick, "Agents of Doubt: How a Powerful Russian Propaganda Machine Chips Away at Western Notions of Truth," *Washington Post*, December 10, 2018, https://www.washington post.com/graphics/2018/world/national-security/russian-propaganda-skripal-salisbury/.

56 On the Skripal attack, see Andrew Roth and Vikram Dodd, "Salisbury Novichok Suspects Say They Were Only Visiting Cathedral," *The Guardian*, September 13, 2018, https://www.theguardian.com/uk-news/2018 /sep/13/russian-television-channel-rt-says-it-is-to-air-interview-with-skripal-salisbury-attack-suspects; Troianovski and Warrick, "Agents of Doubt."

57 "Statement from the Press Secretary on the Expulsion of Russian Intelligence Officers," Statements and Releases, The White House, March 26, 2018, https://www.whitehouse.gov/briefings-statements/statement-press-secretary-expulsion-russian-intelligence-officers/.

58 Carl Gershman, "Remembering a Journalist Who Was Killed for Standing Up to Putin," *Washington Post*, October 6, 2016, https://www.wash ingtonpost.com/opinions/remembering-a-journalist-who-was-killed-for-standing-up-to-putin/2016/10/06/d3a9e176-8bf7-11e6-bff0-d53f59 2f176e_story.html; David Filipov, "Here Are 10 Critics of Vladimir Putin Who Died Violently or in Suspicious Ways," *Washington Post*, March 23, 2017, https://www.washingtonpost.com/news/worldviews /wp/2017/03/23/here-are-ten-critics-of-vladimir-putin-who-died-vio lently-or-in-suspicious-ways/.

59 BBC News, "Syria War: What We Know About Douma 'Chemical Attack,'" BBC, July 10, 2018, https://www.bbc.com/news/world-middle-east-43697084; Sheena McKenzie, "Suspected Syria Chemical Attack Might Have Affected 500 People,

WHO Says," CNN, April 11, 2018, https://www.cnn.com/2018/04/11/middleeast/syria-chemical-attack-500-affected-who-intl/index.html.

60   On the Wagner Group, see Mike Giglio, "How a Group of Russian Guns for Hire Are Operating in the Shadows," BuzzFeed News, April 19, 2019, https://www.buzzfeednews.com/article/mikegiglio/inside-wagner-mercenaries-russia-ukraine-syria-prighozhin. On the Malaysia Airlines flight, "Russia's Role in Shooting Down an Airliner Becomes Official," *The Economist*, May 30, 2018, https://www.economist.com/europe/2018 /05/30/russias-role-in-shooting-down-an-airliner-becomes-official.

61   Peter Ford, "Russia's Retreat Ends Chechnya War but Leaves a LongTerm Impact," *The Christian Science Monitor*, January 6, 1997, https:// www.csmonitor.com/1997/0106/010697.intl.intl.2.html.

62   "Alert (TA18-074A) Russian Government Cyber Activity Targeting Energy and Other Critical Infrastructure Sectors," CISA, March 16, 2018, https://www.us-cert.gov/ncas/alerts/TA18-074A.

63   Nicole Perlroth and David E. Sanger, "Cyberattacks Put Russian Fingers on the Switch at Power Plants, U.S. Says," *New York Times*, March 15, 2018, https://www.nytimes.com/2018/03/15/us/politics/russia-cyber attacks.html.

64   Alexander Cooley, "Whose Rules, Whose Sphere? Russian Governance and Influence in Post-Soviet States," Carnegie Endowment for International Peace, June 30, 2017, https://carnegieendowment.org/2017/06/30 /whose-rules-whose-sphere-russian-governance-and-influence-in-post-soviet-states-pub-71403.

65   "Nord Stream: The Gas Pipeline Directly Connecting Russia and Europe," Gazprom, http://www.gazprom.com/projects/nord-stream/; Editorial Board, "The Right (and Wrong) Way to Deal with Nord Stream 2," Bloomberg Opinion, November 27, 2018, https://www.bloomberg.com /opinion/articles/2018-11-27/nord-stream-2-the-right-and-wrong-response-for-america.

66   George Frost Kennan, *Russia and the West Under Lenin and Stalin* (Boston, MA: Little, Brown and Company, 1961), 13.

67   Philipp Ther, *Europe Since 1989: A History*, trans. Charlotte HughesKreutzmüller (Princeton, NJ: Princeton University Press. 2016), 302–3.

68   On the role of the Kremlin in each of these crises, see Michael Stott, "Russia Blames U.S. for Global Financial Crisis," Reuters, June 7, 2008, https://www.reuters.com/article/us-russia-forum-medvedev/russia-blames-u-s-for-global-financial-crisis-idUSL0749277620080607; Timothy Heritage, "Russia Waits in Wings as Greek Debt Crisis Deepens," Reuters, July 3, 2015, https://www.reuters.com/article/us-eurozone-greece-russia/russia-waits-in-wings-as-greek-debt-crisis-

deepens-idUSKC N0PD0YH20150703; Peter Walker, "Russia 'Spreading Fake News about Refugees to Sow Discord in Europe' Says Ex-Spy," *The Independent*, March 22, 2017, https://www.independent.co.uk/news/world/europe /russia-europe-threat-refugee-crisis-europe-aggravate-propaganda-kremlin-farenc-katrei-hungarian-spy-a7642711.html; David D. Kirkpatrick, "Signs of Russian Meddling in Brexit Referendum," *New York Times*, November 15, 2017, https://www.nytimes.com/2017/11/15/world/europe /russia-brexit-twitter-facebook.html; Andrew Roth and Angelique Chrisafis, "Gilets Jaunes: Grassroots Heroes or Tools of the Kremlin?" *The Guardian*, December 17, 2018, https://www.theguardian.com/world /2018/dec/17/gilets-jaunes-grassroots-heroes-or-kremlin-tools; Matt Bradley, "Europe's Far-Right Enjoys Backing from Russia's Putin," NBC News, February 12, 2017, https://www.nbcnews.com/news/world /europe-s-far-right-enjoys-backing-russia-s-putin-n718926.

69 Tony Judt, *Postwar: A History of Europe Since 1945* (New York: Penguin Books, 2005), 737.

70 For European perspectives on the American pivot, see Bjonar SverdrupThygeson, Marc Lanteigne, and Ulf Sverdrup, "'For Every Action...': The American Pivot to Asia and Fragmented European Responses," Project on International Order and Strategy, Brookings and the Norwegian Institute of International Affairs, January 27, 2016, https://www .brookings.edu/wp-content/uploads/2016/07/The-American-pivot-to-Asia-and-fragmented-European-responses-2.pdf. On the Macron quote, see Alexandra Ma, "French President Macron Dunked on Trump for Pulling out of Syria Without Telling His NATO Allies," Business Insider, n.d., https://www.businessinsider.sg/macron-trump-withdraw-syria-with out-telling-nato-economist-2019-11/; Maegan Vazquez and Allie Malloy, "Macron Refuses to Back Down After Trump Attack," CNN, December 4, 2019. https://www.cnn.com/2019/12/03/politics/donald-trump-nato/index.html.

71 Andrew Rawnsley, "Interview: Madeleine Albright: 'The Things That Are Happening Are Genuinely, Seriously Bad,'" *The Guardian*, July 8, 2018, https://www.theguardian.com/books/2018/jul/08/madeleine-albright-fascism-is-not-an-ideology-its-a-method-interview-fascism-a-warning.

第二章　美國該如何反制普丁？

1 House Permanent Select Committee on Intelligence, House Committee on Oversight and Reform, House Committee on Foreign Affairs, "Excerpts from Joint Deposition: Dr. Fiona Hill Former Deputy Assistant to the President and

Senior Director for Europe and Russia, National Security Council," Washington, DC, October 14, 2019, https://intelligence .house.gov/uploadedfiles/20191108_-_hill_transcript_excerpts_-_13 7591.pdf.

2　Bill Keller, "Major Soviet Paper Says 20 Million Died as Victims of Stalin," *New York Times*, February 4, 1989, https://www.nytimes.com /1989/02/04/world/major-soviet-paper-says-20-million-died-as-victims-of-stalin.html.

3　Keir Giles, *Moscow Rules: What Drives Russia to Confront the West* (Washington, DC: Brookings Institution Press), 38.

4　According to the U.S. Department of Commerce's Bureau of Economic Analysis, Texas's GDP was~$1.8 trillion at the end of 2018. Heading into 2019, Russia's nominal GDP was~$1.65 trillion while Italy's GDP was~$2 trillion. Figures gathered from the World Bank, "Gross Domestic Product by State, First Quarter 2019," July 25, 2019.

5　Nan Tian et al., "Trends in World Military Expenditure, 2018," April 2019, https://www.sipri.org/sites/default/files/2019-04/fs_1904_milex _2018.pdf.

6　Timothy Garton Ash, "Europe's Crises Conceal Opportunities to Forge Another Path," *Financial Times*, November 21, 2018, https://www.ft .com/content/160d11b6-ec25-11e8-89c8-d36339d835c0.

7　Jill Dougherty, "U.S. Seeks to 'Reset' Relations with Russia" CNN, March 7, 2009, http://edition.cnn.com/2009/WORLD/europe/03/07 /us.russia/index.html; Sue Pleming, "U.S. and Russia Pledge Fresh Start to Relations," Reuters, March 6, 2009, https://www.reuters.com/arti cle/us-russia-usa/u-s-and-russia-pledge-fresh-start-in-relations-idUS TRE52522420090307.

8　On Clinton's quotes, see Glenn Kessler, "Clinton 'Resets' Russian Ties— and Language," *Washington Post*, March 7, 2009, http://www.washing tonpost.com/wp-dyn/content/article/2009/03/06/AR2009030600428 .html. On Obama, see J. David Goodman, "Microphone Catches a Can-did Obama," *New York Times*, March 27, 2012, https://www.nytimes .com/2012/03/27/us/politics/obama-caught-on-microphone-telling-medvedev-of-flexibility.html.

9　Jillian Rayfield, "Obama: The '80s Called, They Want Their Foreign Policy Back," *Salon*, October 23, 2012, https://www.salon.com/2012/10/23 /obama_the_80s_called_they_want_their_foreign_policy_back/.

10　"Press Conference by President Bush and Russian Federation President Putin," The White House, President George W. Bush, National Archives and Records Administration, June 16, 2001, https://georgewbush-whitehouse.archives.gov/news/releases/2001/06/20010618.html.

11　Peter Baker, "The Seduction of George W. Bush," *Foreign Policy*, November 6,

2013, https://foreignpolicy.com/2013/11/06/the-seduction-of-george-w-bush/.

12　Tyler Pager, "Putin Repeats Praise of Trump: He's a 'Bright' Person," Politico, June 17, 2016, https://www.politico.com/story/2016/06/putin-praises-trump-224485.

13　Sophie Tatum, "Trump Defends Putin: 'You Think Our Country's So Innocent?'" CNN, February 6, 2017, https://www.cnn.com/2017/02/04 /politics/donald-trump-vladimir-putin/index.html.

14　"Remarks by President Trump in Press Gaggle Aboard Air Force One en Route Hanoi, Vietnam," The White House (U.S. Government), https:// www.whitehouse. gov/briefings-statements/remarks-president-trump-press-gaggle-aboard-air-force-one-en-route-hanoi-vietnam/; and Jeremy Diamond, "Trump Sides with Putin over U.S. Intelligence," CNN, July 16, 2018, https://www.cnn.com/2018/07/16/politics/ donald-trump-putin-helsinki-summit/index.html.

15　On the relationship between the Bush administration and Putin, see Condoleezza Rice, *Democracy: Stories from the Long Road to Freedom* (New York: Twelve, 2018).

16　FP Staff, "Here's What Trump and Putin Actually Said in Helsinki," *Foreign Policy*, July 18, 2018, https://foreignpolicy.com/2018/07/18/heres-what-trump-and-putin-actually-said-in-helsinki/.

17　Scott Shane, "Stephen Bannon in 2014: We Are at War with Radical Islam," *New York Times*, February 2, 2017, https://www.nytimes.com /interactive/2017/02/01/ us/stephen-bannon-war-with-radical-islam.html.

18　See, for example, Donald J. Trump, "Trump: I'm Not Pro-Russia, I Just Want Our Country Safe," interview by Tucker Carlson, *Tucker Carlson Tonight*, Fox News, July 17, 2018, https://www.youtube.com/watch ?v=MB8etvUSag0; see also Anne Applebaum, "The False Romance of Russia," *The Atlantic*, December 12, 2019, https://www.theatlantic.com /ideas/archive/2019/12/false-romance-russia/603433/.

19　George Kennan, *Russia and the West Under Lenin and Stalin* (Boston, MA: Little, Brown and Company, 1961), 349–69.

20　Jason Schwartz, "Senate Approves Supplemental Lend-Lease Act, Oct. 23, 1941," Politico, October 23, 2017, https://www.politico.com/story/2017 /10/23/senate-approves-supplemental-lend-lease-act-oct-23-1941-243990.

21　On neo-Nazis and Russia, see Vegas Tenold, "My Six Years Covering Neo-Nazis: 'They're All Vying for the Affections of Russia,'" interview by Lois Beckett, *The Guardian U .S .*, February 17, 2018, https://www.the guardian. com/books/2018/feb/17/vegas-tenold-everything-you-love-will-burn-q-and-anazis; on Hungary, see Rick Lyman and Alison Smale, "Defying Soviets, Then Pulling Hungary to Putin," *New York Times*, November 7, 2014, https://www. nytimes.com/2014/11/08/world /europe/viktor-orban-steers-hungary-toward-russia-25-years-after-fall-of-the-berlin-wall.html; on the Orthodox Church, see Ishaan Tharoor, "The Christian Zeal Behind Russia's War in Syria," *Washington Post*, October 1, 2015, https://www.washingtonpost.com/news/worldviews/wp /2015/10/01/the-christian-zeal-behind-russias-war-in-syria/; on Russian Orthodox Church ties to Russian intelligence, see Paul A. Goble, "FSB, SVR Divide Control of Moscow Patriarchate Church at Home and Abroad, Ukrainian Intelligence Official Says," Euromaidan Press, January 29, 2019, http://euromaidanpress. com/2019/01/29/fsb-svr-divide-control-of-moscow-patriarchate-church-at-home-and-abroad-ukrain ian-intelligence-official-says/.

22 Mueller Report.

23 "Specially Designated Nationals List Update," news release, March 15, 2018, Resource Center, Office of Foreign Assets Control, U.S. Department of the Treasury, https://www.treasury.gov/resource-center/sanc tions/OFAC-Enforcement/Pages/20180315.aspx.

24 Mueller Report.

25 Adam Goldman, Julian E. Barnes, Maggie Haberman, and Nicolas Fandos, "Lawmakers Are Warned That Russia Is Meddling to Re-elect Trump," *New York Times*, February 20, 2020.

26 U.S. Cyber Command, "Achieve and Maintain Cyberspace Superiority, Command Vision for U.S. Cyber Command," April, 2018, https://www.cybercom.mil/ Portals/56/Documents/USCYBERCOM%20Vision%20 April%202018. pdf?ver=2018-06-14-152556-010.

27 U.S. Cyber Command, "Achieve and Maintain Cyberspace Superiority."

28 Ellen Nakashima, "U.S. Cyber Command Operation Disrupted Internet Access of Russian Troll Factory on Day of 2018 Midterms," *Washington Post*, February 27, 2019, https://www.washingtonpost.com/world/na tional-security/us-cyber-command-operation-disrupted-internet-access-of-russian-troll-factory-on-day-of-2018-midterms/2019/02/26/1827fc9e-36d6-11e9-af5b-b51b7ff322e9_story.html.

29 On the false reports, see Damien McGuinness, "How a Cyber Attack Transformed Estonia," BBC, April 27, 2017, https://www.bbc.com/news/ 39655415. On Estonia's response to Russia's sustained disinformation campaign, see Emily Tamkin, "10 Years After the Landmark Attack on Estonia Is the World Better Prepared for Cyber Threats?" *Foreign Policy*, April 27, 2017, https:// foreignpolicy.com/2017/04/27/10-years-after-the-land mark-attack-on-estonia-is-

the-world-better-prepared-for-cyber-threats/.

30　Quotes from former president Toomas Henrik IIves, interview by author, May 31, 2019.

31　The Security Committee, "Finland's Cyber Security Strategy," October 4, 2018, https://turvallisuuskomitea.fi/en/finlands-cyber-security-strategy/ and https://www.kyberturvallisuuskeskus.fi/en/.

32　"Empowering Users to Discover What Matters," Soap Public Media, https://www.getsoap.org/the-impact/.html.

33　"How Soap Works to Deliver Clarity," Soap Public Media, https://www.getsoap.org/how-does-soap-work/.

34　"Our Mission, Clean and Simple," Soap Public Media, https://www.get soap.org/mission/.

35　Lionel Barber, Henry Foy, and Alex Barker, "Vladimir Putin Says Liberalism Has 'Become Obsolete,'" *Financial Times*, June 27, 2019, https:// www.ft.com/content/670039ec-98f3-11e9-9573-ee5cbb98ed36.

36　Andrew Radin et al., "The Outlook for Russia's Growing Military Power," RAND Corporation, June 18, 2019, https://www.rand.org/pubs/research _briefs/RB10038.html.

37　Senate Judiciary Committee, "Testimony of William Browder to the Senate Judiciary Committee on FARA Violations Connected to the antiMagnitsky Campaign by Russian Government Interests," July 26, 2017, https://www.judiciary.senate.gov/imo/media/doc/07-26-17%20Browder %20Testimony.pdf.

38　Robert Coalson, "Analysis: After 'Significant' Regional Elections, Russia's Opposition Looks to the Future," RadioFreeEurope/Radio Liberty, September 17, 2019, https://www.rferl.org/a/russia-analysis-opposition-future-regional-election-putin-navalny-protests/30169846.html.

39　Matthew Luxmoore, "'With Smart Voting Strategy,' Russian Opposition Takes Aim at Putin's 'Party of Crooks and Thieves,'" RadioFreeEurope /Radio Liberty, September 8, 2019, https://www.rferl.org/a/russia-smart-voting/30153235.html.

40　Ellen Barry, "Putin Contends Clinton Incited Unrest Over Vote," *New York Times*, December 8, 2011, https://www.nytimes.com/2011/12/09 /world/europe/putin-accuses-clinton-of-instigating-russian-protests .html.

41　Rice, *Democracy*, 74.

42　On the United States' role in a post-Putin Russia, see Herman Pirchner, *Post Putin: Succession, Stability, and Russia's Future*, American Foreign Policy Council (London, UK: Rowman & Littlefield, 2019). Also see James M. Goldgeier and Michael McFaul, *Power and Purpose: U .S . Policy Toward Russia After the*

Cold War (Washington, DC: Brookings Institution Press, 2003), 346, 351.

43　Rice, *Democracy*, 73–74.

44　Holly Ellyatt, "China's Xi Calls Putin His 'Best Friend' Against a Backdrop of Souring U.S. Relations," CNBC, June 5, 2019, https://www.cnbc .com/2019/06/05/putin-and-xi-meet-to-strengthen-ties-as-us-relations-sour.html.

45　Grygiel and Mitchell, *The Unquiet Frontier*, 61–74.

46　On the hundreds of violating flights, see the Heritage Foundation, "Russia: Assessing Threats to U.S. Vital Interests," October 30, 2019, https:// www. heritage.org/military-strength/assessing-threats-us-vital-interests /russia; Emma Chanlett Avery, Caitlin Campbell, and Joshua A. Williams, "The U.S.-Japan Alliance," Congressional Research Service, June 13, 2019, https://fas.org/sgp/crs/ row/RL33740.pdf. On the July 2019 incident, see Mike Yeo, "Russian-Chinese Air Patrol Was an Attempt to Divide Allies, Says Top U.S. Air Force Official in Pacific," *DefenseNews*, August 23, 2019, https://www.defensenews.com/global/ asia-pacific /2019/08/23/russian-chinese-air-patrol-was-an-attempt-to-divide- allies-says-top-us-air-force-official-in-pacific/.

47　James Dobbins, Howard Shatz, and Ali Wyne, "A Warming Trend in China- Russia Relations." RAND Corporation, April 18, 2019, https:// www.rand.org/ blog/2019/04/a-warming-trend-in-china-russia-relations .html.

第三章　固若金湯的鐵腕控制：中共對世界自由與安全的威脅

1　Gerald F. Seib, Jay Solomon, and Carol E. Lee, "Barack Obama Warns Donald Trump on North Korea Threat," *Wall Street Journal*, Dow Jones and Company, November 22, 2016, https://www.wsj.com/articles/trump-faces-north-korean- challenge-1479855286.

2　The Obama administration's China policy is summarized here: Cheng Li, "Assessing U.S.-China Relations Under the Obama Administration," Brookings Institution, September 5, 2016. https://www.brookings.edu /opinions/assessing-u- s-china-relations-under-the-obama-administration/.

3　John Fairbank, *The United States and China* (Cambridge: Harvard University Press, 1948), 9.

4　"Xi Jinping: 'Time for China to Take Centre Stage," BBC, October 18, 2017, https://www.bbc.com/news/world-asia-china-41647872.

5　On China's rise, see Gideon Rachman, *Easternisation: War and Peace in the Asian Century* (London: The Bodley Head, 2016).

6　On MacCartney's journey to visit Emperor Qianlong, see Howard French,

Everything Under the Heavens: How the Past Helps Shape China's Push for Global Power (New York: Alfred A. Knopf, 2017), 5–8. As Wang Jisi, dean of the School of International Studies at Peking University, observed in 2015, "Ever since the founding of 'New China' in 1949... Foreign relations as well as trade and economic policy had to match the narrative of national greatness so the ruler, whether an eighteenth-century Emperor or a modern-day autocrat, could confirm his claim to rule." Quoted in French, *Everything Under the Heavens*, 7–8.

7   For China's sense of insecurity under Xi Jinping, see Michael D. Swaine and Ashley J. Tellis, *Interpreting China's Grand Strategy: Past, Present, and Future* (Santa Monica, CA: RAND Corporation, 2000), 12–13; Sulmaan Khan, *Haunted by Chaos: China's Grand Strategy from Mao Zedong to Xi Jinping* (Cambridge, MA: Harvard University Press, 2018), 7–8 and 209–35.

8   For example, the future premier, Zhou Enlai, who is best known as the urbane interlocutor of Henry Kissinger in the 1970s, oversaw the murder of his political rival's family in the 1930s. Benjamin Elman, *Civil Examinations and Meritocracy in Late Imperial China* (Cambridge, MA: Harvard University Press, 2013), 30.

9   The "Century of Humiliation" is remembered in China especially for the following grievances: defeat in the First and Second Opium Wars (1839–42 and 1856–60) by Great Britain; unequal treaties in the mid-to late nineteenth century; the Taiping Rebellion (1850–64); defeat in the Sino-French War (1884–85); defeat in the First and Second Sino-Japanese Wars (1894–95 and 1937–45); the Eight-Nation Alliance suppressing the Boxer uprising (1899–1901); the British invasion of Tibet (1903–4); the Twenty-one Demands by Japan (1915); and the Japanese invasion of Manchuria (1931–32). In many cases, China was forced to pay large amounts of reparations, open up ports for trade, lease or cede territories, and make various other concessions of sovereignty to foreign "spheres of influence" following military defeats.

10 For a history of the Cultural Revolution, see Khan, *Haunted by Chaos*, 111–26. On Deng's policies and reforms, see Ezra F. Vogel, *Deng Xiaoping and the Transformation of China* (Cambridge, MA: Belknap Press/ Harvard University Press, 2013). The 1981 declaration is found in "Resolution on Certain Questions in the History of Our Party Since the Founding of the People's Republic of China," The Sixth Plenary Session of the Eleventh Central Committee of the Communist Party of China, June 27, 1981.

11 On Xi's upbringing of forced labor, see Chris Buckley and Didi Kirsten Tatlow, "Cultural Revolution Shaped Xi Jinping, From Schoolboy to Survivor," *New York Times*, September 24, 2015, https://www.nytimes .com/2015/09/25/world/asia/xi-

jinping-china-cultural-revolution.html; and Evan Osnos, "Born Red," *The New Yorker*, March 30, 2015, https:// www.newyorker.com/magazine/2015/04/06/born-red. On how this affects Xi's policies, see Patricia Thornton, *Disciplining the State: Virtue, Violence, and State-making in Modern China* . (Cambridge, MA: Harvard University Asia Center, 2007), 168–69.

12　Orville Schell and John Delury, *Wealth and Power: China's Long March to the Twenty-first Century* (New York: Random House, 2013), 386.

13　"Xi, unlike Mao, never grew into the Party, but always belonged to it. He has no existence separate from the culture of the Party, and no autonomy from it." Kerry Brown, *CEO, China: The Rise of Xi Jinping* (New York: I. B. Tauris, 2017), 230.

14　Timothy Beardson, *Stumbling Giant: The Threats to China's Future* (New Haven, CT: Yale University Press, 2013), 435.

15　On China's growth, see Wei Chen, Xilu Chen, Chang-Tai Hsieh, and Zheng Song, "A Forensic Examination of China's National Accounts," Brookings Papers on Economic Activity, March 7, 2019, https://www .brookings.edu/wp-content/uploads/2019/03/bpea_2019_conference-1 .pdf. On SOEs, see Greg Levesque, "China's Evolving Economic Statecraft," *The Diplomat*, April 12, 2017, https:// www.nytimes.com/2016 /10/14/world/asia/china-soe-state-owned-enterprises.html.

16　Lily Kuo and Kate Lyons, "China's Most Popular App Brings Xi Jinping to Your Pocket," *The Guardian*, February 15, 2019, https://www.the guardian.com/world/2019/feb/15/chinas-most-popular-app-brings-xi-jinping-to-your-pocket.

17　Austin Ramzy and Chris Buckley, "'Absolutely No Mercy': Leaked Files Expose How China Organized Mass Detentions of Muslims," *New York Times*, November 16, 2019, https://www.nytimes.com/interactive/2019 /11/16/world/asia/china-xinjiang-documents.html.

18　"Mass Rally Thanks U.S. for 'Supporting Hong Kong,'" Radio Television Hong Kong, November 28, 2019, https://news.rthk.hk/rthk/en/compo nent/k2/1494997-20191128.htm.

19　Benjamin Lim and Ben Blanchard, "Xi Jinping Hopes Traditional Faiths Can Fill Moral Void in China: Sources," Reuters, September 29, 2013, https://www.reuters.com/article/us-china-politics-vacuum/xi-jinping-hopes-traditional-faiths-can-fill-moral-void-in-china-sources-idUS BRE98S0GS20130929.

20　Christian Shepherd, "Disappearing Textbook Highlights Debate in China over Academic Freedom," Reuters, February 1, 2019, https://www .reuters.com/article/us-china-law/disappearing-textbook-highlights-debate-in-china-over-academic-freedom-idUSKCN1PQ45T.

21 On China's tributary system, see Christopher Ford, *The Mind of Empire: China's History and Modern Foreign Relations* (Lexington: University Press of Kentucky, 2010), 92–96; and French, *Everything Under the Heavens*, 10– 12, 244. See also David Kang, *East Asia Before the West: Five Centuries of Trade and Tribute* (New York: Columbia University Press, 2010), 107.

22 U.S. Energy Information Administration, "World Oil Transit Chokepoints," July 25, 2017, https://www.eia.gov/beta/international/analysis _includes/special_ topics/World_Oil_Transit_Chokepoints/wotc.pdf.

23 Jun Ding and Hongjin Cheng, "China's Proposition to Build a Community of Shared Future for Mankind and the Middle East Governance," *Asian Journal of Middle Eastern and Islamic Studies* 11, no. 4 (2017): 3.

24 On One Belt One Road, see Audrye Wong, "China's Economic Statecraft under Xi Jinping," Brookings Institution, January 22, 2019, https:// www.brookings. edu/articles/chinas-economic-statecraft-under-xi-jinping/#footref-1; and Dylan Gerstel, "It's a (Debt) Trap! Managing China-IMF Cooperation Across the Belt and Road," Center for Strategic and International Studies, October 17, 2018, https://www.csis.org /npfp/its-debt-trap-managing-china-imf-cooperation-across-belt-and-road.

25 On China's efforts to influence the Maldives election, see Brahma Chellaney, "Beijing Loses a Battle in the Maldives—but the Fight for Influence Goes On," *Nikkei Asian Review*, September 25, 2018, https://asia .nikkei.com/Opinion/Beijing-loses-a-battle-in-the-Maldives-but-the-fight-for-influence-goes-on; Oki Nagai and Yuji Kuronuma, "Maldives Election Marks Setback for China's Belt and Road," *Nikkei Asian Review*, September 25, 2018, https://asia.nikkei.com/Spotlight/Belt-and-Road /Maldives-election-marks-setback-for-China-s-Belt-and-Road2.

26 Tom Wright and Bradley Hope, "WSJ Investigation: China Offered to Bail Out Troubled Malaysian Fund in Return for Deals," *Wall Street Journal*, January 7, 2019.

27 David Ndii, "China's Debt Imperialism: The Art of War by Other Means?" Elephant, August 18, 2018, https://www.theelephant.info/op-eds/2018 /08/18/chinas-debt-imperialism-the-art-of-war-by-other-means/.

28 Nicholas Casey and Clifford Krauss, "It Doesn't Matter if Ecuador Can Afford This Dam. China Still Gets Paid," *New York Times*, December 24, 2018, https://www.nytimes.com/2018/12/24/world/americas/ecuador-china-dam.html.

29 On the Maldives, see Simon Mundy and Kathrin Hille, "The Maldives Counts the Cost of Its Debts to China," *Financial Times*, February 10, 2019, https://

www.ft.com/content/c8da1c8a-2a19-11e9-88a4-c32129756dd8. On Malaysia, see Tom Wright and Bradley Hope, "WSJ Investigation: China Offered to Bail Out Troubled Malaysian Fund in Return for Deals," *Wall Street Journal*, January 7, 2019, https://www.wsj.com/articles/how-china-flexes-its-political-muscle-to-expand-power-overseas-11546890449.

On Ecuador, see Nicholas Casey and Clifford Krauss, "It Doesn't Matter If Ecuador Can Afford This Dam. China Still Gets Paid," *New York Times*, December 24, 2018.

On Venezuela, see "China to Lend Venezuela $5 Billion as Maduro Visits Beijing," Bloomberg, September 13, 2018, https://www.bloom berg.com/news/articles/2018-09-13/china-to-give-venezuela-5-billion-loan-as-maduro-visits-beijing.

30　Erik Sherman, "One in Five U.S. Companies Say China Has Stolen Their Intellectual Property," *Fortune*, March 1, 2019, https://fortune.com/2019 /03/01/china-ip-theft/.

31　William Hannas, James Mulvenon, and Anna Puglisi, *Chinese Industrial Espionage: Technology Acquisition and Military Modernisation* (Abingdon: Routledge, 2013), 165–71, 216–25, 230.

32　On nontraditional intelligence collection, see Hearing on China's NonTraditional Espionage Against the United States: The Threat and Potential Policy Responses, Before the Senate Comm. on the Judiciary, 115th Congress (2018) (statement of John Demers, Assistant Attorney General, National Security Division, U.S. Department of Justice), https://www .judiciary.senate.gov/meetings/chinas-non-traditional-espionage-against-the-united-states-the-threat-and-potential-policy-responses. For more on CRI, see Greg Levesque, "Testimony Before the U.S.-China Economic and Security Review Commission Hearing on What Keeps Xi Up at Night: Beijing's Internal and External Challenges," U.S.-China Economic and Security Review Commission, February 2019, https:// www.uscc.gov/sites/default/files/Levesque_USCC%20Testimony _Final_0.pdf.

33　"PRC Acquisition of U.S. Technology," U.S. National Security and the People's Republic of China, GovInfo, https://www.govinfo.gov/content /pkg/GPO-CRPT-105hrpt851/html/ch1bod.html; Office of the Under Secretary of Defense, "Defense Budget Overview: United States Department of Defense Fiscal Year 2019 Budget Request," February 2018, https:// dod.defense.gov/Portals/1/Documents/pubs/FY2019-Budget-Request-Overview-Book.pdf.

34　On the Department of Energy, see Department of Justice, "Former Sandia Corporation Scientist Sentenced for Taking Government Property to China,"

United States Attorney's Office, District of New Mexico, November 24, 2014, https://www.justice.gov/usao-nm/pr/former-sandia-corporation-scientist-sentenced-taking-government-property-china. On forced technology transfer, see Michael Brown and Pavneet Singh, "China's Technology Transfer Strategy," Defense Innovation Unit Experimental, January 2018, 19, https://admin.govexec.com/media/diux _chinatechnologytransferstudy_jan_2018_(1).pdf. On the Kuang-Chi Group, see Greg Levesque, "Testimony."

35　On the African Union, see John Aglionby, Emily Feng, and Yuan Yang, "African Union Accuses China of Hacking Headquarters," *Financial Times*, January 29, 2018, https://www.ft.com/content/c26a9214-04f2-11e8-9650-9c0ad2d7c5b5. For General Alexander quote, see Claudette Roulo, "Cybercom Chief: Culture, Commerce Changing Through Technology," U.S. Department of Defense, October 12, 2012, https://archive .defense.gov/news/newsarticle.aspx?id=118201. The study was conducted by the Council of Economic Advisors, "The Cost of Malicious Cyber Activity to the U.S. Economy," February 2018, 36, https://www.white house.gov/wp-content/uploads/2018/03/The-Cost-of-Malicious-Cyber-Activity-to-the-U.S.-Economy.pdf .

36　United States of America v. Zhu Hua and Zhang Shilong, 2018 S.D.N.Y. (2018), https://www.justice.gov/opa/press-release/file/1121706/download.

37　A partial list of confirmed transfers and attempts includes: radiationhardened microchips and semiconductor devices, military technical data for navigation and precision strike capabilities, technical specifications for the B-2 Stealth Bomber and cruise missiles, electronics used in military radar, and military encryption technology. For more details, see "Summary of Major U.S. Export Enforcement, Economic Espionage, Trade Secret and Embargo-Related Criminal Cases," Department of Justice, February, 2015, https://www.justice.gov/file/347376/download.

38　China Power Team, "Is China at the Forefront of Drone Technology?" China Power, May 29, 2018, https://chinapower.csis.org/china-drones-unmanned-technology/.

39　On China recruiting spies, see Mike Giglio, "China's Spies Are on the Offensive," *The Atlantic*, August 26, 2019, https://www.theatlantic.com /politics/archive/2019/08/inside-us-china-espionage-war/595747. On Hong Kong protests, see Steven Myers and Paul Mozur, "China Is Waging a Disinformation War Against Hong Kong Protesters," *New York Times*, August 13, 2019, https://www.nytimes.com/2019/08/13/world/asia/hong-kong-protests-china.html; and Tom Mitchell, Nicolle Liu, and Alice Woodhouse, "Cathay Pacific Crisis Ushers in

Nervous New Era for Hong Kong Inc.," *Financial Times*, August 28, 2019, https://www.ft.com/con tent/cb6f5038-c7ac-11e9-a1f4-3669401ba76f.

40　On China's influence campaigns, see Tara Francis Chan, "A Secret Government Report Uncovered China's Attempts to Influence All Levels of Politics in Australia," Business Insider, May 28, 2018, https://www.busi nessinsider.com/secret-australian-government-report-uncovered-china-influence-campaign-2018-5; David Shullman, "Protect the Party: Chinas Growing Influence in the Developing World," Brookings, October 4, 2019, https://www.brookings.edu/articles/protect-the-party-chinas-grow ing-influence-in-the-developing-world/.

41　More information on all quotes and claims in this section are taken from Larry Diamond and Orville Schell, eds., *China's Influence and American Interests: Promoting Constructive Vigilance* (Stanford, CA: Hoover Institution Press, 2018), 20, 60 63–68, 146–51, and 169–73. For more on Chinese influence, see John Garnaut, "How China Interferes in Australia," *Foreign Affairs*, March 9, 2018, https://www.foreignaffairs.com/ar ticles/china/2018-03-09/how-china-interferes-australia.

42　Hardina Ohlendorf, "The Taiwan Dilemma in Chinese Nationalism," *Asian Survey* 54 no. 3 (2014): 471–91.

43　On Taiwan's exports, see Da-Nien Liu, "The Trading Relationship Between Taiwan and the United States: Current Trends and the Outlook for the Future," Brookings Institution, November 2016, https://www .brookings.edu/opinions/the-trading-relationship-between-taiwan-and-the-united-states-current-trends-and-the-outlook-for-the-future/; and "TW's Top 10 Export Destinations," Bureau of Foreign Trade, Taiwan Ministry of Economic Affairs, https://www.trade.gov.tw/english/Pages /Detail.aspx?nodeID=94&pid=651991&dl_DateRange=all&txt_SD=&txt_ED=&txt_Keyword=&Pageid=0.

44　Jason Li, "China's Surreptitious Economic Influence on Taiwan's Elections," *The Diplomat*, April 12, 2019, https://thediplomat.com/2019/04 /chinas-surreptitious-economic-influence-on-taiwans-elections/.

45　Chris Horton, "China, an Eye on Elections, Suspends Some Travel Permits to Taiwan," *New York Times*, July 31, 2019, https://www.nytimes .com/2019/07/31/world/asia/taiwan-china-tourist-visas.html.

46　For Wang Yi quote, see Thomas Wright, "Taiwan Stands Up to Xi," *The Atlantic*, January 15, 2020, https://www.theatlantic.com/ideas/archive /2020/01/taiwans-new-president-is-no-friend-of-beijing/605020/.

47　For Xi quote, see "Xi Jinping Says Taiwan 'Must and Will Be' Reunited with China," BBC, January 2, 2019, https://www.bbc.com/news/worldasiachina-46733174. On China's military preparations, see the Office of the Secretary of Defense, "Annual Report to Congress: Military and Security Developments Involving the People's Republic of China 2019," Office of the Secretary of Defense, 15, https://media.defense.gov/2019 /May/02/2002127082/-1/-1/1/2019_ CHINA_MILITARY_POWER _REPORT.pdf.

48 Andreo Calonzo, "Duterte Will Ignore South China Sea Ruling for China Oil Deal," Bloomberg, September 11, 2019, https://www.bloom berg.com/news/ articles/2019-09-11/duterte-will-ignore-south-china-sea-ruling-for-china-oil-deal; Cliff Venzon, "Duterte Struggles to Sell His China Pivot at Home," *Nikkei Asian Review*, October 9, 2019, https:// asia.nikkei.com/Spotlight/Cover-Story/Duterte-struggles-to-sell-his-China-pivot-at-home.

49 Patrick M. Cronin and Ryan Neuhard, "Total Competition: China's Challenge in the South China Sea," Center for a New American Security, January 8, 2020, https://www.cnas.org/publications/reports/total-competition.

第四章　美國該如何扭轉對中國的劣勢？

1 Donovan Chau and Thomas Kane, *China and International Security: History, Strategy, and 21st-Century Policy* (Westport, CO: Praeger, 2014), 64.

2 Hillary Rodham Clinton, *Hard Choices* (New York: Simon and Schuster, 2014).

3 On this point, see Michael H. Hunt, *The Making of a Special Relationship: The United States and China to 1914* (New York: Columbia University Press, 1983), and John Pomfret, *The Beautiful Country and the Middle Kingdom: America and China, 1776 to the Present* (New York: Henry Holt, 2016), 570–71.

4 Department of State, Office of the Historian, "Document 12: Memorandum of Conversation," *Foreign Relations of the United States, 1969–1976*, Volume XVIII, *China, 1973–1976*, https://history.state.gov/historical documents/frus1969-76v18/ d12.

5 As Joseph Riley observed in his study of post–Cold War United States– China relations, "the vast majority of U.S. policy makers from the George H. W. Bush administration through the Obama administration have believed that broad economic, political, and cultural exchange with China would encourage Beijing to liberalize its mercantilist economic policies and authoritarian political structure." Joseph Riley, *The Great Gamble: Washington's Ill-Fated Attempt to Reform Beijing* (manuscript).

6 See "CRACKDOWN IN BEIJING: Excerpts from Bush's News Session," *New York Times*, June 6, 1989, https://www.nytimes.com/1989/06/06 /world/

crackdown-in-beijing-excerpts-from-bush-s-news-session.html.

7 "Clinton's Words on China: Trade Is the Smart Thing," *New York Times*, March 9, 2000, https://www.nytimes.com/2000/03/09/world/clinton-s-words-on-china-trade-is-the-smart-thing.html.

8 Yuka Koshino, "How Did Obama Embolden China? Comparative Analysis of 'Engagement' and 'Containment' in Post–Cold War Sino-American Relations," U.S. Japan Research Institute, 2015, 14, http://www.us-jpri .org/wp/wp-content/uploads/2016/07/CSPC_Koshino_2015.pdf.

9 Susan Rice, "Remarks as Prepared for Delivery by National Security Advisor Susan E. Rice," Office of the Press Secretary, The White House, November 21, 2013, https://obamawhitehouse.archives.gov/the-press-office/2013/11/21/remarks-prepared-delivery-national-security-advisor-susan-e-rice.

10 "China Already Violating U.S. Cyber Agreement, Group Says," CBS News, October 19, 2015, https://www.cbsnews.com/news/crowdstrike-china-violating-cyberagreement-us-cyberespionage-intellectual-property/.

11 Del Quentin Wilber, "China 'Has Taken the Gloves Off' in Its Thefts of U.S. Technology Secrets," *Los Angeles Times*, November 16, 2018.

12 Jeffrey Goldberg, "The Obama Doctrine," *The Atlantic*, April 2016, https:// www.theatlantic.com/magazine/archive/2016/04/the-obama-doctrine /471525/.

13 On satellite imagery, see the database at CSIS's Asia Maritime Transparency Initiative, including Asia Maritime Transparency Initiative, "A Look at China's SAM Shelters in the Spratlys," Center for Strategic and International Studies, February 23, 2017, https://amti.csis.org/chinas-sam-shelters-spratlys/. On the further militarization of the South China Sea, see "How Much Trade Transits the South China Sea?" Center for Strategic and International Studies, https:// chinapower.csis.org/much-trade-transits-south-china-sea/#easy-footnote-bottom-1-3073; Jeremy Page, Carol E. Lee, and Gordon Lubold, "China's President Pledges No Militarization in Disputed Islands," *Wall Street Journal*, September 25, 2015, https://www.wsj.com/articles/china-completes-runway-on-artificial-island-in-south-china-sea-1443184818.

14 See Joseph Riley, *The Great Gamble* (manuscript).

15 Michael Pence, "Remarks by Vice President Michael Pence on the Administration's Policy Toward China," Remarks, The White House, October 4, 2018, https://www.whitehouse.gov/briefings-statements/remarks-vice-president-pence-administrations-policy-toward-china/.

16 United States Senate Committee on Homeland Security and Governmental Affairs, "Threats to the U.S. Research Enterprise: China's Talent Recruitment

Plans," November 18, 2019, 31–32, https://www.hsgac .senate.gov/imo/media/doc/2019-11-18%20PSI%20Staff%20Report%20-%20China's%20Talent%20Recruitment%20Plans.pdf.

17　Edward Wong, "Competing Against Chinese Loans, U.S. Companies Face Long Odds in Africa," *New York Times*, January 13, 2019.

18　Pomfret, *The Beautiful Country*.

19　For example, the Committee on Foreign Investment in the United States (CFIUS) has helped safeguard sensitive technologies. In 2018, the Foreign Investment Risk Review Modernization Act expanded CFIUS jurisdiction and blocked loopholes that the CCP had exploited.

20　Sui-Lee Wee, "China Uses DNA to Track Its People, with the Help of American Expertise," *New York Times*, February 21, 2019, https://www .nytimes. com/2019/02/21/business/china-xinjiang-uighur-dna-thermo-fisher.html.

21　Roger Robinson Jr., "Why and How the U.S. Should Stop Financing China's Bad Actors." *Imprimis* 48, no. 10 (2019), https://imprimis.hillsdale .edu/roger-w-robinson-stop-financing-china/.

22　Michael Brown and Pavneet Singh, "China's Technology Transfer Strategy: How Chinese Investments in Emerging Technology Enable a Strategic Competitor to Access the Crown Jewels of U.S. Innovation," Defense Innovation Unit-Experimental, January 15, 2018,https://admin.govexec.com/media/diux_ chinatechnologytransferstudy_jan_2018_(1).pdf.

23　In 2018, the CCP dedicated a session of the Eighteenth Party Congress to the rule of law (*fazhi*), but its version of the concept is based on the absolute leadership of the party, not on the more universal understanding that the state itself is accountable to laws that are promulgated publicly, enforced equally, and adjudicated independently. Ronald Alcala, Eugene Gregory, and Shane Reeves, "China and the Rule of Law: A Cautionary Tale for the International Community," *Just Security*, June 28, 2018, https://www.justsecurity.org/58544/china-rule-law-cautionary-tale-inter national-community/.

24　The U.S. Department of Justice China Initiative, launched in 2018, raised awareness of threats from trade secret theft, such as nontraditional collectors of intelligence in labs, universities, and the defense industry as well as risks to supply chains in telecommunications and other sectors. Katharina Buchholz, "Which Countries Have Banned Huawei?" *Statista*, August 19, 2019, https://www.statista. com/chart/17528/countries-which-have-banned-huawei-products/.

25　Department of Justice, "Chinese Telecommunications Conglomerate Huawei and Subsidiaries Charged in Racketeering Conspiracy and Conspiracy to Steal Trade

Secrets," February 13, 2020.

26　For country-specific analyses, see Larry Diamond and Orville Schell, eds., *China's Influence and American Interests: Promoting Constructive Vigilance* (Stanford, CA: Hoover Institution Press, 2018), 163–209.

27　U.S. Department of Justice, "Two Chinese Hackers Associated with the Ministry of State Security Charged with Global Computer Intrusion Campaigns," U.S. Department of Justice Press Office, December 20, 2018, https://www.justice.gov/opa/pr/two-chinese-hackers-associated-ministry-state-security-charged-global-computer-intrusion.

28　Even the Cambodian dictator Han Sen could not avoid increased public scrutiny of wasteful and failed projects, such as the construction of a city-size casino resort with empty hotels and an unfinished casino that displaced thousands of people and caused severe environmental damage. And from 2018 to 2019, Australian lawmakers passed new laws to counter CCP influence by blocking foreign campaign contributions and restricting foreign investment in sensitive sectors of the economy. Yinka Adegoke, "Chinese Debt Doesn't Have to Be a Problem for African Countries," *Quartz*, May 13, 2018, https://qz.com/africa/1276710/china-in-africa-chinese-debt-news-better-management-by-african-leaders/.

29　Regarding subsidies, see Ellen Nakashima, "U.S. Pushes Hard for a Ban on Huawei in Europe, but the Firm's 5G Prices Are Nearly Irresistible," *Washington Post*, May 29, 2019, https://www.washingtonpost.com /world/national-security/for-huawei-the-5g-play-is-in-europe--and-the-us-is-pushing-hard-for-a-ban-there/2019/05/28/582a8ff6-78d4-11e9-b7ae-390de4259661_story.html. See also Huawei, "Huawei Investment & Holding Co., Ltd. 2018 Annual Report," Huawei.com, https://www .huawei.com/en/press-events/annual-report/2018.
On Huawei's expansion and role of the CCP, see Chuin-Wei Yap, "State Support Helped Fuel Huawei's Global Rise," *Wall Street Journal,* December 25, 2019, https://www.wsj.com/articles/state-support-helped-fuel-huaweis-global-rise-11577280736. Huawei has repeatedly denied this, see Karl Song, "No, Huawei Isn't Built on Chinese State Funding," Huawei.com, February 25, 2020, https://www.huawei.com/ke/facts /voices-of-huawei/no-huawei-isnt-built-on-chinese-state-funding.
On the campaign of cyber espionage, see the U.S. Department of Justice's indictment, Department of Justice, "Chinese Telecommunications Conglomerate Huawei and Subsidiaries Charged in Racketeering Conspiracy and Conspiracy to Steal Trade Secrets," February 13, 2020, https://www.justice.gov/opa/pr/chinese-telecommunications-con glomerate-huawei-and-subsidiaries-

charged-racketeering. See also Andrew Grotto, "The Huawei Problem: A Risk Assessment," *Global Asia* 14, no. 3 (2019): 13–15, http://www.globalasia.org/v14no3/cover/the-huawei-problem-a-risk-assessment_andrew-grotto; Klint Finley, "The U.S. Hits Huawei with New Charges of Trade Secret Theft," *Wired*, February 13, 2020, https://www.wired.com/story/us-hits-huawei-new-charges-trade-secret-theft/.

30　On the strategic benefits the CCP could gain from Huawei, see David E. Sanger, Julian E. Barnes, Raymond Zhong, and Marc Santora, "In 5G Race with China, U.S. Pushes Allies to Fight Huawei," *New York Times*, January 26, 2019, https://www.nytimes.com/2019/01/26/us/politics/hua wei-china-us-5g-technology.html.

On the inseparability of Huawei from CCP influence, see Christopher Balding and Donald C. Clarke, "Who Owns Huawei?" *Social Science Research Network*, April 17, 2019, https://papers.ssrn.com/sol3/papers.cfm ?abstract_id=3372669; Raymond Zhong, "Who Owns Huawei? The Company Tried to Explain. It Got Complicated," *New York Times*, April 25, 2019, https://www.nytimes.com/2019/04/25/technology/who-owns-hua wei.html.

Huawei has denied these allegations, see Associated Press, "Huawei Denies U.S. Violations, 'Disappointed' by Criminal Charges," Associated Press, January 28, 2019, https://www.marketwatch.com/story/huawei-denies-us-violations-disappointed-by-criminal-charges-2019-01-28.

31　On the charges on circumvention of sanctions on Iran and North Korea, see Department of Justice, "Chinese Telecommunications Conglomerate Huawei and Subsidiaries Charged in Racketeering Conspiracy and Conspiracy to Steal Trade Secrets," U.S. Department of Justice, February 13, 2020, https://www.justice.gov/opa/pr/chinese-telecommunica tions-conglomerate-huawei-and-subsidiaries-charged-racketeering.

32　Chris Demchak and Yuval Shavitt, "China's Maxim—Leave No Access Point Unexploited: The Hidden Story of China Telecom's BGP Hijacking," *Military Cyber Affairs* 3, no. 1 (2018): 5–7.

33　On the simultaneous employment of Huawei employees at China's MOIS and the PLA, see Robert Mendick, "Huawei Staff CVs Reveal Alleged Links to Chinese Intelligence Agencies," *Telegraph*, July 5, 2019, https://www.telegraph.co.uk/news/2019/07/05/huawei-staff-cvs-reveal-alleged-links-chinese-intelligence-agencies/. Huawei has repeatedly denied similar allegations, see Isobel Asher Hamilton, "Huawei's Security Boss Says the Company Would Sooner "Shut Down" than Spy for China," *Business Insider*, March 6, 2019, https://www.businessinsider.com/huawei-would-sooner-shut-down-than-spy-for-china-2019-

3?r s=US&IR=T.
For the report on how Huawei helped African autocrats use technology to spy on their political opponents, see Joe Parkinson, Nicholas Bariyo, and Josh Chin, "Huawei Technicians Helped African Governments Spy on Political Opponents," *Wall Street Journal*, August 15, 2019, https://www.wsj.com/articles/huawei-technicians-helped-african-govern ments-spy-on-political-opponents-11565793017?mod=breakingnews. For Huawei's denial of this report, see Huawei, "A Legal Demand Letter to The Wall Street Journal," Huawei.com, August 16, 2019, https://www .huawei.com/ke/facts/voices-of-huawei/a_legal_demand_letter _to_the_wall_street_journal.

34 Sources on Huawei: Kate O'Keeffe and Dustin Volz, "Huawei Telecom Gear Much More Vulnerable to Hackers Than Rivals' Equipment, Report Says," *Wall Street Journal*, June 25, 2019, https://www.wsj.com/arti cles/huawei-telecom-gear-much-more-vulnerable-to-hackers-than-rivals-equipment-report-says-11561501573; Arjun Kharpal, "Huawei Staff Share Deep Links with Chinese Military, New Study Finds," CNBC, July 8, 2019, https://www.cnbc.com/2019/07/08/huawei-staff-and-chinese-military-have-deep-links-study-claims.html. Joe Parkinson and Nicholas Bariyo, "Huawei Technicians Helped African Governments Spy on Political Opponents," *Wall Street Journal*, August 15, 2019, https://www .wsj.com/articles/huawei-technicians-helped-african-governments-spy-on-political-opponents-11565793017; Akito Tanaka, "China in Pole Position for 5G Era with a Third of Key Patents," *Nikkei Asian Review*, May 3, 2019, https://asia.nikkei.com/Spotlight/5G-networks/China-in-pole-pos ition-for-5G-era-with-a-third-of-key-patents; Jeffrey Johnson, "Testimony Before the U.S.-China Economic and Security Review Commission Hearing on 'Chinese Investment in the United States: Impacts and Issues for Policy Makers,'" U.S.-China Economic and Security Review Commission, January 26, 2017, https://www.uscc.gov/sites/default/files /Johnson_USCC%20Hearing%20Testimony012617.pdf.

35 Graham Allison, *Destined for War: Can America and China Escape Thucydides's Trap?* (Melbourne, Australia:: Scribe Publications, 2019).

36 John Lee, "China's Economic Slowdown: Root Causes, Beijing's Response and Strategic Implications for the US and Allies," Hoover Institute, December 16, 2019.

37 James Legge, *Confucian Analects: The Great Learning and the Doctrine of the Mean* (Mineola, NY: Dover Publications, 1971), 263–64; Keegan Elmer, "U.S. Tells China: We Want Competition⋯but Also Cooperation." *South China Morning Post*, October 1, 2018, https://www.scmp.com/news /china/diplomacy/

article/2166476/us-tells-china-we-want-competition-not-cooperation.

第五章　打20次的一年戰爭：美國自欺欺人的阿富汗政策

1　Original Source: Abdullah Azzam, "Al-Qa'idah al-Sulbah," *Al-Jihad* 41 (April 1988): 46. English source: Rohan Gunaratna, "Al Qaeda's Ideology," Hudson Institute, May 19, 2005, https://www.hudson.org/research /9777-al-qaeda-s-ideology. A note on the translation: "The original text in Arabic was translated into English by Reuven Paz, Academic Director, International Policy Institute for Counter Terrorism, Israel."

2　General Nicholson said that twenty groups were concentrated in Afghanistan-Pakistan in 2017. Brian Dodwell and Don Rassler, "A View from the CT Foxhole: General John W. Nicholson, Commander, Resolute Support and U.S. Forces— Afghanistan," *CTC Sentinel* 10, no. 2 (February 2017): 12–15, https://ctc.usmaedu/a-view-from-the-ct-foxhole-general-john-w-nicholson-commander-resolute-support-and-u-s-forces-afghanistan/.

3　St. Thomas Aquinas, *Summa Theologica* (AD 1265–1274), n.p.

4　Sun Tzu, *The Art of War* (Leicester, UK: Allandale Online Publishing, 2000), https://sites.ualberta.ca/~enoch/Readings/The_Art_Of_War.pdf.

5　Kevin Sullivan, "Embassy in Kabul Reopened by U.S." *Washington Post*, December 18, 2001, https://www.washingtonpost.com/archive/politics /2001/12/18/embassy-in-kabul-reopened-by-us/f89df7ec-a332-4156-98bc-81df3c951cfd/.

6　Sean Naylor, *Not a Good Day to Die: The Untold Story of Operation Anaconda* (New York: Berkley Caliber Books, 2006), 8.

7　Steve Coll, *Ghost Wars: The Secret History of the C .I .A ., Afghanistan, and Bin Laden, from the Soviet Invasion to September 10, 2001* (New York: Penguin Press, 2004), 582; Steve Coll, *Directorate S: The C .I .A . and America's Secret Wars in Afghanistan and Pakistan* (New York: Penguin Press, 2018), 20–21.

8　For a specific time line of Kabul, the CIA arrived on September 26, the Taliban fled Kabul on November 12, and Northern Alliance leaders alongside the CIA, entered Kabul on November 14. Coll, *Directorate S*, 80, 93. The quote originally attributed to Sun Tzu is "Thus the good fighter is able to secure himself against defeat, but cannot make certain of defeating the enemy," Sun Tzu, *The Art of War*.

9　Estimate includes ISI personnel who fled. Seymour M. Hersh, *Chain of Command: The Road from 9/11 to Abu Ghraib* (New York: HarperCollins, 2005), 132; Naylor, *Not a Good Day to Die*.

10　Nadia Schadlow, *War and the Art of Governance: Consolidating Combat Success into Political Victory* (Washington, DC: Georgetown University Press, 2017), 220–26.

11　CNN, "Rumsfeld: Major Combat Over in Afghanistan," CNN, May 1, 2003, http://www.cnn.com/2003/WORLD/asiapcf/central/05/01/afghan .combat/.

12　For more, see Thomas J. Barfield, *Afghanistan: A Cultural and Political History* (Princeton, NJ: Princeton University Press, 2012).

13　Patrick Porter, *Military Orientalism: Eastern War Through Western Eyes* (New York: Oxford University Press, 2013).

14　Schadlow, *War and the Art of Governance*, 223.

15　Barfield, *Afghanistan: A Cultural and Political History*, 25, 50–51, 284–93. 16 Wright, *The Looming Tower*, 133.

17　For the statements themselves, see Thomas Joscelyn, "Al Qaeda Leader Argues Taliban's 'Blessed Emirate' a Core Part of New Caliphate," FDD's *Long War Journal*, August, 24, 2018, https://www.longwarjour nal.org/archives/2018/08/al-qaeda-leader-argues-talibans-blessed-emirate-a-core-part-of-new-caliphate.php; Thomas Joscelyn, "Ayman al Zawahiri Pledges Allegiance to the Taliban's New Emir," FDD's *Long War Journal*, August 13, 2015, https://www.longwarjournal.org/archives/2015 /08/ayman-al-zawahiri-pledges-allegiance-to-the-talibans-new-emir .php.

18　Coll, *Directorate S*, 311.

19　On NATO operations at the time, see NATO OTAN, "Resolute Support Mission (RSM): Key Facts and Figures," NATO, February, 2017, https:// www.nato.int/ nato_static_fl2014/assets/pdf/pdf_2017_02/20170209 _2017-02-RSM-Placemat. pdf. Quote attributed to Winston Churchill at his residence at Chequers, UK, on April 1, 1945.

20　On the rise of ISIS, see Joby Warrick, *Black Flags: The Rise of ISIS* (New York: Doubleday, 2015), 303.

21　Shaun Gregory, "The ISI and the War on Terrorism," *Studies in Conflict and Terrorism Journal* 30, no. 12 (March 2007): 1013–31, DOI: 10.1080 /10576100701670862.

22　On the Peshawar school attack, see Declan Walsh, "Taliban Besiege Pakistan School, Leaving 145 Dead," *New York Times*, December 16, 2014, https://www. nytimes.com/2014/12/17/world/asia/taliban-attack-pakistani-school.html. For more on the Pakistani Taliban, see Philip J. Crowley, "Designations of Tehrik-e Taliban Pakistan and Two Senior Leaders," U.S. State Department press release, September 1, 2010, http:// www.state.gov/r/pa/prs/ps/2010/09/146545.htm. On

Al-Qaeda operations along the Afghanistan-Pakistan border, see UN Security Council, "Tenth Report of the Analytical Support and Sanctions Monitoring Team Submitted Pursuant to Resolution 2255 (2015) Concerning the Taliban and Other Associated Individuals and Entities Constituting a Threat to the Peace, Stability and Security of Afghanistan," June 13, 2019, 22, https://www.undocs.org/S/2019/481.

23 Anahad O'Connor, "Weak Times Sq. Car Bomb Is Called Intentional," *New York Times*, July 21, 2010, https://www.nytimes.com/2010/07/21 /nyregion/21bomb. html. On Shahzad: Coll, *Directorate S*, 450–52; and on drones in northern Waziristan, Coll, *Directorate S*, 438.

24 Jibran Ahmed and Yeganeh Torbati, "U.S. Drone Kills Islamic State Leader for Afghanistan, Pakistan: Officials," Reuters, August 12, 2016, https://www.reuters. com/article/us-afghanistan-islamicstate-idUSKCN 10N21L.

25 Mujib Mashal and Fahim Abed, "After Deadly Attack on Kabul Hospital, 'Everywhere Was Full of Blood,'" *New York Times*, March 8, 2017, https:// www. nytimes.com/2017/03/08/world/asia/kabul-military-hospital-in-afghanistan-comes-under-attack.html.

26 Ian S. Livingston and Michael O'Hanlon, "Afghanistan Index," Brookings Institution, September 29, 2017, 4, https://www.brookings.edu /afghanistan-index/.

27 "Clinton Extends Hand to the Taliban," ABC News, July 15, 2009, https://www. abc.net.au/news/2009-07-16/clinton-extends-hand-to-taliban/1355022.

28 On Obama's framing of the Taliban, see President Obama, "Statement by the President on Afghanistan," The White House, October 15, 2015, https:// obamawhitehouse.archives.gov/the-press-office/2015/10/15/ statement-president-afghanistan. On specific limitations of U.S. military actions, see Rowan Scarborough, "Rules of Engagement Limit the Actions of U.S. Troops and Drones in Afghanistan," *Washington Times*, November 16, 2013, https://www. washingtontimes.com/news/2013/nov /26/rules-of-engagement-bind-us-troops-actions-in-afgh/. For a detailed account of the connections between the Taliban and ISI, see Coll, *Directorate S*.

29 On the number of Afghan soldiers wounded, see Special Inspector General for Afghanistan Reconstruction, "January 30, 2017, Quarterly Report to the United States Congress," January 30, 2017, 98, https://www .sigar.mil/pdf/quarterlyreports/2017-01-30qr.pdf; Special Inspector General for Afghanistan Reconstruction, "April 30, 2016 Quarterly Report to the United States Congress," April 30, 2016, 94, https://www.sigar.mil /pdf/quarterlyreports/2016-04-30qr.

pdf. On civilian casualties, the United Nations Assistance Mission in Afghanistan (UNAMA) reported 2,315 civilian deaths attributed to antigovernment elements in 2015 and 2,131 in 2016, for a total of 4,446. UNAMA, "Protection of Civilians in Armed Conflict Annual Report 2015," United Nations Human Rights Office of the High Commissioner, February 2016, 33, https://unama .unmissions.org/protection-of-civilians-reports; UNAMA, "Protection of Civilians in Armed Conflict Annual Report 2016," United Nations Human Rights Office of the High Commissioner, February 2017, 50, https://unama.unmissions.org/protection-of-civilians-reports.

30 Coll, *Directorate S*, 371; "ARG (Presidential Palace)," Islamic Republic of Afghanistan, Office of the President, https://president.gov.af/en/history-of-arg-presidential-palace/nggallery/image/bg1o8456-1/.

31 Mark Mazzetti and Jane Perlez, "C.I.A. and Pakistan Work Together, Warily," *New York Times*, February 24, 2010, https://www.nytimes.com /2010/02/25/world/asia/25intel.html.

32 George W. Bush, *Decision Points* (New York: Crown Publishers, 2010), 206.

33 On the announcement of the end of major combat operations, see CNN World, "Rumsfeld: Major Combat Over in Afghanistan," CNN, May 1, 2003, http://www.cnn.com/2003/WORLD/asiapcf/central/05/01/afghan .combat/.

34 On Bush's decision to increase troop levels, see Bush, *Decision Points*, 207; Amy Belasco, "The Cost of Iraq, Afghanistan, and Other Global War on Terror Operations Since 9/11," Congressional Research Service, December 8, 2014, https://fas.org/sgp/crs/natsec/RL33110.pdf.

35 Coll, *Directorate S*, 458–59. For example, after a Taliban attack on a peace Loya Jirga, Karzai summoned National Director of Security Amrullah Saleh and Minister of the Interior Hanif Atmar to his office. The president declared that the attack had been planned by the United States to undermine his peace initiative with the Taliban. Saleh and Atmar, two of the most talented men in Karzai's cabinet, disagreed. Both men resigned at the end of the meeting.

36 For more on President Karzai and Ambassador Holbrooke's relationship, see George Packer, *Our Man: Richard Holbrooke and the End of the American Century* (New York: Alfred A. Knopf, 2019), 4–6.

37 Alissa J. Rubin, "Karzai's Antagonism Corners the West; Afghan President Is Seen as Only Viable Option, Even as He Alienates Allies," *New York Times International Edition*, April 6, 2010, Nexis Uni.

38 Frud Bezhan, "Karzai to Move Up After Stepping Down," RadioFree Europe/RadioLiberty, October 13, 2013, https://www.rferl.org/a/karzai-finances/25135480.html.

39　Coll, *Directorate S*, 409–10.

40　Peter Baker and Eric Schmitt, "Afghan War Debate Now Leans to Focus on Al Qaeda," *New York Times*, October 7, 2009, https://www.nytimes .com/2009/10/08/ world/asia/08prexy.html. Administration officials talking off the record in May 2010 stated that there were fewer than one hundred Al-Qaeda fighters in Afghanistan. Joshua Partlow, "In Afghanistan, Taliban Leaving al-Qaeda Behind," *Washington Post*, November 11, 2009, http://www.washingtonpost.com/wp-dyn/ content/article/2009 /11/10/AR2009111019644.html.

41　On the start of the peace negotiations with the Taliban, see Rathnam Indurthy, "The Obama Administration's Strategy in Afghanistan," *International Journal on World Peace* 28, no. 3 (September 2011): 7–52, https:// www.jstor.org/ stable/23266718?seq=1#metadata_info_tab_contents. BBC, "How Qatar Came to Host the Taliban," BBC News, June 22, 2013, https://www.bbc.com/news/world-asia-23007401; Karen DeYoung, "U.S. to Launch Peace Talks with Taliban," *Washington Post*, June 18, 2013, https://www.washingtonpost.com/world/national-security/us-to-relaunch-peace-talks-with-taliban/2013/06/18/bd8c7f38-d81e-11e2-a016-92547bf0 94cc_story.html.

42　Rob Nordland, "For Swapped Taliban Prisoners from Guantánamo Bay, Few Doors to Exit Qatar," *New York Times*, May 31, 2015, https://www .nytimes. com/2015/06/01/world/middleeast/us-presses-qatar-on-travel-ban-for-swapped-taliban-prisoners.html.

43　Peter Tomsen, *The Wars of Afghanistan: Messianic Terrorism, Tribal Conflicts, and the Failures of Great Powers* (New York: PublicAffairs, 2013), 105–14.

44　John F. Burns, "Afghan President, Pressured, Reshuffles Cabinet," *New York Times*, October 11, 2008, https://www.nytimes.com/2008/10/12/ world/ asia/12afghan.html.

第六章　阿富汗背後的影武者：識破巴基斯坦的兩面手法

1　George Packer, "Afghanistan's Theorist-in-Chief," *The New Yorker*, July 9, 2019, www.newyorker.com/magazine/2016/07/04/ashraf-ghani-afghan istans-theorist-in-chief.

2　Taraki was a leader in the Khalqi faction of the Communist People's Democratic Party of Afghanistan. He was part of the Communist coup following the Saur Revolution, which resulted in the murder of Mohammed Daoud Khan and the rule of a Communist faction. Taraki was overthrown and assassinated shortly after he rose to power. These events set the stage for the Soviet Union.

3　Ashraf Ghani and Clare Lockhart, *Fixing Failed States: A Framework for Rebuilding a Fractured World* (New York: Oxford University Press, 2008).

4　Politico Staff, "Full Text: Trump's Speech on Afghanistan," Politico, August 22, 2017, https://www.politico.com/story/2017/08/21/trump-afghanistan-speech-text-241882; Central Intelligence Agency, "Field: Listing: Terrorist Groups," CIA, February 1, 2018, https://www.cia.gov/library/publications/the-world-factbook/fields/397.html)

5　Thomas Joscelyn, forthcoming chapter, "Chapter 9, Al Qaeda Survived the War in Afghanistan." Modern-day Afghanistan had tremendous symbolic value to Al-Qaeda and other jihadist terrorists because it provided a cornerstone on which the caliphate could be built. Geographically, Afghanistan was an ideal place to organize and prepare for AlQaeda's campaign of terror against its "near enemy," Israel and the governments of Muslim-majority countries across the Middle East, and its "far enemy," the United States, Europe, and the West.

6　Human Rights Watch, "Pakistan Coercion, UN Complicity," February 13, 2017, https://www.hrw.org/report/2017/02/13/pakistan-coercion-un-complicity/mass-forced-return-afghan-refugees; World Population Review, "Kabul Population 2020," http://worldpopulationreview.com /world-cities/kabul-population/.

7　On the parliamentary elections, see Radio Free Afghanistan, "Voting Ends in Afghanistan's Parliamentary Elections Marred by Violence, Delays," Radio Free Europe/Radio Liberty, October 21, 2018, https://www .rferl.org/a/afghans-cast-ballots-for-second-day-in-chaotic-general-elec tions/29555274.html. On voter turnout in the presidential elections, see Mujib Mashal, Mohamed Fahim Abed, and Fatima Faizi, "Afghanistan Election Draws Low Turnout Amid Taliban Threats," *New York Times*, September 28, 2019, https://www.nytimes.com/2019/09/28/world/asia /afghanistan-president-election-taliban.html.

8　On enrollment, see the following: Ian S. Livingston and Michael O'Hanlon, "Afghanistan Index," Brookings Institution, September 29, 2017, https://www.brookings.edu/afghanistan-index/; Afghan Ministry of Education, "About Us: 7 Million in 2010 with Goal of 10 Million by 2015 USAID," Education— Afghanistan, USAID Afghanistan, July 22, 2019, https://www.usaid.gov/afghanistan/education.

9　According to an Asia Foundation survey of the Afghan people, access to the internet among respondents increased 400 percent from 2013 to 2018, and 40 percent of respondents say their area has access to the internet. Dinh Thi Kieu Nhung, "Afghanistan in 2018: A Survey of the Afghan People," The Asia Foundation, https://asiafoundation.org/publication/afghani stan-in-2018-a-survey-of-the-afghan-people/, 156. For statistics on the media, see government statistics cited at TOLOnews, "Explosion Targets Media Workers in Kabul, Kills Two," August 4, 2019, https://tolonews .com/afghanistan/explosion-targets-media-workers-kabul-kills-two.

10   United Nations Assistance Mission in Afghanistan, "Protection of Civilians in Armed Conflict Annual Report 2018," United Nations Human Rights Office of the High Commissioner, February 24, 2019, 10, https:// reliefweb.int/sites/reliefweb.int/files/resources/afghanistan_protec tion_of_civilians_annual_report_2018_final_24_feb_2019.pdf.

11   Ashraf Ghani, interview by Nikhil Kumar, *Time*, May 18, 2017, https:// time.com/4781885/ashraf-ghani-afghanistan-president-interview/.

12   Civil service reform was a bright spot under a talented and principled leader, Nader Nadery.

13   For demographic statistics on Afghanistan, see "Afghanistan," CIA World Factbook, CIA.gov, https://www.cia.gov/library/publications/resources /the-world-factbook/geos/af.html. There are also many smaller minorities in Kabul, including Qizilbash (a Turkic people) and Nuristanis (also known as *kafirs* because they initially rejected Islam). Thomas J. Barfield, *Afghanistan: A Cultural and Political History* (Princeton, NJ: Princeton University Press, 2012), 53.

14   Steve Coll, *Directorate S*, 452–57.

15   Ray Rivera and Sangar Rahimi, "Afghan President Says His Country Would Back Pakistan in a Clash with the U.S." *New York Times,* October 23, 2011, https:// www.nytimes.com/2011/10/24/world/asia/karzai-says-afghanistan-would-back-pakistan-in-a-conflict-with-us.html; Frud Behzan, "The Eminently Quotable Karzai," Radio Free Europe/Radio Liberty, September 29, 2014, https://www.rferl.org/a/afghanistan-karzai-quotes/26610215.html.

16   United Nations Assistance Mission in Afghanistan, "Protection of Civilians in Armed Conflict Annual Report 2010," United Nations Human Rights Office of the High Commissioner, March, 2011, 3–4, https:// unama.unmissions.org/protection-of-civilians-reports.

17   Euan McKirdy and Ehsan Popalzai, "American University of Afghanistan Reopens After 2016 Attack," CNN, March 28, 2017, https://www .cnn.com/2017/03/28/asia/kabul-american-university-reopens/index .html; Mujib Mashal, Mohamed Fahim Abed, and Zahra Nader, "Attack at University in Kabul Shatters a Sense of Freedom," *New York Times*, August 25, 2016, https://www.nytimes.com/2016/08/26/world/asia/af ghanistan-kabul-american-university.html.

18   United States Department of State, "Deputy Secretary Armitage's Meeting with

Pakistan Intel Chief Mahmud: You're Either with Us or You're Not," unclassified, September 12, 2001, https://nsarchive2.gwu.edu/NSA EBB/NSAEBB358a/doc03-1.pdf.

19　World Bank Data, "Pakistan—Population, total," World Bank, n.d., https:// data.worldbank.org/indicator/SP.POP.TOTL?end=2018&locations=PK &name_desc=true&start=2003.

20　Peter L. Bergen, "September 11 Attacks," *Encyclopedia Britannica*, June 21, 2019, https://www.britannica.com/event/September-11-attacks.

21　Associated Press, "Pakistani Court Indicts Finance Minister on Graft Charges," Associated Press, September 26, 2017, https://apnews.com /c96efe1cc2b24a13918 60c3ebd31e223. On Sharif, see interview of Nadeem Akhtar, Shamil Shams, "Why Ousted Pakistani PM Nawaz Sharif Turned Against the Powerful Military," DW, March 13, 2018, https://p.dw .com/p/2uECV; REFL, "Pakistani Finance Minister Indicted on Corruption Charges," RadioFreeEurope/RadioLiberty, September 27, 2017, https://www.rferl.org/a/pakistan-finance-minister-corruption-idictment /28759837.html.

22　Two years after my visit, a car bomb killed forty Indian security personnel. The Pakistani militant group Jaish-e-Mohammed claimed responsibility, but the Indian government believed that the Pakistan Army was responsible. The countries conducted limited airstrikes. India targeted a terrorist training camp in the mountains, but Pakistan denied the camp's existence. In the process, Pakistan shot down an Indian plane and took the pilot prisoner for a period of days before he was returned to India as a "peace gesture." M. Illyas Khan, "Abhinandan: Villagers Recount Dramatic Capture of Pilot," BBC, March 1, 2019, https://www .bbc.com/news/world-asia-47397418; "Article 370: India Strips Disputed Kashmir of Special Status," BBC, August 5, 2019, https://www.bbc.com /news/world-asia-india-49231619. The move drew strong resistance from many parliamentarians and raised fears that New Delhi would encourage Hindus to move to the region in order to weaken the voice of Muslims there.

23　For more on the Pakistan Army's culture and role in society, see Christine Fair, *Fighting to the End: The Pakistan Army's Way of War* (New York: Oxford University Press, 2014); Aqil Shah, *The Army and Democracy: Military Politics in Pakistan* (Cambridge, MA: Harvard University Press, 2014).

24　Salman Masood, "More Bodies Pulled from Hotel Rubble in Pakistan," *New York Times*, September 21, 2008, https://www.nytimes.com/2008 /09/22/world/asia/22marriott.html; "Suicide Attack on Pakistani Hotel," BBC News, June 10, 2009, http://news.bbc.co.uk/2/hi/south_asia /8092147.stm.

25　Rachel Roberts, "Pakistan: Three Years after 140 Died in the Peshawar School Massacre, What Has Changed?" *The Independent*, December 16, 2017, https:// www.independent.co.uk/news/world/asia/pakistan-pesha war-school-shooting-massacre-what-has-changed-happened-three-years-a8113661.html; BBC News, "Pakistan Taliban: Peshawar School Attack Leaves 141 Dead," BBC, December 16, 2014, https://www.bbc.com/news /world-asia-30491435.

26　Omar Waraich, "Pakistan Takes Fight to the Taliban," *The Independent*, December 20, 2014.

27　Naveed Mukhtar, "Afghanistan: Alternative Futures and Their Implications" (master's thesis, U.S. Army War College, 2011), 73, https://apps .dtic.mil/dtic/tr/ fulltext/u2/a547182.pdf.

28　Neta C. Crawford, "Update on the Human Costs of War for Afghanistan and Pakistan, 2001 to mid-2016," Costs of War Project, Watson Institute International and Public Affairs, Brown University, August 2016, 14, https://watson.brown.edu/ costsofwar/files/cow/imce/papers/2016 /War%20in%20Afghanistan%20and%20 Pakistan%20UPDATE_FINAL_corrected%20date.pdf.

29　Richard P. Cronin, K. Alan Kronstadt, and Sharon Squassoni, "Pakistan's Nuclear Proliferation Activities and the Recommendations of the 9/11 Commission: U.S. Policy Constraints and Options," Congressional Research Service Report for Congress, May 24, 2005, 8, https://fas.org /sgp/crs/nuke/RL32745.pdf.

30　The U.S. special operations raid that killed Osama bin Laden in 2011 should have finally exposed the unreliability of America's nominal allies in Pakistan. The terrorist leader's compound was located near the Pakistani equivalent of the U.S. Military Academy at West Point, New York. The Pakistan Army's reaction, to feign ignorance and complain about U.S. violations of Pakistani sovereignty, was offensive. Even more offensive was the imprisonment of Dr. Shakil Afridi, the informant who helped the CIA locate the compound. Associated Press, "Pakistan: Doctor Who Aided C.I.A. Should Face Charges, Panel Says," *New York Times*, October 6, 2011, https://www.nytimes.com/2011/10/07/world/asia/pak istan-doctor-who-aided-cia-should-face-charges.html.

31　Vahid Brown and Don Rassler, *Fountainhead of Jihad: The Haqqani Nexus, 1973–2012* (Oxford: Oxford University Press, 2013).

32　Brown and Rassler, *Fountainhead of Jihad.*

33　Omar Noman, *The Political Enemy of Pakistan, 1988* (New York: Routledge, 1988).

34　Ahmed Rashid, *Descent into Chaos: The U .S . and the Disaster in Pakistan, Afghanistan, and Central Asia* (New York: Penguin Books, 2009), 22.

35　On India's projected population growth, see Hannah Ritchie, "India Will Soon Overtake China to Become the Most Populous Country in the World," Our World in Data, University of Oxford, https://ourworld indata.org/india-will-soon-overtake-china-to-become-the-most-popu lous-country-in-the-world. On poverty in India, see World Bank, "Supporting India's Transformation," Results Briefs, October 15, 2019, https:// www.worldbank.org/en/results/2019/10/15/ supporting-indias-transfor mation; "Global Multidimensional Poverty Index 2019: Illuminating Inequalities," United Nations Development Programme, http:// hdr.undp .org/sites/default/files/mpi_2019_publication.pdf. For more on India's demographics, see CIA World Factbook, "India," CIA, https://www.cia .gov/ library/publications/the-world-factbook/geos/in.html.

36　Shreeya Sinha and Mark Suppes, "Timeline of the Riots in Modi's Gujarat," *New York Times*, April 6, 2014, https://www.nytimes.com/interac tive/2014/04/06/ world/asia/modi-gujarat-riots-timeline.html#/. In 2016, Prime Minister Modi had visited the United States four times since he was elected in 2014. Rishi Iyengar, "As India's Prime Minister Modi Visits President Obama, Both Leaders Look to Cement a Legacy," *Time*, June 7, 2016, https://time.com/4359522/india-modi-obama-visit-us/.

37　House of Representatives: Committee on Foreign Affairs, "Bad Company: Lashkar e-Tayyiba and the Growing Ambition of Islamist Militancy in Pakistan," March 11, 2010, https://www.govinfo.gov/content /pkg/CHRG-111hhrg55399/ html/CHRG-111hhrg55399.htm. Mehreen Zahra-Malik, "Militant Leader Hafiz Saeed Is Released by Pakistani Court," *New York Times*, https://www.nytimes. com/2017/11/23/world /asia/hafiz-saeed-pakistan-militant.html.

38　The White House, "Remarks by the President on the Way Forward in Afghanistan," Office of the Press Secretary, June 22, 2011, https://obama whitehouse.archives.gov/the-press-office/2011/06/22/remarks-president-way-forward-afghanistan.

39　The White House, *National Security Strategy of the United States of America*, December 2017, 46, https://www.whitehouse.gov/wp-content/up loads/2017/12/ NSS-Final-12-18-2017-0905.pdf.

40　U.S. Senate: Committee on Foreign Relations, "Al Qaeda, the Taliban, and Other Extremists [*sic*] Groups in Afghanistan and Pakistan," https://www.govinfo.gov/ content/pkg/CHRG-112shrg67892/html/CHRG-112shrg67892.htm.

41　Clinton Thomas, "Afghanistan: Background and U.S. Policy Brief," Congressional Research Service, January 31, 2020, https://fas.org/sgp/crs /row/R45122.pdf.

42　Thomas Joscelyn, "Disconnecting the Dots," *Washington Examiner*, July 13,

2010, https://www.washingtonexaminer.com/weekly-standard/discon necting-the-dots; Thomas Joscelyn, "Al Qaeda Is Very Much Alive," *Washington Examiner*, September 11, 2018, https://www.washington examiner.com/weekly-standard/sept-11-anniversary-17-years-later-al-qaeda-is-alive.

43　Vanda Felbab-Brown, "Why Pakistan Supports Terrorist Groups, and Why the US Finds It So Hard to Induce Change," Brookings Institution, January 5, 2018, https://www.brookings.edu/blog/order-from-chaos /2018/01/05/why-pakistan-supports-terrorist-groups-and-why-the-us-finds-it-so-hard-to-induce-change/.

44　Amy Held, "Death Toll in Kabul Blast Surpasses 150, Afghan President Says," NPR, June 6, 2017, www.npr.org/sections/thetwo-way/2017/06 /06/531729176/death-toll-in-kabul-blast-surpasses-150-afghan-presidentsays; Laura Smith-Spark and Faith Karimi. "Afghanistan Explosion: Blast Kills 90 near Diplomatic Area," CNN, June 1, 2017, www.cnn .com/2017/05/31/asia/kabul-explosion-hits-diplomatic-area/.

45　Quotes from the White House, "Remarks by President Trump on the Strategy in Afghanistan and South Asia," August 21, 2017, https://www.whitehouse.gov/briefings-statements/remarks-president-trump-strategy-afghanistan-south-asia/.

46　Michael D. Shear and Salman Masood, "Trump Tries Cooling Tensions with Pakistan to Speed Afghan Peace Talks," *New York Times*, July 22, 2019, https://www.nytimes.com/2019/07/22/world/asia/trump-pakistan-afghanistan.html.

47　This number includes total deaths in Afghanistan during Operation Enduring Freedom and Operation Freedom's Sentinel as of February 2020. U.S. Department of Defense, "Casualty Status," Department of Defense, February 3, 2020, https://www.defense.gov/casualty.pdf.

48　On the intelligence community's Worldwide Threat Assessment, see Senate Select Committee on Intelligence, Worldwide Threat Assessment, Statement for the Record (Daniel R. Coates, Director of National Intelligence), January 29, 2019, 12, https://www.dni.gov/files/ODNI /documents/2019-ATA-SFR---SSCI.pdf. For analysis of the UN policy, see Thomas Joscelyn, "The Trump Administration's Afghanistan Policy," Congressional Testimony, Foundation for Defense of Democracies, September 19, 2019, https://www.fdd.org/analysis/2019/09/19/the-trump-administrations-afghanistan-policy/.

49　On the attack in Ghazni city, see Mujib Mashal, "Afghan Talks with Taliban Reflect a Changed Nation," *New York Times*, July 7, 2019, https:// www.nytimes.com/2019/07/07/world/asia/afghanistan-peace-talks-tali ban.html. Michael Crowley, Lara Jakes, and Mujib Mashal, "Trump Says He's Called Off Negotiations with Taliban After Afghanistan Bombing," *New York Times*,

September 10, 2019, https://www.nytimes.com/2019/09 /07/us/politics/trump-taliban-afghanistan.html. On President Trump's quotes, see "Remarks by President Trump Before Marine One Departure," The White House, September 9, 2019, https://www.whitehouse .gov/briefings-statements/remarks-president-trump-marine-one-de parture-63/.

50   Bill Roggio, "U.S. Military Buries Press Release that Would Announce Killing of Al Qaeda in the Indian Subcontinent's Emir," FDD's *Long War Journal*, January 15, 2020, https://www.longwarjournal.org/archives /2020/01/u-s-military-buries-press-release-that-would-announce-killing-of-al-qaeda-in-the-indian-subcontinents-emir.php.

51   Statista Research Department, "Soldiers Killed in Action in Afghanistan 2001–2019," Statista, August 22, 2019, https://www.statista.com/statistics/262894/western-coalition-soldiers-killed-in-afghanistan/; Matthew Pennington, "Pentagon: Afghan War Costing U.S. $45 Billion per Year," *Military Times*, February 6, 2018, https://www.militarytimes.com/news /pentagon-congress/2018/02/07/pentagon-afghan-war-costing-us-45-billion-per-year/.

52   Neta C. Crawford, "United States Budgetary Costs of Post-9/11 Wars Through FY 2018," Costs of War Project, Watson Institute International and Public Affairs, Brown University, November 2017, 9, https://watson .brown.edu/costsofwar/papers/economic.

53   On the September 2019 presidential election, Pamela Constable, "Afghanistan's Ghani Wins Slim Majority in Presidential Vote, Preliminary Results Show," *Washington Post*, December 22, 2019, https://www.wash ingtonpost. com/world/afghanistans-ghani-wins-slim-majority-in-presi dential-vote/2019/12/22/73355178-2441-11ea-b034-de7dc2b5199b_story .html. On Afghan national mood toward the Taliban, see Nhung, "Afghanistan in 2018: A Survey of the Afghan People," 43.

第七章   誰說那很簡單？

1   U.S. Department of State, "Casualty Status as of 10 a.m. EST Jan. 20, 2020," https://www.defense.gov/casualty.pdf; Leith Aboufadel, "Over 26,000 Iraqi Soldiers Killed in 4 Year War with ISIS," AMNNews, December 13, 2017, https://www.almasdarnews.com/article/26000-iraqi-soldiers-killed-4-year-war-isis/.

2   Garrett Nada and Mattisan Rowan, "Pro-Iran Militias in Iraq," Wilson Center, April 27, 2018, https://www.wilsoncenter.org/article/part-2-pro-iran-militias-iraq.

3   George Packer, "The Lesson of Tal Afar," *The New Yorker*, July 10, 2017, https://

www.newyorker.com/magazine/2006/04/10/the-lesson-of-tal-afar. Confession of Abdul Ghafur Abdul Rahman Mustafa from August 28, 2008, in possession of author; Joseph L. Galloway, McClatchy Newspapers, "Regiment's Rotation out of Tal Afar Raises Questions about U.S. Strategy," McClatchy Washington Bureau, January 18, 2006, https://www.mcclatchydc.com/opinion/article24452989.html.

4   Joel Rayburn, *Iraq After America: Strongmen, Sectarians, Resistance* (Stanford, CA: Hoover Institution Press, 2014), 74–75.

5   On how Jaafari changed the Ministry of Interior, see John F. Burns, "Torture Alleged at Ministry Site Outside Baghdad," *New York Times*, November 16, 2005, https://www.nytimes.com/2005/11/16/world/middle east/torture-alleged-at-ministry-site-outside-baghdad.html; see also Joel Rayburn, *Iraq After America: Strongmen, Sectarians, Resistance* (Stanford, CA: Hoover Institution Press, 2014), 79.

6   For a report on the abuse of Sunni prisoners, see Ned Parker, "Torture by Iraqi Militias: The Report Washington Did Not Want You to See," Reu– ters, December 14, 2015, https://www.reuters.com/investigates/special-report/mideast-crisis-iraq-militias/.

7   On Iranian influence in Iraqi government, see International Institute for Strategic Studies, "Iranian Influence in Iraq: Assessing Tehran's Strategy," *Strategic Comments* 13, no. 10 (December 2007):1–2, https://doi.org/10.1080/13567880701870027. See also Rayburn, Iraq After America, 80–81.

8   Rayburn, *Iraq After America*, 80.

9   Richard Spencer, "Isil Carried Out Massacres and Mass Sexual Enslavement of Yazidis, UN Confirms," *Telegraph*, October 14, 2014, https:// www.telegraph.co.uk/news/worldnews/islamic-state/11160906/Isil-carried-out-massacres-and-mass-sexual-enslavement-of-Yazidis-UN-confirms.html.

10   Department of Defense, "Department of Defense Press Briefing by Secretary Mattis, General Dunford and Special Envoy McGurk on the Campaign to Defeat ISIS in the Pentagon Press Briefing Room," U.S. Department of Defense Archives, May 19, 2017, https://www.defense.gov /Newsroom/Transcripts/Transcript/Article/1188225/department-of-defense-press-briefing-by-secretary-mattis-general-dunford-and-sp/.

11   Albert Hourani, *A History of the Arab Peoples* (Cambridge, MA: Harvard University Press, 2002), 397–98.

12   Reuters, "Syria's Alawites, a Secretive and Persecuted Sect," Reuters, February 2, 2012, https://www.reuters.com/article/us-syria-alawites-sect-idUSTRE8110Q720120202.

13 Williamson Murray and Kevin M. Woods, *The Iran-Iraq War: A Military and Strategic History* (Cambridge, UK: Cambridge University Press, 2014), 242, doi:10.1017/CBO9781107449794.

14 Patrick Cockburn, *Muqtada Al-Sadr and the Battle for the Future of Iraq* (New York: Scribner, 2008), 28.

15 Khomeini's efforts were not unprecedented. The Safavid dynasty in the seventh century used Shia Islam to unify Persian society against the Sunni Ottoman Empire.

16 Central Intelligence Agency, "The Demographic Consequences of the Iran-Iraq War," May 22, 1984, released April 4, 2011, CIA-RDP85T00 287R001301610001, https://www.cia.gov/library/readingroom/docs/CIA-RDP85T00287R001301610001-1.pdf.

17 Luke Harding, "Haider al-Abadi: From Exile in Britain to Iraq's Next Prime Minister," *Guardian*, August 11, 2014, https://www.theguardian .com/world/2014/aug/11/haider-al-abadi-profile-iraqs-next-prime-minister.

18 Sam Dagher, *Assad or We Burn the Country: How One Family's Lust for Power Destroyed Syria* (New York: Little, Brown and Company, 2019), 55–56.

19 Michael Knights, "Helping Iraq Take Charge of Its Command-and-Control Structure," *The Washington Institute*, September 30, 2019, https:// www. washingtoninstitute.org/policy-analysis/view/helping-iraq-take-charge-of-its-command-and-control-structure.

20 The Al-Qaeda documents captured in the northern Iraqi border district of Sinjar in September 2007 (the infamous "Sinjar documents") showed that the vast majority of the mujahideen who entered Iraq—more than one hundred a month at that time—did so by way of the Damascus airport and a well-established network of safe houses and friendly Syrian officials who led them across the Iraqi frontier into Anbar or Ninewa Provinces. In a police state like Bashar al-Assad's Syria, the activity recorded in the Sinjar documents could never have taken place without the full knowledge and approval of the regime. See Brian Fishman and Joseph Felter, "Al-Qa'ida's Foreign Fighters in Iraq: A First Look at the Sinjar Records," Combatting Terrorism Center at West Point, January 2, 2007, https://ctc.usma.edu/al-qaidas-foreign-fighters-in-iraq-a-first-look-at-the-sinjar-records/.

21 Fouad Ajami, "America and the Solitude of the Syrians," *Wall Street Journal*, January 6, 2012, https://www.hoover.org/research/america-and-solitude-syrians; David Remnick, "Going the Distance: On and Off the Road with Barack Obama," *The New Yorker*, January 20, 2014, https:// www.newyorker.com/magazine/2014/01/27/going-the-distance-david-remnick.

22　On the Homs riots, see Michael Weiss and Hassan Hassan, *ISIS: Inside the Army of Terror* (New York: Regan Arts, 2016), 132; Warrick, *Black Flags*, 228. For examples of this repression, see Warrick, *Black Flags*, 266; Weiss and Hassan, *ISIS*, 132.

23　Murray and Woods, *The Iran-Iraq War*, 242.

24　H. R. McMaster, "Why the U.S. Was Right in Not Trying to Take Over All of Iraq," *Philadelphia Inquirer*, June 23, 1991.

25　Conrad C. Crane and W. Andrew Terrill, "Reconstructing Iraq: Insights, Challenges, and Missions for Military Forces in a Post-Conflict Scenario," Strategic Studies Institute, U.S. Army War College, February 1, 2003, 17, https://ssi.armywarcollege.edu/pubs/display.cfm?pubID=182.

26　Stephen D. Biddle and Peter Feaver, "Assessing Strategic Choices in the War on Terror," in Beth Bailey and Richard Immerman, eds., *Understanding the U.S. Wars in Iraq and Afghanistan* (New York: NYU Press, 2015).

27　Michael R. Gordon and General Bernard E. Trainor, *The Endgame: The Inside Story of the Struggle for Iraq, from George W. Bush to Barack Obama* (London: Atlantic Books, 2013).

28　Ayman al-Zawahiri, "Knights Under the Prophet's Banner," FBIS translation of the newspaper *Asharq-Al-awsat*, 2001.

29　Gordon and Trainor, *The Endgame*, 302.

30　Kimberly Kagan, *Surge: A Military History* (New York: Encounter Books, 2009).

31　For more metrics on violence in Iraq, see Anthony H. Cordesman, "Iraq: Patterns of Violence, Casualty Trends, and Emerging Threats," Center for Strategic and International Studies, February 9, 2011, https://csisprod.s3.amazonaws.com/s3fs-public/legacy_files/files/publication/110209_Iraq-PattofViolence.pdf.

32　Peter Baker, "Relief over U.S. Exit from Iraq Fades as Reality Overtakes Hope," *New York Times*, June 22, 2014, https://www.nytimes.com/2014/06/23/world/middleeast/relief-over-us-exit-from-iraq-fades-as-reality-overtakes-hope.html.

33　Baker, "Relief over U.S. Exit from Iraq Fades as Reality Overtakes Hope."

34　On Hashemi's death, see Jack Healy, "Arrest Order for Sunni Leader in Iraq Opens New Rift," *New York Times*, December 19, 2011. On the alienation of Iraq's Sunni populations, see Rayburn, *Iraq After America*; Emma Sky, *The Unraveling: High Hopes and Missed Opportunities in Iraq* (New York: PublicAffairs, 2015), xii.

35　Beatrice Dupuy, "President Obama Did Not Free Islamic State Leader Al-Baghdadi from Prison," *Associated Press*, October 30, 2019, https://ap news.com/afs:Content:8037620747.

36　Martin Chulov, "Gaddafi's Last Moments: 'I Saw the Hand Holding the Gun and I Saw It Fire,'" *The Guardian*, October 20, 2012.

37　Barrack Obama, "Remarks by the President on Ending the War in Iraq," The White House, October 21, 2011, transcript, https://obamawhite house.archives. gov/the-press-office/2011/10/21/remarks-president-end ing-war-iraq.

第八章　打破循環

1　Kenneth Michael Pollack, *A Path out of the Desert: A Grand Strategy for America in the Middle East* (New York: Random House, 2008), xxxix.

2　On the Kenneth Pollack quote, see Kenneth M. Pollack, "Drowning in Riches," *New York Times,* July 13, 2008, https://www.nytimes.com/2008 /07/13/ opinion/13pollack.html.

3　The population of Syria pre–civil war (2011) was 21 million. As of 2018, it was 16 million. The World Bank, "Syrian Arab Republic," https://data .worldbank.org/ country/syrian-arab-republic.

4　The Syrian Network for Human Rights, "Statistics of 2019," SNHR, http://sn4hr. org/.

5　United Nations, "Libya Country Profile," UN, http://data.un.org/Country Profile. aspx/_Images/CountryProfile.aspx?crName=Libya.

6　The success of Operation Provide Comfort could help stabilize Syria. Thomas E. Ricks, "Operation Provide Comfort: A Forgotten Mission with Possible Lessons for Syria," *Foreign Policy*, February 6, 2017, https:// foreignpolicy. com/2017/02/06/operation-provide-comfort-a-forgotten-mission-with-possible-lessons-for-syria/.

7　Efraim Benmelech and Esteban F. Klor, "What Explains the Flow of Foreign Fighters to ISIS?" National Bureau of Economic Research, Working Paper 22190, April 2016, 16, http://www.nber.org/papers/w22190.

8　Statistics on displacement based on Eurostat findings, Phillip Connor, "Most Displaced Syrians Are in the Middle East, and About a Million Are in Europe," FactTank, Pew Research Center, January 29, 2018, https:// www.pewresearch. org/fact-tank/2018/01/29/where-displaced-syrians-have-resettled/. The UNHCR count as of October 31, 2019, was 3,680,603, UNHCR, "Syria Regional Refugee Response," UNHCR, October 31, 2019, https://data2.unhcr.org/en/situations/syria/ location/113.

9　For more of the story of Omran Daqneesh, see Anne Bernard, "How Omran Daqneesh, 5, Became a Symbol of Aleppo's Suffering," *New York Times*, August

18, 2016, https://www.nytimes.com/2016/08/19/world /middleeast/omran-daqneesh-syria-aleppo.html. Tragically, 30,000 deaths in Syria were estimated between 2012 and 2016. Russian bombing in Syria began in late 2015; within that time frame, there were 7,800 deaths in Aleppo. Violations Documentation Center in Syria, "Aleppo Death Statistics: 2015/09/01–2016/12/30," VDC, http://www.vdc-sy.info/index .php/en/martyrs/1/c29ydGJ5PWEua2lsbGVkX2RhdG V8c29ydGRp cj1ERVNDfGFwcHJvdmVkPXpc2libGV8ZXh0cmFkaXNwb GF5PT B8cHJvdmluY2U9Nnxzd GFydERhdGU9MjAxNS0wOS0wMXxlbm REYXRlPTIwMTYtMTItMzB8.

10 Steve Simon and Jonathan Stevenson, "Don't Intervene in Syria," *New York Times*, October 6, 2016, https://www.nytimes.com/2016/10/06 /opinion/dont-intervene-in-syria.html. But there were concerns that the threat to U.S. interests would not stay contained to Syria. In January 2014, months before President Obama intervened against ISIS, former DNI James Clapper said that Syria was becoming "in some respects, a new FATA," referring to the Federally Administered Tribal Areas of Pakistan, a long-known Al-Qaeda base, saying that the country was attracting thousands of jihadist fighters who could one day create a potential base for terrorist attacks emanating from Syria to the West.

11 @realDonaldTrump: "⋯almost 3 years, but it is time for us to get out of these ridiculous Endless Wars, many of them tribal, and bring our soldiers home. WE WILL FIGHT WHERE IT IS TO OUR BENEFIT, AND ONLY FIGHT TO WIN. Turkey, Europe, Syria, Iran, Iraq, Russia and the Kurds will now have to⋯" Twitter, October 7, 2019, https://twitter .com/realDonaldTrump/status/1181172465772482563. For the president's remarks on Syria, see President Trump, "Remarks by President Trump in Cabinet Meeting," The White House, January 3, 2019, https://www .whitehouse.gov/briefings-statements/remarks-president-trump-cabinet-meeting-12/.

12 For a perspective supporting disengagement, see Steve Simon, "After the Surge: The Case for U.S. Military Disengagement from Iraq," Council Special Report No. 23, Council on Foreign Relations Press, February 2007, https://www.cfr.org/report/after-surge.

13 Candace Dunn and Tim Hess, "The United States Is Now the Largest Global Crude Oil Producer," U.S. Energy Information Administration (EIA), Independent Statistics and Analysis, EIA, September 12, 2018, https://www.eia.gov/todayinenergy/detail.php?id=37053.

14 Michael Schwirtz, "U.N. Links North Korea to Syria's Chemical Weapons Program," *New York Times*, February 27, 2018, https://www.nytimes

.com/2018/02/27/world/asia/north-korea-syria-chemical-weapons-sanc tions.html. On IDF attribution, see IDF, "The Secret Operation Revealed a Decade Later," IDF Press Center, March 21, 2018, https://www.idf.il/en /articles/operations/the-secret-operation-revealed-a-decade-later/.

15　On jihadist strategies and mission, see Brian Fishman, *The Master Plan: ISIS, al-Qaeda, and the Jihadi Strategy for Final Victory* (New Haven, CT: Yale University Press, 2016), 36; Jonathan Randal, *Osama: The Making of a Terrorist* (New York: Vintage Books, 2005), 86–87, 95. On world economic growth, see Office of the Historian, "Oil Embargo, 1973–1974," U.S. Department of State, https://history.state.gov/milestones/1969-1976 /oil-embargo.

16　Colin Clarke, "Expanding the ISIS Brand," RAND Corporation, February 19, 2018, https://www.rand.org/blog/2018/02/expanding-the-isis-brand.html.

17　Audrey Kurth Cronin, *Power to the People: How Open Technological Innovation Is Arming Tomorrow's Terrorists* (New York: Oxford University Press, 2020), 161–239.

18　Anna Borshchevskaya, "Will Russian-Saudi Relations Continue to Improve? What Their Recent Summit Means for the Relationship," *Foreign Affairs*, October 10, 2017, https://www.foreignaffairs.com/articles/saudi-arabia/2017-10-10/will-russian-saudi-relations-continue-improve.

19　Judah Ari Gross, "IDF Says It Has Bombed over 200 Iranian Targets in Syria Since 2017," *Times of Israel*, September 4, 2018, https://www.times ofisrael.com/ idf-says-it-has-carried-out-over-200-strikes-in-syria-since-2017/.

20　Secretary of State Rex W. Tillerson, "The Way Forward in Syria," speech, Hoover Institution, Stanford, CA, January 17, 2018, https://www.hoover .org/events/ tillerson_11718.

21　On the "safe zone" decision, see Julian E. Barnes and Eric Schmitt, "Trump Orders Withdrawal of U.S. Troops from Northern Syria" *New York Times,* October 13, 2019, https://www.nytimes.com/2019/10/13 /us/politics/mark-esper-syria-kurds-turkey.html.

22　Kareem Khadder, Jennifer Deaton, and Sharif Paget, "Kurdish Politician and 10 Others Killed by 'Turkish-Backed Militia' in Syria, SDF Claims," CNN, October 13, 2019, https://www.cnn.com/2019/10/13/middleeast /syria-turkey-kurdish-politician-intl/index.html.

23　Alissa J. Rubin, "Iraqis Rise Against a Reviled Occupier: Iran," *New York Times*, November 4, 2019, https://www.nytimes.com/2019/11/04/world /middleeast/iraq-protests-iran.html.

24　Tim Arango and Neil MacFarquhar, "Grief and Fear in Sacramento over a Death

That Set the World on Edge," *New York Times*, January 15, 2020, https://www.nytimes.com/2020/01/15/us/contractor-killed-in-iraq-sacramento.html.

25　DeirezZor 24, "Al-Sha'itat Massacre in Deir Ezzor⋯the 5th Anniversary," DeirezZor 24 News, September 8, 2019, https://en.deirezzor24 .net/al-shaitat-massacre-in-deir-ezzor-the-5th-anniversary/.

26　Michael Shear, "Obama Administration Ends Effort to Train Syrians to Combat ISIS," *New York Times*, October 9, 2015, https://www.nytimes .com/2015/10/10/world/middleeast/pentagon-program-islamic-state-syria.html; World Bulletin News Desk, "Syrian Opp Withdraw from U.S. 'Train and Equip' Program," World Bulletin, June 23, 2015, https:// www.worldbulletin.net/middle-east/syrian-opp-withdraw-from-us-train-and-equip-program-h161073.html; Ibrahim Hamidi, "Syrian Opposition Fighters Withdraw from U.S. 'Train and Equip' Program," *Syrian Observer*, June 22, 2015, https://syrianobserver.com/EN/news/29743 / syrian_opposition_fighters_withdraw_from_us_train_equip_pro gram.html.

27　Marc Lynch, "Welcome to the Syrian Jihad," *Foreign Policy,* June 6, 2013, https:// foreignpolicy.com/2013/06/06/welcome-to-the-syrian-jihad/.

28　"Readout of the President's Call with Prime Minister Haider Al-Abadi of Iraq," The White House (The United States Government), March 29, 2017, https://www.whitehouse.gov/briefings-statements/readout-presi dents-call-prime-minister-haider-al-abadi-iraq-2/.

29　Gonul Tol and Omer Taspinar, "Erdogan's Turn to the Kemalists," *Foreign Affairs*, November 10, 2016, https://www.foreignaffairs.com/arti cles/turkey/2016-10-27/erdogans-turn-kemalists.

30　On Erdogan and the AKP, see Adam Withnall @adamwithnall, "Erdogan Just Made His Most Worrying Claim Yet over the Attempted Coup in Turkey," *Independent*, August 2, 2016, https://www.independent .co.uk/news/world/europe/erdogan-turkey-coup-latest-news-blames-us-west-terrorism-gulen-a7168271.html; Ihsan Yilmaz and Galib Bashirov, "The AKP After 15 Years: Emergence of Erdoganism in Turkey," *Third World Quarterly* 39, no. 9 (2018), https:// www.tandfonline.com /doi/full/10.1080/01436597.2018.1447371#_i9. On the hostage taking, see Karen DeYoung and Kareem Fahim, "U.S.-Turkey Tensions Boil over After Arrest of Consulate Employee," *Washington Post*, October 9, 2017, https://www.washingtonpost.com/world/turkey-summons-another-us-consulate-employee-as-crisis-deepens/2017/10/09/5fbaecf6-ac7b-11e7-9b93-b97043e57a22_story.html.

31　On Turkey and Russia, see Kiri ci Kemal, *Turkey and the West: Fault Lines in a Troubled Alliance* (Washington, DC: Brookings Institution Press, 2018),

175–78. On the 2020 refugee influx, see France 24, "Fighting Continues in Idlib as Turkey Talks End Inconclusively," France 24, February 11, 2020, https://www.france24.com/en/20200211-fighting-continues-in-idlib-as-turkey-russia-talks-end-inconclusively. Kareem Fahim and Robyn Dixon, "Turkey Vows to Escalate Military Action After 33 Soldiers Die in Syria," *Washington Post*, February 28, 2020.

32 Eric Schmitt, "Killing of Terrorist Leader in Yemen Is Latest Blow to Qaeda Affiliate," *New York Times*, February 10, 2020, https://www.ny times.com/2020/02/10/us/politics/al-qaeda-yemen-qassim-al-rimi .html.

33 On the deaths of Baghdadi and al-Muhajir, see Ben Hubbard and Karam Shoumali, "Likely Successor to Dead ISIS Leader Also Reported Killed," *New York Times*, October 27, 2019, https://www.nytimes.com/2019/10 /27/world/middleeast/al-baghdadi-successor-reported-killed.html. On Assad's release of jihadist terrorist prisoners, see Daniel Byman, "The Resurgence of Al Qaeda in Iraq," Brookings, December 12, 2013, https:// www.brookings.edu/testimonies/the-resurgence-of-al-qaeda-in-iraq/.

34 Wahhabism was named for an eighteenth-century Najdi cleric, Muhammad Ibn Abdul Wahhab, who developed an ideology foundational to twenty-first-century radicalization and terrorist recruitment. Wahhabism and Salafism, a related nineteenth-century radical theology, reject Islam's tolerance for "people of the book"—Jews and Christians—who worship the same God based on the teachings of prophets who predated Mohammed. Wahhabism traditionally has opposed *taqlid*, or blind following of schools of law, instead asking followers to go directly to a puritanical and literalist interpretation of the Qur'an and Sunnah itself. The Great Mosque in Mecca used to have four *maqamat*, or prayer stations, each one representing one of the four schools. In 1926, King Abdulaziz and the Wahhabis got rid of the *maqamat* representing the four different Sunni schools and this practice and imposed one prayer. MBS's reference to the four schools was therefore of major significance for a Saudi leader. For a discussion of *maqamat* in Arabic, see Al Masjid al Haram, Makkawi, https://www.makkawi.com/Article /872/%D8%A7%D9%84%D9%85%D9%82%D8%A7%D9%85%D8%A7%D8 %AA-%D8%A7%D9%84%D8%A3%D8%B1%D8%A8%D8%B9-%D8%A8% D8%A7%D9%84%D9%85%D8%B3%D8%AC%D8%AF-%D8%A7%D9 %84%D8%AD%D8%B1%D8%A7%D9%85.

35 On the proliferation of Saudi religious textbooks, see David Andrew Weinberg, "Textbook Diplomacy," Foundation for Defense and Democracies, October 24, 2018, https://www.fdd.org/analysis/2014/03/21 /textbook-diplomacy/; David D.

Kirkpatrick, "ISIS' Harsh Brand of Islam Is Rooted in Austere Saudi Creed," *New York Times*, September 24, 2014, https://www.nytimes.com/2014/09/25/world/middleeast/isis-abu-bakr-baghdadi-caliph-wahhabi.html.

36　For more on the growth of Shia extremism, see chapters 9 and 10.

37　Donald J. Trump, "President Trump's Speech to the Arab Islamic American Summit," Riyadh, Saudi Arabia, Statements and Releases, The White House, May 21, 2017, https://www.whitehouse.gov/briefings-statements/president-trumps-speech-arab-islamic-american-summit/.

38　Julian E. Barnes, "C.I.A. Concludes that Saudi Crown Prince Ordered Khashoggi Killed," *New York Times*, November 16, 2018, https://www .nytimes.com/2018/11/16/us/politics/cia-saudi-crown-prince-kha shoggi.html.

第九章　一個壞交易：伊朗的40年代理人戰爭與和解的失敗

1　"Nuclear," Joint Comprehensive Plan of Action, U.S. Department of State, July 14, 2015, 6–9, https://2009-2017.state.gov/documents/organi zation/245317.pdf.

2　Barack Obama, "Statement by the President on Iran," Speech, The White House, Office of the Press Secretary, July 14, 2015, https://obamawhite house.archives. gov/the-press-office/2015/07/14/statement-president-iran.

3　On inspections, see William Tobey and Judith Miller, "Are Iranian Military Bases Off-Limits to Inspection?" RealClearPolitics, September 8, 2015, https://www. realclearpolitics.com/articles/2015/09/08/are_iranian _military_bases_off-limits_ to_inspection_128007.html; Olli Heinonen, "The IAEA's Right and Obligation to Inspect Military Facilities in Iran," Foundation for Defense of Democracies, April 4, 2018, https://www .fdd.org/analysis/2018/04/04/the-iaeas-right-and-obligation-to-inspect-military-facilities-in-iran/.

4　Glenn Kesler, "President Trump's Claim that Democrats Gave Iran $150 Billion," *Washington Post*, December 13, 2018, https://www.washington post.com/politics/2018/12/13/president-trumps-claim-that-democrats-gave-iran-billion/.

5　Matthew Levitt, "Iran's Support for Terrorism Under the JCPOA," Washington Institute for Near East Policy, July 8, 2016, https://www.wash ingtoninstitute.org/policy-analysis/view/irans-support-for-terrorism-under-the-jcpoa.

6　Spencer Ackerman, "U.S. Central Command Nominee Has 'Concerns' About Progress Against Isis," *Guardian*, March 9, 2016, https://www .theguardian.com/world/2016/mar/09/us-isis-syria-strategy-central-command-nomination-joseph-votel.

7　Lou Barletta, "H.R.1191—Iran Nuclear Agreement Review Act of 2015: 114th

Congress (2015–2016)," https://www.congress.gov/bill/114th-con gress/house-bill/1191/text.

8   Rex W. Tillerson, "Secretary of State Rex Tillerson. Press Availability," U.S. Embassy & Consulates in Russia, April 19, 2017, https://ru.us embassy.gov/secretary-state-rex-tillerson-press-availability/.

9   President Donald J. Trump, "President Donald J. Trump Is Ending United States Participation in an Unacceptable Iran Deal," Fact Sheets, The White House, May 8, 2018, https://www.whitehouse.gov/briefings-statements/president-donald-j-trump-ending-united-states-participa tion-unacceptable-iran-deal/.

10   See "Treasury Targets Persons Supporting Iranian Military and Iran's Islamic Revolutionary Guard Corps," Press Center, U.S. Department of the Treasury, July 18, 2017, https://www.treasury.gov/press-center /press-releases/Pages/sm0125. aspx; Jesse Chase-Lubitz, "Trump Slaps Sanctions on Iran While Keeping Nuclear Deal in Place—for Now," July 18, 2017, *Foreign Policy* (blog), https://foreignpolicy.com/2017/07/18 /trump-slaps-sanctions-on-iran-while-keeping-nuclear-deal-in-place-for-now/.

11   "Excerpts: Donald Trump's Interview with the Wall Street Journal," *Wall Street Journal*, July 25, 2017, https://blogs.wsj.com/washwire/2017 /07/25/donald-trumps-interview-with-the-wall-street-journal-edited-transcript/.

12   Donald J. Trump, "Statement by the President on the Iran Nuclear Deal," speech, Washington, DC, Statements and Releases, The White House, January 12, 2018, https://www.whitehouse.gov/briefings-state ments/statement-president-iran-nuclear-deal/.

13   Trump, "Statement by the President on the Iran Nuclear Deal."

14   Donald J. Trump, "Statement from the President on the Designation of the Islamic Revolutionary Guard Corps as a Foreign Terrorist Organization," Statements and Releases, The White House, April 8, 2019, https:// www.whitehouse.gov/briefings-statements/statement-president-desig nation-islamic-revolutionary-guard-corps-foreign-terrorist-organi zation/.

15   Mullahs are scholars of Islamic teaching who wield considerable political and societal power in the Islamic Republic's theocracy.

16   On the effects of the sanctions, see "How Renewed U.S. Sanctions Have Hit Iran Hard," BBC News, May 2, 2019, https://www.bbc.com/news /world-middle-east-48119109. On Europe and the sanctions, see Kenneth Katzman, "Summary," *Iran Sanctions*, Congressional Research Service, April 22, 2019, 1, https://crsreports.congress.gov/product/pdf/RS /RS20871/291.

17   On the Mr. Rouhani quote, see Alastair Gale, "Iran Presses Japan to Break with

U.S. Sanctions on Tehran," *Wall Street Journal*, June 12, 2019, https://www.wsj. com/articles/japans-abe-looks-to-mediate-between-u-s-iran-11560340410. On the letter episode, see "I Don't Consider Trump Worth Sending a Message to, We Won't Negotiate with U.S.," Khame nei.ir, June 13, 2019, http://english.khamenei. ir/news/6844/I-don-t-con sider-Trump-worth-sending-a-message-to-we-won-t-negotiate.

18　On the *Kokuka Courageous* incident, see "Gulf of Oman Tanker Attacks: What We Know," BBC News, June 18, 2019, https://www.bbc.co.uk /news/world-middle-east-48627014; Amanda Macias, "U.S. Military Releases New Images of Japanese Oil Tanker Attack," CNBC, June 17, 2019, https://www.cnbc.com/2019/06/17/us-military-releases-new-images-of-japanese-oil-tanker-attack.html.

19　On President Trump's decision to halt strikes, see Patrick Wintour and Julian Borger, "Trump Says He Stopped Airstrike on Iran Because 150 Would Have Died," *Guardian*, June 21, 2019, https://www.theguardian .com/world/2019/ jun/21/donald-trump-retaliatory-iran-airstrike-can celled-10-minutes-before; Luis Martinez, Elizabeth McLaughlin, and Meredith McGraw, "Trump Says Iranian Shootdown of U.S. Military Drone May Have Been a 'Mistake,'" ABC News, June 20, 2019, https://abcnews.go.com/Politics/iran-shoots-american-drone-international-airspace-us-official/story?id=63825990.

20　On the Obama quote, see Thomas L. Friedman, "Iran and the Obama Doctrine," *New York Times*, April 5, 2015, https://www.nytimes.com/2015 /04/06/opinion/ thomas-friedman-the-obama-doctrine-and-iran-inter view.html. On the Rhodes quote, see Gardiner Harris, "Deeper Mideast Aspirations Seen in Nuclear Deal with Iran," *New York Times*, July 31, 2015, https://www.nytimes.com/2015/08/01/ world/middleeast/deeper-mideast-aspirations-seen-in-nuclear-deal-with-iran.html.

21　The Learning Network, "Jan. 20 1981: Iran Releases American Hostages as Reagan Takes Office," *New York Times*, January 20, 2012, https://learn ing.blogs. nytimes.com/2012/01/20/jan-20-1981-iran-releases-american-hostages-as-reagan-takes-office/.

22　On the marine barracks attack, see Lynn Maalouf, Luc Cote, and Theo Boudruche, "Lebanon's Legacy of Political Violence," International Center for Transitional Justice, September 2013, 53. The scandal known as the Iran-Contra affair began with illegal arms sales to Iran to gain the freedom of hostages and expanded when the profits from those sales were used for another purpose: buying arms for the anticommunist rebels known as the Contras, who were fighting to topple a Marxist government in Nicaragua. On hostage releases, arms deal exposure, use of arms by Contras, see David Crist, *Twilight War: The Secret History of America's Thirty-*

Year Conflict With Iran (New York: Penguin House, 2012), 197–98.

23　Richard N. Haass, "The George H. W. Bush Administration," The Iran Primer, United States Institute of Peace, https://iranprimer.usip.org/re source/george-hw-bush-administration.

24　Crist, *Twilight War*, 382–85.

25　On the murder of prominent Kurdish Iranians, see Claude Moniquet, "The Recent Iranian Terrorist Plots in Europe," European Strategic Intelligence and Security Center, February 2019, http://www.esisc.org /upload/publications/analyses/the-recent-iranian-terrorist-plots-in-europe/IRAN%20-%20RECENT%20 TERRORIST%20PLOTS%20IN%20EUROPE.pdf. On the fatwa against Salman Rushdie, see Patricia Bauer, Carola Campbell, and Gabrielle Mander, "The Satanic Verses: Novel by Rushdie," *Encyclopedia Britannica*, https://www.britannica.com /topic/The-Satanic-Verses.

26　"Iran," Heritage Foundation, October 30, 2019, https://www.heritage .org/military-strength/assessing-threats-us-vital-interests/iran.

27　"Transcript of interview with Iranian president Mohammad Khatami." CNN Archive, January 7, 1998, http://www.cnn.com/WORLD/9801/07 /iran/interview. html. U.S. decision making in the immediate aftermath of the bombing was complicated due to Saudi Arabia's position that AlQaeda was responsible for the bombing. The Saudis knew this to be false but did not want the United States to believe that a significant Saudi Hezbollah organization existed in Saudi Arabia.

28　Mir Sadat and James Hughes, "U.S.-Iran Engagement Through Afghanistan," *Middle East Policy* 17, no. 1 (2010): 35, https://mepc.org/us-iran-engagement-through-afghanistan.

29　On Khatami's speech, see Michael Rubin, "Khatami and the Myth of Reform in Iran," *The Politic* (Spring 2002), Washington Institute for Near East Policy, https://www.washingtoninstitute.org/policy-analysis/view /khatami-and-the-myth-of-reform-in-iran. On the Natanz facility, see Kelsey Davenport, "Timeline of Nuclear Diplomacy with Iran," Fact Sheets and Briefs, Arms Control Association, updated November 2018, https://www.armscontrol.org/factsheet/Timeline-of-Nuclear-Diplomacy-With-Iran.

30　Adrian Levy and Cathy Scott-Cook, "Al-Qaeda Has Rebuilt Itself—with Iran's Help," *The Atlantic*, November 11, 2017, https://www.theatlantic .com/international/archive/2017/11/al-qaeda-iran-cia/545576/.

31　Crist, *The Twilight War*, 521, 529.

32　On the Bush administration's reasoning, see Michael Rubin, "Iran's Revolutionary Guard: A Rogue Outfit," *Middle East Quarterly* 15, no. 4 (Fall 2008), https://www.

meforum.org/1990/irans-revolutionary-guards-a-rogue-outfit; George W. Bush, "Press Conference by the President," The White House, February 14, 2007, https://georgewbush-whitehouse.ar chives.gov/news/releases/2007/02/20070214-2.html.

33 Kyle Rempfer, "Iran Killed More U.S. Troops in Iraq Than Previously Known, Pentagon Says," *MilitaryTimes,* April 4, 2019, https://www.mili tarytimes.com/news/your-military/2019/04/04/iran-killed-more-us-troops-in-iraq-than-previously-known-pentagon-says/.

34 On the Karbala attack, see Crist, *Twilight War*, 529. On the plot to assassinate the Saudi ambassador, see Charlie Savage and Scott Shane, "Iranians Accused of a Plot to Kill Saudis' U.S. Envoy," *New York Times*, October 11, 2011 https://www.nytimes.com/2011/10/12/us/us-accuses-irani ans-of-plotting-to-kill-saudi-envoy.html?_r=1. On U.S. law enforcement disrupting plot, see "Iranian Plot to kill Saudi Ambassador Thwarted, U.S. Officials Say," CNN, October 12, 2011, https://www.cnn.com/2011 /10/11/justice/iran-saudi-plot/index.html. On two men charged in plot, see "Two Men Charged in Alleged Plot to Assassinate Saudi Arabian Ambassador to the United States," Department of Justice Office of Public Affairs, October 11, 2011, https://www.justice.gov/opa/pr/two-men-charged-alleged-plot-assassinate-saudi-arabian-ambassador-united-states. On the British embassy attack, see Robert F. Worth and Rick Gladstone, "Iranian Protesters Attack British Embassy," *New York Times,* November 29, 2011, https://www.nytimes.com/2011/11/30/world/mid dleeast/tehran-protesters-storm-british-embassy.html.

35 Crist, *Twilight War*, 530.

36 Seymour M. Hersh, "The Iran Plans," *The New Yorker*, April 10, 2006, https://www.newyorker.com/magazine/2006/04/17/the-iran-plans.

37 From 2012 to 2014, the Iranian economy contracted by 9 percent per year, crude oil exports dropped precipitously, and more than $120 billion in reserves abroad were inaccessible to the regime. The regime subsequently shifted assets to South Asia and the Noor Islamic Bank in the United Arab Emirates, but Noor suspended business with Iran, which precipitated a 30 percent fall in the rial. The regime could no longer conduct dollar transactions. On these statistics, see Jay Solomon, *The Iran Wars* (New York: Random House, 2016), 167.

38 Navid Hassibi, "Why Can't Iran and Israel Be Friends?" *Guardian*, February 20, 2014, https://www.theguardian.com/world/iran-blog/2014/feb /20/why-cant-iran-and-israel-be-friends.

39 Jonathan Saul and Parisa Hafezi, "Iran Boosts Military Support in Syria to Bolster Assad," Reuters, February 21, 2014, https://www.reuters.com /article/us-

syria-crisis-iran-insight/iran-boosts-military-support-in-syria-to-bolster-assad-idUSBREA1K0TV20140221; Hashmatallah Moslih, "Iran 'Foreign Legion' Leans on Afghan Shia in Syria War," Aljazeera, January 22, 2016, https://www.aljazeera.com/news/2016/01/iran-foreign-legion-leans-afghan-shia-syria-war-160122130355206.html; Margherita Stancati, "Iran Backs Taliban with Cash and Arms," *Wall Street Journal*, June 11, 2015, https://www.wsj.com/articles/iran-backs-taliban-with-cash-and-arms-1434065528.

40　"White House Rebuffed Clinton-Petraeus Plan to Arm Syrian Rebels: Report," Reuters, February 2, 2013, https://www.reuters.com/article/us-usa-syria-clinton/white-house-rebuffed-clinton-petraeus-plan-to-arm-syrian-rebels-report-idUSBRE91201220130203.

41　Michael Doran, "Obama's Secret Iran Strategy," *Mosaic*, February 2, 2015, https://mosaicmagazine.com/essay/politics-current-affairs/2015 /02/obamas-secret-iran-strategy/.

42　Katherine Bauer, "Iran on Notice," Washington Institute for Near East Policy, February 16, 2017, https://www.washingtoninstitute.org/policy-analysis/view/iran-on-notice.

43　On Hezbollah funding, see Nathan Sales, "Countering Iran's Global Terrorism," U.S. State Department, November 13, 2018, https://www .state.gov/countering-irans-global-terrorism/. On Iranian troops in Syria, see Laila Bassam, "Assad Allies, Including Iranians, Prepare Ground Attack in Syria: Sources," Reuters, October 1, 2015, https://www.reuters .com/article/us-mideast-crisis-syria-iranians-exclusi/assad-allies-in cluding-iranians-prepare-ground-attack-in-syria-sources-idUSKC N0RV4DN20151001. On the ballistic missile tests, see Behnam Ben Taleblu, "Iranian Ballistic Missile Tests Since the Nuclear Deal," Foundation for the Defense of Democracies, February 9, 2017, https://s3.us-east-2 .amazonaws.com/defenddemocracy/uploads/documents/20917_ Beh nam_Ballistic_Missile.pdf; "Why Iran Targets ISIS Positions in Syria's Deir Ezzor?" Iran's View, June 9, 2017, http://www.iransview.com/why-iran-targets-isis-positions-in-syrias-deir-ezzur/1729/. 44 "مستهجن کانال ۷۵۱ مادهان / کشف ۳ شبکه بزرگ فساد اقتصادی," *Mehr News*, February 23, 2017, https://www.mehrnews.com/news/3915666 /%da%a9%d8%b4%d9%81-%db%b3-%d8%b4%d8%a8%da%a9%d9 %87-%d8%a8%d8%b2%d8%b1%da%af-%d9%81%d8%b3%d8%a7%d8%af-%d8%a7%d9%82%d8%aa%d8%b5%d8 %a7%d8%af%db%8c-%d8%a7%d9%86%d9%87%d8%a7%d9%85-%db%b1%db%b5%db%b7-%da%a9%d8%a7%d9%86%d8%a7%d9%84-%d9%85%d8%b3%d8%aa%d9%87%d8%ac%d9%86

45　"Victory for a Religious Hardliner in Iran," *The Economist*, June 27, 2005, https://www.economist.com/news/2005/06/27/victory-for-a-religious-hardliner-in-iran.

46　Bill Chappell, "Iranians Vote in Parliamentary Election, After 1 Week of Campaigning," NPR, February 21, 2020, https://www.npr.org/2020/02/21/807857001/iranians-vote-in-parliamentary-election-after-1-week-of-campaigning.

47　Hamid Dabashi, "What Happened to the Green Movement in Iran?" Al Jazeera, June 12, 2013, https://www.aljazeera.com/indepth/opinion/2013/05/201351661225981675.html.

48　On the IRGC's finances, see Bradley Bowman and Andrew Gabel, "Hold IRGC Accountable for Targeting U.S. Troops," Foundation for Defense of Democracies, April 12, 2019, https://www.fdd.org/analysis/2019/04 /12/hold-irgc-accountable-for-targeting-u-s-troops/. On state-controlled companies and the Iranian economy, see Yeganeh Torbati, Bozorgmehr Sharafedin, and Babak Dehghanpisheh, "After Iran's Nuclear Pact, State Firms Win Most Foreign Deals," Reuters, January 19, 2017, https:// www.reuters.com/article/us-iran-contracts-insight/after-irans-nuclear-pact-state-firms-win-most-foreign-deals-idUSKBN15328S.

49　Wendy R. Sherman, *Not for the Faint of Heart: Lessons in Courage, Power, and Persistence* (New York: PublicAffairs, 2018), 13.

50　For the Mosaddeq documents, see James C. Van Hook, ed., *Foreign Relations of the United States, 1952–1954: Iran, 1951–1954*, Office of the Historian, U.S. State Department, June 15, 2017, https://history.state.gov /historicaldocuments/frus1951-54Iran; Ali M. Ansari, *Modern Iran: The Pahlavis and After*, 2nd ed. (Harlow, UK: Pearson Longman, 2008), 164– 67. On U.S. university narrative on the 1953 coup, see Gregory Brew, "The Collapse Narrative: The United States, Mohammed Mossadegh, and the Coup Decision of 1953," *Texas National Security Review*, August 2019, https://2llqix3cnhb21kcxpr2u9o1k-wpengine.netdna-ssl.com/wp-content/uploads/2019/11/Brew_TNSR-Vol-2-Issue-4.pdf. On the media narrative on the 1953 coup, see Lawrence Wu and Michelle Lanz, "How the CIA Overthrew Iran's Democracy in 4 Days," NPR, February 7, 2019, https://www.npr.org/2019/01/31/690363402/how-the-cia-overthrew-irans-democracy-in-four-days.

51　"CIA's Role in 1953 Iran Coup Detailed," Politico, August 20, 2013, https://www.politico.com/story/2013/08/cias-role-in-1953-iran-coup-detailed-095731.

52　Ray Takeyh, "What Really Happened in Iran: The CIA, the Ouster of Mosaddeq, and the Restoration of the Shah," *Foreign Affairs*, July/August 2014, https://www.foreignaffairs.com/articles/middle-east/2014-06-16 /what-really-happened-iran.

53　On Ben Rhodes quotes, see Rhodes, *The World as It Is: A Memoir of the Obama White House* (New York: Random House, 2018), 329–30. On the dilemma of war or the JCPOA, see "Ben Rhodes on Iran: 'You Either Have a Diplomatic Agreement with These Guys or There's Something That Can Escalate into a War," MSNBC, June 22, 2019, https://www .msnbc.com/saturday-night-politics/watch/ben-rhodes-on-iran-you-either-have-a-diplomatic-agreement-with-these-guys-or-there-s-some thing-that-can-escalate-this-into-a-war-62498885877.

54　Ali Ansari, *Modern Iran Since 1797: Reform and Revolution* (New York: Routledge, 2019).

55　Rhodes, *The World as It Is*, 325.

第十章　強迫選擇

1　On Obama quote, see Firouz Sedarat and Lin Noueihed, "Obama Says Ready to Talk to Iran," Reuters, January 27, 2009, https://www.reuters .com/article/us-obama-arabiya/obama-says-ready-to-talk-to-iran-idUS TRE50Q23220090127.

2　On tanker attacks, see "Gulf of Oman Tanker Attacks: What We Know," BBC, June 18, 2019, https://www.bbc.com/news/world-middle-east-486 27014. On the drone strike on an oil facility, see Ben Hubbard, Palko Karasz, and Stanley Reed, "Two Major Saudi Oil Installations Hit by Drone Strike, and U.S. Blames Iran," *New York Times*, September 14, 2019, https://www.nytimes.com/2019/09/14/world/middleeast/saudi-arabia-refineries-drone-attack.html. On the drone shooting, see Helene Cooper, "What We Know About Iran Shooting Down a U.S. Drone," *New York Times*, June 20, 2019, https://www.nytimes.com/2019/06/20 / us/politics/drone-shot-down-iran-us.html.

3　"Iran During World War II," United States Holocaust Museum, https:// www. ushmm.org/m/pdfs/Iran-During-World-War-II.pdf.

4　On France stay, see Elaine Ganley, "Khomeini Launched a Revolution from a Sleepy French Village," AP News, February 1, 2019, https://ap news.com/d15 4664bcfed47e49b0ae0ff3648779c. On interviews, see Crist, *Twilight War*, 14. On Khomeini's characterization of the Shah, see Suzanne Maloney, "1979: Iran and America," Brookings, January 24, 2019, https://www.brookings.edu/opinions/1979-iran-and-america/.
On Khomeini's return, see "1979: Exiled Ayatollah Khomeini Returns to Iran," On This Day, BBC, http://news.bbc.co.uk/onthisday/hi/dates /stories/february/1/newsid_2521000/2521003.stm. On slogans, see Associated Press, "AP WAS THERE: Ayatollah Ruhollah Khomeini Returns to Iran," *U .S . News*

& *World Report*, February 1, 2019. https://www.usnews.com/news/world/articles/2019-02-01/ap-was-there-ayatollah-ruhollah-khomeini-returns-to-iran. "The Iranian Hostage Crisis," Office of the Historian, U.S. State Department, https://history.state.gov/departmenthistory/short-history/iranian crises.

5　On protests, see "Iran Petrol Price Hike: Protesters Warned that Security Forces May Intervene," BBC, November 17, 2019, https://www.bbc com/news/world-middle-east-50444429. On price increase, see Peter Kenyon, "Higher Gasoline Prices in Iran Fuel Demonstrations," NPR, November 19, 2019, https://www.npr.org/2019/11/19/780713507/higher-gasoline-prices-in-iran-fuel-demonstrations.

6　"IRGC Head Calls Iran Protests 'World War,'" Al-Monitor, November 25, 2019, https://www.al-monitor.com/pulse/originals/2019/11/iran-protests-number-deaths-mp-irgc.html.

7　Ali Ansari, *Confronting Iran: The Failure of American Foreign Policy and the Next Great Crisis in the Middle East* (Basic Books: New York, 2006), 153–54

8　Farnaz Calafi, Ali Dadpay, and Pouyan Mashayekh, "Iran's Yankee Hero," *New York Times*, April 18, 2009, https://www.nytimes.com/2009/04/18 / opinion/18calafi.html.

9　On demographics, see Bijan Dabell, "Iran Minorities 2: Ethnic Diversity," United States Institute of Peace, September 3, 2013, https://iranprimer .usip.org/blog/2013/sep/03/iran-minorities-2-ethnic-diversity.

10　"Iran: Targeting of Dual Citizens, Foreigners," Human Rights Watch, September 26, 2018, https://www.hrw.org/news/2018/09/26/iran-target ing-dual-citizens-foreigners.

11　Ansari, *Modern Iran Since 1797*, 407–9.

12　Ansari, *Modern Iran Since 1797*, 274.

13　On Khamenei quotes, see Ayatollah Ruhollah Khamenei, "The Election of Donald Trump Is a Clear Sign of the Political and Moral Decline of the U.S.," Khamenei.ir, June 4, 2019, http://english.khamenei.ir/news /6834/The-election-of-Donald-Trump-is-a-clear-sign-of-the-political.

14　On Europe and the JCPOA, see Davenport, "Timeline of Nuclear Diplomacy with Iran."

15　On Salami quote, see "Tehran," Flashpoint, International Crisis Group, November 28, 2019, https://www.crisisgroup.org/trigger-list/iran-us-trigger-list/flashpoints/tehran.

16　Editorial Board, "Justice Arrives for Soleimani," *Wall Street Journal*, January 3, 2020, https://www.wsj.com/articles/justice-arrives-for-soleimani-11578085286?emailToken=e11bad7a48ad072ad8c3a7b409690538UNGH

GeR+Gsa+R3fS5fT6VKBXwaoQHV/gUgQIC3GVRFNRnoUquqzK1B +0GtEll5
XH8b2y5QxMjRIcJX3kI8UzLA%3D%3D&reflink=article _email_share.

17　On expenditure figures, see John E. Pike, "Iran—Military Spending,"
Globalsecurity.org, updated July 20, 2019, https://www.globalsecurity .org/
military/world/iran/budget.htm; "SIPRI Military Expenditure Database,"
Stockholm International Peace Institute, 2018, https://www.si pri.org/databases/
milex.

18　David Adesnik and Behnam Ben Taleblu, "Burning Bridge: The Iranian Land
Corridor to the Mediterranean," Foundation for Defense of Democracies, June 18,
2019, https://www.fdd.org/analysis/2019/06/18/burn ing-bridge/.

19　This funding includes up to $800 million for Hezbollah and $100 million
combined for Hamas and Islamic Jihad annually. See Yaya J. Fanusie and Alex
Entz, "Hezbollah Financial Assessment," *Terror Finance Briefing Book*, Center on
Sanctions and Illicit Finance, Foundation for Defense of Democracies, September
2017; David Adesnik, "Iran Spends $16 Billion Annually to Support Terrorists
and Rogue Regimes," Foundation for Defense of Democracies, January 10, 2018,
https://www.fdd.org/analy sis/2018/01/10/iran-spends-16-billion-annually-to-
support-terrorists-and-rogue-regimes/; Daniel Levin, "Iran, Hamas and Palestinian
Islamic Jihad," The Iran Primer, United States Institute of Peace, July 9, 2018,
https://iranprimer.usip.org/blog/2018/jul/09/iran-hamas-and-pal estinian-islamic-
jihad. On missile strikes, see Shawn Snow, "Drone and Missile Attacks Against
Saudi Arabia Underscore Need for More Robust Air Defenses," *Military Times*,
October 25, 2019, https://www.military times.com/flashpoints/2019/10/25/drone-
and-missile-attacks-against-saudi-arabia-underscore-need-for-more-robust-air-
defenses/. On ship attacks, see Michael Knights and Farzin Nadimi, "Curbing
Houthi Attacks on Civilian Ships in the Bab Al-Mandab," Washington Institute,
July 27, 2018, https://www.washingtoninstitute.org/policy-analysis/view /curbing-
houthi-attacks-on-civilian-ships-in-the-bab-al-mandab.

20　"Saudi Crown Prince Calls Iran Leader 'New Hitler': NYT," Reuters, November
23, 2017, https://www.reuters.com/article/us-saudi-security-iran /saudi-crown-
prince-calls-iran-leader-new-hitler-nyt-idUSKBN1 DO0G3.

21　On the connection to PLO camps, see Tony Badran, "The Secret History of
Hezbollah," Foundation for Defense of Democracies, November 18, 2013,
https://www.fdd.org/analysis/2013/11/18/the-secret-history-of-hezbollah/. On
Hezbollah provision of social services, see Daniel Byman, "Understanding Proto-
Insurgencies: RAND Counterinsurgency Study—Paper 3", RAND Corporation,
2007, https://www.rand.org/pubs /occasional_papers/OP178.html.

22 On Hezbollah fighting in Israel and against ISIL, see Nicholas Blanford, "Lebanon: The Shiite Dimension," Wilson Center, August 27, 2015, https://www.wilsoncenter.org/article/lebanon-the-shiite-dimension. On Sunni attacks on Shia, see "Lebanon: Extremism and Counter-Extremism," Counter Extremism Project, November 1, 2019, https:// www.counterextremism.com/countries/lebanon. On Hezbollah protection of Shia sites, see Joseph Daher, "Hezbollah, the Lebanese Sectarian State, and Sectarianism," Middle East Institute, April 13, 2017, https:// www.mei.edu/publications/hezbollah-lebanese-sectarian-state-and-sectarianism. For map of Hezbollah fighting, see "Hezbollah: A Recognized Terrorist Organization," Israel Defense Forces, https://www.idf .il/en/minisites/hezbollah/ hezbollah/hezbollah-a-recognized-terrorist-organization/.

23 On recommendations, see Yaya J. Fanusie and Alex Entz, "Hezbollah Financial Assessment," *Terror Finance Briefing Book*, Center on Sanctions and Illicit Finance, Foundation for Defense of Democracies, September 2017.

24 On Hezbollah casualties, see Aryeh Savir, "Study: 1,139 Hezbollah Terrorists Killed While Fighting in Syria," *Jewish Press*, March 28, 2019, https://www.jewishpress.com/news/us-news/study-1139-hezbollah-terrorists-killed-while-fighting-in-syria/2019/03/28/.

25 On protests, see Rebecca Collard, "Untouchable No More: Hezbollah's Fading Reputation," Foreign Policy, November 27, 2019 https://foreign policy.com/2019/11/27/lebanon-protests-hezbollah-fading-reputation/.

26 On Hezbollah and the IDF, see William M. Arkin, "Divine Victory for Whom? Airpower in the 2006 Israel-Hezbollah War," *Strategic Studies Quarterly* 1, no. 2 (Winter 2007): 104–5 . On the IRGC and Israel, see Daniel Levin, "Iran, Hamas and Palestinian Islamic Jihad," The Iran Primer, United States Institute of Peace, July 9, 2018, https://iranprimer.usip .org/blog/2018/jul/09/iran-hamas-and-palestinian-islamic-jihad; Michael Bachner and Toi Staff, "Iran Said Increasing Hamas Funding to \$30m per Month, Wants Intel on Israel," *Times of Israel*, August 5, 2019, https:// www.timesofisrael.com/iran-agrees-to-increase-hamas-funding-to-30-million-per-month-report/. On IRGC threat, see Ahmad Majidyar. "IRGC General: Any Future War Will Result in Israel's Annihilation." Middle East Institute, April 20, 2018, https://www.mei.edu/publica tions/irgc-general-any-future-war-will-result-israels-annihilation.

27 For more on the ideology of the IRGC, see Ali Ansari and Kasra Aarabi, "Ideology and Iran's Revolution: How 1979 Changed the World," Tony Blair Institute, February 11, 2019, https://institute.global/insight/co-existence/ideology-and-irans-revolution-how-1979-changed-world. On losses in the Iran-Iraq War, see "Iran's

Networks of Influence in the Middle East," International Institute for Strategic Studies, November 2019, chap. 1: "Tehran's Strategic Intent," https://www.iiss. org/publications /strategic-dossiers/iran-dossier/iran-19-03-ch-1-tehrans-strategic-intent.

28　On IDF strikes, see Joseph Hincks, "Israel Is Escalating Its Shadow War with Iran. Here's What to Know," *Time*, August 29, 2019, https://time .com/5664654/israel-iran-shadow-war/. For Israeli perspectives on this point, see TOI Staff, "Gantz Positive on Gaza Disengagement in First Interview, Drawing Right's Ire," *Times of Israel*, February 6, 2019, https:// www.timesofisrael.com/gantz-positive-on-gaza-disengagement-in-first-interview-drawing-rights-ire/.

29　John Kifner, "400 Die as Iranian Marchers Battle Saudi Police in Mecca; Embassies Smashed in Tehran," *New York Times*, August 2, 1987, https:// www. nytimes.com/1987/08/02/world/400-die-iranian-marchers-battle-saudi-police-mecca-embassies-smashed-teheran.html?pagewanted=all.

30　On Sheikh's execution, see Florence Gaub, "War of Words: Saudi Arabia v Iran," European Union Institute for Security Studies, February 2016, https://www.iss. europa.eu/sites/default/files/EUISSFiles/Brief_2 _Saudi_Arabia___Iran_01. pdf. On Sheikh's charges, "Saudi Arabia Executes 47 on Terrorism Charges," Al Jazeera, January 2, 2016, https:// www.aljazeera.com/news/2016/01/saudi-announces-execution-47-ter rorists-160102072458873.html.

31　On U.S. efforts to mediate, see Jackie Northam, "Saudi Arabia Sought Dialogue with Iran. Then the U.S.-Iranian Conflict Escalated," NPR, January 9, 2020, https://www.npr.org/2020/01/09/794519810/saudi-ara bia-sought-dialogue-with-iran-then-the-u-s-iranian-conflict-escalated.

32　On the foiled 1987 attack, see John E. Pike, "Iran Ajr Class Landing Ship," Globalsecurity.org, updated July 12, 2019, https://www.global security.org/ military/world/iran/ajr.htm; Bradley Peniston, "Capturing the Iran Ajr," Navybook. com, http://www.navybook.com/no-higher-honor/timeline/capturing-the-iran-ajr. On the Aramco cyber attack, see David E. Sanger, *The Perfect Weapon: War, Sabotage, and Fear in the Cyber Age* (New York: Crown, 2018), 51–52.

33　On Osama bin Laden, see Thomas Joscelyn and Bill Roggio, "Analysis: CIA Releases Massive Trove of Osama bin-Laden Files," FDD's *Long War Journal*, Foundation for Defense of Democracies, November 2017, https:// www. longwarjournal.org/archives/2017/11/analysis-cia-releases-mas sive-trove-of-osama-bin-ladens-files.php; Osama bin Laden, "Letter to Karim," Files, Office of the Director of National Intelligence, October 18, 2007, https://www.dni.gov/files/ documents/ubl2016/english/Letter%20 to%20Karim.pdf. On the Chabahar attack, see "Deadly Bomb Attack in Iran City of Chabahar," BBC News, December 15, 2010, https://www .bbc.com/news/world-middle-east-11997679. On the 2017 attacks, see "Islamic State Claims Stunning Attacks in Heart of Iran," Associated Press, June 7, 2017, https://apnews.com/510f0af4615443c08ff7f52c265 7bb76/ Islamic-State-claims-attacks-on-Iran-parliament,-shrine. On the parade shooting, see Erin Cunningham and Bijan Sabbagh, "Gunmen Kill at Least 2 Dozen in Attack on Military Parade in Iran," *Washington Post*, September 22, 2018, https:// www.washingtonpost.com/world /several-killed-at-least-20-injured-in-attack-on-military-parade-in-iran /2018/09/22/ec016b97-a889-4a7d-b402-479bd6858e0a_ story.html.

34　For billboard quote, see Murray, *The Iran-Iraq War*, 263.

35　Kenneth D. Ward, "Statement by Ambassador Kenneth D. Ward," Organization for the Prohibition of Chemical Weapons, November 2018, https://www.opcw.org/ sites/default/files/documents/2018/11/USA _0.pdf.

36　For more on the nuclear time line, see Davenport, "Timeline of Nuclear Diplomacy with Iran"; Kelsey Davenport, "Official Proposals on the Ira-nian Nuclear Issue, 2003–2013," Fact Sheets & Briefs, Arms Control Association, August 2017, https://www.armscontrol.org/factsheets/Iran _Nuclear_Proposals.

37　For Bush quote, see Crist, *Twilight War*, 538.

38　Ellen Nakashima and Joby Warrick, "Stuxnet Was Work of U.S. and Israeli Experts, Officials Say," *Washington Post*, June 2, 2012, https://www .washingtonpost.com/world/national-security/stuxnet-was-work-of-us-and-israeli-experts-officials-say/2012/06/01/gJQAlnEy6U_story.html.

39　On the missile test explosion, see Crist, *Twilight War*, 552–53. On the nuclear scientist assassinations, see Sanger, *The Perfect Weapon*, 26.

40　On Khamenei's vow of revenge, see "Qasem Soleimani: U.S. Kills Top Iranian General in Baghdad Air Strike," BBC News, January 3, 2020, https://www.bbc. co.uk/news/world-middle-east-50979463. On the retaliatory rocket attack, see "Iraq," International Crisis Group, January 12, 2020, https://www.crisisgroup. org/trigger-list/iran-us-trigger-list/flash points/iraq; Associated Press, "Military Contractor Slain in Iraq Buried in California," *New York Times*, January 7, 2020. https://www.nytimes .com/aponline/2020/01/07/us/ap-us-iraq-attack-contractor. html.

41　Estimates range from 106 to 1,500. See Farnaz Fassihi and Rick Gladston, "With Brutal Crackdown, Iran Convulsed by Worst Unrest in 40 Years," *New York Times*, December 3, 2019 https://www.nytimes.com/2019/12 /01/world/middleeast/ iran-protests-deaths.html; "Iran: Thousands Arbitrarily Detained and at Risk of

Torture in Chilling Post-Protest Crackdown," Amnesty International, December 16, 2019, https://www.am nesty.org/en/latest/news/2019/12/iran-thousands-arbitrarily-detained-and-at-risk-of-torture-in-chilling-post-protest-crackdown/. On protest slogans, see Farnaz Fassihi, "Iran Blocks Nearly All Internet Access," *New York Times*, December 5, 2019, https://www.nytimes.com/2019 /11/17/world/middleeast/iran-protest-rouhani.html; Lenah Hassaballah and Leen Alfaisal, "'Death to the Dictator': Iran Protests Intensify After Petrol Price Hike," Al Arabiya English, November 16, 2019, http://en glish.alarabiya.net/en/News/middle-east/2019/11/16/-Severe-protests-erupt-in-Iran-after-petrol-price-hike-State-media.html.

42 Michael Safi, "Iran: Protests and Teargas as Public Anger Grows Over Aircraft Downing," *Guardian*, January 13, 2020, https://www.theguard ian.com/world/2020/jan/12/iran-riot-police-anti-government-back lash-ukraine.

43 Office of Public Affairs, U.S. Department of Justice, "Seven Iranians Working for Islamic Revolutionary Guard Corps–Affiliated Entities Charged for Conducting Coordinated Campaign of Cyber Attacks Against U.S. Financial Sector," Justice News, United States Department of Justice, March 24, 2016, https://www.justice.gov/opa/pr/seven-iranians-working-islamic-revolutionary-guard-corps-affiliated-entities-charged.

44 On the *Vincennes* incident, see Crist, *Twilight War*, 369.

45 On the Iranian brain drain, see Ali Ansari *Modern Iran Since 1797*, 407–9; Cincotta and Karim Sadjadpour, "Iran in Transition: The Implications of the Islamic Republic's Changing Demographics," Carnegie Endowment for International Peace, December 18, 2017, https://carnegieendowment .org/2017/12/18/iran-in-transition-implications-of-islamic-republic-s-changing-demographics-pub-75042. On Iranian military spending, see John E. Pike, "Iran—Military Spending," Globalsecurity.org, updated July 20, 2019, https://www.globalsecurity.org/military/world/iran /budget.htm.

第十一章 瘋狂的定義——「偉大領導人」治下的北韓

1 On the 2002 visit, see James Kelly, "Dealing with North Korea's Nuclear Programs," U.S. Department of State Archive, July 15, 2004, https:// 2001-2009.state.gov/p/eap/rls/rm/2004/34395.htm. On the light-water reactor, see International Atomic Energy Agency, "Agreed Framework of 21 October 1994 Between the United States of America and the Democratic People's Republic of Korea," Information Circular, November 2, 1994, https://www.iaea.org/sites/

default/files/publications/documents /infcircs/1994/infcirc457.pdf.

2   Victor Cha, *The Impossible State: North Korea, Past and Future* (New York: Ecco, 2013), 292.

3   "Hyundai Chief Admits to N. Korean Summit Payoff—2003-02-16," Voice of America, October 29, 2009, https://www.voanews.com/archive /hyundai-chief-admits-n-korean-summit-payoff-2003-02-16.

4   Adam Taylor, "Analysis: Why the Olympics Matter When It Comes to North Korea," *Washington Post*, January 3, 2018, https://www.washing tonpost.com/news/worldviews/wp/2018/01/03/why-the-olympics-mat ter-when-it-comes-to-north-korea/.

5   Andrei Lankov, *The Real North Korea: Life and Politics in the Failed Stalinist Utopia* (New York: Oxford University Press, 2013), 202–3. Lankov concludes that less than 35 percent of the salary went to the workers, and with an estimated annual revenue of up to 40 million, the KIZ was a major cash cow for the North Korean government.

6   International Atomic Energy Agency, "IAEA and DPRK: Chronology of Key Events," July 25, 2014, www.iaea.org/newscenter/focus/dprk /chronology-of-key-events.

7   Choe Sang-Hun, "North Korea Claims to Conduct 2nd Nuclear Test," *New York Times*, May 25, 2009, www.nytimes.com/2009/05/25/world /asia/25nuke.html.

8   On the submarine attack, see Victor Cha, "The Sinking of Cheonan," Center for Strategic and International Studies, April 22, 2010, https:// www.csis.org/analysis/sinking-cheonan. On Yeonpyeong, see "North Korea Shells Southern Island, Two Fatalities Reported," *Korea JoongAng Daily*, November 23, 2010, https://www.bbc.com/news/world-asia-pacific-11818005.

9   Siegfried Hecker, "A Return Trip to North Korea's Yongbyon Nuclear Complex," NAPSNet Special Report, Nautilus Institute, November 22, 2010, https://nautilus.org/napsnet/napsnet-special-reports/a-return-trip-to-north-koreas-yongbyon-nuclear-complex/.

10   Michael Rubin, *Dancing with the Devil: The Perils of Engaging Rogue Regimes* (New York: Encounter Books, 2014), 129–30.

11   Jimmy Carter, "Listen to North Korea," Carter Center, November 23, 2010, https://www.cartercenter.org/news/editorials_speeches/jc-listen-to-north-korea.html.

12   Carter, "Listen to North Korea." For President Obama's remarks, see "Obama, Barack H., Public Papers," *Presidents of the United States: Barack Obama, 2011* (Washington, DC: Office of the Federal Register, National Archives and Records

Administration, 2015), 2:1265.

13　Jong Kun Choi, "The Perils of Strategic Patience with North Korea," *Washington Quarterly* 38, no. 4 (2016): 57–72.

14　Gerald F. Seib, Jay Solomon, and Carol E. Lee, "Barack Obama Warns Donald Trump on North Korea Threat," *Wall Street Journal*, November 22, 2016, https://www.wsj.com/articles/trump-faces-north-korean-challenge-1479855286.

15　Benjamin Haas, "South Korea: Former President Park Geun-Hye Sentenced to 24 Years in Jail," *Guardian*, April 6, 2018, www.theguardian .com/world/2018/apr/06/former-south-korea-president-park-geun-hye-guilty-of-corruption.

16　Uri Friedman, "The 'God Damn' Tree that Nearly Brought America and North Korea to War," *The Atlantic*, June 12, 2018, www.theatlantic.com /international/archive/2018/06/axe-murder-north-korea-1976/562028/.

17　See Anna Fifield, *The Great Successor: The Divinely Perfect Destiny of Brilliant Comrade Kim Jong Un* (New York: PublicAffairs, 2019), 16–19.

18　Central Intelligence Agency, "Consequences of U.S. Troop Withdrawal from Korea in Spring, 1949," CIA, February 28, 1949, https://www.cia .gov/library/readingroom/docs/DOC_0000258388.pdf.

19　James Forrestal in his diary entry on April 25, 1947, as quoted in Nadia Schadlow, *War and the Art of Governance: Consolidating Combat Success into Political Victory* (Washington, DC: Georgetown University Press, 2017). 178-179. In 1947, the Joint Chiefs had already assessed Korea as unworthy of a protracted American presence. See William Stueck and Boram Yi, "'An Alliance Forged in Blood': The American Occupation of Korea, the Korean War, and the U.S.–South Korean Alliance," *Journal of Strategic Studies* 33, no. 2 (2010), 177–209.

20　In one of Kim Il-sung's appeals to Stalin for support of the North's aggression toward the South the North Korean leader gave as a reason that the war would end rapidly before the United States could intervene. Kathryn Weathersby, "Soviet Aims in Korea and the Origins of the Korean War, 1945–1950: New Evidence from Russian Archives," Cold War International History Project Working Paper Series (1993): 28–31.

21　CIA, "Consequences."

22　John Quincy Adams, "An Address Delivered at the Request of a Commission of Citizens of Washington; on the Occasion of Reading the De claration of Independence" (Washington, DC: Davis and Force, 1821), 29. It reads: "Wherever the standard of freedom and Independence has been or shall be unfurled, there will her heart, her benedictions and her prayers be. But she goes not abroad, in search of monsters to destroy. She is the well-wisher to the freedom and independence of all. She is the champion and vindicator only of her own."

23 United Nations Department of Economic and Social Affairs, Statistics Division, "Country Profile: Democratic People's Republic of Korea" and "Country Profile: Republic of Korea," https://unstats.un.org/UNSD/sn aama/CountryProfile?ccode=408 and https://unstats.un.org/UNSD/sna ama/CountryProfile?ccode=408. South Korea held a GDP of $1.5 trillion in 2017, compared to the North's $13 billion.

24 Observatory of Economic Complexity, "Country Profile: North Korea," OEC, https://oec.world/en/profile/country/prk/

25 Summarized from Lankov, *The Real North Korea*, 32–33.

26 Andrei Lankov, "Fiasco of 386 Generation," *Korea Times*, February 5, 2008, https://www.koreatimes.co.kr/www/news/special/2008/04/180 _18529.html.

27 Fifield, *The Great Successor*, 88.

28 Julian Ryall, "Kim Jong Un Was Child Prodigy Who Could Drive at Age of Three, Claims North Korean School Curriculum." *Telegraph*, April 10, 2015, https://www.telegraph.co.uk/news/worldnews/asia/northkorea /11526831/Kim-Jong-un-was-child-prodigy-who-could-drive-at-age-of-three-claims-North-Korean-school-curriculum.html.

29 Fifield, *The Great Successor*, 203–5.

30 Institute for National Security Strategy, "The Misgoverning of Kim Jong Un's Five Years in Power (김정은 집권 5년 실정 백서)," December 2016, http://www.inss.re.kr/contents/publications_yc.htm

31 Choe Sang-Hun, "In Hail of Bullets and Fire, North Korea Killed Official Who Wanted Reform," *New York Times*, March 12, 2016, https://www .nytimes.com/2016/03/13/world/asia/north-korea-executions-jang-song-thaek.html.

32 Justin McCurry, "North Korea Defence Chief Reportedly Executed with Anti-aircraft Gun," *Guardian*, May 13, 2015, https://www.theguardian .com/world/2015/may/13/north-korean-defence-minister-executed-by-anti-aircaft-gun-report.

33 Lankov, *The Real North Korea*, 43–44.

34 Fifield, *The Great Successor*, 124–27.

35 Summary based on Davenport, "Chronology of U.S.–North Korean Nuclear and Missile Diplomacy," Fact Sheets & Briefs, Arms Control Association, November 2019, https://www.armscontrol.org/factsheets/dprk chron#2016.

36 Ministry of Justice, "Immigration and Foreigner Policy Monthly Statistics (출입국·외국인정책 통계월보)," December 2018, http://www.korea.kr/archive/expDocView.do?docId=38330&call_from=rsslink.

37　Later, China would extort concessions from South Korea in exchange for lifting those sanctions imposed over THAAD. See David Voldzko, "China Wins Its War Against South Korea's U.S. THAAD Missile Shield— Without Firing a Shot," *South China Morning Post*, November 18, 2017, https://www.scmp.com/week-asia/geopolitics/article/2120452/china-wins-its-war-against-south-koreas-us-thaad-missile.

38　Ankit Panda, "U.S. Intelligence: North Korea's Sixth Test Was a 140 Kilo ton 'Advanced Nuclear' Device,'" *The Diplomat*, September 6, 2017, https://thediplomat.com/2017/09/us-intelligence-north-koreas-sixth-test-was-a-140-kiloton-advanced-nuclear-device/.

39　Donald Trump, @realDonaldTrump, "I told Rex Tillerson, our wonderful Secretary of State, that he is wasting his time trying to negotiate with Little Rocket Man... Save your energy Rex, we'll do what has to be done!" Twitter, October 1, 2017, 6:31 a.m. https://twitter.com/realDonaldTrump/status/914497947517227008.

第十二章　北韓沒有核武的明天

1　Choe Sang-Hun, "Happy Birthday, Trump Tells Kim. Not Enough, North Korea Says," *New York Times*, January 11, 2020, https://www.nytimes .com/2020/01/11/world/asia/trump-kim-jong-un-birthday.html.

2　For more on Japan's rapid economic expansion, see Ezra Vogel, *Japan as Number 1: Lessons for America* (Cambridge, MA: Harvard University Press, 1979), 9–10.

3　"Full Text of Abe's Speech before U.S. Congress," *Japan Times* . April 30, 2015, https://www.japantimes.co.jp/news/2015/04/30/national/politics-diplomacy/full-text-abes-speech-u-s-congress/#.XhQ_P0dKiMo.

4　On the San Francisco system and the emergence of the post–World War II security architecture in Asia, see Victor Cha, *Powerplay: The Origins of the American Alliance System in Asia* (Princeton, NJ: Princeton University Press, 2016).

5　Macrotrends, "South Korea GDP 1960–2020," https://www.macrotrends .net/countries/KOR/south-korea/gdp-gross-domestic-product. See also, Macrotrends, "South Korea Life Expectancy 1950–2020," https://www .macrotrends.net/countries/KOR/south-korea/life-expectancy.

6　World Bank, "Access to Electricity (% of Population)—Korea, Dem. People's Rep," https://data.worldbank.org/indicator/EG.ELC.ACCS.ZS ?locations=KP. See also, Rick Newman, "Here's How Lousy Life Is in North Korea," *U .S . News*, April 12, 2013, https://www.usnews.com /news/blogs/rick-newman/2013/04/12/

heres-how-lousy-life-is-in-north-korea

7　Elizabeth Shim, "Stunted Growth, Acute Anemia Persists in North Korean Children, Says Report," United Press International, September 18, 2015, https://www.upi.com/Top_News/World-News/2015/09/18 /Stunted-growth-acute-anemia-persists-in-North-Korean-children-says-report/4351442628108/.

8　As Xi Jinping confidant Liu Mingfu told Japanese reporter Kenji Minemura, "Now is the time for Japan to escape from an excessive dependence on the United States and 'return to Asia.' With China breaking through the efforts by the United States to contain it, Japan should move away from being controlled by the United States and cooperate with China to create a new order in East Asia," Kenji Minemura, "Interview: Liu Mingfu: China Dreams of Overtaking U.S. in Thirty Years," *Asahi Shimbun*, May 28, 2019, http://www.asahi.com/ajw/articles/AJ2019052 80016.html.

9　David Lai and Alyssa Blair, "How to Learn to Live with a Nuclear North Korea," *Foreign Policy*, August 7, 2017, https://foreignpolicy.com/2017 /08/07/how-to-learn-to-live-with-a-nuclear-north-korea/.

10　See Kim Jong-un, "Let Us March Forward Dynamically Towards Final Victory, Holding Higher the Banner of Songun," April 15, 2012, 9, http:// www.korean-books.com.kp/KBMbooks/ko/work/leader3/1202.pdf.

11　Chong Bong-uk, *Uneasy, Shaky Kim Jong-il Regime* (Seoul, South Korea: Naewoe Press, 1997), 17. See also Kim Tae-woon et al., "Analysis on the Practical Characteristics of Kim Jong-Il Era's Major Ruling Narratives (김정일 시대 주요 통치담론의 실천상 특징에 관한 고찰), *Unification Policy Studies* (2006) 27-31, http://repo.kinu.or.kr/bitstream/2015.oak /1610/1/0001423170.pdf.

12　Jeffrey Lewis, "North Korea Is Practicing for Nuclear War," *Foreign Policy*, March 9, 2017. https://foreignpolicy.com/2017/03/09/north-korea-is-practicing-for-nuclear-war/.

13　Cha, *The Impossible State*, 216.

14　United States Congress, "U.S. Congress Resolution Condemning North Korea for the Abductions and Continued Captivity of Citizens of the ROK and Japan as Acts of Terrorism and Gross Violations of Human Rights," 109th Congress, 2005, https://www.congress.gov/bill/109th-con gress/house-concurrent-resolution/168.

15　See Robert S. Boynton, "North Korea's Abduction Project," *The New Yorker*, December 21, 2015, https://www.newyorker.com/news/news-desk/north-koreas-abduction-project.

16　See Cha, *The Impossible State*, 238–39.

17　More on North Korea's nuclear blackmail: Tristan Volpe, "The Unraveling of North Korea's Proliferation Blackmail Strategy," Kim Sung Chull et al., eds. *North Korea and Nuclear Weapons: Entering the New Era of Deterrence* (Washington, DC: Georgetown University Press, 2017), 73–88. See also Patrick McEachern, "More than Regime Survival," *North Korean Review* 14, no. 1 (2018): 115–18.

18 Amos Harel and Aluf Benn, "No Longer a Secret: How Israel Destroyed Syria's Nuclear Reactor," *Haaretz*, March 23, 2018, https://www.haaretz .com/world-news/MAGAZINE-no-longer-a-secret-how-israel-de stroyed-syria-s-nuclear-reactor-1.5914407.

19 Toi Staff, "North Korea Offered Israel a Halt to Its Missile Sales to Iran for $1b—Report." *Times of Israel*, July 9, 2018, https://www.timesofisrael .com/north-korea-offered-israel-a-halt-to-its-missile-sales-to-iran-for-1b-report/.

20 Michael Schwirtz, "U.N. Links North Korea to Syria's Chemical Weapons Program, *New York Times*, February 27, 2018, https://www.nytimes .com/2018/02/27/world/asia/north-korea-syria-chemical-weapons-sanctions. html; see also Bruce E. Bechtol Jr., "North Korea's Illegal Weapons Trade: The Proliferation Threat from Pyongyang," *Foreign Af-fairs*, June 6, 2018, https:// www.foreignaffairs.com/articles/north-korea /2018-06-06/north-koreas-illegal-weapons-trade.

21 On the smuggling of weapons, see United Nations Security Council, "Report of the Panel of Experts Established Pursuant to Resolution 1874 (2009)," United Nations Security Council, 2019, 4, https://www.undocs .org/S/2019/171. For more on North Korea's Iran and Syria connections, see Bruce Bechtol Jr., "North Korea's Illegal Weapons Trade."

22 On Trump administration strategy on North Korea in 2017, see Donald J. Trump, "Remarks by President Trump to the National Assembly of the Republic of Korea—Seoul, Republic of Korea," Remarks, The White House, November 7, 2017, whitehouse.gov/briefings-statements /remarks-president-trump-national-assembly-republic-korea-seoul-re public-korea/; James Jeffrey, "What If H.R. McMaster Is Right About North Korea?" *The Atlantic*, January 18, 2018, https:// www.theatlantic .com/international/archive/2018/01/hr-mcmaster-might-be-right-about-north-korea/550799/; Duane Patterson, "National Security Advisor General H. R. McMaster on MSNBC with Hugh," HughHewitt.com, August 5, 2017, https://www.hughhewitt.com/national-security-advisor-general-h-r-mcmaster-msnbc-hugh/#.

23 "Kim Yong-chol: North Korea's Controversial Olympics Delegate." BBC News, February 23, 2018, https://www.bbc.com/news/world-asia-43169604.

24 A South Korean newspaper claimed that Kim Jong-un had stated his preference for Vietnam-style economic opening over Chinese model during his summit with President Moon in 2018. See Park Ui-myung and Choi Mira, "North Korean Leader Envisions Vietnam-like Opening for North Korea: Source," *Pulse*, May 4, 2018, https://pulsenews.co.kr/view .php?year=2018&no=285653 . See also John Reed and Bryan Harris, "North Korea Turns to Vietnam for Economic Ideas." *Financial Times*, November 28, 2018, https://www.ft.com/content/c8a4fc68-f2cd-11e8-ae 55-df4bf40f9d0d.

25 On the masters of money and on Dennis Rodman, see Fifield, *The Great Successor*, 142–43 and 174–80.

26 Jeong Yong-soo et al., "Donju Are Princes of North Korean Economy," *Korea JoongAng Daily*, October 18, 2019, http://koreajoongangdaily.joins .com/news/article/article.aspx?aid=3054069.

27 See Trump's tweet: https://twitter.com/realDonaldTrump/status/1160 158591518674945?s=20.

28 White House, "Remarks by President Trump after Meeting with Vice Chairman Kim Yong Chol of the Democratic People's Republic of Korea," Remarks, The White House, June 1, 2018, https://www.white house.gov/briefings-statements/remarks-president-trump-meeting-vice-chairman-kim-yong-chol-democratic-peoples-republic-korea/.

29 See Trump tweet referring to North Korea's potential to become an "economic powerhouse" and Kim as a "capable leader": https://twitter .com/realDonaldTrump/status/1094035813820784640?s=20.

30 Roberta Rampton, "'We Fell in Love': Trump Swoons over Letters from North Korea's Kim," Reuters, September 29, 2018, https://www.reuters .com/article/us-northkorea-usa-trump/we-fell-in-love-trump-swoons-over-letters-from-north-koreas-kim-idUSKCN1MA03Q.

31 Jordan Fabian, "Trump Says Kim Not Responsible for Otto Warmbier's Death: 'I Will Take Him at His Word,'" *The Hill*, February 28, 2019, https://thehill.com/homenews/administration/431962-trump-says-kim-not-responsible-for-otto-warmbiers-death-i-will-take.

32 For the full speech, see "Address by President Moon Jae-in at May Day Stadium in Pyeongyang," *Chung Wa Dae*, https://english1.president.go .kr/briefingspeeches/speeches/70.

33 Fifield, *The Great Successor*, 277.

34 Eric Beech, "N. Korea Wanted Most Sanctions Lifted in Exchange for Partial Yongbyon Closure—U.S. Official," Reuters, February 28, 2019, https:// www.

reuters.com/article/northkorea-usa-briefing/nkorea-wanted-most-sanctions-lifted-in-exchange-for-partial-yongbyon-closure-us-official-idUSL3N20O1I7.

35　Timothy Martin, "North Korea Fires Insults at U.S., Spares Trump," *Wall Street Journal*, June 15, 2019, https://www.wsj.com/articles/north-korea-fires-insults-at-u-s-spares-trump-11560596401?mod=searchresults&page =1&pos=1.

36　KCNA Watch, "Report on 5th Plenary Meeting of the 7th Central Committee of the Workers' Party of Korea," *KNCA Watch*, January 1, 2020, https://kcnawatch.org/newstream/1577829999-473709661/report-on-5th-plenary-meeting-of-7th-c-c-wpk/.

37　The National Committee on North Korea, "Kim Jong Un's 2019 New Year Address," NCNK, January 1, 2019, https://www.ncnk.org/resources /publications/ kimjongun_2019_newyearaddress.pdf/file_view.

38　Choe, "Happy Birthday, Trump Tells Kim," *New York Times* [date] https:// www.nytimes.com/2020/01/11/world/asia/trump-kim-jong-un-birth day.html.

39　See David Sanger and Choe Sang-Hun, "North Korea Tests New Weapon," *New York Times*, April 17, 2019, https://www.nytimes.com/2019/04/17 /world/asia/ north-korea-missile-weapons-test.html; and BBC News, "North Korea: Kim Jong-un Oversees 'Strike Drill' Missile Component Test," BBC, May 5, 2019, https:// www.bbc.com/news/world-asia-48165793.

40　Choe Sang-Hun, "New North Korean Missile Comes with Angry Message to South Korea's President," *New York Times*, July 26, 2019, https:// www.nytimes. com/2019/07/26/world/asia/north-korea-missile-moon-jae-in.html.

41　Neil Connor and Nicola Smith, "Beijing Forced to Defend Trade with North Korea after Chinese-made Truck Used to Showcase Missiles," *Telegraph*, April 18, 2017, https://www.telegraph.co.uk/news/2017/04/ 18/china-made-truck-used-showcase-missiles-north-korea-parade/. Also, North Korean Economy Watch, "Report of the Panel of Experts Established Pursuant to Resolution 1874 (2009)," NKEW, 4, http://www.nke conwatch.com/nk-uploads/UN-Panel-of-Experts-NORK-Report-May-2011.pdf

42　On training of DPRK hackers in Chinas, see Kong Ji Young et al., "The All-Purpose Sword: North Korea's Cyber Operations and Strategies," Eleventh International Conference on Cyber Conflict, 2019, 14–15, https://ccdcoe.org/ uploads/2019/06/Art_08_The-All-Purpose-Sword .pdf. On the effect of sanctions, see Mathew Ha, "U.S. Sanctions North Korean Companies for Profiting from Overseas Slave Labor," Foundation for Defense of Democracies, January 15, 2020, https://www.fdd .org/analysis/2020/01/15/us-sanctions-north-korean-companies-for-profiting-from-overseas-slave-labor/.

43 Bruce E. Bechtol Jr., "North Korean Illicit Activities and Sanctions: A National Security Dilemma," *Cornell International Law Journal* 57 (2018): 51, https://www.lawschool.cornell.edu/research/ILJ/upload/Bechtol-final.pdf.

44 "Report on 5th Plenary Meeting of the 7th C.C. WPK," KNCA Watch, January 1, 2020, https://kcnawatch.org/newstream/1577829999-473709 661/report-on-5th-plenary-meeting-of-7th-c-c-wpk/.

45 UN Human Rights Council, "Report of the Commission of Inquiry on Human Rights in the Democratic People's Republic of Korea," United Nations Human Rights Council, 15, https://www.ohchr.org/EN/HR Bodies/HRC/CoIDPRK/Pages/ReportoftheCommissionofInquiry DPRK.aspx

46 Alexander George, *Forceful Persuasion: Coercive Diplomacy as an Alternative to War* (Washington, DC: United States Institute of Peace, 1991), 76–81.

47 For more, see Ben Dooley and Choe Sang-Hun, "Japan Imposes Broad New Trade Restrictions on South Korea," *New York Times*, August 1, 2019, https://www.nytimes.com/2019/08/01/business/japan-south-korea-trade.html.

48 Andy Greenberg, "Silicon Valley Has a Few Ideas for Undermining Kim Jong-un," *Wired*, March 10, 2015, https://www.wired.com/2015/03/sili con-valley-ideas-undermining-kim-jong-un/.

49 Lankov, *The Real North Korea*, 252–54. 50 Lankov, *The Real North Korea*, 254–58.

第十三章 進入競技場

1 Damon Wilson and Maks Czuperski, *Digital Resilience, Hybrid Threats*, Digital Forensic Research Lab, Atlantic Council, December 20, 2017, in possession of author. This report details the sustained Twitter campaign #FireMcMaster, and concludes that the majority of participants in this campaign were bots coming from alt-right sources of disinformation.

2 William Clinton, "Speech on China Trade Bill," Speech, Washington, DC, March 8, 2000, https://www.iatp.org/sites/default/files/Full_Text _of_Clintons_Speech_on_China_Trade_Bi.htm.

3 Adrian Shahbaz, "Freedom on the Net 2018: The Rise of Digital Authoritarianism," Freedomhouse.org, November 16, 2018, https://freedom house.org/report/freedom-net/freedom-net-2018/rise-digital-authoritar ianism.

4 Paul Mozur, "A Genocide Incited on Facebook, with Posts from Myanmar's Military," *New York Times*, October 15, 2018, https://www.ny times.com/2018/10/15/technology/myanmar-facebook-genocide.html.

5   On technology's effect on children, see Nicholas Kardaras, *Glow Kids: How Screen Addiction Is Hijacking Our Kids—and How to Break the Trance* (New York: St. Martin's Griffin, 2017). On the rise of addictive technology, see Adam L. Alter, *Irresistible: The Rise of Addictive Technology and the Business of Keeping Us Hooked* (New York: Penguin Books, 2018).

6   Emerson T. Brooking and Suzanne Kianpour, "Iranian Digital Influence Efforts: Guerrilla Broadcasting for the Twenty-First Century," Atlantic Council, 2020, https://www.atlanticcouncil.org/wp-content/uploads /2020/02/IRAN-DIGITAL. pdf.

7   Tae-jun Kang, "North Korea's Influence Operations, Revealed," *The Diplomat*, July 25, 2018, https://thediplomat.com/2018/07/north-koreas-in fluence-operations-revealed/.

8   On Hong Kong, see Louise Matsakis, "China Attacks Hong Kong Protesters with Fake Social Posts," *Wired*, October 19, 2019, https://www .wired.com/story/china-twitter-facebook-hong-kong-protests-disinfor mation/. On Taiwan, see Raymond Zhong, "Awash in Disinformation Before Vote, Taiwan Points Finger at China," *New York Times*, January 6, 2020, https://www.nytimes.com/2020/01/06/technology/taiwan-elec tion-china-disinformation.html.

9   Madeleine Carlisle, "New Orleans Declared a State of Emergency and Took Down Servers After Cyber Attack," *Time*, December 14, 2019, https://time. com/5750242/new-orleans-cyber-attack/.

10   James Clapper, "The Battle for Cybersecurity," Keynote Presentation, ICF CyberSci Symposium 2017, Fairfax, VA, September 28, 2017.

11   Todd C. Lopez, "Cyber Command Expects Lessons from 2018 Midterms to Apply in 2020," U.S. Department of Defense. February 14, 2019, https:// www.defense. gov/Explore/News/Article/Article/1758488/cyber-com mand-expects-lessons-from-2018-midterms-to-apply-in-2020/.

12   United States Congress, House of Representatives, Hearing Before the Armed Services Committee, "Cyber Warfare in the 21st Century: Threats, Challenges, and Opportunities," 115th Congress, 75 (statement of Jason Healey, Columbia University's School of International and Public Affairs, 2017), https://govinfo. gov/content/pkg/CHRG-115hhrg24680/pdf /CHRG-115hhrg24680.pdf.

13   Mia Shuang Li, "Google's Dragonfly Will Intensify Surveillance on Journalists in China," *Columbia Journalism Review*, December 11, 2018, https:// www.cjr.org/tow_center/dragonfly-censorship-google-china.php.

14   John Noble Wilford, "With Fear and Wonder in Its Wake, Sputnik Lifted Us into the Future," *New York Times*, September 25, 2007, https://www .nytimes.

com/2007/09/25/science/space/25sput.html; Larry Abramson, "Sputnik Left Legacy for U.S. Science Education," NPR, September 30, 2007, https://www.npr.org/templates/story/story.php?storyId=14829195.

15　Smithsonian National Air and Space Museum, "Reflections on Post– Cold War Issues for International Space Cooperation," Smithsonian, May 23, 2010, https://airandspace.si.edu/stories/editorial/reflections-post-cold-war-issues-international-space-cooperation.

16　"Challenges to Security in Space," Defense Intelligence Agency, January 2019, https://www.dia.mil/Portals/27/Documents/News/Military%20 Power%20 Publications/Space_Threat_V14_020119_sm.pdf.

17　On anti-satellite weapons, see "Counterspace Capabilities," United Nations Institute for Disarmament Research, August 6, 2018, https://www .unidir.org/files/medias/pdfs/counterspace-capabilities-backgrounder-eng-0-771.pdf.

18　Comments from the author at the National Space Council's inaugural meeting, October 5, 2017.

19　Sean Kelly, "China Is Infiltrating U.S. Space Industry with Investments," The Hill, Peter Greenberger, December 26, 2018, https://thehill.com /opinion/international/422870-chinese-is-infiltrating-us-space-indus try-with-investments-and.

20　Yaakov Lappin, "Chinese Company Set to Manage Haifa's Port, Testing U.S.-Israeli Alliance," *South Florida Sun Sentinel*, January 29, 2019, https:// www.sun-sentinel.com/florida-jewish-journal/fl-jj-chinese-company-set-manage-haifa-port-20190206-story.html.

21　Samm Sacks and Justin Sherman, "Global Data Governance: Concepts, Obstacles, and Prospects," New America, https://www.newamerica.org /cybersecurity-initiative/reports/global-data-governance/.

22　Department of Defense, "Missile Defense Review," 2019, https://www .defense.gov/Portals/1/Interactive/2018/11-2019-Missile-Defense-Review/The%20 2019%20MDR_Executive%20Summary.pdf.

23　"Statement by President Trump on the Paris Climate Accord" Remarks, The White House, June 1, 2017, https://www.whitehouse.gov/briefings-statements/statement-president-trump-paris-climate-accord/.

24　Patrick Herhold and Emily Farnworth, "The Net-Zero Challenge: Global Climate Action at a Crossroads (Part 1)," World Economic Forum in collaboration with Boston Consulting Group, December 2019, https:// www.weforum.org/reports/the-net-zero-challenge-global-climate-action-at-a-crossroads-part-1.

25　Richard Muller, *Energy for Future Presidents: The Science Behind the Headlines*

(W. W. Norton and Company, 2012).

26　Steve Inskeep and Ashley Westerman Inskeep. "Why Is China Placing a Global Bet on Coal?" NPR, April 19, 2019, https://www.npr.org/2019 /04/29/716347646/why-is-china-placing-a-global-bet-on-coal; author's calculation based on a 1000 MWe coal plant. See Jordan Hanania et al., "Energy Education—Coal Fired Power Plant," EnergyEducation.CA, February 14, 2019, https://energyeducation.ca/encyclopedia/Coal_fired _power_plant.

27　David Obura, "Kenya's Most Polluting Coal Plant Could Poison Coastline," Climate Change News, September 20, 2017, https://www.climate changenews.com/2017/09/20/kenyas-polluting-coal-plant-poison-coast line/.

28　John Mandyck and Eric Schultz, *Food Foolish: The Hidden Connection Between Food Waste, Hunger, and Climate Change* (Carrier Corp., 2015).

29　Note: Migration is taking a psychological as well as a physical toll, encouraging a populist turn in the polities of those nations most effected.

30　Muller, *Energy for Future Presidents*, 260.

31　Note: NITI Aayog, a "prominent government think tank," claimed that "More than 600 million Indians face 'acute water shortages.'" Seventy percent of the nation's water supply has been contaminated, which results in about 200,000 deaths every year. About two dozen cities could run out of groundwater entirely by next year, and about 40 percent of India will have "no access to drinking water" by 2030. James Temple. "India's Water Crisis Is Already Here. Climate Change Will Compound It," *MIT Technology Review*, April 24, 2019, https://www.technology review.com/s/613344/indias-water-crisis-is-already-here-climate-change-will-compound-it/.

32　Muller, *Energy for Future Presidents*.

33　Mandyck and Schultz, *Food Foolish*.

34　Eliza Barclay and Brian Resnick, "How Big Was the Global Climate Strike? 4 Million People, Activists Estimate," Vox, September 22, 2019, https://www.vox.com/energy-and-environment/2019/9/20/20876 143/climate-strike-2019-september-20-crowd-estimate.

35　"'No Planet B': Millions Take to Streets in Global Climate Strike," Al Jazeera, September 20, 2019, https://www.aljazeera.com/news/2019/09 /planet-thousands-join-global-climate-strike-asia-190920040636503.html.

36　Elizabeth Weise, "On World Environment Day, Everything You Know About Energy in the U.S. Might Be Wrong," *USA Today*, June 4, 2019, https://www.usatoday.com/story/news/2019/06/04/climate-change-coal-now-more-expensive-than-wind-solar-energy/1277637001/.

37　Alison St. John, "A Better Nuclear Power Plant?," KPBS, May 21, 2012, https://www.kpbs.org/news/2012/may/21/better-nuclear-power-plant/.

38　World Nuclear Association, "Plans for New Reactors Worldwide," updated January 2020, https://www.world-nuclear.org/information-library /current-and-future-generation/plans-for-new-reactors-worldwide .aspx.

39　Bloomberg, "Made-in-China Reactor Gains Favor at Home as U.S. Nuclear Technology Falters," *Japan Times*, April 2, 2019, https://www.japan times.co.jp/news/2019/04/02/business/corporate-business/made-china-reactor-gains-favor-home-u-s-nuclear-technology-falters/#.Xi6NWBNKiCW.

40　Elting E. Morison, *Men, Machines, and Modern Times* (Cambridge, MA: MIT Press, 2016), 85.

結論

1　Paraphrased from H. R. McMaster, *Dereliction of Duty* (New York: Harper Perennial, 1997), ix.

2　McMaster, *Dereliction of Duty*, 180–96.

3　McMaster, *Dereliction of Duty*, 260.

4　McMaster, *Dereliction of Duty*, 156.

5　My belief was consistent with Professor Richard Betts's definition of strategy as "the essential ingredient for making war either politically effective or morally tenable. It is the link between military means and political ends, the scheme for how to make one produce the other. Without strategy, there is no rationale for how force will achieve purposes worth the price in blood and treasure." See Betts, "Is Strategy an Illusion?" *International Security* (Fall 2000), http://www.columbia.edu/itc /sipa/U6800/readings-sm/strategy_betts.pdf.

6　Carl von Clausewitz, *On War* (London: Kegan Paul, Trench, Trubner & C., 1918).

7　Conrad Crane, *Avoiding Vietnam: The U .S . Army's Response to Defeat in Southeast Asia* (Carlisle, PA: Strategic Studies Institute, U.S. Army War College, 2002).

8　Hew Strachan, "Strategy and the Limitation of War," *Survival* 50, no. 1 (February/March 2008): 31–54, DOI: 10.1080/00396330801899470. See also Hew Strachan, *The Direction of War* (Cambridge, UK: Cambridge University Press, 2014), 54–55.

9　On North Vietnam's response, see Mark Moyar, *Triumph Forsaken: The Vietnam War* (Cambridge, UK: Cambridge University Press, 2006), 413.

10　Speech to the American Historical Association, December 28, 1939, https://www.

marshallfoundation.org/library/speech-to-the-american-historical-association/.

11　E. J. Dionne Jr., "Kicking the Vietnam Syndrome," *Washington Post*, March 4, 1991.

12　John J. Mearsheimer, *The Great Delusion: Liberal Dreams and International Realities* (New Haven, CT: Yale University Press, 2018), 121 and 41.

13　Kelsey Piper, "George Soros and Charles Koch Team Up for a Common Cause: An End to 'Endless War,'" Vox, July 1, 2019, https://www.vox.com/2019/7/1/20677441/soros-koch-end-interventionist-wars-military; Nahal Toosi, "Koch Showers Millions on Think Tanks to Push a Restrained Foreign Policy," Politico, February 13, 2020, https://www.politico.com/news/2020/02/13/charles-koch-grants-foreign-policy-thinktanks-114898; Beverly Gage, "The Koch Foundation Is Trying to Reshape Foreign Policy. With Liberal Allies," *New York Times Magazine*, September 10, 2019, https://www.nytimes.com/interactive/2019/09/10/ magazine/charles-koch-foundation-education.html.

14　Paul D. Miller, "H-Diplo/ISSF State of the Field Essay: On the Unreality of Realism in International Relations," H-Diplo, October 2, 2019, https:// networks.h-net.org/node/28443/discussions/4846080/h-diploissf-state-field-essay-unreality-realism-international. For another trenchant critique of this school of thought, see Hal Brands, "Retrenchment Chic: The Dangers of Offshore Balancing," SSRN August 2015, https://papers .ssrn.com/sol3/papers.cfm?abstract_id=2737594.

15　For an essay that contains all these arguments, by a director of research at the Soros-Koch–funded Quincy Institute for Responsible Statecraft, see Stephen Wertheim, "The Price of Primacy: Why America Shouldn't Dominate the World," *Foreign Affairs*, March/April 2020, 19–29.

16　John Stuart Mill, "On Liberty" (London: John W. Parker and Son, West Strand, 1859).

17　The White House, National Security Strategy of the United States of America, December 2017, 4, https://www.whitehouse.gov/wp-content /up loads/2017/12/NSS-Final-12-18-2017-0905.pdf.

18　Both quotations are from Ronald Granieri, "What Is Geopolitics and Why Does It Matter?" Foreign Policy Research Institute (Fall 2015), 492, https://www.fpri.org/article/2015/10/what-is-geopolitics-and-why-does-it-matter/. Audrey Kurth Cronin, *Power to the People: How Open Technological Innovation Is Arming Tomorrow's Terrorists* (New York: Oxford University Press, 2020).

19　For a succinct discussion of both forms of deterrence, see A. Wess Mitchell, "The Case for Deterrence by Denial," *The American Interest*, August 12, 2015, https://www.the-american-interest.com/2015/08/12/the-case-for-deterrence-by-denial/.

20　For benefits of alliances, see Grygiel and Mitchell, *The Unquiet Frontier*, 117–54.

21　Fukuyama, *Identity: The Demand for Dignity and the Politics of Resentment* (New York: Farrar, Straus and Giroux, 2018), 165–66.

22　Fukuyama, *Identity*, 170–71.

23　For the connection between income inequality and opportunity inequality and the importance of education, see Robert D. Putnam, *Our Kids: The American Dream in Crisis* (New York: Simon and Schuster, 2015), esp. 227–61.

24　Paul Reynolds, "History's Other Great Relief Effort," BBC, January 11, 2005, http://news.bbc.co.uk/1/hi/world/europe/4164321.stm.

25　Zachary Shore, "The Spirit of Sputnik: Will America Ever Fund Education Again?" Medium, September 3, 2018, https://medium.com/@zshore /the-spirit-of-sputnik-881b8f720736.

八旗國際15

全球戰場

美國如何擺脫戰略自戀，面對全球七大安全挑戰？

Battlegrounds: The Fight to Defend the Free World

作　　者	赫伯特・麥馬斯特（H. R. McMaster）	
翻　　譯	譚　天	
編　　輯	王家軒	
校　　對	陳佩伶	
封面設計	兒日設計	

企　　劃	蔡慧華
總 編 輯	富　察
社　　長	郭重興
發行人兼 出版總監	曾大福
出版發行	八旗文化／遠足文化事業股份有限公司
地　　址	新北市新店區民權路108-2號9樓
電　　話	02-22181417
傳　　真	02-86671065
客服專線	0800-221029
信　　箱	gusa0601@gmail.com
Facebook	facebook.com/gusapublishing
Blog	gusapublishing.blogspot.com
法律顧問	華洋法律事務所／蘇文生律師

印　　刷	前進彩藝有限公司
定　　價	650元
初版一刷	2022年（民111）1月
ISBN	978-986-0763-74-4

國家圖書館出版品預行編目（CIP）資料

全球戰場：美國如何擺脫戰略自戀，面對全球七大安全挑戰？／赫伯特・麥馬斯特
（H.R. McMaster）著；譚天譯. -- 一版. -- 新北市：八旗文化出版：遠足文化事業股
份有限公司發行, 民111.01
　　面；　公分
譯自：Battlegrounds : the fight to defend the free world.
ISBN 978-986-0763-74-4（平裝）

1. CST：美國外交政策　2. CST：國際關係　3. CST：國家戰略

578.52　　　　　　　　　　　　　　　　　　　　110022127